此书受"云岭学者"培养计划（能源安全研究）出版资助

开拓新边疆
世界资源格局是如何转换的？

Exploring New Frontiers
How Do World Resource Patterns Change?

王海滨 著

復旦大學出版社

目录 CONTENTS

第1章 导言 ·· 1
  一、问题的提出 ·· 2
  二、本研究的意义 ··· 3
  三、文献回顾 ··· 4
  四、本书的理论框架 ··· 16
  五、本书的假设 ·· 20
  六、本书的变量和变量关系 ··· 21
  七、界定核心概念 ··· 22
  八、本书的研究方法 ··· 25
  九、本书的章节结构 ··· 27

第2章 美国与英国在伊拉克的资源合作 ······························· 28
  一、第一次世界大战后美英强烈的资源短缺感 ················· 28
  二、美英两国最终在伊拉克实现石油合作 ························· 33
  三、美英石油合作改善了两国的石油资源困境 ················· 46
  四、本章小结 ··· 49

第3章 德国：渡尽石油时代劫波 ·· 52
  一、"无中生有"、自我实现的石油战争 ······························ 53
  二、德国已进入后石油时代 ··· 71
  三、德国交通运输用油被替代 ··· 83
  四、本章小结 ··· 84

第4章　日本石油：从掠夺失败到节约成功 ……………… 87
　　一、日本"为石油而战" ……………………………………… 87
　　二、战后日本石油替代燃料的发展 ………………………… 96
　　三、本章小结 ………………………………………………… 110

第5章　墨西哥石油业浮沉 ……………………………………… 111
　　一、多赫尼在墨西哥的石油冒险 …………………………… 111
　　二、飞鹰石油公司在墨西哥的探险 ………………………… 121
　　三、墨西哥石油国有化运动以及墨西哥石油业的衰败 …… 125
　　四、墨西哥石油政策改弦易辙 ……………………………… 130
　　五、本章小结 ………………………………………………… 137

第6章　中美能源关系：替代能源的发展 ……………………… 140
　　一、中美石油关系的轮回 …………………………………… 140
　　二、中国的石油替代势头初现 ……………………………… 154
　　三、美国石油替代性手段的发展 …………………………… 168

第7章　中美能源关系将长期和缓 ……………………………… 188
　　一、中国交通运输电气化的推进将有力抑制石油消费 …… 188
　　二、中国鼓励氢燃料电池汽车发展的政策 ………………… 194
　　三、美国页岩油气革命的推进将继续冲击世界常规石油生产 … 198
　　四、中美石油关系前瞻 ……………………………………… 199
　　五、本章小结 ………………………………………………… 238

第8章　达尔富尔的土地资源冲突 ……………………………… 240
　　一、达尔富尔冲突双方强烈的资源短缺感 ………………… 241
　　二、"非洲人"和阿拉伯人在达尔富尔开展土地争夺 ……… 244
　　三、冲突各方资源困境加剧 ………………………………… 258
　　四、本章小结 ………………………………………………… 260

第9章 萨尔瓦多和洪都拉斯之间的"足球战争" …… 262
一、萨尔瓦多和洪都拉斯强烈的土地资源短缺感 …… 263
二、洪都拉斯和萨尔瓦多的冲突过程 …… 272
三、资源冲突使两国的资源困境加剧 …… 276
四、"足球战争"的发生并非必然 …… 278
五、本章小结 …… 282

第10章 结论 …… 284
一、基本结论 …… 284
二、本书的创新与价值 …… 286

第 1 章
导　言

　　人类为了满足自身的需要，会不断地开发和利用资源，如开发耕地、利用牧场、开采矿石、导引河水灌溉等。有时，人类所开发的资源不能完全满足自身的需求，就出现了资源短缺的现象。在资源短缺的压力下，人们会采取各种措施来缓解这种压力，比如加大资源利用的力度。大多数资源在使用中具有排他性，也就是说，一部分资源被一些人利用了，另外的人就无法同时使用这些资源。例如，一片土地被农民开垦成农田，牧民就无法在这里放牧了。因此，资源短缺的压力也常常诱发不同群体的人们对资源进行争夺。在过去的几千年里，土地资源的短缺不时地困扰着人们。在过去的一个世纪里，石油短缺也不断地给人们带来压力。水资源短缺也是常见的资源问题。围绕水资源的利用，群体之间的关系常常会出现紧张。

　　在人类稀少而分散的时候，资源短缺还不是那么显眼。但是，随着地球"越来越小"，不同人群间的资源关系变得越来越紧密。有时候人群间进行资源合作；在其他时候，人们则卷入资源冲突。有的资源冲突十分剧烈，甚至发展为战争。这种冲突和战争使人们蒙受了巨大的灾难。这种现象决定了资源关系研究的重要性。

　　在现代社会中，由于人们的生产能力提高，对资源利用的规模越来越大。资源问题变得越来越突出，群体间的资源竞争现象也越来越受到人们的关注。资源关系问题成为当代国际关系研究的一个极为重要的课题。一些时候，资源竞争的主体是族群，这时资源关系表现为次国家行为体之间的关系；一些时候，资源竞争的主体是国家，这时资源关系表现为国际关系。

　　面对资源短缺，人们会有怎样的表现呢？国家（族群）之间必然会因为资源争夺而发生暴力冲突,还是会实现合作?冲突或合作能否改变资源短缺?如果能,将如何改变?资源短缺会随着人类社会的发展愈演愈烈吗?对这些问题的回答会引导人们采取不同的措施来应对资源短缺。一些研究者对这些问题进行了研究,并给出了一些回答。但是,在以下的分析中我们能看到,他们的答案存在着一些较为明显的漏洞。本书试图修正这些答案,对国家间(族群间)的资源关系给出更为准确的描述。

一、问题的提出

近些年来,随着中国经济的增长、人口的增多、资源密集型工业的发展,中国的自然资源需求量持续增长。由于国内产量不能满足消费需求,中国已经成为原油、铁矿石等多种自然资源的净进口国。中国经济在可预见的未来还将继续增长,同时经济产业结构的升级换代[①]短期内难以全面实现。因此,今后中国对国外自然资源的依赖度难免继续升高,净进口的种类可能会增多,数量也许会上升。

当中国越来越多地在世界范围内寻求自然资源的时候,其他传统的资源净进口国会感受到新的资源压力。如果这些国家用零和的眼光看待它们与中国的资源关系,那么无论中国采用什么方式来获得资源,它们都会把中国看作威胁,进而会设法阻止中国在海外获取资源的行动。这种阻止中国获得海外资源的行动不仅会影响中国的国际安全环境,而且会损害中国的经济和社会发展。如果这些国家用非零和(正和)的眼光看待它们与中国的资源关系,就会将中国的参与看作机遇,采取措施与中国发展合作,联手开发资源的替代性手段,从而缓解资源短缺的压力。如果人类的资源关系只能是零和的,那么中国的发展就只能在血与火中经受考验;如果人类的资源关系可以是非零和的,那么中国就有可能走和平发展的道路。准确认识资源关系非零和的条件有助于我们寻找一条恰当的海外资源获取方式,保障我国和平发展的基本条件。

对人类资源关系的研究成果已很多,大体上可以分为两类。一类研究忽略资源的可替代性,将人类的资源关系看作零和关系。也就是说,资源被一群人占用之后,其他人的可用资源就必然减少,其生活质量必然受到损害。按照

---

① 主要指从资源密集型经济发展为资本和技术密集型经济。

这种悲观的资源关系理论，人们为争夺资源发生冲突就是必然的。另一类研究认定，资源短缺压力会自然地催生出资源替代手段，从而缓解资源短缺，因此，人类的资源关系必然是非零和（正和）的。按照这种乐观的资源关系理论，不应该存在资源冲突。所谓的资源冲突，实际上都是其他原因导致的。[①]

这两种资源理论都有失偏颇。[②]人类的资源关系并不必然地表现为零和或者非零和。大量的事实表明，人类的资源关系有时候表现为非零和关系，有时候表现为零和关系。这就为我们提出了一个问题：从国际关系（以及族群关系）的角度，我们应该怎样认识人类资源关系的本质呢？具体来说，在什么条件下，人类的资源关系更倾向于零和关系？而在什么条件下，人类的资源关系更倾向于非零和关系？

本书从国际关系（以及族群关系）的角度考察人类资源关系，提出一个更为符合实际的理论，为中国争取更好的资源前景提供一种新的思路。

二、本研究的意义

本研究的意义包括理论和应用两个方面。

人类资源关系的状况直接关系到人类的生存和发展。因此，资源关系研究具有突出的重要性。已有的资源关系研究成果都具有宿命论的特征。有的资源关系理论认为，自然资源的数量有限，这一点决定了人们必然会为了自然资源发生冲突。这明显是一种消极的宿命论的观点。有的资源关系研究者则提出，自然资源的供应是无限的。这注定了人们不必为争夺自然资源发生冲突。这种"先天注定"的观点也是一种宿命论，只不过是一种乐观的宿命论。

本研究的理论意义主要在于指出这两种宿命论的缺陷所在，并提出能更好地解释人类资源关系的理论。

---

① 对部分已有研究成果的评价见下文的"文献回顾"部分。
② 错误的理论在指导实践后，就可能会造成不良的社会后果。比如，如果对人类资源前途盲目乐观的理论成为各国政府的施政思想，那么各国就可能会放弃人口控制政策，甚至鼓励生育，其结果可能是资源困境的加快到来。相反，对人类资源前途过分悲观的看法可能会刺激人们抢夺资源，从而造成人类浩劫。这方面的一个典型例子是阿道夫·希特勒（Adolf Hitler）提出的"生存空间（Lebensraum）论"。在希特勒成为德国领导人后，"生存空间论"推动纳粹德国大肆对外侵略，给人类造成了巨大的灾难。

在应用层面,本研究的结论提示我们,可以从动态的角度看待资源关系,从而为中国获取海外自然资源提供新的思路。和其他国家一样,中国的生存与发展须臾离不开自然资源,而且中国经济正处于工业化加速推进的时期,中国工业仍处于劳动力和资源密集型为主的阶段。因此,和一些国家(如西方发达国家)相比,中国现阶段对自然资源的依赖性更大。

尽管中国是一个幅员辽阔、自然资源丰富的国家,但在目前阶段,部分资源暂时还无法满足国内生产和人民生活的需求。而且,如果今后中国的产业结构不能迅速实现升级,伴随着中国经济的继续增长,自然资源供不应求的趋势还将继续发展,短缺资源的种类还将继续增加。面对这种资源图景,中国现阶段应该采取什么样的措施,才能最有把握地为自身争取到最好的资源未来?尤其是在寻求国外自然资源的过程中,中国会否如国内外的一些研究者所预言的那样,必然与其他国家发生资源冲突?还是如其他一些研究者所预测的那样,可以避免与别国的冲突?如果可以避免,那么在什么情况下中国易于避免与别国的资源冲突?什么情况下很难避免?这些问题关系到中国的资源前景乃至国家前途。本研究将努力回答好这些问题,这是本研究现实意义的主要表现。

三、文献回顾

自然资源问题历来受到人们的关注。古代中外思想家早已表述过其资源观。① 近几十年来,随着部分自然资源被耗尽的现象愈益明显,资源问题越来越受到人们的重视。

资源关系问题传统上被看作政治经济学的内容。政治经济学中的主要流派,如重商主义、自由主义,都对资源问题给出了各自的看法。可是,最近几十年关于资源问题的辩论似乎并不能简单地按照上述政治经济学的主要流派进行划分。一个简单的例子是,持强烈自由主义立场的环境保护主义者和各国的强硬保守派都认为一些资源行将用完,冲突在所难免。虽然这两类人的价

---

① 比如,早在西周时期,中国古代思想家就提出了"天人合一"的资源观,见王卫华、梁明英:"区域可持续发展中的新资源观和'天人合一'思想",《岱宗学刊》,2002 年第 6 卷第 2 期,第 70—72 页。古希腊思想家提出了多种资源观,参见徐开来:《拯救自然——亚里士多德自然观研究》,成都:四川大学出版社,2007 年版。

值观和政策倾向有明显差别,但是他们在对资源本身性质的看法上却非常相近。因此,自由主义、重商主义的划分可能难以区分资源领域学者的观点分歧。本书提出一种新的划分标准,将学者按照他们对资源问题的看法分成资源悲观主义与资源乐观主义两个基本流派,并梳理两派学者的基本观点,指出他们的缺陷。在此基础上,提出新的资源关系理论。

1. 资源悲观主义与资源乐观主义的渊源

当世界多数地区处在农业社会时,人们对自然资源的消耗主要出于农业和商业的目的。涉及的自然资源包括淡水、土地、贵金属矿等。粮食、贵金属是这些资源的直接制成品。那时候的人们就对人群间的粮食关系和货币关系等做出了乐观或悲观的判断。这些判断可以被视为资源乐观主义和悲观主义的萌芽。

人们对贵金属分配和流通的密集讨论开始于资本主义社会早期。随着资本主义生产快速发展,欧洲各强国的财富大量增加。财富在很大程度上反映为贵金属。如何能获得更多金银?国家间的货币关系是何性质?这些问题在当时引发了学者间的激烈争辩。古典重商主义、自由主义等学派在争辩中形成。

重商主义的阵营较庞杂,但重商主义者有一个共同特征:他们的经济资源观都是静止的。[1] 古典重商主义者也不例外。根据古典重商主义,经济资源主要指金银货币。这种学说认为,经济资源的总量是固定的。一国拥有的经济资源增加了,别国的资源量必然减少。一国要求富,靠自己创造财富不会有什么作用。掠夺别国的财富才是正途。[2]

以亚当·斯密(Adam Smith)为代表的自由主义者则强调国家间的交换和贸易合作。斯密提出,交换的倾向是人类固有的本性。国家是由人组成的,所以应该顺应人的天性,互通有无、相互贸易。国际贸易会使各参与国都得到更多财富。[3] 既然通过货物交换,各国都能得到更多,各国间的财富关系显然

---

[1] Eli F. Heckscher, *Mercantilism*, trans. from German by Mendel Shapiro (London: George Allen & Unwin, 1935), Vol.2, pp.23—28.
[2] Ibid., pp.24, 26—27.
[3] 参见王正毅、张岩贵:《国际政治经济学——理论范式与现实经验研究》,北京:商务印书馆,2003年版,第68—70页;宋新宁、陈岳:《国际政治经济学概论》,北京:中国人民大学出版社,1999年版,第12—13页。

开拓新边疆——世界资源格局是如何转换的？

是非零和关系。早期自由主义者对财富关系的见解是资源乐观主义的重要源泉。

粮食是土地、水等自然资源的直接制成品,所以粮食问题与资源问题有密切关系。学者们对粮食的供求前景、人群间粮食关系的前途早有认识。这突出反映在托马斯·马尔萨斯(Thomas Malthus)的人口理论中。1798 年,马尔萨斯的著作《人口原理》问世。他提出,人口增长和粮食增产之间的关系是:前者是以几何级数即 1,2,4,8,16,32,…的速度增加,后者是以算术级数即 1,2,3,4,5,6,…的速度增长。如果它们都不受到任何干扰,这两种速度之间的差距渐渐地会造成出产的粮食越来越填不饱人们的肚子。然而,实际上在多种情况下,人口的增长会受到抑制。一种是人们主动实行预防的抑制,比如不结婚、不生育,等等;另一种是积极的抑制,主要指社会最底层民众的生育受到的抑制。除了这两大因素外,还有战争等因素可以抑制人口增长。① 马尔萨斯认为,有可能会出现这样的情况:因为人口太多、粮食太少,人群间会发生战争。这是一种悲观的看法。

阿道夫·希特勒(Adolf Hitler)也对人类资源关系持悲观看法。不过,他对资源关系的理解十分粗糙。希特勒没有对任何一种自然资源或其制品会引发何种关系做具体分析。他只是笼统地谈到更大疆域里的更多物产对德国人民的生存、德国的强大很重要。希特勒提出,当时德国每年要增加 90 万人口,要养活这些新增人口已经越来越困难。② 德国必须努力在其人口和疆域间建立和维持一种好的平衡。③ 有多种方法可以造就这种平衡。④ 但是对德国来说,主要的可行方法是开疆拓土。开拓领土有两个方向:一个是在欧洲之外拓展殖民地,一个是在欧洲内部扩大领土。希特勒认为在其他洲(如非洲)拓展殖民地的意义不大,因为即使开拓成功,也不会有很多德国人去那些地方。⑤ 欧洲是德国领土政策的唯一希望。⑥ 在欧洲为增加的人口拓展领土,则

---

① [英]马尔萨斯:《人口原理》,朱泱等译,北京:商务印书馆,1992 年版,第 10—17 页、26—30 页、39 页、73—75 页。
② Adolf Hitler, *Mein Kampf*, trans. from German by James Murphy (London: Hurst and Blackett, 1939), p.121.
③ Ibid., pp.523, 524, 528.
④ Ibid., pp.121-126.
⑤ Ibid., pp.126, 127.
⑥ Ibid.

必然意味着德国与其他国家的战争。相反,和平的办法达不到目标。① 希特勒提出要以武力来扩展疆土,并以扩大的疆土来保障德国人的生存,其意图应是在侵占别国领土后,德国用那里的自然资源来缓解本国的资源困境。

以上这些见解是资源悲观主义和资源乐观主义的萌芽。之所以说它们是"萌芽",是因为它们或者过于笼统、粗糙,或者主要关注与人们生活密不可分的资源制成品而不是自然资源本身。

2. 两个资源流派对立局面的形成

第二次世界大战之前的很长时间,西方国家在推进其工业革命的过程中,大量消耗自然资源。比如,1900年,欧美人口只占全球人口的30%,但其消费量占世界消费总量的95%。② 第二次世界大战之后,世界更多地区进入大机器时代,主要用于工业生产的自然资源,如石油、天然气等,成为全球意义上的资源。这个时期,人们所说的资源问题多指工业资源的问题。第二次世界大战结束后至20世纪70年代,西方国家的工业快速恢复,同时,前殖民地半殖民地的工业迅速发展。工业资源不足的问题逐渐引起人们的关注。

在西方国家,这种关注尤其强烈。这是因为在失去殖民地半殖民地后,西方国家不能像之前那样,随心所欲地从本土之外大量吸吮自然资源。这样,它们的资源压力突然增大很多。因此,当时的西方国家出现了较多反映资源悲观主义思想的论著。它们对自然资源的供应前景和人类资源关系的未来提出了不少悲观的预测。③ 资源悲观主义的盛行激起经济学家朱利安·西蒙(Julian Simon)等学者的反思。他们先后提出对资源问题的乐观看法。两种资源关系观之间的对立、斗争开始出现。较早和较有名的一次较量发生在西

---

① Adolf Hitler, *Mein Kampf*, trans. from German by James Murphy (London: Hurst and Blackett, 1939), pp.127-128.

② Vaclav Smil, *Energy and Civilization: A History* (Cambridge, Massachusetts: The MIT Press, 2017), p.395.

③ 这段时期,资源悲观主义的代表作包括威廉·沃格特(William Vogt)1948年出版的《生存之路》(*Road to Survival*)、蕾切尔·卡逊(Rachel Carson)1962年的《寂静的春天》(*Silent Spring*)、肯尼思·鲍尔丁(Kenneth Boulding)1966年的"即将到来的地球宇宙飞船经济学"("The Economics of Coming Spaceship Earth")、保罗·埃利奇(Paul R. Ehrlich)1968年的《人口炸弹》(*The Population Bomb*)、罗马俱乐部1972年的《增长的极限——罗马俱乐部关于人类困境的报告》(*The Limits to Growth: A Report for the Club of Rome's Project on the Predicament of Mankind*)、巴巴拉·沃德和雷内·杜博斯(Barbara Ward and René Dubos)1972年主编的《只有一个地球——对一个小小行星的关怀和维护》(*Only One Earth: The Care and Maintenance of a Small Planet*),等等。

开拓新边疆——世界资源格局是如何转换的？

蒙和生物学家保罗·埃利奇(Paul Ehrlich)之间。

西蒙是一个资源乐观主义者，其主要观点有二。第一个观点是，任何类型的自然资源都是无限的。西蒙对此的论证如下：首先，人类对资源的需求上升会导致短时间内资源供应紧张，资源价格会上涨。价格上涨会吸引企业家介入。他们出于逐利目的会投资开发效率更高的开采技术、寻找替代资源。这样，资源开采总量会增加，资源消耗会减少，资源困境从而得到缓解。① 其次，终极资源(the ultimate resource)就是不断增加的人口。终其一生，一个人创造的总是比他消耗的更多。因此，只要人口继续增长，人类的资源前景就一定会越来越好。② 西蒙的第二个观点是，从长期看，自然资源的价格会越来越低。③ 这是第一个观点的推论。西蒙的这些见解直接挑战了资源悲观主义的理论基础，因为如果自然资源的供应都是无限的，那么资源就不具有零和的性质，资源匮乏也就不是资源经济的必然归宿；今后资源产品的价格甚至会比现在更便宜，那么人群间拼命争夺自然资源的重要动因必然不复存在。

西蒙的观点遭到一些资源悲观主义者的批评。生物学家埃利奇是其中一位。④ 西蒙认为自然资源的价格必然会越来越低，这种判断对资源悲观主义最具现实批判性。埃利奇也正是在这个问题上和西蒙进行了一次著名的较量，他们在1980年就一些资源的价格走向打赌。这次打赌是资源乐观主义与资源悲观主义这两个流派第一次里程碑式的对垒。与资源悲观主义理论相比，资源乐观主义历史更短，如果在这次打赌中失利，资源乐观主义就难以获得正式的学术地位。

西蒙和埃利奇赌的是五种矿产品10年之后的价格。埃利奇认为，和其他资源一样，矿产资源一定会越来越缺乏。在数量衰减的过程中，矿产品的价格

---

① Julian L. Simon, *The Ultimate Resource 2* (Princeton, New Jersey: Princeton University Press, 1996), pp.6, 12, 59, 164, 168-169, 382-383, 579, 582.
② Ibid., pp.407-408, 582.
③ Ibid., pp.6, 30-31, 59, 163, 383.
④ 保罗·埃利奇对人类的资源前景持悲观预期。他认为，地球上资源的总量是有限的，人口数量的增长必然带来越来越严重的资源问题。清洁空气、可耕地、矿产等重要资源都会越来越少。See Paul R. Ehrlich, "An Economist in Wonderland", *Social Science Quarterly*, Vol. 62, No. 1 (March 1981), pp.44-49. 而最可怕的是食物会越来越缺乏，因为食物匮乏会直接造成大量人口死亡，"(20世纪)70年代里，平均每年会有1000万以上的人饿死。不过，和本世纪末期将饿死的人相比，这个数字又算不了什么"。See anonymous, "Paul Ehrlich", at http://www.overpopulation.com/faq/people/paul-ehrlich, accessed on March 10, 2008.

会越来越高。西蒙的判断与之相反。1980年,埃利奇选择了各值200美元的铜、铬、镍、锡、锰,总价1 000美元。①他打赌10年之后即到1990年,扣除通货膨胀因素,这矿产品组合的价格总和会上升。相反,西蒙赌这组合的总价会下降。他们约定,到期之日赌输的人得向胜者寄去支票。结果,扣除通货膨胀因素后,埃利奇选择的五种矿产品都贬值了。贬值幅度从3.5%到72%不等。其实,就算不扣除通货膨胀因素,这五种矿产品的总价值在这10年里也下降了。埃利奇赌输了。按约定,他向西蒙寄去了576美元的支票。②

由于那次打赌的胜利,资源乐观主义这一流派得以在资源悲观主义的围剿中生存下来。同时,资源悲观主义也没有因这次失利就缴械投降。③

赌约期间及之后,双方都继续发表论著,抨击对方的观点,宣传自己的主张。在这个过程中,资源悲观主义理论更加成熟,资源乐观主义理论逐渐成形。

在资源属性问题上,资源悲观主义认定资源是有限的,资源乐观主义认为资源是无限的。在人类资源关系问题上,悲观主义者认为人类资源关系是零和,乐观主义者认为是非零和的。在人类资源关系的后果判断上,悲观主义者认为资源匮乏必然引起资源争夺、冲突和战争,乐观主义者认为人类为争夺资源而爆发战争的现象并不普遍。资源悲观主义的逻辑是,既然资源是有限的,则必然有耗尽的时候。资源将近耗尽时,就会出现资源供需紧张,人们会为了争夺资源而爆发冲突甚至战争。资源乐观主义的逻辑是,资源是无限的。一些资源看似有限,那是因为人们开采、利用能力低,或者暂时缺乏替代手段。一旦供需紧张,人们必然会设法提高资源开采和利用的效率,寻找资源替代手段。结果是供需紧张自然消失,因此争夺资源的战争也就不普遍了。

3. 两个资源流派的衍生

资源乐观主义和资源悲观主义形成之后,属于这两个流派的学者进行了很多内部建设,从理论建构、逻辑阐述、领域扩展到案例研究都取得了很多成

---

① 因价格不同,选择的这五种矿产品的数量各异。铜的数量是195.56磅,铬51.28磅,镍63.52磅,锡229.1磅,锰13.64磅。

② Anonymous, "Julian Simon's Bet with Paul Ehrlich", http://www.overpopulation.com/faq/people/julian-simons-bet-with-paul-ehrlich, accessed on March 10, 2008.

③ 实际上,这件事之后,多数人对资源悲观主义的赞同并没有改变。参见张二勋、秦耀辰:"20世纪资源观述评",《史学月刊》,2002年第12期,第100页;Cf. Julian L. Simon, *The Ultimate Resource 2*, preface xxxvi, xxxviii, pp.593-614.

果。尤为可喜的是，中国学者在这一进程中不显落后。以下对国内外这两个流派建设进展作一个综合评述。

(1) 资源悲观主义流派

冲突地理学是资源悲观主义流派的一个分支理论。① 它的提出者是迈克尔·克莱尔(Michael Klare)。这一理论主要阐述自然资源禀赋与国家间冲突的联系，其悲观色彩浓厚。它提出，今后世界的人口会继续增加，经济会继续增长，特别是一些发展中国家的工业化和资源密集型经济会较快发展，这些因素会使人类的资源需求上升。世界自然资源供应的增加会跟不上需求的增长。一些自然资源具有重大经济或安全价值，人们对它们的需求尤其难以得到满足。各国因自然资源发生冲突的可能性随之增加。

世界一些地区拥有丰富的自然资源，而这些资源又具有重要的经济或战略价值。当资源供应越来越紧张时，这些地区特别容易招致各种外部势力的渗透，成为冲突地缘的"断层带"。冲突涉及的资源包括石油、天然气、钻石、木材等。另外，在中东这个水资源非常缺乏的地区，国家间会为水而发生冲突。最容易成为冲突地缘断层带的地区包括中东、里海、南中国海和非洲一些自然资源丰富的地区。在克莱尔描绘的资源世界里，物质(即自然资源尤其是价值突出的自然资源)状况是因，而人的行为是果，人们完全被动地被两种因素支配。这两种因素是自然资源的地理分布和人类对自然资源不可改变的需求。克莱尔关于资源的理论是典型的资源悲观主义理论。在其理论中，人们必然会因为重要稀缺资源的竞争而发生冲突，重要稀缺资源富集区必然成为大国对抗的前沿。

彼得·格雷克(Peter Gleick)的看法基本属于悲观主义。② 他主要从一些自然资源缺乏可替代性来分析这些资源与国家间冲突的关系。首先，他提出，尽管到现在为止，水资源的矛盾主要引起政治对立和政治谈判，很少有因为水资源矛盾而引起暴力冲突的，③但是已有国家把别国的供水系统定为攻击目

---

① Michael T. Klare, *Resource Wars: The New Landscape of Global Conflict* (New York: Henry Holt and Company, 2001); Michael T. Klare, "The New Geography of Conflict", *Foreign Affairs*, Vol. 80, No. 3 (May/June 2001), pp.49-61.

② Peter H. Gleick, "Water and Conflict: Fresh Water Resources and International Security", *International Security*, Vol. 18, No. 1 (Summer 1993), pp.79-112.

③ Ibid., p.112.

标,或者(威胁)使用"水武器",以要挟别国。① 其次,他提出资源冲突更容易发生在发展中国家,因为它们的资源更不容易被替代或者补充②。他特别提到一些因素影响着水冲突剧烈程度,其中一个重要因素是替代性淡水供应的可得性,③并指出不像石油,水没有替代品④。其暗示应是和石油相比,水甚至更容易引发战争。

格雷克的逻辑显然是自然资源的内禀性质决定人类资源关系的性质。如果一种自然资源的可替代性强,那么围绕它的人类资源关系就会是非零和的;相反,如果一种自然资源缺乏可替代性,那么围绕它的人类资源关系就会是零和的,人群间容易为这种资源发生冲突。简单地说,格雷克认为,拥有可替代品的资源是非零和资源,没有可替代品的资源是零和资源,关于这些不同资源的竞争会带来不同的后果。由于他着重分析的水资源没有替代品,各国很难避免为水而发生冲突。

中东是水资源非常缺乏的发展中地区,符合上述特征,因此,中国学者朱和海预测中东国家间会继续为水而发生冲突⑤。

自然资源缺乏替代性,这可能是引发人类资源冲突甚至战争的原因之一。不过,不应该抽象地谈论自然资源缺乏可替代性。比如,当谈论水是否具有可替代性时,人们往往没有意识到他们是在讨论水的用途能否被替代。水的重要用途包括供人饮用、灌溉农作物、发电,等等。这些用途中有很大部分可以被替代。比如,水的灌溉功能可在一定程度上被替代:一方面随着农作物栽培等技术的进步,农作物的单产量提高,对农作物种植面积的要求降低,对灌溉用水的需求相应减少;另一方面以滴灌法和地下灌溉技术替代地表漫灌法,也可以有效降低对灌溉用水的需求。另外,水的发电用途可以靠发展核电、风电等来替代。

还有的研究者从个案研究的视角,指出在有的情况下,一国咄咄逼人地追求自然资源,甚至不惜因之挑起与别国的冲突乃至战争。比如,杉原薫(Kaoru

---

① Peter H. Gleick, "Water and Conflict: Fresh Water Resources and International Security", *International Security*, Vol. 18, No. 1 (Summer 1993), pp.79, 112.
② Ibid., p.83.
③ Ibid., p.85.
④ Ibid., p.90.
⑤ 朱和海:《中东,为水而战》,北京:世界知识出版社,2007年版。

开拓新边疆——世界资源格局是如何转换的?

Sugihara)提出,日本在20世纪三四十年代发动对外战争,一个重要原因是日本国内的资源有限①,需要获取国外的自然资源,甚至不惜发动对欧美列强的战争②。

另一些资源悲观主义者除分析国家间的自然资源关系外,也关注低于国家的各种社会群体之间围绕自然资源而发生的关系。

托马斯·霍默-狄克森(Thomas Homer-Dixon)的论著是这类文献的代表。霍默-狄克森既研究国际资源冲突,也分析国内资源矛盾。③ 在他看来,国际和国内资源冲突既有区别,也有联系。

一个重要区别是国家内部更容易因资源而发生冲突,"由资源稀缺引发的暴力通常会是国家层次之下的、持久的和易于扩散的"。④ 相反,各国间较不容易因为资源而发生冲突。特别是,国家间围绕可再生资源的冲突乃至战争更为少见。⑤ 为什么会这样呢?这是因为,首先,与石油等矿产资源相比,农业用地、鱼类和森林等可再生资源更难被转化为国家力量。一个国家占领了别国的森林和农业用地,这些被占土地最终能够产生出财富,而占领者可以利用这些财富达到自己的目的。但是,这个过程会比较长,不确定性也比较高。其次,穷国最依赖可再生资源,所以它们有强烈的冲动去争抢可再生资源。但

---

① The Staff of the Tokyo Institute of Political and Economic Research, *Supply of Raw Materials in Japan* (Tokyo: The Nippon Press, 1933).

② Kaoru Sugihara, "Japanese Imperialism in Global Resources History", a paper presented at the second GEHN Conference, Irvine, California (15-17th January, 2004) funded by a Leverhulme Trust Grant: "A Millennium of Material Progress".

③ Thomas F. Homer-Dixon, "Environmental Scarcities and Violent Conflict: Evidence from Cases", *International Security*, Vol. 19, No. 1. (Summer 1994), pp.5-40; Thomas F. Homer-Dixon, "On the Threshold: Environmental Changes as Causes of Acute Conflict", *International Security*, Vol. 16, No. 2. (Autumn 1991), pp.76-116.

④ Thomas F. Homer-Dixon, "Environmental Scarcities and Violent Conflict: Evidence from Cases", p.6.

⑤ 有的研究者认为在引发资源冲突方面,可再生资源和不可再生资源没有什么区别,因为他们发现这两类资源之间本身并没有严格的分野。杰西卡·塔奇曼·马修斯(Jessica Tuchman Mathews)提出所谓的"可再生资源"不一定能再生,当人类对这些资源的利用和伤害超过一定限度时,所谓的"可再生资源"会完全枯竭。比如,如果人类过度捕捞,造成一些鱼类绝种,那么那些鱼类资源就会枯竭而不可再生。见 Jessica Tuchman Mathews, "Redefining Security", *Foreign Affairs*, Vol. 68, No. 1 (Spring 1989), p.164。保罗·埃利奇和安妮·埃利奇(Anne Ehrlich)认为不仅鱼类资源,农业用地、森林、淡水资源、湿地等"可再生资源"也正在转变为不可再生资源。见 Paul R. Ehrlich and Anne H. Ehrlich, *One with Nineveh: Politics, Consumption, and the Human Future* (Washington: Island Press, 2004), p.31。

是,由于能力有限,它们往往无力发动战争。①

霍默-狄克森认为,国内和国际的资源冲突也有联系。表现之一是国内的资源冲突在一定条件下可以转化为国际冲突。因为环境压力而经受长期内部冲突的国家可能会变得四分五裂,也可能会变成威权国家。四分五裂的国家会是大规模移民潮的源头。分崩离析国家的政府也不能有效地协商和执行安全、贸易和环境保护方面的国际条约。因此,这样的国家容易成为国际动荡的源头。而当某些国家的国内环境压力越来越沉重,导致人民对政府严重不满时,这些国家可能会蜕变为威权国家。威权国家为了转移内部注意力,会倾向于攻击别国。如此,国际安全就可能会遭到严重破坏。②

多数学者属于资源悲观主义者,对资源前景持悲观预期。只有少数学者提出自然资源竞争不一定会引发和加剧冲突。

(2) 资源乐观主义流派

中国学者王正旭属于资源乐观主义者,他的研究③表明,最近50年来,世界上与水资源问题有关的1800多个协议中,出于合作目的而签订的是因冲突而签的两倍以上。王正旭的研究意义较大,揭示出资源竞争不必然导致冲突。

前文提到的经济学家朱利安·西蒙尽管不是国际关系学者,但他在一篇论文④中主要分析的是国家间的资源关系。在文中,他表达了对国际资源关系的乐观预期。

如前所述,西蒙对"资源会否越来越匮乏、资源价格会否上涨"等论题给出了乐观的答案。这些论题是人类资源经济关系方面的问题。所以,西蒙看好人类群体之间的资源经济关系。他对国家间的资源政治关系前景也做了乐观判断。西蒙提出尽管关于人口密集导致自然资源短缺进而导致战争的说法很多,但是经济原因至少不是国家间战争爆发的主要原因。针对土地等资源会导致战争的说法,他提出在前现代社会,争夺土地等自然资源的战争有时可能有充分的经济理由。而在现代社会,土地和其他生产性资源已不再值得为之

---

① Thomas F. Homer-Dixon, "Environmental Scarcities and Violent Conflict: Evidence from Cases", pp.18-19.
② Ibid., p.40.
③ 王正旭:"水资源危机与国际关系",《水利发展研究》,2004年第5期,第52—55页。
④ Julian Simon, "Lebensraum: Paradoxically, Population Growth May Eventually End Wars", *The Journal of Conflict Resolution*, Vol. 33, No. 1 (March 1989), pp.164-180.

开拓新边疆——世界资源格局是如何转换的？

发动战争①。为什么呢？因为随着工业的发展，土地等资源对各国经济的重要性已经在很大程度上被替代了。比如，在美国，农业人口随着工业化的发展逐渐减少，到1987年，农民只占美国劳动人口的2%。此时，如果美国从加拿大或墨西哥兼并很大面积的可耕地，受益的只是那2%的人口，绝大多数美国人不会受益。美国的总体经济也不会得到多大好处。农业在国家经济中的首要性已让位于其他产业，这是土地不再值得美国为之而战的主要原因。②

前文中提到，在与埃利奇打赌时，西蒙认定资源总是存在可替代技术。在这篇论文里，他坚持这么认为，并进一步认定国家间的资源关系是非零和的。这样，围绕资源的国际冲突必然会减缓。

莱昂纳多·毛杰里（Leonardo Maugeri）是一位石油经济学家，他主要关注石油资源的前景和人类石油关系。③ 他立场鲜明地反对石油灾变论（doomsday prediction），看好石油的供应前景。

在资源经济和资源政治这两方面，毛杰里更关注前者。在资源经济方面，毛杰里和西蒙的具体观点有相似之处，也有不同的地方。前者表现在和西蒙相同，毛杰里也主要从价格对供需关系的影响入手，预测未来的资源前景。毛杰里认为在石油价格走高的情况下，一方面会使消费者努力减少石油消费，另一方面会刺激石油产量的增加。这两者共同作用会最终使石油价格下降。消费者减少石油消费的方法包括努力提高石油使用效率、发展节油技术、开发石油替代技术等。石油产量之所以会增加，是因为油价低时，很多油田因开采难度大、成本高而得不到开发，而在高油价背景下，投资开发高成本的油田也会有利可图。所以，石油公司会增加勘探、开采投资，提高其石油产量。

毛杰里和西蒙主要的不同之处在于对资源替代的看法。如前所述，西蒙理解的"资源替代"主要是指当一种资源的价格高走后，人们会投资开发其他资源以替代对它的使用，新的资源被成功开发出后，人们对原来资源的需求会

---

① Julian Simon, "Lebensraum: Paradoxically, Population Growth May Eventually End Wars", *The Journal of Conflict Resolution*, Vol. 33, No. 1 (March 1989), p.164.
② Ibid., pp.170-176.
③ Leonardo Maugeri, *The Age of Oil: The Mythology, History, and Future of the World's Most Controversial Resource* (Westport, Connecticut: Praeger Publishers, 2006).

降低。和西蒙的看法相似,毛杰里提出,由于油价的上涨,石油的一些用途已经被其他能源产品替代。比如,以前石油被大量用于发电,现在以石油为燃料的发电厂已很罕见。石油的发电用途已有效地被天然气和铀矿所替代。但是,毛杰里提出,石油被其他资源替代的前景并不乐观。这是因为石油在交通运输业中的使用难以被其他资源和技术替代。目前和可预见的将来,在交通运输业中,氢、燃料电池、混合动力对石油的大规模替代都缺乏可行性。[1]

另外,毛杰里提到了石油和石油使用的内部替代,而西蒙没有提及资源的内部替代。一方面,我们常说的石油是指常规石油资源,这是石油资源的一部分。地球上还存在着大量非常规石油资源,包括重油（heavy oil）、页岩油（shale oil）、焦油沙（tar sand）等。这些非常规石油开发起来较困难,需要较高的开采成本。所以,当油价较低时,非常规石油的开采是不经济的。但是,当油价在30美元/桶以上时,对非常规石油的开采会变得有利可图。[2] 非常规石油就能更多地替代原油。另外,石油使用的技术和机器在迅速更新换代,这也是一种资源替代。毛杰里提到,在交通运输领域,尽管石油的统治地位不可动摇,但是石油产品（汽油和柴油）驱动的内燃机却在不断更新换代。燃油效率更高的新式内燃机在不断替代低效的旧式内燃机。其中,柴油机燃油效率的提高更明显。[3]

毛杰里没有明确否定石油资源有限论,但是,他提出由于一系列因素[4]的影响,偶发的石油供不应求虽难以完全避免,但是石油枯竭的日子会被无限期地推后。因此,实际上毛杰里相信石油资源是无限的。既然石油资源是无限的,那么人们之间的石油关系就应该是非零和的,"没有东西让我们在面临极度短缺和地区混乱的时候一定要为确保将来的石油需求而凶残竞争"。[5]

大卫·维克多（David G. Victor）提出已有资源冲突的根源不在于资源的匮乏,而在于善治的匮乏。而善治的缺乏这个问题在经过努力后,可以得到解

---

[1] Leonardo Maugeri, *The Age of Oil: The Mythology, History, and Future of the World's Most Controversial Resource* (Westport, Connecticut: Praeger Publishers, 2006). pp.251-254.
[2] Ibid., p.214.
[3] Ibid., p.254.
[4] Ibid., p.164.
[5] Ibid., preface xxi.

决。可见,维克多对人类资源关系的前景持乐观看法。在《何谓资源战争?》一文①中,维克多挑战被广泛宣扬的"资源战争"的说法。针对误用、滥用"资源战争"一词的现象,他首先严格界定了"资源战争"的概念,提出"资源战争"是指由获取有价值的资源而引发的剧烈冲突。按照这个定义,地球上发生过的"资源战争"其实很少。

维克多提出,一些人正竭力煽起人们的资源恐慌情绪。那些人声称现在的世界有三种现象最容易诱发人类资源冲突。第一种威胁是中国对别国自然资源需求增加。第二种是资源产品的出口国主要是发展中国家,这些发展中国家资源虽然丰富,但治理得很差。第三种威胁是全球气候变化。气候变化会加重人们承受的自然资源压力,疾病会更加流行,大规模的环境移民会出现。气候变化尤其会助发水资源战争。这三种威胁里,第一种和第三种的基础都是零和的资源关系思维。中国自然资源需求的增加与资源冲突的爆发没有必然关系,除非中国获得的资源一增加,别国获得的资源就必然减少。水资源冲突的根源在于它的有限性。水冲突的本质是人们对水资源的争夺,而人们之间的争夺关系必然是一种你得我失或你失我得的零和关系。

维克多认为资源恐慌煽动者(the threat industry)所宣传的"威胁"言论只注意到资源禀赋和人们对资源的需求之间的关系。当人类因为资源发生矛盾时,那些人就断定资源匮乏出现了。他们完全忽视了对制度因素的考察。其实,制度和治理状况对人类的资源前景有很大影响。如果资源冲突真的发生,冲突的根源也不在于资源的匮乏,而在于善治的匮乏。②

四、本书的理论框架

笔者把前面提及的资源关系见解做一个大致概括(见表1-1)。

以上关于资源关系的见解,其论证似乎都很严谨,说服力往往看似较强。不过,它们都有一个共同缺陷:它们的论述都基于某一种基本假定,而这种假定只是有些时候才符合实际情况。

---

① David G. Victor, "What Resource Wars?", *The National Interest*, Nov./Dec. 2007, pp.48-55.

② Ibid., p.48.

第1章 导　言

表1-1　悲观和乐观的资源关系见解

资源悲观主义		资源乐观主义	
主要观点	提出者	主要观点	提出者
由于日益短缺,自然资源的价格会越来越高	保罗·埃利奇	任何类型的资源都是无限的;从长期看,自然资源的价格会越来越低	朱利安·西蒙
由于水没有替代品,未来的水资源冲突会愈演愈烈	彼得·格雷克	水资源竞争不一定导致冲突	王正旭
中东地区的水冲突难以避免	朱和海	各种替代手段的共同作用会无限期地推迟石油枯竭日子的来临	莱昂纳多·毛杰里
全球资源矛盾会越来越加剧;资源冲突最可能发生在断层地带	迈克尔·克莱尔	多种"资源威胁"其实并不存在,"资源战争"发生的可能性不大	大卫·维克多
国家内部更容易因资源而发生冲突,国内的资源冲突在一定条件下可以转化为国际冲突	托马斯·霍默-狄克森		
有时一个大国的确会为获取自然资源而对别的大国开战	杉原薰		

资源悲观主义者或者假定自然资源没有可替代性,或者假定即使存在替代性资源,替代作用也可以忽略不计[①]。资源乐观主义者则笃信资源的替代手段总会及时出现并发挥足够强的替代作用。如果随时随地总有足够多的替代资源,资源冲突发生的可能性自然会较小。由于资源悲观主义和乐观主义的基本假定都是固定的、静态的,所以它们都是静态的资源理论。

按照静态资源理论,一旦出现资源短缺现象,人类群体之间是否对抗完全取决于该资源是否具有可替代性。如果短缺的是可替代资源,则群体间不大可能发生冲突;如果出现短缺的是不可替代资源,则群体间很可能发生冲突。按照这样的静态理论,人类群体是否因资源发生冲突与过程无关。

---

① 比如,彼得·格雷克在分析水资源与冲突的关系时,认为世界一些地区的水冲突很难避免,原因是水缺乏替代品。也就是说,其他自然资源对水的替代作用很小,可以忽略不计。

开拓新边疆——世界资源格局是如何转换的?

对于多数资源而言,其可替代性并不明晰。因此,不同流派的学者会根据自己的哲学来看待资源的可替代性。资源悲观主义者常常认为资源不具有可替代性,资源必然具有零和的性质。乐观主义者认为资源具有可替代性,资源不具有零和的性质。资源悲观主义者和资源乐观主义者都能够解释一些资源关系事件。但是,他们往往将资源的不可替代性/可替代性看作资源本身的内禀性质。静态资源理论的框架见图1-1。

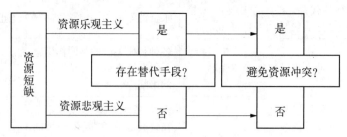

图1-1 静态资源理论的框架

图中,对于一个流派来说,资源是否具有可替代性是确定的,因此,是否发生冲突也是确定的。实际上,对大部分资源而言,其是否具有可替代性,这一点是不确定的。除了技术性因素之外,还有三个大的因素可以改变资源被替代的可能性。第一个因素是,资源短缺带来的经济压力。在这种经济压力下,人们会设法采取资源替代手段,包括开发节约资源的技术、寻找替代性资源、在更大的范围内开采同类资源。由此,可能增大资源供应以及减小资源依赖,从而缓解资源短缺。第二个因素是,资源短缺导致的纷争和对抗。由于人们将精力和经费用于资源竞争、对抗甚至战争,这会耽误替代手段的开发,使得资源短缺变得更为严重。第三个因素是,人们可以承受资源短缺的时间[①]。承受时间越长,替代技术开发出来的机会越大。

人们在资源竞争中的关系可能改变上述三个因素的比重。如果人们因为资源短缺而发生严重冲突,那么可用于开发替代技术的资金、人力、物力就难以保证,替代技术也就不能及时发展出来。如果部分大国依靠军事实力强占

---

① 杀婴在古代人类社会普遍存在。在生存物资匮乏的时期,或者在物资长期匮乏的地区,人们更容易会同意新生儿短期内不能为本群体增加生存物资,反而成为负担,从而更倾向于杀死婴儿。虽然从长远考虑,婴儿在长大成人后,通常能为本部落获取多于他或她生存所需的物资,但群体生存处于严重危机中的人们难以做此类长远考虑,而从短期考虑出发杀死婴儿。

了大部分资源,就会缺乏资源短缺的经济压力,开发替代手段的动力就不够强。人类群体之间如果不充分合作,能够忍受资源短缺压力的时间也会短一些,资源短缺导致的问题就可能爆发出来。因此,稀缺资源的替代手段能否及时出现是与群体间资源关系状态有关的。图1-2显示了这种关系。

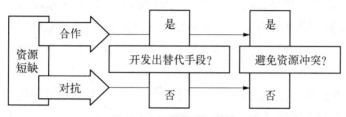

图1-2　动态的资源关系

图1-2中,如果各群体选择合作,则开发出替代手段的可能性大,避免资源冲突的可能性也就大。如果各群体选择了对抗,则开发出替代手段的可能性小,冲突也就难以避免。在一个较为封闭的系统中,资源的替代性手段能否及时出现对人的选择是敏感的。如果人们忽略资源替代手段的存在,将资源关系看作零和的,并根据这种观念采取对抗行动,那么资源冲突的结果出现的可能性就很大;如果人们重视资源替代手段的开发,将资源关系看作非零和的,并根据这种观念采取相应行动,那么出现资源冲突的可能性就较小。在一个开放的系统中,即使人们用零和的眼光看待资源关系,不同国家(族群)间甚至出现了冲突,资源替代手段也可能由外部开发出来,并在冲突之后传入系统中来,从而缓解资源短缺,并使得资源冲突的意义下降。这样的资源关系可以称作动态的资源关系。

封闭的系统是指这样的系统,有能力开发资源替代手段的人群基本都在这个系统中。一旦这个系统中出现了剧烈的冲突,资源替代手段的开发就会受到阻碍,资源短缺现象会变得越来越严重,群体间的资源关系会呈现零和关系。

开放的系统是指这样的系统,在系统之外还存在着强大的替代资源开发能力。当系统中的行为体都卷入冲突时,系统外也可以开发出资源替代手段,但是冲突会妨碍资源替代手段的传入。只有系统中的冲突结束,资源替代手段才能有效传入,从而缓解系统中的资源短缺压力。

不论在封闭还是开放的系统中，群体间的资源关系都带有路径依赖的特征。那些认定资源不可替代的行为体容易选择对抗，造成的结果是，替代手段或者不易开发出来（封闭的系统），或者不易传入（开放的系统），资源冲突也就难以避免，最后证实了行为体最初的认定。那些认定资源可替代的行为体容易选择合作，其结果是，或者有时间开发出替代手段（封闭系统），或者促进了替代手段的传入（开放系统），资源冲突也就避免了，行为体最初的认定最后也证实了。可见，这种路径依赖的现象使得群体间在资源竞争初期的行为非常重要。

笔者在此做一个回溯：资源关系问题对人类社会的延续和发展有重要影响。学者们就人类资源关系的特性进行了激烈的辩论。传统政治经济学的流派划分已经难以刻画最近几十年的资源问题辩论。学者们按照他们的观点和逻辑进行了事实上的整合，逐渐形成了资源悲观主义和资源乐观主义两个对立的流派。资源悲观主义将人类资源关系看作零和的，因此，对这一关系前景的判断是悲观的；资源乐观主义将人类资源关系看作非零和的，因此，对这一关系前景的判断是乐观的。可喜的是，中国学者的学术研究与这两个流派的成熟是同步的。

由于资源问题本身存在着一些不确定性，在处理这些不确定性的时候，资源悲观主义者和资源乐观主义者都需要从其哲学出发，假定资源是零和的或者不是零和的，由此推测人们围绕资源是否会发生冲突。

资源悲观主义和乐观主义的共同缺陷是它们都是静态的资源理论。它们假定资源是否具有可替代性与人的选择无关，国家（以及其他层次的人类群体）间关系对自然资源是否具有可替代性没有影响。这和事实不符。更好地认识资源关系，需要我们用动态资源理论替代静态资源理论。

五、本书的假设

当自然资源的供应不足、各群体都有较强的资源短缺感时，它们有时选择相互合作，有时选择对抗。群体间的合作或对抗加快或阻碍了资源替代性手段的出现。结果，各群体的资源状况或者改善了，或者没有改善甚至恶化了。为了考察这样的现象，本书提出一个动态的资源关系理论，将问题的关键集中在资源替代性手段上。如果资源替代性手段及时出现，那么人类资源关系就呈现非零和(正和)的特征;如果资源替代性手段不能及时出现,那么人类资源关系就呈现零和的特征。因此,本书的基本假设是资源关系具有路径依赖的特征:如果系统中的各行为体①认定资源关系是非零和的,它们容易进行资源合作,资源替代性手段会加速出现,资源关系结果就呈现非零和的特征;如果各行为体认定资源关系是零和的,它们容易进行资源对抗,资源替代性手段的出现会受到阻碍,资源关系结果就呈现零和的特征。

这实际上包含了两种情形。第一种情形是封闭系统的情形。当自然资源供应不足时,如果各主体进行了资源合作,合作会加快资源替代手段的出现。结果,各群体的资源状况得到改善,资源短缺现象得到缓解。如果各群体间进行对抗,对抗会阻碍资源替代手段的出现。结果,各群体的资源状况没有改善甚至恶化了,资源短缺现象可能进一步发展。第二种情形是一个开放系统的情形。资源短缺时,如果各群体间进行对抗,不仅会阻碍本地资源替代性手段的开发,而且会阻碍系统外开发的资源替代手段的传入。如果各群体放弃对抗,系统外开发的资源替代手段就有机会传入该系统,该系统中的资源短缺就可能得到缓解。这也表明当初各群体本可以通过合作来摆脱资源困境,资源冲突并非必然会发生。

封闭系统中,路径依赖表现得更为直接。一旦发生冲突,资源替代手段的开发就会受到阻碍,可利用资源总量不能增加反而会下降,相关各方资源状况会恶化。开放系统中,由于资源替代手段可以在外部得到开发,路径依赖的现象要隐性一些。冲突会阻碍资源替代手段的传入。但是,由于资源替代手段具有强大的吸引力,人们的观念可能会逐渐得到修正,从而为冲突的最终缓解创造条件。

六、本书的变量和变量关系

本研究的自变量为各群体是进行资源合作还是资源对抗;因变量是资源

---

① 如果各行为体的资源关系观念的性质不同,那么它们可能不会发生资源关系。比如,群体A占据着一块草场,群体B打算进入。在两种情况下,两个群体的观念不同。一是群体A持零和观念,群体B持非零和观念;二是群体B持零和观念,群体A持非零和观念。前一种情况下,群体B容易放弃进入(并去其他地方寻找草场)。后一种情况下,群体A容易不断退让,甚至完全退出。这两种情况下,两个群体都不会发生紧密的资源关系。

替代性手段的出现会加快还是受阻,非零和的还是零和的资源关系后果会出现。

自变量的取值有两个——合作的资源关系与对抗的资源关系;因变量的取值也是两个——资源替代性手段加速出现、非零和的资源关系后果出现和资源替代性手段的出现受阻、零和的资源关系后果出现。

本书中自变量和因变量之间的关系如图1-3所示。有资源短缺感的各群体如果相信它们之间的资源关系是零和的,为了保证自己能够获得足够资源,就会设法压缩其他群体可能获得的资源。这种资源竞争会引发群体间的冲突。冲突的结果是阻碍了资源替代性手段的发展(封闭系统),或者阻碍资源替代性手段的传入(开放系统),资源状况没有改善甚至恶化了。各群体如果相信它们之间的资源关系是非零和的,它们不易进行剧烈的资源竞争,而较容易进行资源合作。合作的结果是促进了资源替代性手段的发展(封闭系统)或者便利了替代手段的传入(开放系统),各群体的资源状况得到了改善。

图1-3　本书的变量关系

七、界定核心概念

1. 资源

本书中,"资源"都是指自然资源。自然资源是人们正在利用的自然物。并非所有的自然物都是自然资源。当一种自然物正在被利用时,它才能被称为自然资源。如果一种自然物,人类还没有发现利用它的方法,那么它就不能被称为自然资源;假使一种自然物,人类在历史上曾利用过它,但是它对人类的利用价值现已失去,那么这种自然物以前曾是自然资源,现在则不是。

2. 零和、非零和

人们(包括学者们)通常所说的"零和""非零和"的含义与其字面意思不完全相同。本书采用的是人们通常的说法。如果按字面意义去理解,非零和包括"正和"(positive-sum)与"负和"(negative-sum)。而人们常说的非零和关系是指积极的状态或结果,因此只是指"正和"。相反,人们常说的零和概念是指消极的状态或结果,包括了"零和",也包括了"负和"(因为"负和"比"零和"的结果还坏)。

本书要强调资源关系的积极与消极的二分状态或结果。这与人们对"零和"和"非零和"的通常说法一致,而与它们的字面意义有差别。具体来说,本书中的零和包含了"负和"和"零和",非零和则仅仅指"正和"(见图1-4)。

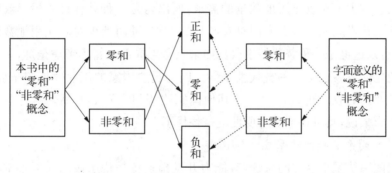

图 1-4　本书对"零和""非零和"的定义

3. 合作

"合作"是指两个人类行为体间在遵守非暴力、不胁迫、平等互利、讲求信用原则下的互动。

4. 资源替代性手段和替代性资源

"资源替代性手段"或"资源替代手段"是指能够增大某种自然资源的产量或者减少对这种自然资源使用量的方法。它的内涵比"替代性资源"丰富。"替代性资源"或"替代资源"通常指替代某种资源的另一种或另一些资源。与被其替代的自然资源相比,"替代性资源"往往被利用得更晚。比如,石油能替代煤炭的大多数用途,所以石油是煤炭的替代性资源;铀矿石能够替代石油的发电用途,所以在发电方面,铀矿石是石油的替代性资源。由于"替代性资源"往往出现得更晚,因此它常被称为"新"资源,而被替代的资源常常被称为"传统"资源或"常规"资源。

"资源替代性手段"不仅仅包括对"新"资源的开采和使用,它还包括"常规"资源新储量的发现、提高资源开采效率的技术和制度、节约使用"常规"资源的技术和制度。例如,铜矿石曾经被大量用来铸币,后来镍成为金属货币的主要原料。镍矿石就是铜矿石的替代性资源,镍币铸造就是铜矿石的替代手段之一。除此之外,铜矿石的替代手段还包括铜矿开采效率的提高、节约用铜技术的发展、世界新的铜矿山的发现等。

又如,可耕地基本上没有"替代性资源"。尽管无土栽培等技术已得到发展,但对农作物的生长而言,目前营养液还很难大范围地替代土壤。但是,土地资源的替代性手段却有很多种。农作物的高产技术在提高土地单产量的同时也相应减少了对农业用地数量的需求,所以这是一种替代性手段。农产品的深加工技术能相对减少人们对农产品的需求,进而减少对农业用地数量的要求,所以这也是一种替代性手段。如果只考虑局部而暂不考虑全球,一些国家工业化的发展也是一种替代性手段。因为这些国家的工业发展起来后,其售卖工业品的收入可以被用于从其他国家购买粮食等农产品。对这些工业(化)国家来说,其可耕地的重要性就被替代了。

5. 封闭系统和开放系统

封闭系统是指这样的系统,有能力开发出资源替代手段的人群基本都在该系统中。一旦该系统中发生剧烈的冲突,资源替代手段的开发就会受到阻碍,资源短缺现象会变得越来越严重,群体间的资源关系会呈现零和关系。相反,如果系统内的人群进行资源合作,则资源替代手段较容易被开发出来,相应地,资源短缺现象会缓解,群体间非零和的资源关系结果会出现。

开放的系统是指这样的系统,在系统之外还存在着强大的替代手段的开发能力。当系统中的行为体都卷入冲突时,系统外也可以开发出资源替代手段。但是,如果系统中的主要行为体都卷入冲突,那么冲突对资源替代手段的影响主要是它会妨碍手段的传入。只有系统中的冲突结束,资源替代手段才能有效传入,从而缓解系统中的资源短缺压力。

6. 资源冲突和资源战争

在本书中,这两个概念分别指与资源相关的冲突和战争。纯粹的资源冲突、资源战争也许根本不存在。而在与自然资源有关的冲突和战争中,资源因素在起因组合中的重要性可能有差别。有时资源因素可能是最重要的诱因,有时可能是相对次要的原因。不过,这种差别不会对本研究产生影响,这是因为本书的主要目的是探究资源对抗或合作的路径最终会导致何种资源关系后果,只要资源因素是事件发生的重要原因之一,就满足了本研究的一项要求。

本研究不要求资源因素一定是事件发生的主要原因。基于此,本书中的"资源冲突"的含义是与资源相关的冲突,"资源战争"的含义是与资源相关的战争。

7. 资源利用的排他性

大多数的资源在使用中具有排他性,也就是说,一部分资源被一些人利用了,另外一些人就无法同时使用这些资源。但是,也有一些资源在利用中不具有排他性。比如,地磁场可以用来导航。一个人利用指南针导航的同时,其他人仍然可以同时在相同的地方用指南针导航。这个时候,地磁场资源的利用就不具有排他性。不具有排他性的资源在利用中不容易引起人们的冲突。相反,土地等资源的利用往往具有排他性。一块土地被农民用作农田就不能同时被牧民用作牧场。但是,这并不意味着土地利用一定是零和的。其中的原因在于,不同的土地利用可以互惠。例如,一些农产品的副产品(如秸秆)可以饲养牲畜,而一些牧产品的副产品(如动物粪肥)可以提高农作物产量。恰当的搭配可以提高资源的利用效率。不幸的是,资源利用的排他性很多时候被人们误解为人类资源关系的零和性质。这是资源悲观主义的一个来源。

资源排他性不等同于资源零和关系的另外一个原因是,资源短缺压力可能催生资源替代手段。仍然以土地利用为例。如果更多的人进入一块土地,并利用这块土地,这势必会使得人均土地资源减少,并可能造成土地资源的短缺。在这种短缺压力下,人们可能会开发资源替代手段(例如,深耕细作的技术、农业和畜牧等不同土地利用模式的搭配等),提高土地利用效率。如果这些替代手段能够及时开发和运用,尽管人均土地资源量减少,但是人均从土地利用中获取的收益却可能增加。本书要讨论的就是资源的替代性手段能否得到及时开发和运用。

八、本书的研究方法

本书的核心是探讨在何种情况下资源替代手段能够出现并发挥作用。很多因素能够影响资源替代手段的出现和发挥作用。资源本身的物理特性是影响替代手段产生的一个主要因素。一些资源很容易获得替代手段。例如,建筑材料中水泥的原料。在世界上大多数地区,不同种类的砂石和工业废料都可以用来生产水泥。一旦一种水泥原料短缺,生产者能够比较容易地寻找到替代手段。这样的资源短缺不会持续很久,这样的资源问题也就不引人注目。

开拓新边疆——世界资源格局是如何转换的?

本书从国际关系的角度出发,主要关注资源短缺应对措施中人的因素,具体来说,就是考察合作与冲突对资源替代手段开发和应用的影响。为此,笔者着意选择那些替代手段不够明显的资源问题进行考察。换言之,笔者限定了一个考察范围,在笔者的考察范围中,从技术角度来看,资源替代手段能否成功开发并不明显(封闭系统),或者资源替代手段能否成功引入并不明显(开放系统)。在这样的情况下,参与者会按照各自的信念来决定自己的资源策略。如果参与者认定资源关系是零和的,没有可用的资源替代手段,那么,他们就会尽可能地通过排挤其他参与者来增大自己的资源份额,从而导致冲突,使得资源状况更加恶化。反之,如果参与者认定资源关系是非零和的,资源替代手段可以开发或者引进,他们就会设法开发和引进资源替代手段,从而使资源短缺得到缓解。笔者通过限定研究范围,控制了资源的物理因素这个变量。

本书采用了演绎法。这主要表现在本书从人类资源关系的已有研究成果推出动态资源关系理论。

本书还采用了案例分析法,案例选择遵循如下原则。

第一,本书所考察的资源在使用中都带有明显的排他性,也就是说,一部分人利用这类资源的时候,其他人无法同时利用这类资源。一些参与者可能会用零和的眼光看待这种资源关系。

第二,资源的替代手段是否能够较快开发出来不确定(对封闭系统而言),或者资源的替代手段是否能够较快引入本地区不确定(对开放系统而言)。上述两个原则将问题限定在国家间或族群间的关系上。那些资源利用不具有排他性的问题(如地磁场导航的问题)以及资源替代手段明显可用的问题(如水泥原料的问题)更多地属于技术性问题,不是本研究关注的重点。

第三,所选择案例既包括封闭系统的案例,也包括开放系统的案例。对封闭系统而言,在当时条件下,资源替代手段难以在外部开发出来,因此系统内的合作与冲突就能决定资源替代手段的开发速度。对开放系统而言,资源替代手段可以在外部开发出来,甚或资源替代手段已经在外部开发出来了。仅仅由于当地的技术基础、教育基础以及资金等原因,资源替代手段暂时还没有能够引入。系统内的合作与冲突状态可能加速或者延缓资源替代手段的引入速度。一般而言,通过资源替代手段来缓解封闭系统的资源短缺要更加困难一些。其原因在于,为了缓解资源短缺,封闭系统只能自行开发资源替代手段,而且还要应用这些资源替代手段,而开放系统只要应用外部已经开发好的资源替代手段就可以了。因此,按照不利条件下选择案例的原则,我们重点考察这样的案例:通过合作使用资源替代手段,成功地缓解了封闭系统中的资源短缺;冲突阻止了资源替代手段的引入,因而不能缓解开放系统中的资源短缺。

第四,资源问题引起的合作与冲突关系不仅表现为国家之间的关系,还表现为族群之间的关系,因此,本书选择的案例既包括国家之间的资源关系,还包括族群之间的资源关系。

第五,资源相关的冲突往往耦合政治、文化、宗教等多种因素。所选择的案例中涉及的冲突并不一定能够单一地归因为资源争夺。但是,资源因素是主要因素之一。更为重要的是,冲突妨碍了资源替代手段的开发或者引入。

本书还采用了历史文献分析法。这主要表现为本书在对案例的分析中使用了较多历史资料。

九、本书的章节结构

本书共有 10 章内容。其中第 1 章提出了本书研究的问题,即人们围绕自然资源的关系是零和的还是非零和的?之后提出了本书的假设和理论框架。第 2 至第 9 章是案例检验部分。案例分为能源和土地资源两类。能源案例包括美国和英国在伊拉克实现石油合作(第 2 章)、德国和日本摆脱"石油战争"幽灵的困扰(第 3 章、第 4 章)、墨西哥石油业的浮沉(第 5 章)以及中美能源关系(第 6 章、第 7 章)。土地案例资源包括苏丹达尔富尔地区的土地资源冲突(第 8 章)、中美洲小国萨尔瓦多和洪都拉斯之间的"足球战争"(第 9 章)。第 10 章是结论,总结了本书得出的基本观点,阐述了本书的理论意义和现实意义。

第2章
美国与英国在伊拉克的资源合作

　　第一次世界大战之后,美国和英国在伊拉克①地区进行了一场关于石油的博弈。当时世界其他地区还没有发展出有效的石油替代手段,以改变两国在伊拉克地区的石油博弈。因此,这使两国在伊拉克的石油博弈构成一个封闭系统。在美国和英国展开石油博弈之前,它们都有强烈的石油资源短缺感。尽管英国试图独占伊拉克石油,而美国则希望获得尽可能多的伊拉克石油,但是两国并没有在伊拉克发生剧烈的石油冲突,而是实现了石油合作。合作的一个重要标志是英国将美国石油公司纳入土耳其石油公司(the Turkish Petroleum Company)②。美英石油合作实现后,伊拉克和世界其他地区的资源替代手段大量出现,世界石油供过于求,油价大幅度下跌。

一、第一次世界大战后美英强烈的资源短缺感

　　第一次世界大战期间,美国是世界最大的石油生产国和出口国。第一次世界大战时美国成为协约国军队的油库。除了为本国赴欧洲作战的军队提供油料外,美国石油公司还向英、法等协约国家提供了大量石油。石油较大地影响了大战的结果,"协约国是乘着石油之波漂向胜利的"③,而这"石油之波"中

---

① 本章要讨论的美英石油关系主要发生在1918—1928年间。1921年,伊拉克建国。在此之前,"伊拉克"这个名词还不存在。另外,伊拉克和美索不达米亚(Mesopotamia)的地理范围也不完全一样。尽管如此,为了行文的简便,本章会混用"美索不达米亚"和"伊拉克"这两个概念,包括将较多地用"伊拉克"替代"美索不达米亚"。
② 1929年改名为伊拉克石油公司。
③ Daniel Yergin, *The Prize: The Epic Quest for Oil, Money and Power* (New York: Simon & Schuster, 1991), p.183.

的80%来自美国。①

除了战争消耗了大量石油外,美国民众对石油的需求增长较快。1913年,亨利·福特(Henry Ford)首先开始运用流水线式组织方式来生产汽车,让汽车生产速度大增,成本下降。② 1914—1920年,美国的机动车从180万辆猛增至920万辆。汽车数量激增导致1911—1918年之间美国的石油消费增长了90%。③ 为了满足军队(包括盟国军队)和民众的石油需求,美国的石油产量在大战期间大幅增加。同期,美国国内的石油储量增长有限。这使美国石油的储采比急剧下降。储采比的下降引起了美国各界的广泛关注。"一些政府官员、国会议员、新闻记者和石油公司经理对石油短缺的担心到了歇斯底里的程度。"④政界和企业界的"歇斯底里"通过新闻媒体传染给社会大众。

大战还在进行时,美国参议院就于1916年启动了一项关于国内石油资源量的调查。在其最终报告里,参议院声称美国绝大多数油田已经过了鼎盛时期,而进入快速衰减期。即使按照最乐观的估计,在25年里,这些油田也会枯竭。⑤ 参议院发布的这份报告在当时的美国引起了很大的反响。其后,有一批官方的悲观预测相继出现。美国矿产局(the United States Bureau of Mines)在1919年预测说今后的2~5年,美国的油田会达到它们的生产峰值,之后产量就会一直下降。美国地质调查局(the United States Geological Survey)关于美国石油储量的报告具有技术方面的权威性。1919年,它也宣称美国的石油状况很危险⑥,石油储藏将在9年零3个月内耗尽。⑦ 石油枯竭论日益蔓延。在此背景下,1924年,美国政府成立了联邦石油节约委员会(the Federal Oil Conservation Board)。该委员会发布的一份报告也声称按照当时的消费速

---

① [英]安东尼·桑普森:《七姊妹——大石油公司及其创造的世界》,伍协力译,上海:上海译文出版社,1979年版,第79页。
② "Henry Ford", https://en.wikipedia.org/wiki/Henry_Ford, June 25, 2018, accessed on July 8, 2018.
③ Stephen D. Krasner, *Defending the National Interest: Raw Materials Investment and U. S. Foreign Policy* (Princeton, New Jersey: Princeton University Press, 1978), p.107.
④ Ibid.
⑤ Ibid., p.108.
⑥ Ibid.
⑦ Daniel Yergin, *The Prize: The Epic Quest for Oil, Money and Power* (New York: Simon & Schuster, 1991), p.194.

开拓新边疆——世界资源格局是如何转换的?

度,美国的石油储藏将在仅仅 6 年里就被消耗光。①

第一次世界大战结束后,原油价格明显上涨。1918 年,原油价格不到 2 美元/桶,到 1920 年,涨到 3 美元/桶。② 油价上涨似乎佐证了石油短缺的加剧。

另外,1919—1922 年,美国一度从原油净出口国变为净进口国。在此前后,美国从墨西哥的原油进口量大幅增加。1912 年,美国从墨西哥进口了 738.3 万桶原油,到 1920 年增至约 1.09 亿桶,墨西哥油在美国石油消费量中的占比从 3.1% 增至 20.5%。美国石油消费对墨西哥油的依赖程度加剧。但是,

表 2-1 1904—1930 年墨西哥石油产量　　　　单位:万桶

年　份	产　量	年　份	产　量
1904	12.6	1918	6 382.8
1905	25.1	1919	8 707.3
1906	50.2	1920	15 706.9
1907	100.2	1921	19 339.8
1908	393.3	1922	18 227.8
1909	271.4	1923	14 958.5
1910	363.4	1924	13 967.8
1911	1 255.3	1925	11 551.5
1912	1 655.8	1926	9 042.1
1913	2 569.6	1927	6 420.0
1914	2 623.5	1928	5 015.1
1915	3 291.1	1929	4 468.8
1916	4 054.6	1930	3 953.0
1917	5 529.3		

资料来源: *The Oil Weekly*, March 30, 1928, p.76; American Petroleum Institute, *Petroleum Facts and Figures* (9th ed., New York, 1950), pp.444-445, quote from Jonathan C. Brown, "Why Foreign Oil Companies Shifted Their Production from Mexico to Venezuela during the 1920s", *The American Historical Review*, Vol. 90, No. 2 (Apr., 1985), p.364.

---

① Ludwell Denny, *We Fight for Oil* (New York: Alfred A. Knopf, 1928), p.4.
② Leonardo Maugeri, *The Age of Oil: The Mythology, History, and Future of the World's Most Controversial Resource* (Westport, Connecticut: Praeger Publishers, 2006), p.25.

当时墨西哥政局动荡,而且其油田含水率升高,说明其原油产量将衰减(见表2-1)。这些都增加了美国人的石油短缺感。①

美国国内的石油资源似乎即将枯竭,同时美国公司缺少外国石油的开采权。这些导致了美国人普遍的石油恐慌感。在1919年12月20日致英国驻美大使格雷子爵(Viscount Grey)的信中,美国国务卿蓝辛(Robert Lansing)描述了这种情况:

"顶尖的技术权威们看来相信美国石油产量的峰值很快就会到来,储藏枯竭的日子就在不远的将来。美国的情况将会很严重。这一方面是因为它的国内消费量巨大,另一方面是由于在过去,美国对其他重要石油产区的投资相对较少。

"这些事实,再加上美国公民或从法律上或实际上被排除出其他国家的商业性(石油)生产,使美国国内的不安上升……"②

这些恐慌一方面导致了一些美国人对英国的敌视。他们认为英国作为最大的殖民强国,控制了美国之外的几乎所有的石油产区。同时,英国却蓄意阻止美国进入那些石油富聚区。有的美国人甚至主张为了石油而对英国开战。另一方面,对石油枯竭的担心成为一种强大动力。它刺激美国石油公司走向世界各富油区,包括推动它们突破英国设置的重重障碍,进入中东石油业。③

第一次世界大战期间和战后的英国同样有强烈的石油短缺感。1917年和1918年,英国的石油短缺非常严重。④ 1918年,英国的战争内阁大臣毛瑞斯·汉基爵士(Sir Maurice Hankey)写信给外交大臣亚瑟·贝尔福(Arthur Balfour),说:"在下次战争中石油将占据煤炭在这次战争中的地位。或者,下次战争中石油将与煤炭同等重要。英帝国的范围内,我们可能会从中得到较多石油的地区是波斯和美索不达米亚。对这些地区石油供应的控制是英国的

---

① Anand Toprani, "An Anglo-American 'petroleum entente'? The first attempt to reach an Anglo-American oil agreement, 1921", *The Historian*, Vol. 79, No. 1(March 2017), p.63.

② Benjamin Shwadran, *The Middle East, Oil and the Great Powers* (Jerusalem: Israel University Press, 1973), p.212.

③ Stephen D. Krasner, *Defending the National Interest: Raw Materials Investment and U. S. Foreign Policy* (Princeton, New Jersey: Princeton University Press, 1978), p.49.

④ Daniel Yergin, *The Prize: The Epic Quest for Oil, Money and Power* (New York: Simon & Schuster, 1991), p.188.

开拓新边疆——世界资源格局是如何转换的?

一等战争目标。"[1]从汉基的话中可以看出其对石油短缺的担心:英国控制的石油蕴藏区只有两个,而且这两个地区只是"可能"的富油区。

同样在1918年,英国石油委员会(the Petroleum Executive)的主任约翰·卡德曼爵士(Sir John Cadman)声称,大战已证明了英帝国对石油的依赖,也证明了帝国很难保障获得足够多的石油。因为英国80%的石油依赖美国,如果美国对英国不友好,美国将把英国置于特别困难的境地。因此,英国应该制定政策,确保帝国能够获得足够多的石油产品的供应,在这方面,已经没有时间可以浪费了。[2] 在这里,卡德曼的石油恐慌感表现得十分明显。

1926年,英国的哈瑞·布瑞顿(Harry Brittain)爵士在议会里发言时提出:"不管你们喜不喜欢,我们已进入了石油时代。我们的国家煤炭很多,但没有油。只要船主们继续烧油,我们就必须(去别处)得到油,以驱动我们的船。"[3]

当时英国的主要石油难题是在英帝国范围内,没有重要石油产区;而世界主要的石油产地,都不在英国的控制范围内。

第一次世界大战结束时,英帝国的所有属地及势力范围内的确没有重要的石油产区。那时候,波斯是英国势力范围内最有希望的石油产区。[4] 1908年,波斯有了第一个大的石油发现[5],其后波斯的石油产量较快增长。不过,第一次世界大战前后波斯并不在世界主要产油区之列(见表2-2)。

表2-2 第一次世界大战前后波斯的石油产量及其在世界总产量中的比例

单位:万桶

年 份	1913	1914	1921
产 量	185.7	290.0	1 667.3
比 例	5‰	7‰	22‰

资料来源:Ludwell Denny, *We Fight for Oil* (New York: Alfred A. Knopf, 1928), p.279.

---

[1] Daniel Yergin, *The Prize: The Epic Quest for Oil, Money and Power* (New York: Simon & Schuster, 1991), p.188.
[2] B. S. McBeth, *British Oil Policy: 1919-1939* (London: Frank Cass, 1985), p.20.
[3] Benjamin Shwadran, *The Middle East, Oil and the Great Powers* (Jerusalem: Israel University Press, 1973), p.230.
[4] B. S. McBeth, *British Oil Policy: 1919-1939* (London: Frank Cass, 1985), p.24.
[5] 1908年5月26日,波斯马斯吉德苏莱曼(Masjid-i-Suleiman)的一口油井喷出大量石油。它是波斯湾地区第一口产油井。见Daniel Yergin, *The Prize: The Epic Quest for Oil, Money and Power* (New York: Simon & Schuster, 1991), p.147。

波斯的主要油田在英国势力范围内,由英波石油公司(Anglo-Persian Oil Company)负责开发,而英波公司是英国政府控股的公司。尽管如此,波斯出产的石油仍远远不能满足英国的需求。

第一次世界大战前后世界的主要石油产区有三个:美国、俄国巴库(Baku)、墨西哥。① 美国、俄国自然不在英国的控制范围内。英国对墨西哥的影响力比不上美国。墨西哥的石油生产始于 20 世纪初②,之后产量迅速上升。到 1914 年,墨西哥的石油产量达到 2 620 万桶,在世界产油国里居第三位。③ 其后,其产量继续快速上升。1921 年,墨西哥的石油产量超过战乱中的俄国,升至世界第二位。④ 英国的威特曼·皮尔森爵士(Sir Weetman Pearson)——他后来被英王封为考德雷勋爵(Lord Cowdray)——在墨西哥创建了飞鹰公司(the Mexican Eagle)。1910 年,飞鹰公司在墨西哥发现大油田,⑤并很快占据了墨西哥石油产量的 50% 左右。可是,英国石油公司在墨西哥遭遇泛美石油公司(Pan American Petroleum)等美国公司的激烈竞争。而且,墨西哥是美国的势力范围。尽管墨西哥总统迪亚斯(Porfirio Diaz)曾哀叹"可怜的墨西哥,你离上帝太远,离美国太近",⑥意指美国是魔鬼,但墨西哥始终无法摆脱美国的控制。美国政府强烈抵制英国石油公司在墨西哥的活动,这使英国无法牢牢控制墨西哥的石油生产。

从上可见,第一次世界大战结束后,美国和英国都有很强的石油短缺感。

二、美英两国最终在伊拉克实现石油合作

1917 年,英军占领了美索不达米亚中南部。1918 年 10 月 30 日,协约国与土耳其签订《摩德洛斯停战协定》(the Mudros Armistice),之后英军就抢占了美索不达米亚北部的摩苏尔(Mosul)。⑦ 伊拉克所有可能出产石油的地区

---

① Cf. Ludwell Denny, *We Fight for Oil* (New York: Alfred A. Knopf, 1928), p.45.
② Jonathan C. Brown, *Oil and Revolution in Mexico* (Berkeley: University of California Press, 1993), pp.125-126.
③ Ludwell Denny, *We Fight for Oil* (New York: Alfred A. Knopf, 1928), p.279.
④ Daniel Yergin, *The Prize: The Epic Quest for Oil, Money and Power* (New York: Simon & Schuster, 1991), p.231.
⑤ B. S. McBeth, *British Oil Policy: 1919-1939* (London: Frank Cass, 1985) p.20.
⑥ Benjamin Shwadran, *The Middle East, Oil and the Great Powers* (Jerusalem: Israel University Press, 1973), p.230.
⑦ 王三义:"英国的中东外交及其结果剖析(1914—1923)",《山西师大学报(社会科学版)》,第 34 卷第 6 期(2007 年 11 月),第 84 页。

开拓新边疆——世界资源格局是如何转换的？

都落入英国之手。第一次世界大战后,美国试图突破英国的阻碍,进入伊拉克石油业。最终,美国的努力获得了成功,美、英在伊拉克实现了石油合作。

1. 英国控制伊拉克石油业

第一次世界大战结束前后,英军占据整个美索不达米亚地区。当地的石油业遂为英国所控制。英国对伊拉克石油业的控制主要是通过土耳其石油公司来实现的。

土耳其石油公司成立于1912年,它的"使命"就是垄断美索不达米亚和奥斯曼帝国其他地区的石油开发。① 成立时,它的股份分配如下:土耳其国家银行(the Turkish National Bank)占50%的股份,德意志银行(the Deutsche Bank)和皇家荷兰-壳牌(Royal Dutch-Shell)公司各占25%。② 1914年初,土耳其石油公司的股份分配发生变化。土耳其国家银行把所持股份转给英波石油公司,后者把其中的2.5%给予亚美尼亚人古尔本基安(Carlouste Sarkis Gulbenkian)。古尔本基安是土耳其石油公司的主要筹建人之一。从皇家荷兰-壳牌那里,他另外得到2.5%的股份。德意志银行保持25%的股份。③ 这样,变化后的股份分配是:英波石油公司占47.5%,德意志银行占25%,皇家荷兰-壳牌占22.5%,古尔本基安占5%。④

英波公司的创建者是英国人威廉·诺克斯·达西(William Knox D'Arcy)。1901年,达西创建了石油公司,并开始在波斯钻探石油。由于很长时间没有取得进展,达西的资金逐渐枯竭,不得不四处寻求资助。1905年,英国的伯马石油公司(Burmah Oil)买下了达西的公司,并成立了特许权辛迪加(Concession Syndicate),继续在波斯钻探石油。伯马公司与英国海军部有密切联系。1908年,特许权辛迪加在波斯钻出第一口高产油井。第二年,在特许权辛迪加的基础上成立了英波石油公司。1914年6月,第一次世界大战即将爆发时,在丘吉尔(Winston Churchill)等人的推动下,英国政府出资买下了该公司51%的股份。根据协议,英国政府有权在公司董事会里派驻两位董事。政府在公司与

---

① Cf. Ludwell Denny, *We Fight for Oil* (New York: Alfred A. Knopf, 1928), p.45.
② Jonathan C. Brown, *Oil and Revolution in Mexico* (Berkeley: University of California Press, 1993), pp.125-126.
③ Ludwell Denny, *We Fight for Oil* (New York: Alfred A. Knopf, 1928), p.279.
④ 因为在土耳其石油公司里享有5%的股份,所以古尔本基安被称为"5%先生"。

第2章 美国与英国在伊拉克的资源合作

海军部燃油合同以及重大政治事件相关的业务上拥有否决权。之后,英国政府实际上控制了该公司。①

皇家荷兰-壳牌是由两个公司合并而成的,一个是皇家荷兰(Royal Dutch),另一个是壳牌运输贸易公司(the Shell Transport and Trading Company)。荷兰商人齐吉尔根(Aeilko Jans Zijlker)于1890年创建了皇家荷兰。② 而壳牌公司则由伦敦东区的犹太商人马库斯·塞缪尔(Marcus Samuel)于1897年建立。③ 这两家公司于1906年合并成为皇家荷兰-壳牌,壳牌占40%的股份,皇家荷兰占60%。④

第一次世界大战爆发后不久,英国和法国就开始秘密协商如何瓜分土耳其的属地、重新分配土耳其的石油资源。⑤

第一次世界大战结束时,战败国德国在土耳其石油公司中的股份自然不复存在。不过,英法对如何重新瓜分美索不达米亚石油的分歧仍未消除。所以,两国在战后继续就此议题进行谈判。英法谈判的最终成果是《圣雷莫协定》(the San Remo Agreement)。该协定引起了美国的强烈不满。

1920年4月,《圣雷莫协定》问世。协定中关于美索不达米亚石油的安排是:英国政府承诺分给法国政府或其指定的公司25%的原油。这些原油将由英国政府在美索不达米亚的石油公司提供。法国同意当地的石油开发将永远受英国控制。⑥

---

① [英]安东尼·桑普森:《七姊妹——大石油公司及其创造的世界》,伍协力译,上海:上海译文出版社,1979年版,第70—76页;江红:《为石油而战——美国石油霸权的历史透视》,北京:东方出版社,2002年版,第47—48页;Daniel Yergin, *The Prize: The Epic Quest for Oil, Money, and Power* (New York: Simon & Schuster, 1991), pp.135-164.

② Cf. Ludwell Denny, *We Fight for Oil* (New York: Alfred A. Knopf, 1928), p.45.

③ Jonathan C. Brown, *Oil and Revolution in Mexico* (Berkeley: University of California Press, 1993), pp.125-126.

④ [英]安东尼·桑普森:《七姊妹——大石油公司及其创造的世界》,伍协力译,上海:上海译文出版社,1979年版,第61页。

⑤ Daniel Yergin, *The Prize: The Epic Quest for Oil, Money and Power* (New York: Simon & Schuster, 1991), p.231.

⑥ 1916年5月,英法间秘密签订了《赛克斯-皮克协定》(Sykes-Picot Agreement),对奥斯曼土耳其帝国的一些阿拉伯属地进行了划分。根据该协定,美索不达米亚中南部等地是英国的势力范围,美索不达米亚北部的摩苏尔则是法国的地盘(See Leonardo Maugeri, *The Age of Oil: The Mythology, History, and Future of the World's Most Controversial Resource*, pp.26-27)。不过,1918年12月,法国总理克里蒙梭(Georges Clemenceau)访问英国。为了换取英国对其占领德国鲁尔地区(the Ruhr)计划的支持,克里蒙梭表示愿意把摩苏尔让给英国。这样,法国承认了英国对伊拉克全境的统治。见 Benjamin Shwadran, *The Middle East, Oil and the Great Powers* (Jerusalem: Israel University Press, 1973), p.199.

开拓新边疆——世界资源格局是如何转换的？

可以看出，《圣雷莫协定》的要点是英、法瓜分在美索不达米亚的石油利益。英国永远控制当地的石油资源，同时将小部分石油利益分给法国。英、法对美索不达米亚石油的瓜分对美国石油公司的进入造成很大的障碍。

2. 美国进入伊拉克石油业的努力

对国内资源即将枯竭的担心迫使美国石油公司急切地试图进入美索不达米亚，但是英、法尤其是英国在当地的对外排斥政策给美国公司设置了很大障碍。美国政府和石油公司不得不竭力突破这些障碍。

为了进入伊拉克石油业，美国对英国软硬兼施，既向英国施加多种压力，又试图利诱英国。美国一方面宣扬门户开放，对英国施加道义上的压力，威胁称如果英国不在美索不达米亚石油业中让步，美国将对英国实施报复；另一方面，美国宣称如果英国愿意合作，美国将按照"互惠"原则给予英国好处。

首先，美国对英国打出"门户开放"牌，要求英国对它开放美索不达米亚石油。这是英国难以抵御的一招。门户开放原则是美国在向中国市场扩张的过程中，由国务卿海约翰（John Milton Hay）于1899年首先提出的。[①] 之后，该原则在国际上得到较快推广。根据该原则，无论是列强的殖民地、委任托管地还是势力范围，其资源和市场都要对所有国家开放，不能由某一或某些国家独占。所以，英国的托管地伊拉克应允许美国的石油公司进入。

美国政府坚持要求英国在伊拉克实行门户开放，这种意愿有时反映在美国政府要员的活动中。比如，1920年5月12日，美国驻英国大使约翰·戴维斯（John Davis）写信给英国外交大臣寇松勋爵（Lord Curzon）。尽管信中既没有直接提到门户开放原则，也回避提及美索不达米亚，但仍然可以从信中看出，戴维斯是在要求英国在美索不达米亚实行门户开放。

戴维斯在信中提道：

"美国政府相信它有权参加与那些石油租让权相关的讨论，这不仅因为那里已有美国公民利益的存在，而且由于租让权方面（对所有人）的平等对待对一些总体原则的实施和应用很关键。美国政府对这些原则很感兴趣……

"（英国政府为了减轻其在托管地的财政负担而）采取垄断（石油开发）或者把石油租让权授给其国民的做法，除了抛弃了已经达成共识的原则外，从经

---

① 王绳祖主编：《国际关系史》（第三卷），北京：世界知识出版社，1996年版，第280—281页。

第 2 章　美国与英国在伊拉克的资源合作

济和政治的角度看，也都不明智……

"（美国政府的）立场是连贯一致的。它认为，从原则上讲，世界未来的和平要求对任何国外地域的占有和统治都必须保证在法律上和实践中对所有国家的人民平等对待。这些地域可能是依据和同盟国签订的和平条约而获得的。基于这样的理解，美国认为自己能够和愿意相信，战胜国获取某些敌国的土地与世界的最大福利是一致的。在讨论托管办法时，主要盟国的代表明白无误地表示他们认识到那条原则的公正性和远见性。并且，他们同意那条原则应在前土耳其帝国范围内的托管地上运用。"[①]

英国自然不愿意把伊拉克石油利益与美国分享。可是，它特别无法反对门户开放原则。这是因为英国长期自封为自由贸易的棋手，一直宣扬资本、货物等的跨国自由流动。站在这样的道德制高点上，它无法反对门户开放。[②]

而且，在协约国与土耳其签署的条约中，明确写有列强在托管地内经济机会均等。[③] 另外，根据国际联盟（League of Nations）的规定，在商务方面，受委任统治国应坚持门户开放，尤其是关于开发石油和其他自然资源的租让地必须不分国别、摒弃垄断地对外开放。[④] 英国是国际联盟的常任理事国之一。它自然应该践行国际联盟承认的原则。美国就美索不达米亚石油对英国打出"门户开放"这张牌，这使英国十分被动。

因此，尽管在伊拉克实行门户开放可能将蒙受很大损失，英国在处理美国石油公司的要求时，也很难反对该原则。实际上，英国在与美国的谈判中，一直表示支持门户开放原则。[⑤]

其次，针对英国的独占政策，美国采取和计划采取的报复措施使英国受到很大压力。同时，一些美国参议员和众议员纷纷批评英国，指责它试图锁定世界所有的富油区。

1919 年 4 月 8 日，英国主管石油事务的大臣沃尔特·朗（Walter Long）和

---

① B. S. McBeth, *British Oil Policy: 1919-1939* (London: Frank Cass, 1985), p.60.
② Stephen D. Krasner, *Defending the National Interest: Raw Materials Investment and U. S. Foreign Policy* (Princeton, New Jersey: Princeton University Press, 1978), p.112.
③ Jonathan C. Brown, *Oil and Revolution in Mexico* (Berkeley: University of California Press, 1993), pp.125-126.
④ 张德明："美国在亚洲的石油扩张（1860—1960）"，《世界历史》，2006 年第 4 期，第 46 页。
⑤ Daniel Yergin, *The Prize: The Epic Quest for Oil, Money and Power* (New York: Simon & Schuster, 1991), p.231.

开拓新边疆——世界资源格局是如何转换的？

法国石油委员会会长亨利·贝伦杰（Henri Bérenger）签署了一项协议，内容包括，在美索不达米亚石油开发中，英国将占70%的权益，法国占20%，当地政府占10%；法国将允许外运美索不达米亚和波斯石油的输油管穿过其委任托管地。该协议最终未能生效。不过，在该协议被废弃之前，它已引起了美国的关注。[1] 同年，美国参议院发表的《珀尔克报告》(the Polk Senate Report)，严厉批评英国阻止外国石油公司在它的殖民地和委任托管地开发石油的政策。该报告特别提到了美索不达米亚。报告发表的同一天，加利福尼亚州的詹姆斯·费兰（James D. Phelan）参议员提出一份议案，要求成立半公半私的石油公司，并帮助其到国外开发石油资源。[2] 1920年，雷德·斯穆特（Reed Smoot）参议员提出"石油矿产租让议案"(the Mineral Oil Leasing Bill)。该议案在国会里被通过，成为《1920年矿地租让法》(the Minerals Leasing Law of 1920)。该法规定："如果另一个国家的法律、习俗或者规定拒绝给本国公民或者公司相应的权利，那么该国的公民将不能以拥有、持有和控制股份的形式享有根据该法所获得的任何租让地中的任何利益。"[3] 如果英国不改变它的中东石油政策，皇家荷兰-壳牌公司将遭到尤其沉重的打击，因为它1/3的石油产量出自美国。其他一些英国石油公司也会受到影响。

之后，美国真的开始对英国实施报复。沃伦·哈定（Warren Harding）总统时期（1921—1923），若克萨纳石油公司（Roxana Petroleum Company）向美国政府申请在俄克拉荷马州（Oklahoma）的科瑞克（Creek）勘探石油。该公司是壳牌公司的子公司，它的请求遭到内政部长阿尔伯特·佛尔（Albert Fall）的拒绝。

美国的一些州也开始实施或酝酿实施对英国的报复。比如，俄克拉荷马州的参议员费拉（Ferral）向州议会提交一份议案，提出要强迫壳牌和其他外国公司交出它们在本州的所有石油租让权。蒙大拿州（Montana）和怀俄明州

---

[1] Benjamin Shwadran, *The Middle East, Oil and the Great Powers* (Jerusalem: Israel University Press, 1973), pp.199-201, 202.

[2] Stephen D. Krasner, *Defending the National Interest: Raw Materials Investment and U. S. Foreign Policy* (Princeton, New Jersey: Princeton University Press, 1978), p.118.

[3] B. S. McBeth, *British Oil Policy: 1919-1939* (London: Frank Cass, 1985), p.57; Thomas G. Alexander, "Reed Smoot & America's Natural Resources, 1903-1933," https://historytogo.utah.gov/utah_chapters/from_war_to_war/reedsmootandamericasnaturalresources1903-33.html, accessed on July 12, 2018.

(Wyoming)也制定了相似的法案。得克萨斯州(Texas)通过的法律,让英国公司不可能在那里获得土地租让权。①

美国的一些参议员还提出,除了拒绝给英国石油公司开发权外,还应该对英国实施石油禁运。1921年1月6日,田纳西州(Tennessee)参议员麦科勒(MacKellar)向国会提交一份议案,提出美国应向其他国家禁运石油,除非"这些国家在石油的生产和分配上向美国给予了互惠的对待"。麦科勒特别提到了英国,指出英国政府正在努力帮助它的国民在波斯、墨西哥、美国、美索不达米亚、巴勒斯坦、委内瑞拉、罗马尼亚等世界各地获得石油开发权,"我尊重它控制世界石油供应的意图。但是,如果在能够很轻易地阻止它贪婪地吞食世界石油供应时,我们却袖手旁观,让它恣意去做,我不认为我们是好的美国人"。同月17日,费兰参议员提出相似议案,同样要求对一些国家——特别是英国——实行石油禁运。②

美国在其国内实施对英国的报复,而且它的报复措施还有升级的趋势。这些对英国的中东石油政策形成了一定压力。

最后,除了向英国施加压力外,美国还采取"软"的一手,即向英国说明,如果英国向美国开放伊拉克石油,英国将得到好处。好处包括:美国将不反对英国获得美国国内的油田和市场,③美国还将允许英国在其战略后院拉美更大规模地进行石油扩张。④

在美国的重压和利诱下,英国排斥美国石油公司进入的立场逐渐松动。

3. 英国不断让步,最终接受美国公司进入

最有利于英国利益的做法是尽量不让外国公司进入伊拉克石油业。如果不得不让步,那就做尽可能小的让步。不过,美国咄咄逼人的攻势给英国很大压力。如何应对美国的攻势,英国政府内部出现了意见分歧。零和思想继续在英国政府和军队里存在,非零和言论则越来越多地出现。

英国海军仍然坚持典型的零和思想。它提出政府制定政策时,必须考虑到确保石油供应的重要性。海军反对在伊拉克对美国实施门户开放,还声称

---

① 张德明:"美国在亚洲的石油扩张(1860—1960)",《世界历史》,2006年第4期,第46页。
② B. S. McBeth, *British Oil Policy: 1919-1939* (London: Frank Cass, 1985), p.62.
③ 张德明:"美国在亚洲的石油扩张(1860—1960)",《世界历史》,2006年第4期,第47页。
④ 同上,第43页。

开拓新边疆——世界资源格局是如何转换的？

如果英帝国对外国公司尤其是美国公司开放，美国公司会"锁定"石油蕴藏地而不开发，这会严重威胁英国的石油供应安全。①

英国石油部(the Petroleum Department)和殖民部(the Colonial Office)的看法与英国海军不同。殖民部提出可以让外资（主要指美国资本）有限地开发帝国范围内的石油资源。石油部官员更认为，在开发帝国内的石油资源方面，平等对待外国石油公司和英国石油公司，这不会有害处，"如果外国人进来，花钱寻找石油。阻止他们这么做看起来是愚蠢的。如果他们成功了，帝国的石油状况会得到改善"。石油部和殖民部主张实施门户开放。它们的理由包括：首先，外资能够帮助英国公司开发帝国内的石油；其次，实施门户开放政策后，关于英国石油政策的摩擦和怀疑会减少；最后，如果不实行门户开放，针对英国石油政策的报复措施会损害英国在美国以及其他地区的利益。②

这两种思想较量的结果是非零和思想逐渐占据上风。在英国，渐渐地形成了一种主流观点，即认为美国的直接卷入对英国有利。为了使英国扶持的美索不达米亚新政府有财政收入，同时又不使英国财政部(the British Treasury)承受负担，英国人急于开发该地区的石油资源。美国的资本和技术肯定将加速开发进程。在政治方面，美索不达米亚地区随时都会发生政治纠纷，美国的参与将增强石油公司的力量，有助于公司在当地复杂的政治环境里生存。基于这样的考虑，英国外交部常务次官要求英波公司和皇家荷兰-壳牌公司，为了英国的国家利益，尽快把美国人拉进来。③

在非零和的观点逐渐流行的同时，英国还出现了一些重要的能源行动。这些行动有助于它与美国非零和石油关系的形成。这些能源行动包括节约能源、开发替代能源等。

1926年8月20日，英国贸易委员会(the Board of Trade)组织了一个研究组，让其"从技术进步的角度出发，根据国家和工业的要求，对与节约使用燃料和把燃料转化为不同形式能源的问题提供建议"。后来，设在格林威治(Greenwich)的燃料研究站(the Fuel Research Station)开始研究如何把煤炭和焦油转化为石油。研究的结果令人鼓舞。在1930年的帝国会议(the

---

① B. S. McBeth, *British Oil Policy: 1919-1939* (London: Frank Cass, 1985), p.90.
② Ibid., pp.89-90.
③ 张德明："美国在亚洲的石油扩张(1860—1960)"，《世界历史》，2006年第4期，第47页。

Imperial Conference)上,该站主任兰德博士(Dr. Lander)说:"有理由相信,能够用这种方法生产出品质非常好的石油,而且花费不会太贵。"帝国会议上,石油经济总会(the General Economic Committee on Oil)提交了一份文件。该文件后被通过,成为会议决议案。决议案中提道:"会议满意地注意到以下方面的工作正取得进展:从煤炭中提取石油和发展石油普查所需的地球物理方法。会议建议相关政府部门支持这些工作,以促进天然油的勘探和开发,提高英联邦里石油产品的供应,不论石油产品是来自于对原油的提炼还是由煤炭转化而来。"

1928年英国的财政法案(the Financial Act)里规定对某些商品的关税将被用来开发苏格兰(Scotland)的页岩油。苏格兰页岩油生产商受到鼓舞。他们更加积极地对重油进行裂解等加工,以提高汽油产量。[1]

非零和思想占据上风以及替代性资源的开发有助于英国对美国让步。

不过,两国在伊拉克的和解实现得并不顺利。即便在英国同意在伊拉克实行门户开放之后,美国和英国又经过了数年的谈判,才实现在伊拉克的石油合作。阻碍两国在伊拉克实现和解的原因有两个:一是两国对土耳其石油公司的地位有歧见,二是两国都想得到尽可能多的石油利益。

美英两国一度对土耳其石油公司地位的看法有分歧:英国认为该公司拥有摩苏尔等伊拉克各地区的石油开发权,美国则对此表示怀疑。

如前所述,土耳其石油公司出现于1912年。它的目的就是要开发奥斯曼土耳其帝国境内的石油资源。由于当时石油界人士普遍相信美索不达米亚地区蕴藏着非常丰富的石油,所以摩苏尔和巴格达行省是土耳其石油公司的主要关注点之一。1914年3月,德国和英国驻奥斯曼帝国的大使都向帝国宰相(the Grand Vizier)递交照会,表示希望土耳其石油公司能获得在帝国摩苏尔和巴格达行省进行石油勘探的许可。6月,德国大使再次为此递交外交照会。在同月28日给德国大使的回信中,奥斯曼帝国宰相赛义德·哈利姆(Said Halim)说:

大使先生:

作为对阁下在本月19日向我递交的985号照会的答复,我有幸把以

---

[1] 张德明:"美国在亚洲的石油扩张(1860—1960)",《世界历史》,2006年第4期,第43页。

开拓新边疆——世界资源格局是如何转换的？

下内容告知阁下：

财政部已代替国库管理摩苏尔和巴格达行省的已发现和尚未发现的石油资源。它同意把这些地区的石油租让权给予土耳其石油公司。它保留今后加入（项目）并确定参与的合同条款的权利。①

可见，奥斯曼帝国行政当局已经批准了土耳其石油公司在美索不达米亚的石油租让权。接下来，土耳其石油公司的项目只需得到奥斯曼帝国议会的批准。但是，就在帝国宰相回信给德国驻土耳其大使的同一天，萨拉热窝（Sarajevo）事件发生了。该事件很快引发了第一次世界大战。战争爆发后，土耳其石油公司获取美索不达米亚石油的努力被迫中断。直到奥斯曼土耳其帝国战败解体，它也没有得到帝国议会对租让权的批准。这就引起了对它在美索不达米亚租让权的争议，因为只有得到奥斯曼帝国行政部门和帝国议会的双重批准后，租约才生效。土耳其石油公司得到的也许只是宰相的一个承诺，而不是正式的合同。

第一次世界大战前，当土耳其石油公司在争取美索不达米亚石油开发权的同时，美国人在做同样的努力。尽管受到英国、德国、法国等欧洲列强的排斥，美国海军少将切斯特（Colby M. Chester）还是取得了和土耳其石油公司相同的成就。

1908年，切斯特到达奥斯曼帝国首都君士坦丁堡（Constantinople），寻求得到土耳其境内铺设铁路和采矿的合同。美国总统西奥多·罗斯福（Theodore Roosevelt）和国务卿伊莱休·鲁特（Elihu Root）支持他的计划。切斯特也得到了纽约州贸易委员会（the New York State Board of Trade）和纽约商会（the New York Chamber of Commerce）的支持。

切斯特的计划初期进展得较顺利，但战争的接连爆发使切斯特的努力不得不中断。1909年，切斯特和奥斯曼帝国政府初步签订了一份修建一个港口和三条铁路的合同，其中的一条将穿越摩苏尔地区。合同规定，切斯特承建的铁路两侧各20千米内的矿产资源——包括石油——将由他开发。切斯特随后成立了奥斯曼-美国开发公司（the Ottoman-American Development Company）。

---

① B. S. McBeth, *British Oil Policy: 1919-1939* (London: Frank Cass, 1985), pp.89-90.

第 2 章　美国与英国在伊拉克的资源合作

1910年3月9日,切斯特与土耳其公共工程部(the Turkish Ministry of Public Works)签订了上述铺路和建港口的合同。第二年,该合同被送交帝国议会批准。可是,之后土耳其相继卷入意土战争、巴尔干战争和第一次世界大战,这使切斯特的计划受到严重影响。直到帝国瓦解,土耳其议会都一直没有批准该合同。① 切斯特的努力得到的结果与土耳其石油公司一样,都是有限的。

第一次世界大战之后,为了获取伊拉克石油,美国政府采取了"两条腿走路"的办法,既支持美国大石油公司和土耳其石油公司谈股份分配,又支持切斯特重启他的计划。同时,对这两者中的任何一方都不过分偏袒。

一方面,美国政府的这种做法干扰了其石油巨头与英国公司的谈判。美国大石油公司担心切斯特的项目如果成功,它们的努力就会没有成功的机会。出于这样的担心,新泽西标准石油公司(Standard Oil Company of New Jersey)董事会主席贝德福德(A. C. Bedford)写信给美国国务院,小心翼翼地说他正与土耳其石油公司谈判,从这个位置出发,他想了解国务院有否关于切斯特少将的租让权或者切斯特从土耳其政府那里得到的任何授权的相关信息,他还想知道国务院对被报道的那个租让权(指切斯特的租让权)的有效性和状态的观点。在11月22日对他的回复中,国务院声称不便将其他美国公司围绕土耳其石油租让权进行的谈判的情况告诉他。② 可见,在切斯特与美国石油巨头之间,美国政府不愿意明显站在后者一边。同时,美国国务院也没有明显偏向切斯特。③

另一方面,美国政府的"两手"做法增加了美英两国在伊拉克实现石油和解的不确定性。这种不确定性直到洛桑会议(the Lausanne Conference)之后才消失。

洛桑会议于1922年11月开幕,结束于1923年7月。④ 会议落幕之前,切斯特的计划在重新启动之后,曾获得很大进展。这增加了美英石油关系的复

---

① B. S. McBeth, *British Oil Policy: 1919-1939* (London: Frank Cass, 1985), pp.89-90.
② Benjamin Shwadran, *The Middle East, Oil and the Great Powers* (Jerusalem: Israel University Press, 1973), p.217.
③ 张德明:"美国在亚洲的石油扩张(1860—1960)",《世界历史》,2006年第4期,第43页。
④ B. S. McBeth, *British Oil Policy: 1919-1939* (London: Frank Cass, 1985), pp.89-90.

开拓新边疆——世界资源格局是如何转换的?

杂程度。第一次世界大战结束后,切斯特再一次尝试获得伊拉克石油。1922年他重建了奥斯曼-美国开发公司。之后,该公司的代表就开始和新诞生的土耳其共和国的公共工程部谈判。到 1922 年 12 月 5 日,美国驻君士坦丁堡的代理高级专员向美国国务院报告说,奥斯曼-美国开发公司和土耳其公共工程部之间的谈判已接近结束。1923 年 4 月 10 日,土耳其国民会议以 141 票对 16 票的绝对多数批准了切斯特的项目。之后,美国国务卿查尔斯·伊文思·休斯(Charles Evans Hughes)即宣称土耳其授予切斯特合同一事是门户开放原则的一次胜利。

重启的切斯特项目同样重在获取美索不达米亚石油。可是,在 1923 年 7 月 24 日与协约国签订的《洛桑条约》中,土耳其改变了在摩苏尔领土归属问题上的强硬态度,①同意让伊拉克至少统治摩苏尔一年。这就使切斯特得到的合同失去了意义。之后,没有一家美国公司或团体有兴趣(继续)为奥斯曼-美国开发公司的项目提供资助。这使切斯特的项目处于停滞状态。由于迟迟没有进展,切斯特的项目在 1923 年 12 月 18 日被土耳其政府取消。② 这使土耳其石油公司少了一个有力的竞争对手。

在为土耳其石油公司租让权的有效性产生分歧的同时,美国和英国为各自在该公司里应占多大的股份进行了长期谈判。

1922 年 8 月,英国表示愿意将土耳其石油公司 12% 的股份转让给美国石油公司,美国不接受。在经过若干星期的讨价还价后,英国把美国石油公司的股份提高至 20%,但又遭到美国的拒绝。

1922 年 12 月,英国表示愿意从英波石油公司在土耳其石油公司中的股份抽出 24% 给美方,但要求美国接受两项条件:首先,美国必须将所获得租让地石油产量的 10% 无偿交给英波石油公司;其次,美国国务院保证,今后不再就土耳其石油公司的权利提出质疑,并指示正在瑞士洛桑参加瓜分奥斯曼帝国领土会议的美国观察员,要他坚决支持如下安排:排斥一切其他人参与土耳其石油公司,不论他是不是美国人。第二个条件的一个重要含义是要求美国放弃对切斯特项目的支持。美国国务卿休斯认为如果满足英国的条件,美国

---

① Benjamin Shwadran, *The Middle East, Oil and the Great Powers* (Jerusalem: Israel University Press, 1973), p.217.

② 张德明:"美国在亚洲的石油扩张(1860—1960)",《世界历史》,2006 年第 4 期,第 43 页。

今后在中东的行动将受到很大约束,于是拒绝了英国的提议。① 1923 年 1 月,美国国务院通知驻君士坦丁堡的美国代理高级专员,要求他支持一切美国人在中东寻求石油租让权。

切斯特的项目流产之后,美国要加入伊拉克的石油开发,唯一现实的途径就是参股土耳其石油公司。② 1925—1926 年,关于美国参股土耳其石油公司的外交照会继续跨过大西洋往返于美英两国政府之间。美国石油公司与土耳其石油公司也不断改换谈判地点。③

经过长时间谈判后,1928 年 7 月 31 日,美国与英国终于就美索不达米亚石油的分配签订新的协议。土耳其石油公司新的股份分配比例是:英波石油公司 23.75%,皇家荷兰-壳牌石油公司 23.75%,法国石油公司 23.75%,美国石油财团④ 23.75%,土耳其石油公司的创建人古尔本基安 5%。⑤ 据说在订立协议时,古尔本基安用一支红笔画出了土耳其石油公司的势力范围,这个新协议因此被称为"红线协定"。它规定土耳其石油公司将垄断原奥斯曼帝国几乎所有属地内的石油开发。这是一个排他性协定,明显不符合门户开放原则。美国接受了"红线协定",这说明美国的门户开放政策有明显的局限性,仅仅意味着一方面其他国家的领土、殖民地和托管地对美国开放,美国与殖民强国的机会均等,另一方面,美国的每一个公民、公司参与外国的开发事业的机会均等。

可以看出,土耳其石油公司这一轮股份分配的结果,英国仍然掌握着美索不达米亚石油开发的主导权,享有最多股份。美国石油公司虽然只拥有不到 1/4 的股份,但毕竟实现了多年追求的目标,成功挤入了中东石油业。

---

① Benjamin Shwadran, *The Middle East, Oil and the Great Powers* (Jerusalem: Israel University Press, 1973), p.209.
② Ibid., pp.221-222.
③ 江红:《为石油而战——美国石油霸权的历史透视》,北京:东方出版社,2002 年版,第 76 页。
④ 美国石油财团当时包括五家美国公司:新泽西标准石油公司(Standard Oil Company of New Jersey)、纽约标准石油公司(Standard Oil Company of New York)、大西洋炼油公司(Atlantic Refining)、泛美石油公司(Pan American Petroleum)和海湾石油公司(Gulf Oil)。1931 年,大西洋炼油公司和泛美石油公司退出。1934 年,海湾石油公司也选择了退出,只剩下新泽西标准石油公司和纽约标准石油公司。见江红:《为石油而战——美国石油霸权的历史透视》,第 80 页。参见 Ludwell Denny, *We Fight for Oil* (New York: Alfred A. Knopf, 1928), p.156.
⑤ Daniel Yergin, *The Prize: The Epic Quest for Oil, Money, and Power* (New York: Simon & Schuster, 1991), p.204.

三、美英石油合作改善了两国的石油资源困境

美国和英国在伊拉克实现石油合作后,世界石油产量逐年增加,以至于后来出现了世界石油供过于求、石油价格暴跌的局面,两国的石油短缺都消除了。

中东石油产量的迅速上升是当时世界石油供应快速增长的一个重要原因,而中东的石油增产与美英两国在伊拉克实现石油合作密切相关。第二次世界大战之前,伊拉克是中东的主要产油区之一。伊拉克的第一口产油井出现于1927年。它是由美英等国的联合地质勘探队发现的。① 其后,伊拉克的石油产量开始上升。1928—1933年,伊拉克的石油产量增长得不快,这主要是因为一个瓶颈问题没有解决:伊拉克油田深居内陆,当时暂时缺乏把石油大量外运的手段。在此情况下,石油公司不敢增加产量。1934年,伊拉克向外运输石油的管道铺成。② 之后,伊拉克石油产量出现井喷式增长,1935年比1933年增长了近30倍(见表2-3)。

表2-3 伊拉克1928—1935年的石油产量　　　　单位:万桶

年　份	1928	1929	1930	1931	1932	1933	1934	1935
石油产量	71.3	79.8	91.3	83.0	83.6	91.7	768.9	2 740.8

资料来源:Benjamin Shwadran, *The Middle East*, *Oil and the Great Powers* (Jerusalem: Israel University Press, 1973), p.241.

同期,伊朗石油产量也较快增长(见表2-4)。伊朗是伊拉克的邻国,其主要石油产区邻近两伊边境。美英两国在伊拉克实现石油和解,对伊朗石油生产有利。相反,如果美英两国为伊拉克石油爆发冲突,"城门失火,殃及池鱼",伊朗石油开发难免会受到不利影响。

表2-4 伊朗1928—1935年的石油产量　　　　单位:万吨

年　份	1928	1929	1930	1931	1932	1933	1934	1935
石油产量	535.78	546.10	593.93	575.00	645.00	708.67	753.73	748.77

资料来源:Benjamin Shwadran, *The Middle East*, *Oil and the Great Powers*, p.132.

---

① Benjamin Shwadran, *The Middle East*, *Oil and the Great Powers* (Jerusalem: Israel University Press, 1973), p.209.
② Ibid., pp.221-222.

第 2 章　美国与英国在伊拉克的资源合作

简言之,美英两国就伊拉克石油开发达成的和解造就了波斯湾地区较好的石油开发气氛,推动了当地石油产量的上升。反过来,海湾石油的增产使美国和英国都得到了巨大的石油利益。

此外,美英两国在中东达成石油和解,间接地促进了委内瑞拉等拉美国家的石油生产,从而使两国都获益匪浅。自 20 世纪 20 年代开始,委内瑞拉成为拉美主要石油产区之一。1927 年,委内瑞拉石油产量超过墨西哥,成为拉美第一大产油国。1928 年委内瑞拉又超过苏联,成为仅次于美国的世界第二大产油国。① 委内瑞拉石油生产由美英石油公司联合控制。如果两国在中东没有实现和解,而是进行了剧烈的石油冲突,那么很难想象两国公司能共同促进委内瑞拉的石油生产。

在美英两国中,英国石油公司更早进入委内瑞拉石油业。1913 年,皇家荷兰-壳牌就开始在委内瑞拉勘探石油,并在当地建立了子公司加勒比石油(Caribbean Petroleum)。② 后来,英控油田(British Controlled Oilfields)、印第安纳标准石油公司(Standard Oil Company of Indiana)、海湾石油公司(Gulf Oil)和英波石油公司等英美石油公司相继进入。③ 最早进入委内瑞拉石油开发的皇家荷兰-壳牌公司曾是委最大的石油开发商,它的这一地位保持了多年。当皇家荷兰-壳牌领先时,美国石油公司和它之间的差距逐渐缩小。1927 年,皇家荷兰-壳牌的产量占委内瑞拉总产量的 53%,美国印第安纳标准石油公司和海湾石油公司产量加起来占 46%。④ 而到了 1928 年,这两家美国石油公司在委内瑞拉的产量已超过皇家荷兰-壳牌。⑤ 1936 年,两家美国石油公司的产量已占委内瑞拉总产量的 60%,皇家荷兰-壳牌只占 39%。这三家美英公司控制了委内瑞拉石油产量的 99%。⑥

---

①　Ludwell Denny, *We Fight for Oil* (New York: Alfred A. Knopf, 1928), pp.278, 279; B. S. McBeth, *British Oil Policy: 1919-1939* (London: Frank Cass, 1985), pp.87, 91, 92.

②　Aníbal R. Martínez, *Venezuelan Oil Development and Chronology* (London: Elsevier Applied Science, 1989), p.31; Cf. Daniel Yergin, *The Prize: The Epic Quest for Oil, Money, and Power* (New York: Simon & Schuster, 1991), p.234.

③　Ludwell Denny, *We Fight for Oil* (New York: Alfred A. Knopf, 1928), pp.110, 113.

④　Ibid., p.113.

⑤　B. S. McBeth, *British Oil Policy: 1919-1939* (London: Frank Cass, 1985), p.93; Ludwell Denny, *We Fight for Oil* (New York: Alfred A. Knopf, 1928), p.113.

⑥　B. S. McBeth, *British Oil Policy: 1919-1939* (London: Frank Cass, 1985), p.93.

开拓新边疆——世界资源格局是如何转换的？

  这种美英两国共同控制委内瑞拉石油的局势并非自然而然出现，因为美国曾经试图把英国石油公司赶出拉美，以报复英国对其石油公司的排斥。1920年英法《圣雷莫协定》签订后，美国国内对该协定的斥责声响成一片。美国政府除考虑对英国石油公司关闭其国内石油勘探开发的大门外，还打算把英国石油公司逐出其战略后院——拉丁美洲。如果英国在波斯湾坚持拒绝美国石油公司，美国在美洲排斥英国公司的情景则很可能会出现。这会直接损害英国的石油利益。

  美英在波斯湾实现的石油合作在拉美创造了两国友好共存、共同开发当地石油资源的气氛。而两国在拉美的石油合作——尽管主要是消极合作即不相互排斥——使两国都获得了巨大的石油利益。

  在委内瑞拉，美英两国政府主要通过它们在当地的石油公司获得石油利益。两国石油公司在当地石油利益的增长表现在一方面它们牢牢控制了委内瑞拉的石油生产，另一方面委内瑞拉的石油产量较快增长（见表2-5）。

表2-5　1925—1939年委内瑞拉的石油产量　　　单位：万立方米

年　份	1925—1929	1930—1934	1935—1939
产　量	5 700	9 900	14 000

资料来源：Aníbal R. Martínez, *Venezuelan Oil Development and Chronology* (London: Elsevier Applied Science, 1989), p.216.

  随着委内瑞拉石油业的发展，英国从委内瑞拉得到的石油越来越多，这显然有助于缓解英国的石油资源困境。由于英国本土仍然没有发现重要的石油储藏，英国石油继续依赖从境外输入。不过，英国的石油来源逐渐发生了变化。一个重要变化是委内瑞拉石油在英国石油进口中占的比例明显提高（见表2-6）。委内瑞拉石油业的发展也使美国得到了可观的石油利益。对美国来说，委内瑞拉石油有一个很大的好处：距离近。委内瑞拉的主要石油产区都靠海，那里出产的石油运至美国的东部和南部港口，距离比中东等地区的石油要近很多。委内瑞拉石油的这一优势使美国获益匪浅。这一点在1948年美国成为石油净进口国之后更加明显。

表 2-6　1930 年和 1939 年委内瑞拉石油在英国石油进口中的比例　　单位：%

年　份	1930	1939
比　例	17	49

资料来源：B. S. McBeth, *British Oil Policy: 1919-1939* (London：Frank Cass，1985)，p.93.

第一次世界大战结束后，美国把波斯湾地区视为本土之外最重要的石油产区。同时，波斯湾地区是英帝国范围内最重要的石油产区。因此，波斯湾是美英两国（对外）石油战略的首要目标。委内瑞拉在它们的石油考虑中则居于次要地位。[1] 美英两国在世界许多地区发生石油关系，但对波斯湾石油的竞争具有决定性意义。它虽然不能直接决定美英两国在拉美等地区的石油关系，但能对后者发挥很强的外溢效应。美英两国在波斯湾达成了石油和解。它的外溢效应之一就是促进了委内瑞拉等拉美国家石油的发展。

四、本章小结

按照不利条件下选择案例的原则，笔者选择美英两国在伊拉克的石油关系作为案例之一。

前文提到，在一个封闭系统中，各群体间实现非零和（正和）资源关系的难度较大。因为资源替代手段只能在系统内被开发出来，之后还要被广泛应用并达到缓解各群体资源短缺的功效，这明显比开放系统更为困难。一种理论如能在这样的不利条件下成功解释非零和的资源关系后果，它应更能解释开放系统里的非零和资源关系后果。而美英两国的非零和资源关系结果正是在一个封闭系统里实现的。美国、英国以及它们控制的产油国家和地区组成一个资源系统。美国和英国是这个系统中最重要的两个行为体。当时，美国和英国掌握着世界最先进的石油开采、提炼等技术。它们在世界各国中也最有能力进行技术创新。另外，世界大多数石油储藏是在它们的领土、殖民地和势力范围内。因此，资源替代手段会主要在该系统内部出现。根据前文对系统类型的划分，该系统是一个封闭系统。

[1]　B. S. McBeth, *British Oil Policy: 1919-1939* (London：Frank Cass，1985)，p.24.

开拓新边疆——世界资源格局是如何转换的？

第一次世界大战之后，美国和英国都有强烈的石油短缺感，同时它们都力图获取尽可能多的伊拉克石油。但是，美英两国并没有为伊拉克石油发生剧烈冲突。英国从非零和观念出发，愿意接纳美国石油公司进入伊拉克，并认为美国公司的进入会让它在政治和经济方面获益。美国从非零和观念出发，并不力求获得伊拉克石油利益的全部。1928年，美国和英国签订了分享伊拉克石油利益的协议。美英石油合作不仅推动了伊拉克石油的快速增产，还产生了外溢效应，为伊朗的石油增产提供了一个有利的周边环境。它也为美英石油公司在委内瑞拉等拉美产油国的共存创造了有利的气氛。伊拉克、伊朗和委内瑞拉的石油增长使美英石油公司获利颇丰。更重要的是，它们消除了美国和英国的石油短缺。

美英两国在伊拉克的石油关系是资源合作造就非零和资源关系结果的一个典型例证。美英两国相信合作会有利于伊拉克的石油开采，会加快资源替代手段的出现。这种观念促成了两国在伊拉克的合作。合作的结果是资源替代手段果然大量出现，不仅伊拉克的石油生产从无到有、从少到多地发展起来，而且美英在伊拉克的石油合作还间接地促进了伊朗、委内瑞拉等国石油业的发展。

前文提到，资源替代手段包括新开发的储藏、节约使用资源的新技术、增加资源出产的新技术以及替代性资源等。在这个案例中，资源替代手段主要指的是伊拉克的石油出产，也包括伊朗和委内瑞拉等国的石油增产。

美国和英国在伊拉克实现石油合作，这证明了资源悲观主义的缺陷。美英两国当时有强烈的资源短缺感，并且它们都试图获取尽可能多的伊拉克石油。按照资源悲观主义理论，两国间的石油冲突不可避免。然而，事实是两国在伊拉克并没有发生剧烈的资源冲突，而是实现了石油合作。这是资源悲观主义无法解释的。另外，资源悲观主义假定资源替代手段或者不存在，或者即使存在，也发挥不了重要的替代作用。在这个案例中，资源替代手段大量出现，有效地缓解了美英两国石油资源的短缺。这也证明资源悲观主义的假定存在缺陷。

美英两国在伊拉克实现石油合作可能有多种原因，但笔者主要关注两国石油合作的结果。英国之所以愿意与美国合作，1920年美索不达米亚的反英大起义是一个因素（通过引入美国石油公司，英国希望得到美国的政治和经济支持,从而稳固其殖民统治)。不过,对本研究而言,这不是很重要,最重要的是美英两国围绕伊拉克石油进行了合作,合作造就了促进石油业发展的环境。在这样的环境里,资源替代手段加快出现,美英两国的石油短缺都消失了。

第3章
德国：渡尽石油时代劫波

在第二次世界大战中，德国受到获取石油和其他战略资源的驱动，发动了一些重要战役，最突出的一个例子是斯大林格勒战役。"得道多助，失道寡助"，站在不正义的一边当然是德国及其轴心国盟友战败的终极原因，但是随着战事的深入，德国遭到的石油封锁越来越严重，供应越来越紧张，甚至无法驱动其坦克等战争机器，不仅难以像战争初期一样发动快速进攻，防守都越来越吃力，最后加快了纳粹德国的衰亡。

纳粹德国发动的战争不是因石油短缺引起的战争，希特勒及其支持者统治欧洲乃至全球的野心才是战争爆发的自变量。德国的石油短缺是在战争中才变得越来越明显和迫切。因此，追根溯源，一开始石油短缺是希特勒对外战争的结果，而非原因。但是，为了解决或缓解战争导致的石油短缺，德军后来发动了一些战役、战斗。对这些战役和战斗来说，石油因素是导致它们发生的重要原因。

战争有其特有的理性。由于战争的本质是零和生存游戏，为了获胜，从古至今，参战各方往往既要准备和补充足够多甚至冗余的战争资源，让自己在资源准备上占据优势，又要设法减少对手可获得的战争资源数量，尽量让对手处于战争资源的劣势，而且其资源短缺越严重越好。在和平时期，一个国家理性的对外资源行为是寻求与其他国家的合作；在战争时期，伤害对手，使对手因资源供应不上而陷入瘫痪，则是理性行为。第二次世界大战后期，德国及其仆从国逐渐落入下风，其石油等资源的短缺也越来越严重，直至覆亡。

从第二次世界大战之后尤其是20世纪70年代之后德国能源消费变化看，如果德国当年坚持走和平主义的发展道路，其自产和进口的石油本来完全可以满足其经济发展和社会进步。

一、"无中生有"、自我实现的石油战争

纳粹德国在第二次世界大战之前以及大战初期的对外扩张中，掠夺外国石油资源的意图并不强烈，之后由于英国和法国在德国闪击波兰之后，对德国进行了石油封锁，纳粹德国感受到其石油供应短缺的风险增加，并不得不采取了一些对内对外的应对措施。1941年6月，德国实施巴巴罗萨计划（Operation Barbarossa），大规模进攻苏联。由于德军未能实现速战速决的战略目标，对苏战争从闪电战一步步变为纳粹德国最不愿意看到的消耗战。在消耗战中，德国的石油短缺越来越明显，并影响到其战争机器的正常运转，这使德国不得不更加重视石油目标的夺取，其战争的"石油味道"渐浓。

1. 闪击波兰前德国掠夺国外石油的迫切性和动机并不强

1939年9月1日，纳粹德国军队闪击波兰，第二次世界大战爆发。在这之前，希特勒的石油危机感并不强烈，原因有三：第一，德国国内油田的开发以及煤制油技术的推广应用可以部分保障其石油需求；第二，德国石油进口的渠道多元而且安全；第三，希特勒迷信其闪电战的威力，笃信他将发动的每一场战争都会很快结束，所以他并不担心战争用油会供应不足，资源短缺感不强。有学者认为，德国政府曾经认真地为打持久战做准备，包括为战争储备石油等原材料，可是后来希特勒个人决定提前发动对苏联的战争，让德国在各方面准备都不充分时就投入战争，直至最终战败。① 在这种情形下，战前德国也没有强烈的石油短缺感，反过来说，希特勒发动战争也不是在石油短缺感的影响下做出的。

第二次世界大战爆发之前，德国国内的石油供应虽然不能完全满足其石油需求，但是当时其石油资源条件和石油技术基础在中、西欧各国里算是比较好的。

（1）纳粹时期德国的原油生产

从全世界范围内看，德国长期是一个贫油国，可是在第二次世界大战之前

---

① R. J. Overy, "Hitler's War and the German Economy: A Reinterpretation", *The Economic History Review*, Vol. 35, No. 2 (May 1982), p.278.

开拓新边疆——世界资源格局是如何转换的？

德国国内还是有一定数量的石油产出。当时，在除了苏联外的欧洲国家里，德国相对富油。

纳粹政权和在它之前的德国政府即魏玛共和国都支持本国的原油生产。1929年世界经济大危机爆发，德国政府加大支持其原油生产的发展。当时，德国政府支持原油生产的主要初衷是保住本国的外汇储备。大萧条爆发后，各国纷纷以邻为壑，大打贸易战和货币战，并尽力减少本国外汇储备流失的速度。德国也不例外，当时的魏玛共和国政府认识到成品油严重依赖进口是德国外汇储备持续减少的重要原因，于是决定对成品油进口征收更高的关税，以减少成品油进口量。比如，在1930年4月，德国政府把汽油进口关税从每美制加仑①8.6芬尼②提高到14.3芬尼，一年之后更提高到24.4芬尼。这显然是一种贸易保护主义行为，它在减少德国外汇储备外流速度的同时，使进口石油产品的价格优势下降，并让国内原油生产、炼制等石油行业各链条获得了更大的发展空间。除了提高关税外，魏玛共和国政府还对石油勘探提供补贴，以激励原油生产。在1931年之前，德国只有四个油田。那一年德国政府开始支持开展大规模的地质勘探，之后陆续发现了更多的石油储藏。经过努力，德国原油产量从1930年的17.4万吨增长到1932年的23万吨。

1933年纳粹在德国执政后，加大对石油生产的支持力度。在纳粹政府的统治下，德国进行了大量石油钻探活动，并进一步提高了成品油进口关税。1937年德国的钻井活动是1933年的3倍以上。纳粹政府还在1936年12月再次提高了针对成品油进口的关税，把对汽油进口的关税提高到每加仑30芬尼以上。

1938年3月，德国与奥地利合并。之后纳粹政府主导整合了两国石油业，主要是让德国的石油公司吞并奥地利的石油公司，并加大了对奥地利石油资源的开发。

纳粹政府的石油政策取得了一些成效，德国和奥地利的原油产量曾经大幅增加。1936年德国的石油产量为45万吨，这个数量虽然不算多，但已经比

---

① 1美制加仑约等于3.79升。
② 1马克等于100芬尼。

第 3 章 德国：渡尽石油时代劫波

1932 年增长了一倍。① 1940 年德国原油产量更增长至 100 万吨,之后德国原油生产进入衰减期,但是奥地利石油产量快速增长,补上了德国原油产量的减量。到 1944 年,德奥原油产量合起来增至 200 万吨。匈牙利也向纳粹德国供应了一些石油。②

国内原油生产对德国战争机器的正常运转发挥了较大作用。德国原油所含的蜡质较多,适合被加工成润滑油,而为坦克、军用卡车等使用。

但是,纳粹德国军队和政府高层始终对其国内原油生产的重视程度有限,他们对原油生产和炼制等环节的资金投入不够多,这限制了德国原油产量的增加。

德国高层态度消极的原因有两个：第一,炼厂产品的军事用途较差；第二,德国高层对国内原油增产的前景不太乐观,认为它无法满足德国石油需求。德国空军需要大量高辛烷值航空汽油,可是按照当时德国炼油厂的技术水平,很难把德国国产原油加工成合格的航空汽油,不过,合成燃料却能够满足德国空军对航空汽油的品质要求。

纳粹德国政界和军界高层对国内原油产量的增长前景较为悲观。1937 年,赫尔曼·戈林(Herman Göring)主持制订的"四年计划(1936—1940 年)"③预测,到 1940 年德国国产原油炼制而成的液体燃料和润滑油将为 50 万吨,和 1936 年的水平相当。相反,它预测合成燃料的产量到 1940 年将增长至 350 万吨,远高于 1936 年 63 万吨的水平。④

(2) 德国合成燃料生产的发展

运用合成燃料工艺,可以用煤炭做原料生产出合格的成品油,从而对原油消费起到替代作用。和原油生产相比,纳粹德国高层更看重的是合成燃料的生产。

---

① Rosemary A. Kelanic, "The Petroleum Paradox: Oil, Coercive Vulnerability, and Great Power Behavior", *Security Studies*, Vol. 25 (2016), p.205.

② Nicholas Kaldor, "The German War Economy", *The Review of Economic Studies*, Vol. 13, No. 1 (1945-1946), p.43.

③ "四年计划"是纳粹德国的经济引擎。广义的"四年计划"包括了纳粹从 1933 年执政到 1945 覆亡的所有时期,其间可分为三个"四年计划"时期。见冯凡：《纳粹德国〈四年计划〉研究》,华东师范大学硕士学位论文,2016 年,第 1、3 页。

④ Raymond G. Stokes, "The Oil Industry in Nazi Germany, 1936-1945", *The Business History Review*, Vol. 59, No. 2 (Summer 1985), pp.260-262.

开拓新边疆——世界资源格局是如何转换的？

在纳粹上台执政之前，德国合成燃料已经有所发展。1927年，德国合成燃料产能约为9万吨/年。希特勒上台后，纳粹政府对合成燃料工业进行了重点扶持，其合成燃料的产能迅速扩大。到1944年，产能升至约500万吨/年。

纳粹德国合成燃料生产有两条技术路线：直接液化和间接液化。直接液化以德国化学家、诺贝尔化学奖得主贝吉乌斯（Friedrich Karl Rudolf Bergius）发明的工艺为主，间接液化则以费托工艺（Fischer-Tropsch process）为主。在贝吉乌斯工艺和费托工艺中，纳粹对前者更加重视，结果是直接液化工厂的产能远远超过间接液化的产能。

当初纳粹德国政府在这两种合成燃料生产工艺中做选择，最重要的标准是，生产出来的成品油能否满足战争的需要。直接液化工艺能生产出高标准的航空汽油，也能生产其他战争机器用油，因而成为纳粹德国政府的宠儿。相反，间接液化工艺与炼制德国自产原油一样，不能为战争机器提供高标准的油品，因而没有得到纳粹德国的宠爱。

先简单介绍一下煤炭的直接液化和间接液化，以及贝吉乌斯工艺和费托工艺。

煤的化学成分中氢含量为5%，碳含量较高，而成品油中氢含量更高，为12%～15%，碳含量较低，且油品为不含氧的液体燃料。这主要是由于煤与石油的分子结构不同。因此，要将煤转化为液体产物，首先要将煤的大分子裂解为较小的分子。而要提高氢/碳比，就必须增加氢原子或减少碳原子。总之，煤液化的实质是在适当温度、氢压、溶剂和催化剂条件下，提高其氢/碳比，使固体的煤转化为液体的油。

1913年贝吉乌斯发明了在高温高压下将煤加氢液化生产液体燃料的方法，并获得专利，为煤直接液化技术的开发奠定了基础。煤直接液化就是让煤浆在高温、高压、催化剂作用下首先打断煤的大分子结构，然后将外供氢加到碳原子上而生成液体油，再通过加氢提质，使煤中杂原子变为各类化合物，生成需要的液态产品。直接液化的优点是热效率较高、液体产品收率高；"不挑食"，理论上可以使用任何含碳物质（不过在德国分布广泛的褐煤是当时德国煤直接液化工厂使用的主要生产原料）。主要缺点是煤浆加氢工艺过程的总体操作条件相对苛刻。直接液化工艺要求高温高压，温度需要达到400～600摄氏度，压力需要达到200～700个大气压。

煤间接液化是将煤先气化生产合成气（氢气、一氧化碳），合成气经净化，调整氢气、一氧化碳比例后，再经过催化合成为液体燃料和化学品。其优点是煤种适应性较宽、操作条件相对温和（压力较低）、煤灰等三废问题主要在气化过程中解决，缺点是总效率比不上直接液化。

德国科学家费舍（Franz Fischer）和托罗普歇（Hans Tropsch）在20世纪20年代初就在研究一氧化碳和氢气的反应。1925年，费舍和托罗普歇在室温下成功合成烃类并申请专利。1934年，鲁尔化学公司（Ruhrchemie）与托罗普歇签订了合作协议，在该公司位于霍尔滕（Holten）的合成氨工厂里建成一个日产250千克的试验装置并顺利运转。1936年，该公司建成第一个间接液化厂，产量为7万吨/年。[1]

费托工艺对温度和压力的要求更低。温度大约在200摄氏度，压力不超过20个大气压。德国间接液化工厂使用最多的原料是焦炭，也使用无烟煤和褐煤。

用费托工艺能够生产出比较劣质的原油，之后加以提炼，可以生产出汽油、柴油和石脑油。其中制成汽油的辛烷值会较低，只有40～45。[2] 由于航空汽油的辛烷值要求很高，所以费托工艺对德国空军用处不大。德国空军司令戈林是仅次于希特勒的纳粹德国第二号人物，空军在德国经济和社会的地位异乎寻常地高，空军对费托工艺不感兴趣，这就让该技术路线的发展遇到很大麻烦。

贝吉乌斯的直接液化工艺起步比费托间接液化工艺更早，发展得也更顺利。第一次世界大战期间，贝吉乌斯研究出该工艺，巴斯夫（Badische Anilin-und Sodafabrik，BASF，巴登州苯胺及苏打公司）购买了它。第一次世界大战结束后，巴斯夫和法本公司（I. G. Farben）意识到汽车行业的快速发展会导致汽油需求的大增。生产合成燃料恰逢其时。于是在1927年使用贝吉乌斯工艺在洛伊纳（Leuna）建成第一个合成燃料工厂，比使用费托工艺的第一个工厂早了7年。美国新泽西标准石油公司（即今天世界最大的石油公司埃克森）在1928年入股该工厂。

---

[1] 王斌：" 煤怎样能变成油？"，《北京日报》，2017年1月1日，第17版。
[2] Raymond G. Stokes, "The Oil Industry in Nazi Germany, 1936-1945", *The Business History Review*, Vol. 59, No. 2 (Summer 1985), p.267.

开拓新边疆——世界资源格局是如何转换的？

该工厂投产后，遇到很大的经营困难。原因包括：首先，1929年世界经济危机爆发，世界石油消费下降；其次，恰好当时美国的得克萨斯州和俄克拉荷马州有重大的石油发现，原油产量大增，导致供应严重过剩，不仅拉低了美国原油价格，而且拖累了世界油价。

纳粹政府在直接液化项目陷入困境时，出于产业保护和军事等目的对项目给予了大量支持。首先，纳粹政府继续提高针对成品油进口的关税，通过筑造更高的贸易保护主义高墙来保护国内合成燃料生产。其次，通过"四年计划"向直接液化项目提供大量财政支持，这使项目的超常规发展成为可能。再次，第二次世界大战爆发后，德军在其占领区大规模逮捕犹太人、斯拉夫人和其他"劣等"种族，并把其中的一部分人送到法本等公司的合成燃料工厂，充作苦力。借助这种丑陋的增长方式，德国的直接液化制合成燃料项目的生产能力进一步提高。①

在政府大力支持下，在1939年第二次世界大战爆发时，德国直接液化制成合成燃料的能力已经达到100万吨/年。当时德国有16个合成燃料工厂在生产，另有6个在建。到1940年，合成燃料产量急剧增加至7.2万桶/日，约合360万吨，相当于德国石油产量的46%，更相当于德国航空汽油产

---

① 第二次世界大战的较长时间里，和前线的惨烈战况以及国内物资严重短缺的悲惨景象不同，直到1944年5月12日首次遭到盟军飞机的大规模轰炸之前，德国法本等公司的合成燃料项目曾经呈现兴旺发达、蒸蒸日上的"繁荣"景象。法本公司甚至在波兰奥斯维辛（Auschwtz）等集中营里面或附近建设了合成燃料工厂。第二次世界大战期间，德国党卫军在杀害集中营里的囚犯之前，会把其中比较强壮的送到工厂里去做工，法本公司的合成燃料工厂就曾经使用大量死囚，其奥斯维辛合成燃料工厂规模较大。它的规模之大，从它的耗电量比柏林全城的耗电量还高这一史实可见一斑。法本公司总部认为该工厂的煤炭和劳动力供应充足。有记录显示，为法本公司工作的奥斯维辛集中营囚犯曾多达30万人。公司给在工厂里工作的囚犯们支付饭费，标准是每位成人每天3～4马克，儿童减半。但是，囚犯们自然领不到钱，钱都进了党卫军的小金库。囚犯们一天只能得到1000卡路里的热量，明显低于正常值的下限。法本公司和党卫军在工厂管理上偶尔会发生分歧，但几乎总以法本公司的让步而告终。比如，法本公司曾经认为党卫军在"自由的（即不是囚徒）"德国和波兰职员面前鞭打为公司工作的囚徒会"影响士气"，即使要鞭打，党卫军也应该回到集中营后去打，而不要在工作场所当众打。不过，几个月后，法本公司向党卫军做出妥协，称"我们的经验显示只有粗暴的办法才会对这些人有效果"。在后期，法本公司发现为公司工作的死囚们身体过于虚弱，容易感染上奥斯维辛集中营里流行的各种疾病。为了提高生产效率，公司就在当地按照奥斯维辛的模式，自建了一个叫莫洛维茨（Monowitz）的集中营。虽然囚犯们为法本公司合成燃料的持续增产做出了巨大贡献，但是他们并没有得到好报。相反，仅仅在奥斯维辛，就有多达约200万人（其中绝大多数是犹太人）死于法本公司生产的毒气［参见 Daniel Yergin, *The Prize: The Epic Quest for Oil, Money & Power* (New York: Simon & Schuster, 1991), pp.344-345］。第二次世界大战期间纳粹使用的毒气，高达95%的为法本公司提供（见汤大友、刘馨："德国化学工业崛起的启示"，《中国涂料》，2011年第7期，第67页）。

量的95%。① 到1944年美军轰炸并造成重大损失之前,仅仅法本一家公司直接液化制合成燃料项目的产能就超过400万吨/年。即便到了1945年5月德国战败时,西里西亚(Silesia)和捷克斯洛伐克苏台德地区(Sudetenland)的直接液化合成燃料工厂仍在建设中,产能超过100万吨/年。

费托工艺制合成燃料的应用规模则小得多。第二次世界大战爆发时,德国国内采用费托工艺的合成燃料项目的产能加起来只有24万吨/年。到1940年5月,增加到41.4万吨/年,但之后直到第二次世界大战结束,德国都再也没有建设新的费托工艺合成燃料项目,第二次世界大战期间的产能最高只达到58.7万吨/年,仅仅相当于直接液化工艺制合成燃料规模的1/7。可见,虽然同为合成燃料制造工艺,贝吉乌斯工艺/直接液化和费托工艺/间接液化的应用规模相差悬殊。②

海因里希·布特菲希(Heinrich Bütefisch)是洛伊纳合成燃料项目的负责人,第二次世界大战结束后,他作为战犯在接受审讯时,说明了为什么纳粹德国宠爱贝吉乌斯工艺而不"待见"费托工艺。他说,第一,从技术上看,费托工艺的煤炭耗费量比贝吉乌斯工艺更高,而且费托工艺所需原料更难获取,它主要以焦炭为原料。可是,第二次世界大战期间由于炼钢也需要大量焦炭,所以焦炭的供应越来越稀缺,而贝吉乌斯工艺所需的主要原料是褐煤,也可以用煤焦油,供应始终充足。第二,用费托工艺生产出来的成品油品质较低,难以满足战争需求。③

(3) 德国石油进口的渠道多元而且安全

在进攻波兰之前,纳粹德国石油进口的多条渠道都很通畅,这也让那个时期的德国政府没有石油供应的不安全感。第一,纳粹德国的对外扩张始于1938年的德奥合并,之后一步步扩张。英国和法国是当时的欧洲共同盟主,英国张伯伦(Neville Chamberlain)政府和法国的达拉第(Edouard Daladier)政府都对纳粹德国的扩张采取绥靖政策,包括对德国的石油进口听之任之。这段时期希特勒对

---

① Daniel Yergin, *The Prize: The Epic Quest for Oil, Money & Power* (New York: Simon & Schuster, 1991), pp.329-333.
② Raymond G. Stokes, "The Oil Industry in Nazi Germany, 1936-1945", *The Business History Review*, Vol. 59, No. 2 (Summer 1985), pp.264-267.
③ Ibid., p.267.

英法政策的软弱有清晰的认识和正确的判断,并不担心它们会封锁德国的石油进口通道。第二,德国的陆上石油进口通道不容易受到英法的干扰。当时,德国进口的石油约70%产自西半球的美国、墨西哥等国家,经海路运到德国港口,越洋石油运输当然容易被当时全球最强的英国海军阻断。不过,德国进口的石油中,还有30%出自苏联和罗马尼亚等欧陆国家,从那些国家进口石油只需经过陆上运输,被英法两强影响的可能性更小。当时,罗马尼亚是欧洲第二大产油国,仅次于苏联,也是世界重要的石油生产国。① 1936年,罗马尼亚出口了约700万吨石油;苏联的石油产量更大,不过由于其工业、农业和国防工业消费了大量石油,导致石油出口量反而比不上罗马尼亚,出口量大约为300万吨。直到苏德战争爆发,罗马尼亚和苏联都是德国可靠的石油进口来源。②

(4)希特勒认为德国不会遭遇石油供应紧张

第二次世界大战爆发之前希特勒石油危机感较弱,还有一个重要原因:他迷信其闪电战的威力,深信他将发动的每一场战争都会很快结束,所以不需

---

① 罗马尼亚石油对德国战略的重要性在第一次世界大战期间就已有充分体现。战争期间,德国军队未能成功阻止英国人破坏罗马尼亚普罗耶什蒂(Ploești)油田,德军高级军官对此深以为恨,并以为这是德国最终在第一次世界大战中战败的重要原因之一。1914年,第一次世界大战在欧洲爆发。战争的头两年,罗马尼亚政府宣布持中立立场,静观事态发展。1916年8月,俄罗斯人在东部战线取胜,罗马尼亚政府向奥匈帝国宣战。德国人对此十分恼火。德军的最高决策人物鲁登道夫(Erich Ludendorff)将军尤为愤怒。他认为,如果没有罗马尼亚的石油和谷物,德国根本不能生存,更谈不上作战了。因此,德奥联军当年9月就发动了对罗马尼亚的进攻。罗马尼亚军民进行了英勇顽强的抗击,竭力保卫盛产石油的瓦拉千(Wallachian)平原。10月中旬,德军侵占了罗马尼亚大片国土,夺取了各地库存的大量石油产品。10月31日,英国政府战争紧急委员会召开会议商讨对策,认为无论如何不能让罗马尼亚的油田和炼油厂落入德奥联军手中,成为敌方重要石油供应基地,因此,必要时要炸毁油井等各种生产设施。但是罗马尼亚政府对此犹豫不决,下不了决心。11月17日,德军突破了防线,进占瓦拉千平原。于是,英国人决定自己单方面动手去破坏罗马尼亚的石油工业。11月18日,受英国政府委托的诺顿-格里菲斯(Norton-Griffiths,一家大工程公司的老板)绕道俄国到达罗马尼亚。这时罗政府才同意英国人的意见。11月26日到27日,诺顿-格里菲斯领导的行动小组爆炸了第一个油田,把凡能弄到手的东西——砖头、石块、废铁、沙土、旧钻头——填入一口口油井。井架、地面集输系统、炼油装置通通炸毁。油田上到处烈焰腾腾、浓烟滚滚。普罗耶什蒂油田是最后失守的。行动小组抢在德国人进入前几小时启动了爆炸。诺顿-格里菲斯同行动小组一起干,抢大锤,点炸药,差一点被德国人抓走。这个行动小组一共炸掉约70多座炼油厂,烧掉约80万吨原油和石油产品。德国人几乎是空欢喜一场。他们用了5个月才局部恢复石油生产,1917年的产量只及1914年的1/3。1918年日产量也只及1914年80%。不过,1918年11月11日德军已屈膝投降,他们未能掠夺走多少石油来支撑战争。战后,鲁登道夫将军承认,诺顿-格里菲斯的破坏活动"的确实质性地减少了我们军队和国家的石油供应。我们必须把我们的(石油)短缺部分归因于他"。见柴亮:"欧洲最早的产油国——罗马尼亚",《中国石化》,2007年第2期,第52—53页;Daniel Yergin, *The Prize: The Epic Quest for Oil, Money & Power* (New York: Simon & Schuster, 1991), pp.179-182.

② Rosemary A. Kelanic, "The Petroleum Paradox: Oil, Coercive Vulnerability, and Great Power Behavior", *Security Studies*, Vol. 25 (2016), p.205.

第 3 章　德国：渡尽石油时代劫波

要担心石油在持久战中逐渐供应不上的问题。

1935 年末 1936 年初，德国曾经历一场外汇危机，并一度引发食品和石油供应的短缺，这件事促使德国政府决定测算，在与别国交战的情况下，德国军民的石油消费的总量会是多少。这项工作落在了国防部的格奥尔格·托马斯（Georg Thomas）将军身上。托马斯将军公开反对希特勒迷信的"闪电战"战争观，认为一切战争都会变为漫长的消耗战①，既然如此，获胜的唯一出路就是立即和全面的动员，包括动用大量的石油等战争物资。他的战争观影响了其对德国石油需求量的预测。1936 年 3 月，托马斯将军交出的研究报告表明，如果德军当时就发动一场对外战争，那么全国每年需要 300 万吨石油以维持军事需求和满足最基本的国民石油消费需求。如果德国延迟至 1938 年才发动战争，考虑到德军规模的扩大，全国的石油需求量将增加到每年 500 万吨。他估计，在战争背景下，1936 年和 1938 年，德国自产石油分别能够满足 30% 和 40% 的石油消费需求，剩下的则需要从国外获取。

可是，希特勒坚持他的乐观看法，相信他发动的每一场战争短则数周、长则数月就会结束，所以德国的石油需求量将远低于托马斯的估算。而且，德国国防军和企业已经储备了一些数量的石油，到闪击波兰之前，德国战略石油储备量达到 220 万吨，足以满足任何情况下德国几个月的石油需求。②

希特勒也不是完全不担心石油供应安全。希特勒妄图征服全球，他计划在征服全欧洲之后，再打败美国，征服西半球。他预料与美国的战争将不会再是速战速决的闪电战，而不可避免地会是持久战。③ 希特勒意识到美国的石油等物资极其丰富，而要战胜美国，德国必须获得和"整合"所有欧洲国家的石油资源，这是德国在 1941 年攻击苏联的一个重要考虑。

第一次世界大战之后，随着战争机器越来越多地被内燃机驱动，德国经济和军事的石油对外依存度逐渐提高。纳粹的意识形态决定了德国必然要对外扩张。因此，从战略意义上，德国的对外扩张、第二次世界大战的爆发与石油

---

① 第二次世界大战初期德国成功地闪击波兰、法国，似乎证明托马斯将军错了。但是，之后德军在苏联战场陷入战争的泥潭，经历了典型的消耗战。
② Rosemary A. Kelanic, "The Petroleum Paradox: Oil, Coercive Vulnerability, and Great Power Behavior", *Security Studies*, Vol. 25 (2016), pp.205, 207.
③ Anand Toprani, *Oil and Grand Strategy: Great Britain and Germany, 1918-1941*, M. Phil Dissertation, Georgetown University, 2012, p.489.

没有关系。但是,从战术层次上,攫取石油资源影响了纳粹德国对侵略对象和方向的选择,以及第二次世界大战的进程。比如,纳粹德国入侵苏联以及向高加索地区进军,和苏联是当时世界上最大的产油国之一、巴库是当时世界重要的石油产区有关。可能也与巴库邻近伊朗、伊拉克等中东石油主产区有关。德军横扫北非,并向埃及进军,除了军事战略的考虑外,也有进军波斯湾石油产区的考虑。

只有在有油的情况下,德军的坦克、装甲车等"油老虎"才有机动能力,德军的机械化部队才能发挥其移动迅速的优势,没有油的"油老虎"会成为敌军炮口下的靶子,成为死老虎。

1943年2月,德军在斯大林格勒战役中战败,以及之前在阿拉曼战役中的战败,使德军获得苏联和波斯湾原油的希望破灭,这加速了纳粹德国的覆灭。

相反,盟军方面,当时世界所有主要的石油产区——美国、苏联、中东、东南亚、委内瑞拉和墨西哥等拉丁美洲国家——都在盟军控制下,从能源方面保障了盟军的最终胜利。

2. 征服波兰后德国设法应对英法的石油封锁

1939年德国迅速征服波兰。英法两强是波兰的保护国,对德国宣战,并开始对德国的石油等物资进行海上封锁。不过,此后至苏德战争爆发,德国石油状况并没有变差,一个重要原因是那段时期德国逐渐控制了罗马尼亚的石油资源,而德国自产和从苏联进口的石油数量也在增加。

首先,德国利用苏联对罗马尼亚的安全威胁,提出充当罗马尼亚的"保护神",并趁机获得罗马尼亚石油资源的控制权。本来控制罗马尼亚石油资源的强国并非德国,而是英法。第一次世界大战之后,英法石油公司在罗马尼亚的石油产量占罗全国总量的3/4,而德国公司的占比不到1%。波兰灭亡后,英法加大工作力度,努力想把罗马尼亚拉到自己一边。一方面,英法向罗马尼亚提供更多武器以及安全保障,另一方面对罗马尼亚提出更优惠的原油贸易条款,力求避免罗马尼亚原油流向德国。可是,它们的努力效果并不太好。

罗马尼亚与苏联之间为比萨拉比亚地区的领土问题发生争端,给了纳粹德国控制罗马尼亚的机会。比萨拉比亚本来是沙俄领土,第一次世界大战后被划给罗马尼亚。波兰灭亡后,苏联要求罗马尼亚归还比萨拉比亚,罗马尼亚自然不愿意。纳粹德国的机会出现了。

第 3 章 德国：渡尽石油时代劫波

1939 年 9 月 17 日，苏联吞并波兰东部地区，并陈兵罗马尼亚边界，4 天之后，罗马尼亚首相阿曼德·克利内斯库（Armand Călinescu）神秘遇刺。当苏联对罗马尼亚施加安全威胁时，英法口惠而实不至，袖手旁观，这给了纳粹德国良机。1940 年 5 月，德罗两国达成武器换石油协议。德国向罗马尼亚提供武器装备，还向罗马尼亚派出军事教官，训练罗马尼亚军队，使苏联不敢轻举妄动。罗马尼亚则承诺向德国每个月提供 20 万吨原油。结果，罗马尼亚成为德国最大的石油进口来源，两国贸易量从 1938 年的 45 万吨，迅速增长至 1939 年的 130 万吨和 1941 年的约 300 万吨。

除了和罗马尼亚进行武器换石油交易外，德国也和苏联进行这种交易。1940 年 2 月 11 日，德国和苏联之间达成协议。苏联同意向德国出口石油等物资，以换取德国的武器装备，包括炮塔、地雷、军舰、战斗机等。结果，苏德之间的原油贸易量急剧提高：1939 年，苏联只向德国出口了 5 000 吨原油，而 1940 年 2 月至 1941 年 6 月 22 日之间不到一年半的时间，苏联对德原油出口量达到了约 100 万吨。

同期，德国自产石油数量也在增加。到 1939 年，德国原油和合成燃料的产量合起来已达到 220 万吨，相当于当年德国石油消费量的 40%。①

3. 持久战开始后德国石油状况越来越差

1941 年 6 月，德国突袭苏联，苏德战争爆发。之后希特勒迅速征服苏联的预谋没能得逞，闪电战破产，德国被拖入旷日持久的消耗战，其石油等战略物资的困境越来越明显。

如前所述，苏德战争之前，德国有三大油源：自产石油、来自罗马尼亚的石油和来自苏联的石油。苏德战争一爆发，苏联对德国的石油出口自然立即停止了，而德军试图占领苏联巴库油田的努力始终没能得逞。德国自产的原油和人工合成石油在早期继续快速增产，但是到了第二次世界大战中晚期，盟军在获得德国领空的制空权后，重点打击德国石油设施，导致其国内石油产量锐减。罗马尼亚油田先是因为遭到盟军的空袭而减产，到 1944 年苏联军队占领罗马尼亚后，罗马尼亚对德国的石油出口停止。总之，随着战局越来越不

---

① Rosemary A. Kelanic, "The Petroleum Paradox: Oil, Coercive Vulnerability, and Great Power Behavior", *Security Studies*, Vol. 25 (2016), pp.207-211.

利,德国的石油供应量急剧下降,而这反过来又恶化了德国的不利境况。

另一方面,随着战争规模的急剧扩大,德国石油消费量大增,与和平时期相比成倍增长,再加上意大利等仆从国更加贫油,其石油消费尤其是其战争机器用油对德国的依赖程度高①,这相当于增大了德国石油需求量。石油消费仿佛无底洞,数量越来越大,供应方面"失血"则越来越严重。

(1) 德军掠夺苏联石油的意图以失败告终

1941年德军对莫斯科的进攻虽然一开始顺利,但之后"再而衰,三而竭",到当年底,德军已经无法再向前推进。

从一开始,德军就有夺取苏联石油资源的强烈意图,并曾经设计用本国的大陆石油公司(Kontinentale Öl, Konti)来管理占领区的石油资源,还曾经考虑过如何预防撤退的苏军破坏石油生产设施。

为了开发苏联高加索地区的石油资源,大陆石油公司在1941年8月成立了一家子公司东方石油公司(Ost Öl GmbH, Ostöl),这家公司曾经购买了钻机、车辆和其他石油生产设备,摩拳擦掌要去外高加索地区钻油,但一直没有得到机会。②

托马斯将军是国防部内编制战争经济规划的重要成员,他对苏联石油的重要性有清楚认识。他提出,最理想的石油状况是:第一,苏联在德军的强大攻势前一触即溃,苏德战争像闪击波兰、闪击法兰西一样迅速结束,在没有消耗多少石油的情况下,战争就结束了;第二,德军及其仆从军顺利接管苏联主要石油产区,战后苏联地区的石油产量不下降。托马斯认为,如果对苏战争快速结束,意味着轴心国原有地区内的石油需求将迅速降至战前水平。但是,新占领区的居民、企业等会带进来新的石油需求。所以,如果不能把苏联的石油供应据为己有,那么轴心国势力范围内的石油供求关系一定会更加紧张。

注意! 托马斯将军关注的重点不是获取苏联的石油资源,而是苏联的石油产量,这也是德国政府的关注侧重点。控制的石油储藏即便再丰富,储量即便再巨大,如果不能迅速开发出来,这样的产油区对德国的战争而言,也没有

---

① 庞媛媛:"德国在二战中的石油战述评",《河南工业大学学报(社会科学版)》,第8卷第2期(2012年6月),第55页。

② "Kontinentale Öl", https://en.wikipedia.org/wiki/Kontinentale_%C3%96l, November 14, 2017, accessed on February 26, 2018.

第 3 章 德国：渡尽石油时代劫波

意义。它意味着德国希望避免第一次世界大战中罗马尼亚油田的悲剧，要尽力"完美"地接管苏联主力油田。戈林也认为应该把高加索产油区作为战争的重点目标。不过，他对接管苏联的石油生产有着盲目自信。他对托马斯说，"布尔什维克政权"将一触即溃，会还来不及破坏油田等石油生产设施就倒台了。他这么乐观可能是因为受到希特勒狂妄情绪的影响。①

不过，在执行层面，德国政府和军队的一些机构曾经认真地设计过如何完美地接管苏联的石油生产设施，武装部队作战参谋部提出向苏联石油产区空投德国军队，或者经海路采取先发制人式的进攻并迅速控制苏联石油产区的想法，不过之后该参谋部自己又认为这样的设想不现实。

武装部队作战参谋部还曾经考虑过，要在苏联产油区扶持建立一个自治的高加索国家，这个国家会在战争打响后保护石油生产设施。德国情报机关支持这一想法，在 1941 年 7 月，它提出应该在罗马尼亚、保加利亚和土耳其招募高加索侨民，组成一支特别行动队，在德军占据产油区后，让行动队渗透进石油工人队伍中，以保障石油生产的安全、有序进行。②但是，由于德军从未能攻入巴库产油区，这么"巧妙"的设计最终未能实施。

德国把宝押在迅速打败苏联上。为达此目的，德国投入所有能动用的军力和物力。同时，德国政府设法让轴心国范围内的民众"勒紧裤腰带"。在石油物资动用方面，德国政府通过配额制等手段，最严格地限制消费。民用汽油和柴油储备水平低得不能再低，1941 年 12 月，民用汽油和柴油配额已经分别下降至 1939 年 9 月水平的 1/4 和 42%。而另一方面，在对苏战场上，从 1941 年 6 月至 12 月，石油供应量的增加超过了消费量的增长，结果，东线德军在那段时期可以使用的石油数量在那段时期不仅没有减少，反而增加了 17.3 万吨。可惜，对东线德军来说，那样的好时光实在是太短暂了。

1941 年 9 月，德军发起台风行动，企图拿下莫斯科。但到 12 月，台风行动宣告失败，德军被拖入持久战。石油短缺的问题很快开始出现。德军攻占的苏联领土不出产石油，而由攻转守的东线德军却需要大量的石油补给，其规模达到每个月 12 万吨，当时据估计德军储备的石油将在 1942 年 3 月耗尽。其

---

① Anand Toprani, *Oil and Grand Strategy: Great Britain and Germany*, 1918-1941, M. Phil Dissertation, Georgetown University, 2012, p.497.

② Ibid., p.498.

开拓新边疆——世界资源格局是如何转换的？

结果不仅将使德军的春季攻势无法开展,甚至连防守用油都无法满足。1941年11月,托马斯将军告诉陆军总参谋长哈尔德上将(Franz Halder),说虽然次月军队还能得到9.5万吨的石油供应,但是在次年的前三个月,德军的用油配额将削减至7.5万吨,而哈尔德上将表示,一旦用油配额减少,德军的作战自由将受到影响。

1942年初,希特勒对东线战争的想法有了较大转变。他开始认识到,德国缺乏彻底击败苏联的手段,可能永远无法打败苏联,既然如此,就只能退而求其次,接受和苏联的共存。希特勒还计划,在东线战场采取守势,并转头去西线进攻英美集团。1942年8月,希特勒对海军总司令雷德尔(Erich Raeder)将军说,第三帝国不再为战胜(苏联)而战,而只是要获得足够多的空间和资源,一方面顶住苏联的反击,另一方面要与英国和美国打一场持久战,并迫使后者最终求和。

可是,要在东线战场打防守战也不容易,从苏联人手中夺得高加索产油区是希特勒新战略成功的关键。进入1942年,德国石油储备降至79.7万吨,仅够一个月消耗。国防经济和装备办公室是制订德国国防经济规划的重要机构,它提出:"如果迈科普(Maikop)的土地不在(我们)德国人手中,那里的石油资源不能被我们所用,那么德国的石油供应就不能被认为是安全的。"①

为了摆脱石油困境,1942年夏季德军在对苏南部战线发动蓝色行动(Operation Blau),主要是为了占领苏联的迈科普、格罗兹尼(Grozny)和巴库产油区,同时截断苏军的石油供应。② 苏联高辛烷值航空汽油总产量的80%、煤油的90%、拖拉机用油的96%都来自巴库。8月,德军抵达高加索石油中心最西端的迈科普,但迈科普的石油产量本来只占全苏的7%③,大约相当于巴库的1/10。更为糟糕的是,苏军撤退前已将那里的油田和设备全部毁坏,这使得德军恢复石油生产的努力遭遇到严重困难。直到1943年初,那里的石油日

---

① Anand Toprani, *Oil and Grand Strategy: Great Britain and Germany, 1918-1941*, M. Phil Dissertation, Georgetown University, 2012, pp.517-520.

② Anand Toprani, "The First War for Oil: The Caucasus, German Strategy, and the Turning Point of the War on the Eastern Front, 1942", *The Journal of Military History*, Vol. 80, No. 3 (July 2016), p.815.

③ Anand Toprani, *Oil and Grand Strategy: Great Britain and Germany, 1918-1941*, M. Phil Dissertation, Georgetown University, 2012, p.498.

产量也不过 80 桶。德军需要大量的石油供应,但德军离本土和补给中心已有数千英里之遥,失去了速度和奇袭方面的优势。装甲师在高加索停滞不前,等待新的燃料补给,而且运输石油的卡车由于缺少燃料无法及时到达。1942 年 11 月,德军最后一次力图通过山路向格罗兹尼(占全苏石油产量的 9%①)和巴库突围,遭到了彻底的失败。由于无法攻克产油中心,德军的燃料得不到补充,在接下来的斯大林格勒战役中也只能坐以待毙。

德军发动斯大林格勒会战,一方面希望切断苏军来自高加索的石油供应,一方面希望夺取高加索油田为己所用。从 1942 年 7 月至 1943 年 2 月,斯大林格勒成为一次规模宏大的决定性战役的战场。德国陆军不断受到给养匮乏的困扰,其中尤以燃料短缺为最大困难。因此,被困在斯大林格勒的德军只有坐以待毙,受冻挨饿,而其机动化战争必需的基本要素燃料也已耗尽,最终战败投降。斯大林格勒会战使德军丧失了获得维持战争机器运转的必需能源的机会。其后,德军战线不断收缩,并逐步进入防御,直至完全失败。②

(2) 罗马尼亚对德国的石油供应最终中断

对苏战争从希特勒预想的闪电战变为持久战后,德国对罗马尼亚石油的需求量猛增,然而对德国来说很不幸的是,罗马尼亚石油生产恰恰在 20 世纪 30 年代末 40 年代初进入了衰减期。结果从一开始,来自罗马尼亚的石油供应量就远不及德国全面战争的需求,也不及德国政府的预期。后来盟军对罗马尼亚油田和炼油厂等石油设施的空袭以及苏军控制普罗耶什蒂等罗马尼亚油田,使德国获得的罗马尼亚石油数量逐渐减少直至归零。

负责战时经济计划的德国高级官员曾把轴心国胜利的希望寄托在罗马尼亚石油身上,可是罗马尼亚石油显然承受不了这样的厚望,因为当时它的产量恰好处在衰减期。1938 年罗马尼亚石油产量大约为 660 万吨,1943 年下降到 530 万吨。关于减产原因,除了油田自然减产外,德国官员认为还有人为原因:罗马尼亚把国内成品油价格定得过低,导致其一方面石油浪费严重,另一方面油价低又让石油生产企业得不到足够多的收入以投入扩大再生产,石油产量

---

① Anand Toprani, *Oil and Grand Strategy: Great Britain and Germany, 1918-1941*, M. Phil Dissertation, Georgetown University, 2012, p.498.
② 庞媛媛:"德国在二战中的石油战述评",《河南工业大学学报(社会科学版)》,第 8 卷第 2 期 (2012 年 6 月),第 55—56 页。

开拓新边疆——世界资源格局是如何转换的?

自然上不去。德国政府要求罗马尼亚政府提高油价,但遭到后者的拒绝。

1941年11月,希特勒、戈林和里宾特洛甫(Joachim von Ribbentrop)都会见了罗马尼亚副首相,索求更多石油供应。戈林和里宾特洛甫提到,在德军占领苏联主要油田之后,至少需要一年的时间才能恢复其产量。所以,德国急需罗马尼亚石油公司不惜以涸泽而渔的方式,加大产量以填补这一空白期。戈林还许下诺言:在德军占领苏联和伊朗油田之后,会给罗马尼亚一些权益,以作补偿。次月,罗马尼亚政府做出答复,表示愿意通过在国内实行严格的配额制等,来增加对德国的燃料油出口。

德国对罗马尼亚的压力取得了一些效果。在德国石油公司的帮助下,罗马尼亚的石油产量暂时停止了下降;对德国和意大利的石油出口在罗马尼亚出口总量中所占比例大幅上升,从1936年的25%提高到1941年的83%甚至更高。[①] 尽管如此,从罗马尼亚的石油进口量既远不及德国政府的预期(因而让德国高级官员非常失望),也远远不能满足德国对苏联和其他同盟国国家作战的需要。

1943年8月1日,盟军对普罗耶什蒂油区进行了第一次轰炸,但是造成的影响不大。1944年5月27日和28日,盟军轰炸机群空袭了罗马尼亚,对普罗耶什蒂油区进行了大规模轰炸,炸毁了一部分石油生产和炼制设施以及若干油库,不过并未造成石油生产瘫痪。1944年秋天,苏联红军转守为攻,大军西进,解放了罗马尼亚,德军失去了普罗耶什蒂油田的石油供应,这加速了它的灭亡。[②]

(3) 德国的自产石油在盟军的空袭中化为乌有

德国的合成燃料曾经度过一段美好时光。经过多年的发展,德国合成燃料业有了很大进步,包括生产工艺明显提高、有了更好的催化剂、产品质量提升,以及可接受的原料范围扩大。最关键的是,合成燃料的产量明显提高。从1940年到1943年,德国合成燃料产量增长了大约一倍,从日产7.2万桶增长到12.4万桶,也就是说,年产量从360万吨增至620万吨。到1944年一季度,合成燃料供应已经占德国石油总供应量的57%,在航空汽油供应量中的占比

[①] Anand Toprani, *Oil and Grand Strategy: Great Britain and Germany*, 1918-1941, M. Phil Dissertation, Georgetown University, 2012, pp.512-515.

[②] 柴亮:"欧洲最早的产油国——罗马尼亚",《中国石化》,2007年第2期,第54页。

第3章 德国：渡尽石油时代劫波

更高达92％。总体看，第二次世界大战期间德国消费的石油有一半是合成燃料。① 德国合成燃料生产的兴旺与死亡集中营和强制劳动有着密不可分的关系。

1944年3月，美国驻欧洲战略空军司令卡尔·斯帕茨（Carl Andrew Spaatz）将军向盟军总司令艾森豪威尔（Dwight Eisenhower）将军建议，优先摧毁德国的合成燃料工业，并得到了艾森豪威尔的默许。1944年前四个月，德国合成燃料的产量高达9.2万桶/日（约合460万吨/年）。1944年5月12日，盟军的935架轰炸机在战斗机的护航下，轰炸了德国的一些合成燃料工厂，包括法本公司位于莱比锡附近小镇洛伊纳的巨型工厂（其产能在150万吨/年以上②）。之后，美英战略航空兵对德国的合成燃料等石油供应系统发动了持续的轰炸，造成巨大破坏，尽管德国投入多达35万人进行重建，但是德国合成燃料产量仍然大幅下降。到当年9月，产量已经下降到5 000桶/日，航空汽油产量降为日产3 000桶，只有1944年头四个月平均产量的6％。

在德国的合成燃料生产中，贝吉乌斯加氢工艺是主流，因此盟军把采用贝吉乌斯加氢工艺的工厂作为轰炸的重中之重，导致用该技术路线生产的德国合成燃料产量急剧下滑。统计显示，在盟军空袭造成的德国国内石油产量损失中，贝吉乌斯合成燃料损失占到65％以上，而原油、煤焦油和费托工艺法制造的合成燃料等产量的损失只占约1/3。盟军对两种合成燃料的轰炸效率大不相同。盟军对贝吉乌斯合成燃料生产设施的轰炸，每投下1吨炸弹，平均会造成约39.7吨的产量损失。而对费托合成燃料生产设施的轰炸，每投下1吨炸弹，平均只会造成约11吨的损失。之所以有这么大的差别，一个重要原因是使用费托工艺生产合成燃料的工厂规模一般较小。

原油生产在纳粹德国时期受到的重视远不及合成燃料，产量增长不多。在盟军对德国的轰炸中，原油生产遭受的损失也不及合成燃料。1944年5月，盟军开始轰炸德国的石油生产设施，到当年12月，德国原油产量虽然下降，但幅度不到40％。到1945年3月，原油产量仍然相当于1944年5月的24％，而

---

① Daniel Yergin, *The Prize: The Epic Quest for Oil, Money & Power* (New York: Simon & Schuster, 1991), pp.344, 747-750.
② Raymond G. Stokes, "The Oil Industry in Nazi Germany, 1936-1945", *The Business History Review*, Vol. 59, No. 2 (Summer 1985), p.264.

开拓新边疆——世界资源格局是如何转换的？

同期合成燃料的产量已经下降97%。从绝对数量来看,1945年3月德国原油产量为4万吨,而合成燃料产量已经惨跌至1.1万吨。①

各种石油供应合起来看:"从1944年第一季度到最后一个季度,(德国)石油产量和进口石油产品的总数降低了2/3。"

内外油源的短缺使德军战斗力大幅下降。从1944年秋季起,德国的战斗机对美英的轰炸机已无法进行有效的抗击。它们只能按兵不动、积蓄油料,间隔几日才能出动一次。油料短缺使德军飞行员的训练也受到极大影响,每人每周分配到的油料只够飞行1个小时,致使新飞行员的补充日益困难。而1944年年底德军在西线发动的阿登(Ardennes)反击战虽然一度取得胜利,但最终还是由于燃料的告罄而以失败告终。

德国空军战斗力的下降反过来又导致它们更加无力保卫合成燃料工厂。1945年初,德国合成燃料工厂大面积被摧毁,造成航空汽油产量锐减为1944年同期的0.5%。1945年2月,德国的航空用油已无法生产,到战争最后几个月只有少量的德国飞机能够升空作战。几近枯竭的石油供应使德国战争机器的主要部分趋于瘫痪,德国已经陷入绝境。大量的新式战斗机和重型坦克因为缺乏燃料在地面被盟国空军炸毁,德军已经退到依靠骡马和人力运输的时代。②

(4) 全面大战使德国石油需求量猛增

很难对第二次世界大战时期德国的石油需求量做出准确评估,一个主要原因是当时的战局变化很快,时急时缓,战斗规模时大时小,德军的作战用油需求量变化很大。1941年5月,苏德战争尚未爆发,德国武装部队最高司令部测算,当时轴心国控制范围内每个月的石油消费量是115万吨,一年则达1 380万吨。次月,德军突袭苏联,战争规模扩大,轴心国范围内的石油消费量自然继续增加。③

---

① Raymond G. Stokes, "The Oil Industry in Nazi Germany, 1936-1945", *The Business History Review*, Vol. 59, No. 2 (Summer 1985), pp.275-276.

② 庞媛媛:"德国在二战中的石油战述评",《河南工业大学学报(社会科学版)》,第8卷第2期(2012年6月),第56—57页;Daniel Yergin, *The Prize: The Epic Quest for Oil, Money & Power* (New York: Simon & Schuster, 1991), pp.346-348.

③ Anand Toprani, *Oil and Grand Strategy: Great Britain and Germany, 1918-1941*, M. Phil Dissertation, Georgetown University, 2012, p.498.

二、德国已进入后石油时代

第二次世界大战之后德国虽然没有再为石油而战,但其能源安全却得到了加强。原因包括:第一,德国的和平主义国家发展路线以及美军对德国的安全保护,让德国不用像第二次世界大战之前和第二次世界大战期间那样把大量石油消耗在数量庞大的军事机器上。第二,近年来德国经济向后工业化转型,能源强度尤其是石油强度下降。而20世纪70年代两次世界石油危机后,德国积极发展节能技术,提高石油使用效率,导致1979年后德国石油消费的绝对量大幅下降。第三,德国发展核能、太阳能、风能等新能源取得巨大成功,越来越多地替代了包括石油在内的化石能源[①](见图3-1),由于这些能源的"原料"都在国内,这种态势提高了德国的能源安全程度。第四,德国至今仍然保留一定的国防力量,可是21世纪的军事武器对石油依赖程度远远比第二

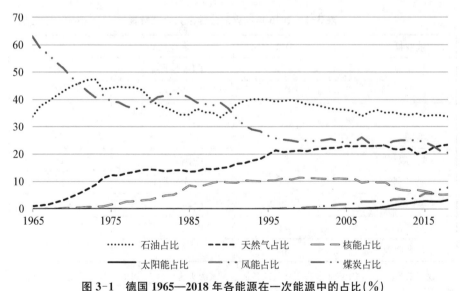

图 3-1 德国 1965—2018 年各能源在一次能源中的占比(%)

资料来源:BP Statistical Review 2019 All Data.

---

① 历史的发展道路上偶尔会出现一些倒退。比如,2011年日本福岛核事故后,德国核电站逐渐关闭,煤炭等化石能源的消耗量增加;又如,2014年下半年后油价大跌,并带动天然气价格下滑,增加了石油、天然气的价格竞争力,让包括德国在内的一些发达国家的石油、天然气消费量有所反弹。

开拓新边疆——世界资源格局是如何转换的？

次世界大战时期低。精确制导导弹而非坦克、装甲车等"油老虎"的大量使用可以决定现代局部战争的胜负，而导弹不用石油做燃料。

1. 近期德国天然气消费蓬勃发展，成为替代石油的重要能源

第二次世界大战后，德国石油替代能源的一个重要发展是，天然气消费量强劲增长，不仅有力替代了石油消费，而且成为德国最重要的能源之一。在早期的石油开发中，伴生的天然气因难以被回收、运输和利用，大量被"点天灯"当场烧掉（用这种方式烧掉的天然气被称为火炬气），如表 3-1 所示。之后随着技术的进步，油田伴生气的利用率越来越高，利用方式包括收集后通过管道运出、加工成液化天然气后运出、作为燃料发电保障油田电力供应，以及回注地下以驱动油藏，等等①。德国并不盛产天然气，第二次世界大战后其天然气消费量的增加几乎全靠进口，尤其是通过兄弟（Brotherhood）和联盟（Soyuz）管道从苏联进口天然气②，也进口北海天然气，还进口北非国家的液化天然气。

表 3-1　2016 年世界部分国家火炬气数量　　　　单位：亿立方米

俄罗斯	241	哈萨克斯坦	27
伊拉克	177	印度尼西亚	24
伊朗	164	沙特阿拉伯	21
委内瑞拉	93	利比亚	21
美国	88	印度	20
阿尔及利亚	85	中国	18
尼日利亚	71	土库曼斯坦	14
墨西哥	48	巴西	13
安哥拉	41	加拿大	13
马来西亚	30		

数据来源：吴强，"中美企业在天然气装备制造领域的机遇"，第 17 届中美油气工业论坛，浙江宁波，2017 年 11 月 15 日。

---

① 如今全球每年仍然有大量天然气被放空烧掉，但规模与过去相比，已经大大缩小。
② "盘点俄罗斯出口欧洲的天然气通道"，http：//www.cnpc.com.cn/syzs/yqcy/201503/8a52c154d453457bb9095f3afd7d96c3.shtml，2015 年 3 月 12 日，2017 年 11 月 16 日访问；Energy Information Administration, "Country Analysis Brief：Russia", https：//www.eia.gov/beta/international/analysis_includes/countries_long/Russia/russia.pdf, p.22, October 31, 2017, accessed on March 11, 2018.

第3章 德国：渡尽石油时代劫波

德国在第二次世界大战结束后分裂为联邦德国(西德)和民主德国(东德)，直到1990年德国重新统一。西德天然气行业的发展始于20世纪60年代初，当时其国内天然气生产的数量极为有限，难以满足日益增长的需求，于是从1963年开始从荷兰进口天然气。但是由于进口气源单一，到1965年，西德天然气消费量仅为20亿立方米，占全国一次能源消费总量的1%。20世纪70年代初，苏联和挪威的天然气先后进入西德市场，可供天然气数量随之迅速上升。东德的天然气行业起步于20世纪60年代末，当时，其天然气生产和消费量微乎其微，城市居民和公用设施都以使用煤制气为主。这一阶段，两德的天然气工业分别处于成长期和起步期。

1990年两德统一后，德国天然气管网设施建设蓬勃发展，天然气置换煤制气的过程迅速推进，较快地迈入了气源多元化、行业参与者众多、基础设施完善、市场消费需求稳定、天然气供应充足的成熟期。[①]

如今，德国的进口和境内天然气管道系统已经很发达，基本保障了德国的天然气供应安全。德国的主要天然气进口管道主要从俄罗斯进口天然气分三路进入德国。其中两路是陆路：一路经乌克兰、斯洛伐克和捷克管线从德国的韦德豪斯(Waidhaus)输入德国，另一路经乌克兰、斯洛伐克和奥地利管线从德国的维尔登拉那(Wildenranna)入境。[②] 还有一路是海路，即北溪(Nord Stream)输气管道。为减少第三方过境国对出口天然气管道的影响，2005年俄罗斯总统普京(Vladimir Putin)和德国前总理施罗德(Gerhard Schroder)达成修建北溪天然气管道的协议。该管道从俄罗斯列宁格勒州维堡港(Vyborg)出发，穿过波罗的海，在德国格赖夫斯瓦尔德(Greifswald)登陆，单管道长1224千米，管径1220毫米，设计压力为22兆帕斯卡，输气能力为275亿立方米/年，双管并行铺设，运能共为550亿立方米/年。该管道项目总投资为110亿美元，其中，俄气公司(Gazprom)持股51%，德国意昂集团(E.ON)和温特沙尔石油公司(Wintershall)各持15.5%的股份，荷兰天然气联合公司(N.V. Nederlandse Gasunie)和法国燃气苏伊士集团(GDF Suez)[③]各持9%的股份。

---

① 李晓东：“德国天然气行业发展现状及对我国的启示”，《国际石油经济》，2005年第3期，第45页。
② 同上，第46页。
③ 现已改名 Engie。

开拓新边疆——世界资源格局是如何转换的?

北溪第一条管道于 2011 年 11 月 8 日正式投入使用,第二条管道于 2012 年 10 月开始商业供气。① 目前,俄罗斯、德国等国公司正在铺设北溪 2 线(Nord Stream 2),但是由于受到美国、乌克兰、波兰、拉脱维亚、爱沙尼亚、立陶宛等国家的反对②,它的前景蒙上了一层阴影。

除了进口俄罗斯的输气管道外,德国还从英国、挪威和荷兰等西北欧国家进口天然气。

在跨国天然气管网设施不断完善的同时,德国境内的天然气运输管网,尤其是东部各州的输配网覆盖范围自 20 世纪 90 年代起也迅速扩大。1995 年,东部各州天然气置换煤制气和运输配送管网的大规模兴建过程基本结束,基础设施全面到位。③

2. 风能和太阳能对德国石油消费发挥了越来越大的替代作用

作为一种清洁能源,德国天然气消费替代了大量的石油和煤炭的消费。不过,作为一种化石能源,天然气消费也排放二氧化碳,只是排放量比煤炭和石油更少而已。在 20 世纪 80 年代之后,气候变化和节能减排逐渐成为国际共识和世界性的实践。④ 在应对气候变化方面,德国等欧洲发达国家走在世界的前列。多年来,德国政府致力于用风能、太阳能等低碳能源替代包括天然气在内的化石能源的消费。

在发展替代性能源方面,当初德国本可以像日本、法国等国一样,把发展核能作为一个重要选项。但是,德国较早确立了把发展风能和太阳能等可再生能源作为未来能源发展的主要路线。这有特殊的历史原因。首先,德国绿党(Green Party)在德国政党政治中举足轻重,而它把反对核武器和核能作为它的重要政治口号;其次,1986 年苏联切尔诺贝利(Chernobyl)核事故严重动摇了德国公众对核电站安全性的信心。

德国绿党出现在 1980 年,从成立之日起,就发声抗议和德国经济奇迹相

---

① "盘点俄罗斯出口欧洲的天然气通道",http://www.cnpc.com.cn/syzs/yqcy/201503/8a52c154d453457bb9095f3afd7d96c3.shtml,2015 年 3 月 12 日,2017 年 11 月 16 日访问。
② 李增伟:"'北溪 2 号'遇阻凸显欧盟分歧",《人民日报》,2016 年 11 月 2 日,第 21 版。
③ 李晓东:"德国天然气行业发展现状及对我国的启示",《国际石油经济》,2005 年第 3 期,第 46 页。
④ Daniel Yergin, *The Quest: Energy, Security, and the Remaking of the Modern World* (New York, The Penguin Press, 2011), pp.453-470.

关的环境恶化,包括水污染、空气污染以及森林遭破坏①。德国绿党是不同组织的联盟,把各组织团结在一起的一点是反对核能。而绿党反对核能和反对核武器又联系在一起。

20世纪80年代早期,里根(Ronald Reagan)任美国总统,北大西洋公约组织(North Atlantic Treaty Organization,NATO)增加在德国等西欧国家的核导弹部署数量,以对抗苏联的核武器威胁。全德掀起了反核武器和反美游行,这强化了德国对核能的反对。1986年,苏联切尔诺贝利核事故发生后,德国社会对核能的反对进入一个新的高峰期。

经过多年的努力,德国的能源结构发生了巨大变化。2000年,德国的可再生能源在发电量中的占比为6%左右,到2018年已经超过30%。近几年来可再生能源在电力构成中的比例接连刷新纪录。在2018年的德国电力能源构成中,煤炭火力发电占比约为35%,核电占12%,天然气、石油合起来占21%,可再生能源发电的比例仅次于煤炭发电。② 2016年5月15日,德国完成了人类能源利用上的一次里程碑事件,第一次实现了全国电力需求在瞬间几乎全部可以由可再生能源供应的局面,预示人类能放弃以化石能源和核能为基础的能源供应体系,转向以可再生能源为基础的能源体系。

德国确定了能源消费总量控制目标。工业化高度发达的德国在能源上并没有什么优势可言。多年来,德国石油几乎完全依赖进口。同时,欧洲国家进口的天然气大多来自俄罗斯,俄罗斯与北约、欧盟的紧张关系让德国感到自身的能源安全缺乏保障。保障能源供应、提高能源利用效率一直是德国追求的目标。

德国在2007年、2010年、2014年推出了全国能源效率计划,在经济增长和居民生活水平保持不变的情况下,对国家的能源消费总量进行控制。根据最新的能源目标,德国的一次能源消费量以2008年为基准,计划在2020年减少20%,到2050年减少50%;总电力消耗量计划在2020年下降10%,到2025年下降25%。③ 现阶段虽然还有一些国家也提出了能源效率目标,但像德国这样确立能源总消费量下调目标的还很少见。

---

① 朱苗苗:"'德意志森林'与反核运动",《人民日报》,2011年7月14日,第21版。
② BP Statistical Review 2019 All Data.
③ 中国驻德国使馆经商处:"德国'能源方案'长期战略述评",http：//www.mofcom.gov.cn/aarticle/i/dxfw/jlyd/201204/20120408092544.html,2012年4月26日,2018年9月22日访问。

开拓新边疆——世界资源格局是如何转换的？

在确定能源消费量总目标的基础上，德国确定可再生能源发展目标。纵观德国可再生能源的发展，可以分为起步、发展、快速发展以及超预期发展四个阶段。1990 年之前，可再生能源的开发和利用在德国还未得到重视；1990 年之后，德国政府层面开始采取鼓励的态度；2000 年后，德国围绕能源开发和能源效率开始立法，并从研发到资金配套，从能源市场改革到制度设计等方面，为发展可再生能源提供了一定程度的保障。2000 年 4 月，德国政府发布《可再生能源资源法》(*Erneuerbare-Energien-Gesetz*，EEG)[①]，2011 年 3 月福岛(Fukushima)核电事故发生后，德国政府加紧能源转型的步伐，通过了修改后的《可再生能源资源法》，使可再生能源获得快速发展。

德国政府把可再生能源的发展和利用作为施政的基本纲领，把其作为诸多政策的出发点，例如，应对气候变化带来的挑战、减少能源进口、促进技术创新、发展绿色经济、减少核能风险、保障能源安全等，同时促进经济发展、确保社会公正。

根据 2011 年版的《可再生能源资源法》，德国政府提出在终端能源消费中可再生能源的比例，2014 年为 13.5%，2020 年为 18%，2030 年为 30%，2040 年为 45%，2050 年为 60%；在电力消费中的比例，2014 年为 27.4%，2020 年为 35%，2030 年为 50%，2040 年为 65%，2050 年为 80%。[②] 这些意味着来自化石能源的电力所占比例将越来越低。至于供热、交通运输，需要更为复杂的产业衔接，因此提出具体目标存在一定困难。

德国政府还结合可再生能源的发展，确定了相应的温室气体减排指标。德国是欧盟的主要成员国之一，2007 年，欧盟发出指令，要求成员国到 2020 年把温室气体排放量在 1990 年的基准上削减 20%，可再生能源消费占比达到 20%。由于核能在排放标准上符合零碳要求，在统计上被欧盟列入可再生能源，欧盟成员国可自行确定是否采用核电，法国就是凭核电比例较高而符合这一要求。[③] 2009 年，欧盟再次发出指令，要求各成员国把可再生能源相关指令

---

① 付庆云：“美、德、英、日等国能源结构变化和发展方向”，《国土资源情报》，2005 年第 7 期，第 10—11 页；沈溶、潘寄青：“可再生能源的激励措施——美、日、德三国的实践模式及其启示”，《江西社会科学》，2009 年第 1 期，第 92 页。
② 朱成章："从德国经验看我国新能源电力发展"，《中国电力企业管理》，2017 年第 3 期，第 38 页。
③ 2018 年法国核电消费量为 4 132 亿千瓦时，相当于 9 350 万吨标准油，在其一次能源消费中的占比约为 39%，参见 BP Statistical Review 2019 All Data。

上升为本国法律,并在法律框架下,每个成员国都要制订出本国的行动计划,确定达到目标所采取的步骤。欧盟委员会于 2010 年 11 月正式出台了欧盟面向 2020 年的能源新战略:《能源 2020:具有竞争力的、可持续的和安全的能源战略》(*Energy 2020: A Strategy for Competitive, Sustainable and Secure Energy*)①,规定将着力提高能源效率,到 2020 年节能 20%。②

德国发展可再生能源的目的之一也是为了应对气候变化,减少温室气体排放。德国已设定了各个时间节点所要完成的减排目标:2020 年,德国的温室气体排放量要比 1990 年基准标准减少 40%,2050 年减少 80%~95%。放在欧盟范围内看,减少温室气体排放是欧盟成员国的一致行动,所有成员都制定了本国的目标。德国工业规模大,是欧盟中最大的能源消费国③,德国完成温室气体减排的情况决定着欧盟总体的减排完成程度。

2010 年后,德国的能源转型步伐明显加快。2011 年 3 月日本发生福岛核电事故,德国上下对核电发展展开了广泛讨论。德国核电在总电力中的比例为 20%左右,为避免核电事故可能造成的危害,德国暂时关闭了几个运营时间较长的核电厂。同年,政府推出《能源政策 2011》,确定以可再生能源代替核电和化石能源的战略,决定暂时关闭的核电厂将永远不再启用,剩余的九座核电厂将在 2015 年至 2022 年分步骤关闭。

德国立法部门于 2012 年对《能源产业法》进行了细化和修订,强化了对可再生能源的制度支持和资金保障,为陆上风能发电、太阳能光伏发电,尤其是海上风能发电清除了法律障碍,完善了国有开发银行支持可再生能源发展的贷款制度,2011 年确定的贷款支持资金就达 50 亿欧元。

德国政府还通过优先上网与补贴政策支持可再生能源发展。可再生能源电力的发展重在解决上网销售问题,毕竟可再生能源发电无法与传统能源大电厂相抗衡,且前期投入成本高,缺乏竞争力。对此,德国对传统电力竞价上网进行了调整。按照原来的方式,只有那些成本最低的电厂才能通过竞价优

---

① "Document 52010DC0639", https://eur-lex.europa.eu/legal-content/EN/TXT/?qid=1409650806265&uri=CELEX:52010DC0639, accessed on September 23, 2018.
② 陈柳钦:"欧盟 2020 年能源新战略",《理论参考》,2013 年第 1 期,第 57—58 页。
③ 2018 年,德国二氧化碳排放量约为 7.64 亿吨,在欧洲各国中占 17%,见 BP Statistical Review 2019 All Data。

先上网，哪家电厂在哪个时段能以最低的化石燃料投入提供电力就可以拍得上网权。德国对可再生能源采取了一种固定电价上网方式，只要是可再生能源产生的电力，不用竞标就可以优先上网，而且不管是光伏发电、风能发电、地热发电还是生物质发电，都可以获得不同的补贴。

随着可再生能源在整个电力市场中的份额上升，德国政府对补贴进行了调整。来自陆上的可再生能源，不管是风电还是光伏发电已基本成熟，国家确定海上风电作为发展可再生能源的重点支持领域。德国政府对海上风电提供了两种补贴制度，由企业自行选择：所有在2018年1月1日前投入运营的海上风力发电机组，可以选择在初始的12年，按照每千瓦补贴1.5欧元，也可选择在运营的前八年期间，按照每千瓦补贴1.9欧元。超过补贴期后，按照风电场与陆地的距离，补贴数额相应下调。

德国并不是太阳能特别丰富的国家，但近年光伏发电获得了空前的发展。一方面是光电上网电价比较高，另一方面是太阳能板价格的下降，更为重要的是居民家庭从政府的措施中得到了实惠，田间、屋顶、空旷地带等充分利用，除了满足自己的用电需求，也带来不菲的收入。实际上，这一轮可再生能源的发展浪潮，基本是由个体在政府政策引导下自发发展起来的。可再生能源的发展壮大，也让曾经对此持怀疑态度的能源电力巨头们不得不吞噬因自己消极对待而带来的苦果。

德国可再生能源产业发展的繁荣搅动了电力市场格局，也导致相关利益格局的改变，尤其是对包括天然气在内的化石能源发电行业造成冲击。然而在现有体制下，常规能源电力对可再生能源电力做出的反应是扭曲的，如何促进电力生产和消费的协调发展依然是需要解决的问题。产业中的经济问题与现实中的政治问题纠结在一起，难以从纯经济理论角度寻求到最优结果。德国的四家能源巨头过去占据着常规能源电力市场2/3以上的市场份额，从事发电、配送和销售业务。欧盟对电力市场进行深化改革，规定成员国发电企业都不得面对终端用户，终端市场处于完全竞争状态。能源巨头的一体化业务被分拆和重组，在促进市场公开、透明、竞争的同时，削弱了它们的市场影响力。

可再生能源享受的优惠及其蓬勃发展，对常规化石能源电力生产带来很大冲击。尽管可再生能源取之不尽、用之不竭，没有温室气体排放，环境友好，但最大的不足在于电力供应不稳定。例如,光伏发电会随着太阳的照射强弱和天气的不同状况而变化,风电也存在类似问题,而电力需求是相对稳定的。常规能源电厂起到了稳定电力供应的作用,当可再生能源电力供应增加时,就需要减少常规能源供电量;当可再生能源电力供应减弱时,再增加常规电力供应量。

由于电力生产很难与电力需求完全匹配,在电力过度供应时,就产生了负电价,给发电企业的经营造成困难。

德国最大的公用事业公司意昂集团2015年亏损额达到30亿欧元;被迫关闭不盈利的天然气发电业务。德国第二大公用事业公司莱茵集团(RWE)封存了花费14亿欧元新建的Westfalen-d火电厂。由于可再生能源的快速发展,德国电力供应饱和,发电企业依靠出口电力维持生存,德国已成为欧洲最主要的电力出口国。①

德国很早就提出要实现没有石油与铀的繁荣。虽然德国可再生能源的发展已经取得很大的成绩,但和德国的长期发展目标相比,还相距甚远。当然,在实现长期目标的过程中,挑战与机遇并存。

根据德国制定的可再生能源发展目标规划,全国总发电中可再生能源发电的比重2020年达到35%,2030年达到50%,2040年达到65%,2050年达到80%以上。

当前德国能源转型带来的问题主要有四个:转型成本高、煤电和碳排放量不降反增、可再生能源导致电力批发价格持续下降的负面影响,以及能源转型所导致的财富不公平转移和能源贫困问题。这些问题已经影响了德国可再生能源的发展,而且还将继续困扰德国替代性能源的发展。

第一,向可再生能源转型的成本高且不断增加。能源转型的成本高且不断增加可能是德国当前能源转型面临的最主要问题。能源转型的成本如何度量并无统一标准,但其最直接的成本首先是对可再生能源的补贴成本。德国零售电价包含批发价格、电网并网费、增值税、碳税、可再生能源附加费等要素。可再生能源附加费是用来补偿可再生能源电力的固定上网电价(feed-in-tariff,FIT)超过市场批发电价的差额,这一差额主要由德国居民用户分摊。

---

① 张俊勇、张玉梅:"德国可再生能源电力的发展",《国际石油经济》,2016年第10期,第102—105页;张立锋、冯红霞:"德国《可再生能源法》的演进及对中国的启示",《河北法学》,第35卷第10期(2017年10月),第119—127页。

开拓新边疆——世界资源格局是如何转换的？

在2000年前后，德国开始征收附加费，由每千瓦时不足1欧分，到2015年增至6.3欧分/千瓦时。

20世纪80年代末，德国的一些城市开始推行可再生能源的固定上网电价，这保障了可再生能源发电的盈利空间，从而吸引了私人资本投资于可再生能源发电。这对可再生能源的发展推动很大。

1991年德国《可再生能源购电法》(Stromeinspeisungsgesetz，Electricity Feed-in Law)问世，它要求德国公用事业单位以比火电等电力高得多的价格购买可再生能源电力，然后再把过高的成本在所有的电力供应池子里平摊[①]。到了1993年，风电项目在全国范围内蔓延。1998年，德国绿党在大选中取得成功，并与社会民主党(Social Democrats)组成红-绿联盟。在联合政府里，绿党的政治主张更多地转变为实际政策。

2000年通过的《可再生能源资源法》规定，上网的"绿电"根据技术的不同，售价也不同。光伏发电的上网电价高达火电的7倍。公用设施因引入可再生能源电力而承担的成本继续被分摊到整个电网中，而电网最终把成本转移至消费者。当时的德国总理施罗德说："通过法律来支持可再生能源的消费，我们迫使电力公司接受可再生能源。"

2002年，红-绿联盟计划逐渐让核电站退役，当时核电占德国电力消费量的1/4。这就需要加快发展可再生电力。

风电、太阳能发电和生物质等可再生能源发电量的增加，以及可再生能源附加费的不断上涨，共同导致德国电价持续上涨。有批评者指出，可再生能源的上网电价过高。随着可再生电力产量的增加，补贴金额水涨船高，消费者最终会感到压力不堪重负并群起反对，因而难以持续。[②] 批评者还指出，对不同

[①] International Energy Agency, "Electricity Feed-In Law of 1991 ('Stromeinspeisungsgesetz')", https://www.iea.org/policiesandmeasures/pams/germany/name-21002-en.php, March 14, 2013, accessed on September 29, 2018.

[②] 西班牙可再生电力的遭遇为德国可再生电力的前途敲响了警钟。西班牙曾经对可再生能源的发展提供非常慷慨的补贴，最终失控，可再生发电能力超过计划，补贴额远超政府预期。更重要的是，2008年后西班牙陷入经济危机，政府财政吃紧，在2008年和2010年两次大幅下降可再生电力的上网电价，导致西班牙可再生电力的发展速度骤降。见Daniel Yergin, *The Quest: Energy, Security, and the Remaking of the Modern World* (New York, The Penguin Press, 2011), p.539。2013年，西班牙工业部再次着手削减清洁能源补贴(见周云亨、叶瑞克："西班牙可再生能源遭遇成长烦恼"，《中国石化》，2016年第3期，第79页)。不过，由于德国的经济和财政状况明显好于西班牙，德国政府因财政吃紧而被迫大幅下降和取消对可再生电力补贴的可能性更小。

的可再生电力定不同的补贴标准,以及对同一技术的不同版本定不同的补贴标准,这在经济上不合理。①

据德国联邦能源和水管理协会(*Bundesverband der Energie-und Wasserwirtschaft*,BDEW)的统计数据,2000—2013年,德国平均居民电价从13.64欧分/千瓦时上升到29.19欧分/千瓦时,上涨幅度高达114%,高出欧盟平均水平近50%;同期企业用电价格从6.04欧分/千瓦时上涨到14.87欧分/千瓦时,涨幅为14.62%。目前,在欧盟国家中,德国是仅次于丹麦的电价最贵的国家。和同样是工业大国的美国相比,德国电价的高昂更加突出。随着各类可再生能源电力规模的继续扩张,未来向可再生能源转型所累积的这一笔成本相当惊人!2013年,德国环境部部长彼得·阿尔特迈(Peter Altmaier)曾表示,如果不收缩项目规模,德国的"绿色革命"在2030年代末之前成本将达到1万亿欧元。② 西门子公司(Siemens)估算到2050年能源转型政策的直接成本将达到4.5万亿美元,相当于德国50年GDP的2.5%。

发展可再生能源的高成本在德国不可避免会成为政治问题。在2017年的德国大选中,总理默克尔(Angela Merkel)所属的党派基督教民主联盟(*Christlich Demokratische Union*,CDU)虽然再次获得最多选票,但和前一次大选得票率相比却有所下降,并且遇到较大的组阁困难。德国选民对可再生能源发展带来的高电价以及其他成本不满,这是基督教民主联盟支持率下降的部分原因。③

第二,煤电和碳排放量在可再生能源转型过程中出现反复。2014年,有关德国能源转型存在问题的焦点话题之一是,随着可再生能源电力发展壮大,煤炭发电和二氧化碳排放本应减少,但德国近几年出现了褐煤发电和二氧化碳排放不降反升的情况,只是到了2014年才又比前几年有所下降。

---

① Daniel Yergin, *The Quest: Energy, Security, and the Remaking of the Modern World* (New York, The Penguin Press, 2011), pp.536-539.

② Alexandra Hudson, Markus Wacket and Madeline Chambers, "German 'Green Revolution' May Cost 1 Trillion Euros-Minister", http://www.chicagotribune.com/news/ct-xpm-2013-02-20-sns-rt-us-germany-energybre91j0av-20130220-story.html, February 20, 2013, accessed on September 29, 2018.

③ Ya Smeen Serhan, "Germany Is Becoming More Normal", https://www.theatlantic.com/international/archive/2017/11/is-this-the-end-of-germanys-political-stability/546323, November 20, 2017, accessed on November 26, 2017.

开拓新边疆——世界资源格局是如何转换的？

2016年，德国二氧化碳排放量再次同比上升，2017年和2018年又有所下降（见图3-2）。

图 3-2　德国碳减排成绩不稳定（单位：亿吨）

资料来源：BP Statistical Review 2019 All Data.

第三，可再生电力的竞争力增强，对传统电力公司的冲击日益明显。大量边际成本为零的可再生能源电力参与德国电力市场竞价，使德国电力批发价格一再下降。根据欧洲能源交易所（EEX）的数据，自2008年以来，德国和其他欧洲国家的基荷电力批发价格进入下降通道，从90欧元/兆瓦时左右下降到2014年中不到40欧元/兆瓦时。然而，可再生能源电力导致的批发价格大幅下降并没有传递到零售价格上，因而没给电力消费者带来好处。

第四，能源转型所引发的财富转移和公平问题。推动可再生能源发展的支持政策所引发的财富在不同主体或阶层之间转移和能源贫困也是当前德国能源转型的一个不可忽视的问题。德国可再生能源支持政策除了投资补贴外，主要采取以可再生能源附加费形式的电价补贴方式。这一机制安排来自德国《可再生能源资源法》。该法规定各类可再生能源上网的"固定价格"，并要求电网运营商必须优先收购全部可再生能源发电量。可再生能源发电商通过竞价方式产生的上网"市场价格"与"固定价格"之间的价差由"可再生能源附加费"来弥补。

同时，为了确保德国工业竞争力，德国法律允许工业用户不承担分摊可再生能源附加费义务,高耗能大企业也获得减少缴纳可再生能源附加费的"豁免权"。此外,为加快光伏发电发展,自发自用的屋顶光伏也可以免交可再生能源附加费。因此,可再生能源附加费主要由居民用户来分摊。

展望未来,德国能源转型的真正挑战来自风电和太阳能发电的两个本质属性所导致的问题:一是可再生电力的间歇性对电网稳定性的冲击,二是风电与太阳能发电边际成本接近于零的特点导致其在现有电力市场难以收回投资。①

三、德国交通运输用油被替代

对一个现代国家来说,交通运输动力的充足供应,对经济、政治、社会、军事等各方面有重要影响。战时,交通运输动力的不足可能会导致战争的失败;和平时期,交通运输动力难以获得,可能导致经济的萧条、社会的动荡。作为能源的一种,石油在人类社会其他领域较容易被替代,但它作为交通运输动力,被替代的难度更大,这是因为替代性动力的能量密度、机动性/灵活性和成本这三方面综合起来与石油相比处于劣势。② 如果德国在其他能源方面的需求能确保无虞,但是现代化的交通运输动力需求得不到满足,并每天承受严重损失,时间一长,与其他国家发生矛盾、冲突的可能性会增加。幸好在石油消费方面,德国石油替代也取得了很大进展,石油消费量在1979年达到顶峰后大幅下降。1979年德国石油消费量达334万桶/日,2018年降至232万桶/日,降幅超过30%(见图3-3)。下降的原因包括汽车燃油效率的提高、德国实行较高的燃油税以抑制消费、德国电气化铁路的发展减少了铁路用油消费,等等。

---

① 朱彤:"德国能源转型再思考:问题与挑战",《财经智库》,2016年7月,第53—62页;徐庭娅:"德国电价上涨对其能源转型的影响及对我国的借鉴作用",《中国物价》,2014年第3期,第77—79页。

② 人类的交通运输动力先后完成了由人、畜力时代向蒸汽机时代的过渡以及由蒸汽机时代向内燃机时代的过渡。如今,人类社会正处在由内燃机时代向电机时代的过渡。但是,在这个过渡阶段,各种交通运输动力进行了"综合实力"的竞争。电力机车(包括地铁和高铁)使用交流电供电,能源密度高,且规模经济优势明显,成本往往较低,但是必须在固定轨道上奔跑,不能脱轨,所以机动性和灵活性较差,无法满足人们极端分散的交通运输需求。电动汽车是从内燃机时代向电力时代转变的先锋,其机动性和灵活性与燃油汽车差别不大,但由于能源密度低、成本高,综合实力仍然与燃油汽车相距甚远。天然气(液化天然气、压缩天然气)汽车和燃油汽车一样属于内燃机车,能源密度不及燃油汽车。共享单车以人力为动力,从动力系统来看非常原始。

开拓新边疆——世界资源格局是如何转换的？

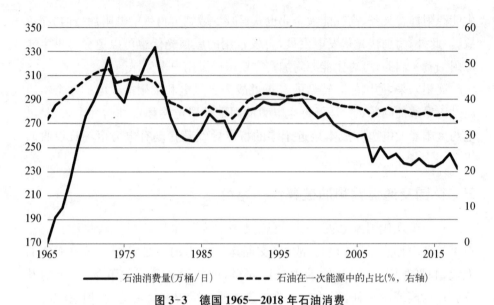

图 3-3　德国 1965—2018 年石油消费

资料来源：BP Statistical Review 2019 All Data.

四、本章小结

说德国在第二次世界大战期间"为石油而战"，石油研究者免不了有"卖什么吆喝什么"的嫌疑，夸大了石油的重要性。客观的评论应该是，在发动战争之前和战争初期，攫取战争对象国的石油资源或战略石油储备（如法国的战略石油储备）在希特勒政权的战略考量中所占比重不高，因为在闪电战下，德军速战速决，战争期间德国的石油消费增加不会很多，而战争迅速结束后，德国及其占领地区的石油消费大致会回落到战前水平。但是，后来随着对苏联、美国等国家战争的持续，德国被拖入消耗战的泥沼，而且越陷越深，同时不管是为了达到进攻的目的，还是为了达到防守的目的，德国陷入了越来越大规模的"石油战"。对于德国在第二次世界大战中尤其是在战争中后期发动的某些战役而言，夺取和保障石油资源，以维持其坦克、战舰等战争机器的正常运转，以及切断敌国的石油供应，是它们的重要动因。

但是，随着时间的流逝，第二次世界大战之后石油对于战争的重要性逐渐下降，为夺取石油发动战役的重要性不断下降。导弹攻击不以石油为动力，核潜艇、核动力航空母舰等也都不以石油为动力。虽然一个没有石油参与的现代战争暂时还难以想象，但是一个徒有丰富石油供应以及大量石油驱动的坦克等战争机器，但导弹和反导弹技术落后的国家，在拥有大量先进导弹等高精尖武器技术的敌手面前将毫无还手之力，就像1991年海湾战争的伊拉克、1999年的南斯拉夫和2003年的伊拉克一样。

同样，虽然石油目前仍然是世界能源之王，但是"石油国王"的重要性正在遭到侵蚀。对于现代和后现代国家的个人而言，一天不用石油可以设想，但一天不用电就难以度过。德国和其他许多国家一样，都在经历这样的过渡。作为美国安全意义上的小伙伴，德国的石油供应安全有足够的保障。但从20世纪末期开始，德国反对核能和脱离对石油的依赖的社会思潮具有越来越大的影响力。40多年以来，德国经济和社会对石油的依赖大大下降，同时可再生能源和"桥梁能源"天然气的消费快速发展。

德国去石油化的成绩来之不易。首先，多年来，德国社会积极发展风电、太阳能电力等化石能源的替代能源。

其次，私人资本的投入对德国石油替代性能源的发展起到至关重要的作用。在德国，固定上网电价的执行和德国政府的良好信用是私人资本大量投入可再生电力的关键。

再次，先进技术的不断推出和应用对德国的石油替代发挥了更加重要的作用。新能源技术有德国自己开发出来的，也有在美国等世界其他国家开发出来并扩散到德国的。

德国从离不开石油，甚至"为石油而战"，到主动走向"后石油时代"的戏剧性变化再一次说明，人的创造力是最重要的资源，今后资源困境的解决方案会在人脑中。由于人口的增加，终极资源的基础也会增加。经济全球化可能会导致资源需求增加，同时创新也会实现全球化。世界各国正越来越努力地创造知识、运用科技。而通过互联网和快捷的交通工具，人和人之间的交流和联系增加，这促进了创新成果的出现。人们的聪明才智更能得到激发，也更能找到解决各种问题的办法，包括资源短缺的解决办法。

但是，人们创造力的发挥并不是理所当然的，也不是自然而然的，而是需要去呵护。有很多因素能够像病毒一样，让人类聪明才智的发挥偏离正途，走上邪路。当人们所需的资源不能及时涌现，资源短缺不能及时缓解，人们之间

开拓新边疆——世界资源格局是如何转换的？

的仇恨容易催生破坏性行为，"资源末日"的阴影就会开始逼近。

　　回顾人类历史，冲突、危机和资源供应中断的风险总是存在，挥之不去，一旦发生，会产生消极的资源后果。所以，一定要在社会层面，包括国内层面和国际层面，培育让人类建设性的聪明才智充分涌流的条件。唯有如此，人们才能克服各种挑战，为一个持续繁荣的世界源源不断地提供资源供应。[①]

　　从产业革命的角度看，新的信息技术和新能源开发技术的结合，将使能源从集中式供应转向分散生产，这对化石能源储量较低的德国来说是个福音。第三次工业革命的推进将造福德国能源安全。

---

　　① Daniel Yergin, *The Quest: Energy, Security, and the Remaking of the Modern World* (New York: The Penguin Press, 2011), p.717.

第4章
日本石油:从掠夺失败到节约成功

20世纪日本与石油的"恩怨情仇"的历史与德国的相似。第二次世界大战中,日本为获取石油(以及达到其他目的)发动了对东南亚产油区的进攻,并一度获得暂时的胜利。但在战争后期,其石油供应的窘困远远超过战争爆发之前。不过,第二次世界大战之前以及期间,日本的合成燃料供应状况远远不及德国,因此严重依赖东南亚地区的原油供应,可是东南亚原油运到日本,路途遥远,风险较大,后来盟军截断了这条路线,日本石油安全顿时恶化。因此,总体来说,第二次世界大战期间,日本的石油供应状况比不上德国。战败后,日本和德国一样,在美国的卵翼下走上和平主义的发展道路,20世纪70年代之前其石油消费量大增,但之后随着日本由工业社会向后工业社会的过渡,以及替代能源的发展和能源效率的提高,日本经济、社会对石油的依赖越来越小,它已逐渐进入后石油时代。

一、日本"为石油而战"

20世纪初期至今日本能源状况的流变与德国类似。日本20世纪早期的经济发展和军事征服计划让它的石油消费胃口急剧膨胀,但是日本是个贫油国,国内的石油储量非常小。原油生产和合成燃料加起来,石油自给率也只有10%到15%。对日本石油安全来说,如何控制石油进口远比如何维持石油生产更有意义。而20世纪30年代之前,日本原油和成品油进口又长期被美欧石油公司控制。这让日本政府有很强的不安全感,把石油视为命根子的日本军方则更加不安。如果说日本在那段时期曾经"为石油而战"的话,那么其战场首先是国内,"敌人"则主要是美国的标准真空石油公司

开拓新边疆——世界资源格局是如何转换的?

(Standard Vacuum Oil Company)①和壳牌(Shell)石油公司在日本的子公司旭日火油公司(Rising Sun Petroleum Company)。

日本军队与日本石油消费关系密切。1930年起,日本海军将所有舰艇从烧煤或"煤油混烧"改为只烧石油。② 从1932年起,军队就是日本最大的石油消费者。在20世纪30年代,日本年均消费400万千升石油,而国内民众只消耗30万千升,其余的都被军队和船运消耗。日本陆军高度重视石油供应,提出"一滴汽油一滴血",日本海军活动也严重依赖石油。1941年,当全部动员起来时,日本海军一天要消耗1.2万吨燃油。③

1941年太平洋战争爆发前,标准真空和旭日火油公司这两家外国石油公司在日本石油市场里地位举足轻重,所占市场份额有时高达60%。这两家公司分别在1900年和1899年进入日本市场,进口并销售成品油是它们的主要业务。成品油主要来自美国,小部分来自荷属东印度群岛。除了这两大外国石油公司外,还有大约30家日本公司活跃在市场中。它们也主要经营原油和成品油进口。20世纪20年代,美国得克萨斯等州发现大油田,原油供应过剩,导致美国国内油价下跌,标准真空和旭日火油公司趁机从美国加利福尼亚等州进口了大量成品油,并在日本石油市场发起了价格战。直到1928年,在日本石油市场里的各公司协商达成市场瓜分协议后,价格战才暂停。两大外国石油公司获得了60%的市场份额,而30家日本石油公司分割余下的40%市场。到了1933年,日本石油市场里的价格战再起。一家日本贸易商开始从苏联进口石油,这就打破了石油市场原有的脆弱平衡,短期内汽油价格下跌了大约一半,从原来的130日元/千升下跌到1934年初的不到70日元。④

欧美石油公司的强势让日本政府和军方很不安。日本通商产业省和海军省都试图削弱外国石油公司的影响。早在1918年,海军省就提出,政府应该管制石油市场,国内石油公司应该合并。1926年,通产省内设立了一个国家燃

---

① 这是新泽西标准石油公司(Standard Oil of New Jersey)和美孚石油公司合资建立的一个公司,在远东地区经营石油业务。"Standard Vacuum Oil Company", https://en.wikipedia.org/wiki/Standard_Vacuum_Oil_Company, July 1, 2017, accessed on August 8, 2018.
② 冯昭奎:"20世纪前半期日本的能源安全与科技发展",《日本学刊》,2013年第5期,第133页。
③ Laura Elizabeth Hein, *Energy and Economic Policy in Postwar Japan, 1945-1960*, PhD dissertation, University of Wisconsin-Madison, 1966, pp.67-68.
④ Ibid., pp.68-69.

料委员会。1928年,该委员会向通产相提交了一份报告,警告标准真空和旭日火油公司对日本石油安全构成威胁,提议把日本国内石油进口商、炼油厂和分销商合并成一家石油公司,外国石油公司在日本的子公司也应该并入其中。该委员会后来又向通产相提供了一份报告,建议:发放许可证,限制原油和成品油进口;设置国内炼油市场的准入门槛;对日本国内石油勘探开发提供补贴;鼓励国内石油公司"走出去"、加强国际化发展;对乙醇生产和油页岩开发提供补贴,等等。①

围绕日本政府规定的石油储备天数要求,外国石油公司曾经与日本政府进行过一番斗争,结果是双方各让一步。1934年3月28日,日本国会通过了《石油工业法》,该法要求不论日本还是外国石油公司,都需要自己出资,保持相当于6个月销量的石油储备。② 标准真空和旭日火油公司没能阻止该法的通过,但是促使美国和英国驻东京大使馆代表它们的利益,向日本政府施加压力,最终使后者同意无限期地豁免它们的石油储备义务。③

日本政府还设法让外国石油公司接受更低的市场份额。1934年《石油工业法》要求日本石油公司在日本石油市场中占的份额从40%提高到50%。在日本控制的伪满洲国,日本政府更是把欧美石油公司直接排除在外,并成立了一家石油公司——满洲石油株式会社——以垄断中国东北的石油工业。④ 到了1937年,日本通商产业省成立了石油工业局,日本军方派军官监督该局,从而初步实现了对石油工业的军管。

美欧石油公司反对日本《石油工业法》对它们的限制,并寻求母国政府支持它们的立场。标准真空和旭日火油公司曾试图让美国其他石油公司(包括产油商和出口商)不要向日本和伪满洲国出售原油,但是没能成功,加利福尼

---

① Llewelyn Hughes, *Globalizing Oil: Firms and Oil Market Governance in France, Japan, and the United States* (Cambridge: Cambridge University Press, 2014), p.117.
② 不难看出,这有为日本之后的战争扩大做准备的考虑。
③ Llewelyn Hughes, *Globalizing Oil: Firms and Oil Market Governance in France, Japan, and the United States* (Cambridge: Cambridge University Press, 2014), p.118.
④ 1933年2月24日,由关东军策划的满洲石油株式会社在长春成立,桥本圭三郎任总裁。该社最初资股500万日元,其中满铁200万,伪满洲国100万,日本的日石、小仓、三井、三菱各50万。日资占80%的超高比例,且资股不可转让给外国人。见邱建群:"伪满时期日本的石油贸易管制研究",《日本研究》,2013年第4期,第94页。

开拓新边疆——世界资源格局是如何转换的?

亚标准石油公司(Standard Oil Company of California)①和加利福尼亚联合石油公司(Union Oil Company of California, Unocal)②继续向伪满洲国出售石油。③ 两家公司又向其政府寻求支持,结果导致美国驻日本大使正式要求日本政府保护标准真空公司的利益。不过,美国政府的支持是有限度的。美国国务院拒绝做出承诺:一旦标准真空公司被日本政府强逼遵守《石油工业法》,美国政府将对日本和伪满洲国禁运原油。尽管如此,由于受到美国政府的压力,日本政府还是在《石油工业法》的实施问题上,对欧美石油公司做了一些让步,结果是在该法公布后的 6 年时间里,日本的成品油进口量没有像日本政府和军方希望的那样减少,相反还有所增加。

日本政府对国内石油勘探开发进行补贴,希望有新的石油发现。这方面最重要的政府文件是 1937 年的《帝国燃料工业公司法》,该法"对整合、控制和补贴国家石油资源的开发给予特别注意"。而根据 1941 年的《帝国石油公司法》,日本成立了一家石油公司,控制了日本 95％的石油产量,日本政府占股 50％。不过,当年日本政府发展国内原油生产的结果很令人失望,其原油产量只是略微增加,仍然可以忽略不计。④

为了确保工业生产机器和军事机器正常运转所需的充足石油,并且为了切断中国从东南亚的石油供应,以及达到其他战略目的⑤,日军在珍珠港事件(Pearl Harbor Incident)后入侵东南亚,使远东战场的范围扩大。

入侵东南亚曾短期改善日本的石油供应状况。1940 年东印度群岛的原油产量为 6 510 万桶,1942 年即太平洋战争爆发的第二年,由于壳牌等石油公司在撤离之前破坏了油田、油库、炼油厂等石油生产设施⑥,产量下降到 2 590 万

---

① 是现在的雪佛龙石油公司(Chevron)的前身。
② 即优尼科公司,2005 年被雪佛龙公司兼并。见"Unocal Corporation", https://en.wikipedia.org/wiki/Unocal_Corporation, August 17, 2018, accessed on October 3, 2018。
③ 邱建群:"伪满时期日本的石油贸易管制研究",《日本研究》,2013 年第 4 期,第 96 页。
④ Laura Elizabeth Hein, *Energy and Economic Policy in Postwar Japan, 1945-1960*, PhD dissertation, University of Wisconsin-Madison, 1966, pp.69-72.
⑤ 日本入侵东南亚不是为了石油,而是为了消除其国际政治上的强烈不安全感。日本政府清楚地认识到即使控制东南亚地区的石油产区,也无法战胜美国,但是日本仍然出兵东南亚,主要是出于政治自保的原因。见 Emily Meierding, "Dismantling the Oil Wars Myth", *Security Studies*, Vol. 25 (2016), pp.258-288.
⑥ Daniel Yergin, *The Prize: The Epic Quest for Oil, Money & Power* (New York: Simon & Schuster, 1991), pp.351-353.

桶,到了1943年,东南亚的石油产量已经回升到4 960万桶,约相当于1940年产量的3/4。在1943年的头三个月中,日本的石油进口量相当于1941年同期的80%。日本人还从加德士(Caltex)的勘探成就中得到好处。这家公司是加利福尼亚标准石油公司和得克萨斯石油公司(Texaco,又称德士古)在东半球的合伙公司。恰好在战争发生之前,加德士在苏门答腊中部发现米纳斯(Minas)结构,并运进了一套钻井和必需的设备。日本人继续进行这项工作,利用加德士公司设备钻探发现井。这是他们在第二次世界大战期间打的唯一野猫井。他们探测到了一片特大的油田,是美国加利福尼亚州和中东之间的最大油田。在东印度群岛的整个工作竟获得如此成功,以致东条英机首相在1943年宣称,日本的石油问题已获解决。但他高兴得太早。[1]

中途岛海战后,太平洋战争的战局越来越不利于日本。对日本来说,东印度群岛的石油渐渐地得而复失,寻找替代燃料的压力越来越大。

第二次世界大战前后,日本曾经发展过的替代燃料包括燃料乙醇、油页岩、煤制油、生物汽油等,但是每一种都不成功。

太平洋战争后期,由于石油进口枯竭,日本人一再紧缩消费。1944年的民用汽油消耗量降至25.7万桶,仅为1940年消耗量的4%。那些被认为是必须使用汽油来行驶的车辆改装成使用木炭或木柴。工业用油则从黄豆、花生、椰子和蓖麻中提炼。民间贮藏的土豆、糖和米酒——甚至零售店货架上的瓶装米酒——都被征用来提炼酒精,用作燃料。[2] 但是,燃料乙醇的规模还是太小。杯水车薪,解决不了问题。

在替代燃料中,日本军方更加重视油页岩的开发和煤制油,但这些的规模也不大。1931年,日本政府开始谋求对石油工业建立控制权,为其自身的需要服务。为此,日本政府做了三方面的尝试,其一是在国外购买油田或获得租借地,其二是中国东北地区南部油页岩的利用,其三是抚顺的煤炭液化和合成燃料的开发。

购买油田对于日本意义不大,因为当时的优质油田不是被大石油公司掌握,就是直接控制在美英政府和海军部门手里,日本能买到的,只有波斯、墨西

---

[1] Daniel Yergin, *The Prize: The Epic Quest for Oil, Money & Power* (New York: Simon & Schuster, 1991), pp.356-357.

[2] Ibid., p.358.

哥等国已经开采过的废油田。

日本还在库页岛进行石油开发,虽然取得一些成功,但是产量仍然有限。1919年,日本海军省通过北辰会(Hokushinkai),组织一些私营企业去库页岛进行油气开发。北辰会雇用了200名雇员,一些私营企业参与其中。它们的资产后来被转移至北桦太石油公司(North Karafuto Oil Company)。1926年,该公司在库页岛的石油产量为3.3万吨,1933年达到19.3万吨,达到产量的巅峰。①

油页岩的开发和煤制油生产的困难也很大。中国抚顺的露天煤矿拥有斜度30度左右、厚度达300米的优质煤层,这个煤层上覆盖着厚度大约200米的油页岩层,总储藏量达54亿吨。当时满铁技术人员在抚顺煤矿大山竖井调查时发现,从高处滚落下来的油页岩石块,有时在落下的过程中就因摩擦而燃起大火,从而推测其中很可能含有大量的油质。② 1921年初,满铁中央实验所开始研究抚顺煤矿油页岩的开发。日本海军省从南满洲铁道株式会社(简称满铁)那里获得报告后很感兴趣,因此从1925年起也对抚顺油页岩进行研究。日本海军德山燃料研究所的研究表明,抚顺油页岩的品质优劣不一,含油率从0.8%到40%,平均为6%。其储量,在500米以下者推算为12亿吨,8 000米以下者为48亿吨。以当时的技术水平预测,近期可以开采的数量约2亿吨,可提炼1 200万吨的石油。这份报告显然过于乐观。

前满铁顾问、海军中将水谷光太郎在其《满洲液体燃料事业的回顾与展望》一书中,对抚顺油页岩的前景提出了更乐观的预测:"今天世人所以瞩目并且非常重视抚顺油页岩工业,就在于它的藏量很大,可以生产大量油页岩。仅以抚顺古城子矿区一年400万吨的出煤量来计算,古城子每年产油页岩达到600万~700万吨,那么30年间可采油页岩2.1亿吨,按照5%的出油率,可得油页岩总量为1 000万吨,每年平均可生产33万吨油页岩,相当于日本国内的石油年产总量。这是仅以抚顺古城子附近的露天矿区为例计算的,如果再加上抚顺的大山南坑、杨柏堡、东岗等露天矿区的油页岩矿藏,那油页岩产量会

---

① Llewelyn Hughes, *Globalizing Oil: Firms and Oil Market Governance in France, Japan, and the United States* (Cambridge: Cambridge University Press, 2014), p.119.
② 王晓峰、孙彤:"满铁与日本军方对抚顺油页岩资源的'技术研发'",《东北史地》,2012年第3期,第93页。

更多。抚顺的露天煤矿上覆盖着厚度大约 200 米的油页岩层,其中离煤层最远之处有产油率 10% 以上的富矿,在接近煤炭 30 米之处为产油率 1%～5% 的贫矿。如果按照含油量 5.5% 以上的标准来计算,100 年内可开采油页岩约 20 亿吨,平均每年可处理 2 000 万吨油页岩,干馏出油页岩约百万吨。如果按照抚顺油页岩的总量 54 亿吨,以平均 5.5% 的出油率来计算,总共可提炼原油量达 3 亿吨,相当于美国天然石油埋藏量的 1/5,以我国今后每年消耗重油量 400 万吨来计算,可持续开采 75 年之久。"①

满铁总部看到海军的报告后,立即决定进行大规模工业化开发油页岩的试验,派木村忠雄、长谷川清治等人带着大量试料前往油页岩工业发达的英国和爱沙尼亚。当时油页岩炼油分为英国的外热式干馏法和爱沙尼亚的内热式干馏法。由于抚顺油页岩的含油量低,需要随时投放大量页岩,因此决定采取爱沙尼亚的内热式加工。1929 年 12 月 30 日,抚顺页岩油加工厂落成,以日产 4 000 吨的规模开工了,随即被列为"国防工业"。为确保石油资源而绞尽脑汁的日本海军立即与其签下合同,购买其生产的全部重油。经过检验,抚顺页岩油也达到了海军要求的质量。但是,在进入大规模生产阶段后,却出现了问题。使用内热法本来是为了能大量投入页岩,以多出油,但结果适得其反,因为要助长页岩的干馏燃烧,就要鼓入大量空气,这样一来,空气中的杂质也随之而入。不久之后,海军德山燃料研究所就抱怨说入库的重油不适于用作舰艇燃料。海军用页岩油代替石油重油来开动舰艇,但燃油器的喷嘴常常被渣滓堵塞,因此很气愤。抚顺油页岩厂负责人因此引咎自杀。经过多次试验,最后抚顺工厂燃料课长阿部良之助终于发现,用浓度 36% 的硫酸冲洗页岩油,可以得到高纯度的精制成品油,但为此产量将下降 10%。当他把这一结果上报的时候,却遭到了申斥:"产量减少 10%,那不就是说 50 万吨重油要减少 5 万吨吗?"

抚顺工厂后来又采用了炼油工业中的热风氧化法,但石油中的杂质加热后更容易沉淀,这是石油化学的基本常识,因此这种方法当然不会成功。当抚顺工厂的领导人最终同意采用酸洗法时,已经是日本即将战败的 1943 年了。

---

① 王晓峰、孙彤:"满铁与日本军方对抚顺油页岩资源的'技术研发'",《东北史地》,2012 年第 3 期,第 95 页。

开拓新边疆——世界资源格局是如何转换的？

除了开发油页岩外，日满时期的抚顺还曾尝试煤制油。如前所述，在世界范围内，煤制油工艺最先于1913年由德国的贝吉乌斯试验成功，方法是对煤粉进行氢化处理。到1921年时，德国的煤液化工艺已经达到可以进行工业生产的程度。1927年，法本化学公司在莱比锡附近的洛伊纳建立了庞大的合成燃料工厂。纳粹德国把煤制油工艺视为军事秘密，即使对同为法西斯国家的日本，德国也不愿分享。日本曾向洛伊纳工厂派出30人去考察技术，结果回来提出的考察报告，30人竟是30个样。

抚顺工厂最初采用的燃料合成办法是，将抚顺煤和焦油以1∶1的比例混在一起，以氧化铁作催化剂，在100个大气压的氢气下加热到450摄氏度。其遵循的原理是，煤和石油相比，煤的氧多氢少，加高压之后加氢，氧就以水的形式流出。可是，原理归原理，实际又是另一回事。这种做法失败后，阿部良之助注意到煤液化的最初反应不是加氢，而是先把煤这个大聚合体加以分解，于是把研究工作转到用以分解聚合体的催化剂上，最后找到了硫化亚铁。其次，为了防止煤在粉碎过程中接触空气而氧化，于是采取在水中粉碎的方法，可是这样做出来的煤粉是胶泥状的。阿部良之助一筹莫展，直到有一天看到油页岩厂出来的含焦油废水和煤矿区流出的含煤废水混合之后变成干净的泥水，才受到启发，在水中加入低温焦油，这样就提取出了煤粉。就这样，日本的煤炭液化工业也取得了进展。1937年5月4日，海军德山燃料厂决定采取阿部方式生产合成燃料，由满铁出资1 800万日元建设新厂。1939年7月21日，煤炭液化作业成功，生产出日本的第一批煤液化油。不过其产量少得可怜，只装满了三个玻璃瓶，其中一瓶献给了皇宫，另一瓶送给伊势神宫，第三瓶赠给了阿部良之助的母校北海道的轻白小学校。①

在珍珠港事件发生前的几个月内，东京有些人曾主张以生产合成燃料作为进行战争的另一种可供选择的办法。在日本海军偷袭珍珠港后，日本海军大臣、海军军令部部长对满铁中央实验所和抚顺炼油厂表示感谢。称日本海军能在夏威夷海战中取得辉煌战果，满铁研发的2号重油的作用"功不可没"。② 不过，这

---

① "不归路——二战日本海军燃料史话"，https://www.zhihu.com/question/38126849，2018年10月3日访问。

② 王晓峰、孙彤：《满铁与日本军方对抚顺油页岩资源的'技术研发'》，《东北史地》，2012年第3期，第96页；孟琪：《满铁在抚顺地区的经营活动研究》，东北师范大学硕士学位论文，2017年，第14页。

第4章　日本石油：从掠夺失败到节约成功

样的成功只是象征性的。事实上，抚顺的油页岩开采和煤变油工作遭到严重失败，既苦于缺乏钢材和设备，又遇到技术、工程、机械和人事方面无穷无尽的问题。1943年，日本的合成燃料产量总计为100万桶——仅为原定当年生产1 400万桶的8%——从未达到石油总需求量的5%以上。何况一半以上的产量来自中国东北，那里在1944年末和1945年被封锁，因而无法利用那些燃料。合成燃料生产不仅仅是一次失败，而且是一次影响很大的失败，因为它耗费了大量的资源、人力和管理力量，以致有一位分析家评论说："从投入的原料和人力以及有限的产量来说，日本的合成燃料工业在战争期间与其说是一项投资，还不如说是一笔负债。"① 用通俗的话说，就是得不偿失。

在太平洋战争后期，日本还拼命开发生物汽油——松树根油。在非常需要燃料的情况下，海军不顾一切，发起一场异想天开的挖掘松树根运动。在"两百个松树根能使飞机在空中飞行一小时"的错误口号指导下，本土各岛全民开始挖掘松树根。儿童被派到郊外去寻找树根。松树根经过12小时加热后，生产出一种原油代用品。3.4万只锅子、蒸馏器和小型蒸馏装置组合在一起，旨在使每组日产三四加仑油料。但所需劳动力显示出这种努力是徒劳无益的。生产每加仑油料需要两个半劳动日。要达到日产1.2万桶的官方指标，每天就需要125万个劳动力！松树根运动的结果是显而易见的：山上的所有树木和树苗都被拔得精光，大捆的树根和树株堆积在路边。到1945年6月，松根油的产量达到了每月7万桶，但提炼方面的种种困难仍未解决。事实上，到战争结束时，从松根油中只提炼出3 000桶供飞机使用的汽油，而且没有证据显示日本空军真的使用过松根油。因此，松根油运动以彻底的失败而告终。

在日本投降和美国占领军政府建立之后，美军当局发现总共有31.6万桶石油，它们由帝国陆军和海军秘密储藏在僻远的岩洞里和无数隐蔽的地点，是专门用来对入侵者进行自杀性战斗的。还有储存的一些松根汽油在投降后被发现，它们是日本进行抵抗的最后希望之一。那些汽油在美军吉普车上试用，证明是一种质量非常低劣的燃料，使发动机黏着而无法使用。②

到了战争后期，日本在战争中渐渐落了下风，失去了东南亚群岛这一对日

---

① Daniel Yergin, *The Prize: The Epic Quest for Oil, Money & Power* (New York: Simon & Schuster, 1991), p.358.

② Ibid., pp.363-364.

本具有重大战略意义的石油富集区,也无法阻止盟军通过缅甸等中南半岛地区向中国补充石油供应。这些加速了日本的最后战败。

二、战后日本石油替代燃料的发展

第二次世界大战后,在美国的控制下,日本走上了和平主义的发展道路。虽然在1973年之前日本经济高速增长,石油消费量大增,但在第一次石油危机爆发后,日本政府和企业界充分认识到依赖石油消费的危险和危害,去石油的趋向明显,进展也很大。日本的石油消费量在1996年达到580万桶/日的高峰后大幅下降。2018年已下降至385万桶/日,回到20世纪60年代的水平(见图4-1)。日本石油消费减少的原因包括:汽车燃油效率的提升、成品油(特别是汽油)价格太高、人口老龄化、新干线等电气化铁路和城市轨道交通运输工具的发展、工业企业迁移到国外①,等等。

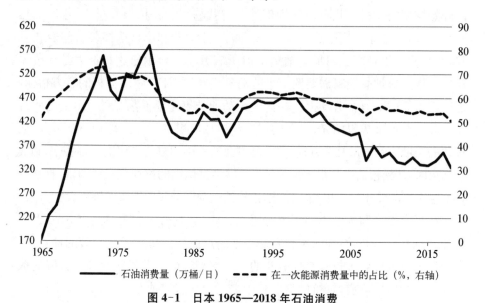

图 4-1　日本 1965—2018 年石油消费

资料来源:BP Statistical Review 2019 All Data.

---

① 由于日元升值和经济衰退,日本企业为了谋求生路,降低成本,不得不把高耗能的资本密集型产业转移到海外,随着对外投资的扩大和产业的海外转移,国内产业空心化逐渐扩大。工业企业的相对减少,促进了工业用一次能源需求的下降。见赵健:"简评新形势下的日本能源政策",《日本问题研究》,1995年第3期,第24页。

第 4 章　日本石油：从掠夺失败到节约成功

1973 年第一次世界石油危机爆发后,日本就开始推进"去石油"。面对第一次石油危机,日本政府立即做出反应,开展了限制石油消费法案的立法工作。

1978 年伊朗发生伊斯兰革命,第二次世界石油危机爆发。11 月,日本内阁会议通过了《石油紧急对策纲要》,要求从 11 月 20 日起,各厂家、办事处等一律减少 10% 的石油和电力消费,并将有关石油消费的紧急立法提交到下届议会讨论。与此同时,开始了对石油替代能源的研究、开发和利用及其相应政策的制订和实施。

1974 年 7 月,日本通产省工业技术院制订了第一个综合新能源技术开发长期规划——"阳光计划"。这一计划以应对石油危机、实现能源长期稳定供给为目标,积极寻求石油替代技术[1],主要研究开发太阳能、地热能[2]、氢能、合成天然气、风力发电等新能源。同年 8 月,这一计划又将太阳能、深部地热、煤的液化和气化技术等列为重点研究和开发项目。它为作为石油替代能源之一的新能源的研究开发开辟了一条新的途径。

1975 年 12 月,日本综合能源对策阁僚会议通过"综合能源政策的基本方向"的决定。这一决定提出了"确保石油安全供给,促进开发核能,充分利用国产能源以及进口能源的多样化"的能源政策,正式将促进开发核能和充分利用国产能源等作为石油替代能源开发和利用的途径。

在这一阶段,日本的石油绝对消费量在 1974 年、1975 年逐年减少,之后四年,日本石油消费量有所反弹,1979 年之后日本石油消费量持续减少[3]。究其原因,除了由于油价上涨本身通过经济规律而起的抑制作用,以及 1974 年到

---

[1] 周杰、周溪峤:"日本煤炭清洁利用与高效发电产业国家战略研究",见苏树辉、袁国林、李玉崙等编:《国际清洁能源发展报告(2015)》,北京:社会科学文献出版社,2016 年版,第 125—126 页。

[2] 由于日本许多地热丰富的地区位于环境比较敏感的地区,不便于开发,日本政府很快把发展可再生能源的重点转向太阳能。日本先进的半导体技术被应用于制造太阳能电池,日本政府认为,太阳能光伏发电的成本如果大幅下降,那么它有机会成为有竞争力的一次能源来源。日本政府对购买太阳能电池板提供补贴,加上日本高昂的电价(从而让太阳能发电公司有较大的利润空间)、发电成本的下降、规模效益的展现、竞争的加剧,日本太阳能发电产业开始起飞。夏普(Sharp)、京瓷(Kyocera)和三洋(Sanyo)等公司一度成为全球领先的太阳能设备制造公司。见 Daniel Yergin, *The Quest: Energy, Security, and the Remaking of the Modern World* (New York: The Penguin Press, 2011), pp.535—536。

[3] BP Statistical Review 2018 All Data。

开拓新边疆——世界资源格局是如何转换的?

1975年西方世界经济衰退①的影响之外,石油替代能源使用的增加,也在一定程度上抑制了石油需求。而开发和利用的石油替代能源主要是核能、地热以及天然气(主要是液化天然气)。

核能作为一种清洁的替代能源,发展速度相当惊人。日本是世界上唯一遭受过原子弹袭击的国家,但这并没有影响日本政府发展核能的热情。1972年到1978年短短几年中,日本的核能消费就增长了将近五倍,由1972年的199万吨石油当量迅速增加到1978年的1 178万吨石油当量。天然气消费的发展速度也相当快,由1972年的329万吨石油当量增加到1978年的1 542万吨石油当量,增长了近四倍。② 但是,由于核能和天然气在总能源消费中原有的比重太小,因而石油替代能源开发和利用的效果并不大。

1979年的石油危机导致日本能源政策根本转向抑制石油消费。第二次石油危机给日本留下了严重的后遗症,日本"去石油"的长期决心在那时候基本定型。当时国际油价大涨,而人们认为油价还将继续大涨,日本社会因之陷入恐慌。在这种高预测油价的指导下,日本能源政策也开始向石油替代能源这个方向倾斜,因而一些高成本的石油替代能源的研究和开发项目纷纷出台,从而大大推进了石油替代能源研究和开发。

早在1978年,日本综合资源能源调查会基本问题咨询会对"综合能源政策的基本方向"的执行情况进行了详细的分析研究,于10月25日发布了《21世纪的能源战略》的报告。该报告确定了日本之后的长期能源政策,包括:第一,进一步促进节能政策,确保石油的稳定供给,促进替代能源的开发和利用,促进新能源技术的开发。同时,报告做出了"长期能源供需预测"。在促进替代能源的开发和利用的政策中,提出替代能源的开发和利用是一个相当长期的问题,并且还指出了促进替代能源开发和利用的具体项目,包括促进核能的开发利用,确保核能利用的安全性,研究开发快速增殖堆(fast breeder reactor,FBR)等新堆型,确保核燃料的循环利用以及核废料的恰当处理。第二,促进煤炭的利用。开发、进口国外煤炭,确保煤炭的稳定供给,把国内煤炭产量维持在2 000万吨/年的水平,促进煤的液化、气化技术等的发展。第三,

---

① 油价暴涨恰恰是这次世界经济衰退的重要诱因。
② BP Statistical Review 2018 All Data.

促进液化天然气的利用。第四,促进国产水力、地热等能源的开发。第五,促进电源的多样化。进一步发展水力发电、煤炭火力发电、液化气发电、核电等,促进地热发电、海洋温差发电以及太阳能发电,等等。

1980年5月30日,日本第91届国会提出了旨在使日本经济"减轻对石油的依存度,促进国民经济稳步发展和安定国民生活"的《促进石油替代能源开发和利用法》,提出了石油替代能源的供给目标,以及一些保障石油替代能源政策顺利实施的措施(包括设施利用、财政保证、科学技术等),还提议设立新的能源综合开发机制,在以前政策的基础上,增添了促进太阳能利用技术、新燃料油开发利用技术、生物能利用技术和海洋能利用技术等新能源利用技术的开发。[1]

日本发展石油替代能源的具体措施包括以下几个方面。

第一,积极推动用煤电和气电替代油电。1973年第一次世界石油危机爆发前,国际石油严重供过于求,油价较低,甚至低于煤价。日本趁机大力发展燃油发电,并以之替代燃煤发电。20世纪六七十年代,日本电力工业中迅速实现了从"水主火从"向"火主水从"的转变(水力发电在发电量中的占比从1945年的95%下降到1973年的15.2%,同期间火力发电的占比从5%上升到82.7%),继而在火力发电中从以煤炭为中心转向煤炭与重油混烧方式,进而转向以重油专烧为中心。[2] 石油危机导致国际油价暴涨,之后日本电力行业开始掉转方向,用燃煤发电和燃气发电来替代燃油发电。

不过,用煤电、气电代替油电,是化石能源的内部替代,缺乏革命意义。

第二,确保必要资金来源的长期性和稳定性。在政府投资方面,为了保证石油替代能源对策的顺利实施,日本政府计划在自1980年起的10年中投资约3万亿日元。在金融方面,自1980年开始,日本开发银行实行"促进石油替代能源利用融资制度"。开发银行对有关重点开发项目进行评估和预算,确定必要的资金,并提供无利息贷款。主要项目有水力发电、地热、煤炭火力及液化气发电等。在税收方面,为了增加对政策开发项目的投资,日本政府决定征收或增收促进电源开发税、石油税,以及原、重油关税。这些税收收入用于促

---

[1] 闫侣桦:《战后日本的能源安全战略和对中国的启示》,对外经济贸易大学硕士学位论文,2006年,第9页。

[2] 冯昭奎:"战后世界能源形势与日本的能源安全",《日本研究》,2013年第3期,第4页;富馆孝夫:"日本能源产业的发展和政府战略",《中国能源》,1995年第1期,第32页。

开拓新边疆——世界资源格局是如何转换的？

进石油替代能源的开发和利用。

第三，设立特别会计制度。为了配合税收措施，日本政府设立了两种特别会计制度。一是规定每使用1度电要征收0.3日元的电源开发促进税，这笔钱转入"促进电源开发特别会计"中的"电源多样化科目"下，作为开发新能源的资金。二是规定征收石油税（相当于使用额的3.5％）和原油、重油关税，把这笔钱充作"煤、石油及石油替代能源对策特别会计"中的"替代性能源对策费"，用来开发和利用替代能源。这两项资金，在1980年度约为1 200亿日元，到1982年度已达到1 900亿日元。①

第四，制订必要的法规。1980年出台的《促进石油替代能源开发和利用法》正式将石油替代能源的开发和利用提高到立法的地位，从而鼓励和监督石油替代能源的开发和利用。

第五，设立新能源综合开发机构。为了促进石油替代能源的开发和利用，日本政府于1980年制订了替代石油能源供给目标，并成立了新能源产业技术综合开发机构（NEDO）以推进大型替代石油能源技术的开发。具体来说，其主要业务为：新能源技术开发（煤的液化技术、热能利用开发技术、太阳能发电等技术开发等）、地热资源开发（开发资金的财务保证、地质构造调查等）、海外煤炭的开发（探矿资金融资、开发资金的财务保证、地质构造调查等）。

此外，为了推广替代能源的开发和利用，日本政府还利用广播、电视、报纸杂志等工具进行广泛的宣传活动，以取得全民的理解、支持和参与。②

当时日本政府还大力推动能源节约。多次受到石油冲击的日本，深刻认识到节能及提高能源效率的重要性，1979年制定并实施了《关于能源使用合理化的法律》（"节能法"），并为大力推动工厂、建筑物及机械设备的综合性节能制定了各个行业的节能标准。③

日本（针对化石能源的）替代性能源发展迅速。在日本一次能源中，核能的占比在1998年曾经达约15％，太阳能发电、风电等电力发展迅速，天然气消

---

① 苏存："论日本的多元化能源经济政策"，《外国经济与管理》，1991年第10期，第25页。
② 罗泽雄："日本石油替代能源政策浅析：1973—1993"，《南开经济研究》，1994年第2期，第57—59页。
③ 朴光姬："从管制到放松：日本石油政策演变及其成因"，《日本学刊》，2013年第2期，第110页。

费发展迅速,不仅增加了日本的能源供应量,也增强了日本的能源安全程度。

到20世纪60年代,燃油和燃煤造成的污染已经让日本国民不堪忍受。基于此,日本政府在1969年开始进口液化天然气。① 1973年第一次石油危机的爆发,不仅让日本经济高速发展的步伐戛然而止,也坚定了日本"去石油"的决心。之后1978年伊朗伊斯兰革命爆发,出现第二次世界石油危机,日本"去石油"的紧迫性增强。

日本"去石油"战略还经受住了1986—1998年和2014年之后国际低油价、2011年福岛核事故发生后核电被迫弃用等的考验。

根据传统的供求关系理论,高油价时期"去石油"战略容易推行,低油价时期石油需求会自然而然地反弹,"去石油"势头将被逆转。不能说油价起伏对日本的石油消费没有影响,因为在历史上的低油价时期,日本石油消费量的确有反弹。最突出的表现是在20世纪80年代中期至90年代末。1985年9月之后日元开始对美元大幅度升值,使得日本进口原油费用下降了30%,同时,1986年油价开始暴跌(按不变美元计算,1988年12月的油价还不到1980年底的1/4)。由于经济规律的作用,一些在高油价时期制订和实施的成本较高的石油替代能源方案也由于失去了其实际意义而被搁浅。即使一些成本较低的方案,其实施步伐也有所减缓。同时,由于油价的暴跌,也导致石油税收收入的减少。尽管日本通产省曾经试图提高石油税率以及引入一种新的销售税,但由于日本石油工业界的强烈反对而不得不最后放弃。此外,石油税收收入中只有很小一部分用于石油及石油相关项目。例如,1985财政年度,日本石油关税及各种税收收入总计达190亿美元,而只有15%的税收收入用于石油及石油相关项目中。这样,由于税收收入减少,用于研究开发石油替代能源的基金自然也日渐减少。所以,在1986年以后,日本的石油替代能源的研究、开发和利用的步伐明显放慢,石油绝对消费量也相应增加。②

对于日本来说,国际石油经济形势发生了有利变化。然而,价格因素并非日本能源政策最为关注的因素。和其他一些石油进口国的政府相比,日本政

---

① 小山坚(Ken Koyama)在第11届中日油气市场研究成果交流会上的发言,北京歌华开元酒店,2017年11月8日。
② 1985年日本的石油消费量为443万桶/日,到1996年增加至580万桶/日,增幅为31%。见BP Statistical Review 2018 All Data。

开拓新边疆——世界资源格局是如何转换的？

府更愿意采取长远计划,注重能源多样化以及最大限度地稳定供给的能源政策。1986年下半年,日本通产省的自然资源与能源厅发表了一份报告,这一报告对日本未来45年(即2030年前)的能源供需做出了预测,指出下个世纪将是能源多样化时代,也就是石油替代能源大发展的时代。同时还强调了使用轻水反应堆和核聚变反应堆等核能利用技术发电以及地热发电等替代能源的技术开发。

1990年10月30日,日本政府阁僚会议通过了《通商产业省能源供应展望》,其中公布了能源政策新目标的具体内容,进一步强调开发新的替代能源的重要性。预计到2010年,日本的石油消费将只占总能源消费的45.3%,而新能源(太阳能、燃料乙醇等)、水电、地热能、核能等非矿物燃料所占的比重将由当时的14.9%上升到26.8%。其中,核能发电所占比重将由8.9%上升到16.9%[1]。[2]

日本在低油价时期还试图发展石油替代能源,其原因包括:首先,日本毕竟是一个能源资源匮乏的国家。随着经济的增长,它对能源的需求量将越来越大,因而能源进口也将越来越多,而国内能源消费不可能长期高度依赖来源不稳定的石油,尤其是依赖地缘政治局势波谲云诡的中东地区的石油,因而发展石油替代能源是必不可少的。其次,两次石油危机及其对西方世界经济造成的严重冲击,一直使日本人心有余悸。因此日本总是想方设法避免石油危机的重现,而发展替代能源是一条较为理想的途径。风能、太阳能、水力等发出的电力都是本土能源供应,日本核电所需的铀矿资源虽然需要进口,但一方面出口铀矿石的国家较多,另一方面和石油不同,进口少量铀矿石就能让全日本的所有核电站使用很长时间。所以核能在日本被视为"准本土能源",安全程度也被认为很高。[3]

自20世纪70年代后至今,日本和美国在发展石油替代能源方面都取得了很大成绩。但是,日本的资源替代性手段和美国的不同。新能源显然是更典型意义上的资源替代性手段。美国页岩油气革命的成果页岩油和页岩气仍然是原油和天然气,而并不是不同的能源。

---

[1] 根据BP《世界能源统计年鉴》,2010年,核能的占比为13.1%,低于当年的预计。见BP Statistical Review 2019 All Data。
[2] 苏存:"论日本的多元化能源经济政策",《外国经济与管理》,1991年第10期,第26页。
[3] 罗泽雄:"日本石油替代能源政策浅析:1973—1993",《南开经济研究》,1994年第2期,第61—63页。

第二次世界大战之后,日本和德国在替代资源开发方面既有相似之处,也有相异之处。两国石油替代能源开发和利用的初步成功都与成熟市场经济国家里企业之间,以及企业和政府之间的高效合作密不可分。在德国,《可再生能源购电法》和《可再生能源资源法》等法令确定了在德国发展可再生能源的法律框架。在德国这个成熟的法治国家里,各企业对德国政府及其法令有充分信任,依法发展业务,并相互合作。日本有所不同,在实施去石油化战略中,祭出了自己擅长的官商学一体模式。① 政府对各相关企业提出石油替代战略的具体要求,同时对企业提供补贴,激励企业贯彻落实政府试图达到的发展目标。由于日本政府发出的既鞭策又激励的政策信号清晰、确定又值得信赖,日本相关能源企业之间积极进行了合作,并且成果显著。

正是因为日本、德国以及世界其他一些国家的企业与企业之间、企业与政府之间、企业与科研机构之间、政府与政府之间、政府与科研机构之间富有成效的合作,21世纪初以来,可再生能源的技术创新取得重大突破,应用成本大幅下降,和传统能源相比的竞争力相应明显上升,同时非水可再生能源在全球一次能源中的占比快速上升(见图4-2)。

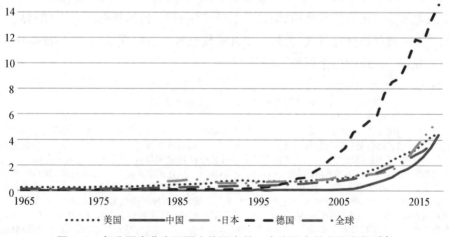

图4-2 部分国家非水可再生能源在其一次能源中的占比变化(%)

资料来源:BP Statistical Review 2019 All Data.

---

① 参见王惠贤:"日本技术引进体制及对中国的启示——产官学一体的引进体制以及后续研发体制",《技术与创新管理》,第31卷第1期(2010年1月),第5—8页。

开拓新边疆——世界资源格局是如何转换的？

日本政府坚持"去石油化"的战略，这是 2011 年福岛核事故和 2014 年国际原油价格大跌后，日本的石油消费量不仅没有像经典供求关系理论所预测的那样反弹，而是继续下降的重要原因①。2011 年福岛核事故后，核能这一日本最重要的替代能源的发展遭到重创，一度所有核电站关闭，导致日本电力供应出现紧张，日本火电厂保障电力供应的压力增大，其中一部分火电厂通过燃烧更多重质原油来产出更多的电力，从而导致日本的原油消费量短时间增加。但这次增势没有长期延续下去。

之所以在核事故后，日本石油消费量没有延续增势，主要是因为天然气发电量和煤炭发电量的增加弥补了核电机组关闭对日本电力供应的冲击。另外，2014 年之后日本少数核电机组陆续重启，缓解了日本电力供应压力。2015 年 8 月，九州电力所属的位于鹿儿岛县的川内核电站 1、2 号机组率先重新启动；2016 年 1 月，关西电力所属的位于福井县的高浜核电站 3、4 号机组运营；2016 年 5 月，四国电力位于爱媛县的伊方核电站也恢复运行。日本核电供应量逐渐回升。2015 年日本核电发电量从前一年的 0 升至 45 亿千瓦时，2018 年已增至 491 亿千瓦时，分别相当于 100 万吨和 1 111 万吨石油。②

到现在已经很清楚，日本政府不愿意完全废除核电，其原因包括：为了减少发电所需的化石燃料费用、满足日本经济界人士（包括核电界人士）的要求、使日本经济尽快恢复景气、为进一步开展核电外交做好准备、服务于日本作为世界"减排"先锋的国家形象③，等等。④

---

① 其他原因包括，日本经济持续萎靡、日本社会老龄化严重等。
② BP Statistical Review 2019 All Data.
③ 日本曾经立志要成为国际"减排大国"，要引领世界节能减排、应对气候变化的风潮，1997 年《京都议定书》签订，是日本气候外交成功的重要标志。在福岛核事故之后，日本主要采用增加煤炭和天然气发电，而不是靠增加可再生电力的方法来填补核电站停运所导致的空白，虽然有效保障了国内电力供应，但其二氧化碳排放量出现反复，2012 年，日本的二氧化碳排放量升至 12.8 亿吨，比核事故发生之前的 2010 年大增 8.6%。见 BP Statistical Review of World Energy 2017 Underpinning Data。"减排大国"日本二氧化碳排放量的不降反增，让日本承受了很大的世界舆论压力，比如，2015 年 12 月，德国环境智库"德国观察"等团体在《联合国气候变化框架公约》第 21 次缔约方会议（COP21）即巴黎气候变化大会上公布了对世界主要 58 个国家和地区应对全球变暖政策的评估结果排名，日本位列倒数第四，属于"不及格"，2015 年的排名较 2014 年又下滑三个位次，跌至最后一名。这主要是因为日本政府推进二氧化碳排放量较多的煤炭火力发电且没有普及碳排放交易。重新发展核电有利于恢复日本的国际减排大国的地位。见庞中鹏："试析日本重视发展核能的深层原因及其面临的挑战"，《当代世界》，2017 年第 8 期，第 70 页。
④ 庞中鹏："试析日本重视发展核能的深层原因及其面临的挑战"，《当代世界》，2017 年第 8 期，第 70 页。

第4章 日本石油：从掠夺失败到节约成功

2011年福岛核事故后，日本的煤炭和天然气消费量都明显上升，帮助填补了"零核电"的空白（见表4-1）。这使日本通过燃烧重油以发电的压力减轻。当今世界，煤炭和天然气的供应都十分充足，而且与世界石油贸易不同，出口这两种能源的国家分布得很分散，因为地缘政治等原因出现供应短缺的风险小。

表4-1　福岛核事故前后日本煤炭、天然气消费量　单位：亿吨油当量

	2010	2011	2012	2013	2014	2015	2016	2017	2018
煤炭	1.16	1.10	1.16	1.21	1.19	1.19	1.19	1.20	1.17
天然气	0.86	0.96	1.06	1.06	1.07	1.02	1.00	1.01	0.99

资料来源：BP Statistical Review 2019 All Data.

2014年下半年后，国际原油价格大跌，这本应刺激日本石油消费量反弹，但结果却是，从那以后至今日本石油消费量不为所动，延续下降的趋势。这虽然和日本能源消费量下降的态势一致，但降幅却更大。2013年即国际油价大跌之前的一年，日本一次能源消费量为4.71亿吨油当量，到2018年，下降至4.54亿吨油当量，降幅约为4%，但石油消费量相应地为2.15亿吨和1.82亿吨，降幅达到15%。[1]

2014年下半年以来，日本石油消费不顾油价的下跌而继续减少，主要原因包括日本社会的老龄化、经济的萎靡以及替代燃料的发展，等等。

其中，在替代燃料发展方面，日本交通运输业的电气化对其石油消费产生影响，电动汽车的发展是交通运输业电气化的一个重要方面。日本政府支持电动汽车发展的政策有其特点。

第一，形成官产学研的研发应用机制。官产学研的研发应用转化体制是日本电动汽车产业发展的显著特色。

第二，货币类和非货币类政策组合效应较好。货币类政策主要表现为补贴，由政府和联盟机制设计并发力，通过研发资助、购置补贴、税制减免以及基础设施补贴形成完整的市场措施组合。同时配合非货币类政策，提高公众认知度。

---

[1] BP Statistical Review 2019 All Data.

开拓新边疆——世界资源格局是如何转换的？

第三，建立示范推广地区，以带动发展。2009年经济产业省提出"电动汽车(EV)/插电混合动力汽车(PHEV)城市"倡议，在18个地区建设运行示范区。

第四，政策设计落地效率高，并建立良好的评价机制。政策实施主体不仅仅是地方政府，还包括由汽车企业、电力公司、相关合作企业、大学以及研究机构等单位共同组建的"EV/PHEV城市构想推进研讨会"，共同制定措施。

第五，研发方面的部署及资助方面政策力度较强。日本政府对产业核心技术、关键技术研发极为重视，并投入巨大的财力精力。车企在发展决策上主导性较强，在技术研发上承担大部分经费。

第六，政策激励对产业链覆盖较全面。在上游资源方面，制定资源战略确保零部件制造所需的稀有金属供给；在回收利用环节，制定了合理的二手车销售机制与动力电池回收机制。①

日本发展替代性燃料汽车的发展道路，走的是自下而上和自上而下紧密结合的道路，这与美国（以自下而上为主）和中国（以自上而下为主）都不同。资料显示，到2016年，日本替代性燃料汽车共有1 114 579辆，其中混合动力汽车1 102 730辆，占总数的98.9%，电动汽车（包括纯电池汽车和燃料电池汽车）只有11 849辆，仅占1.1%。② 日本混合动力汽车之所以占据绝对优势，与丰田大量生产普锐斯(Prius)等混合动力汽车有关。混合动力汽车有插电式和非插电式两类。开混合动力汽车，没有里程焦虑，还能够节约油钱，安全感和经济性两方面都有优势。对潜在车主而言，客观上很有吸引力。丰田等大汽车公司拥有巨大的财力和政治影响力，它使日本政府认同了发展混合动力汽车的汽车产业战略，虽然从摆脱日本交通运输对石油消费的依赖方面考虑，日本更应该发展电动汽车。

日本早在1965年就开始启动电动汽车的研制，并正式把电动车列入国家项目。1967年，又成立日本电动车协会，鼓励电动车的发展。1971年，日本通商产业省开始实施一个电动汽车项目(Electric Vehicle Project)，这是日本政

---

① 中国电动汽车百人会课题组："全球电动汽车政策对比分析"，《中国能源报》，2018年4月2日，第10版。

② Anonymous, "Hybrid & Electric Cars in Japan", *MarketLine Industry Profile*, June 2017, p.11.

府支持电动汽车项目的开始。当时通产省投入了 57 亿日元在该项目中。具体负责该项目的单位是国家先进工业科学技术研究所(National Institute for Advanced Industrial Science and Technology, AIST)。和日本其他重大科技项目一样，日本电动汽车项目由官产学研共同推动。该项目的推进可分为两个阶段。第一阶段，开发出了轻型乘用车、紧凑型乘用车、卡车、电动公交车。该阶段的电动汽车仍然使用铅酸电池。但同时，也进行了大量用锌空气电池、铁空气电池、铁镍电池、钠硫电池驱动电动汽车的试验。当时，日本制造的电动汽车的时速已经能够达到 68～94 千米。更大的问题是续航里程。在以每小时 40 千米等速驾驶的条件下，充一次电能跑 150～330 千米，综合工况下，续航里程会更短。充电次数也是一个较大限制。当时电动汽车只能充电 200～300 次，这意味着车主隔不了多久，就需要更换电池。这些决定了当时纯电动汽车的经济性很差。

1973 年第一次石油危机后，日本政府希望减少石油消费，日本电动汽车发展获得新的机遇。可惜这段时期由于电池技术的局限性，日本纯电动汽车仍然没有发展起来。日本电动汽车协会(the Japan Electric Vehicle Association, JEVA)发起了一个示范项目，发展电动公交车，使用的电池仍然是铅酸电池，10 个充电设施和一个换电设施等配套设施也建立起来。这些电动公交车由京都市政府运行。

到了 1978 年，电动汽车工程研究协会(the Electric Vehicle Engineering Research Association, EVERA)成立，旨在实现纯电动汽车的量产。该协会为了检验电动商用车的性能，做了皮卡车和封闭货车的对比试验。当时它们的最高速度达到了每小时 77 千米和 79 千米；在 40 千米/小时的等速状态下，续航里程在 108 千米和 143 千米之间。

为了促进电动汽车的发展，通商产业省还在 1976 年制订了电动汽车市场推广项目，原计划实施 10 年，后来时间有所延长。

20 世纪 90 年代初，日本政府再次试图发展电动汽车。原因包括：海湾危机以及之后海湾战争的爆发一度引发油价大涨，让日本政府十分担心石油供应安全；美国加州当时推行零排放汽车强制令也对日本政府造成一定影响；1992 年的里约热内卢地球峰会推动了包括日本在内的世界各国的环保运动。

在石油安全和环保两方面压力的驱使下，日本政府制订了雄心勃勃的纯电动汽车发展计划,包括电动汽车和充电站数量计划,但最后都没有实现。正是在20世纪90年代,日本清洁能源汽车的发展重点转向了以普锐斯为代表的非插电式混合动力汽车(HEV)。通商产业省当时提出,到2000年日本纯电动汽车数量应达到20万辆。日本政府还提出,到2000年日本充电站应达到1 000座。不过,由于电池、电机和电控系统("三电")技术水平还不够高,日本纯电动汽车发展迟缓。从1977年到1996年,在长达20年时间里,日本电动汽车保有量只增加到655辆。其中400辆以上由大发(Daihatsu)汽车公司提供。而到2002年,日本的充电站只发展到36座。

20世纪90年代后期,日本发展清洁能源汽车的重点转向了非插电式混合动力汽车,这既有国际原因,也有国内原因。国际方面,日本汽车公司的战略受到美国汽车政策的巨大影响。20世纪90年代初,美国加利福尼亚州曾实施零排放汽车(zero emission vehicle, ZEV)政策,刚开始政策要求严格,后来在汽车公司等各种利益集团的压力下,要求逐渐放松,把混合动力汽车也纳入零排放汽车的范围内。日本公司反应敏捷,积极发展混合动力汽车以占领加利福尼亚州以及美国其他一些州的市场。

国内方面,当时日本非插电式混合动力汽车发展迅速,并成为日本清洁能源汽车的主流,也与丰田公司对日本政府的巨大影响力有关。

1997年是日本非插电式混合动力汽车发展里程碑的一年,也是确定日本清洁能源汽车发展路径的关键年份。1997年12月,丰田发布了普锐斯,这是全球第一款量产的非插电式混合动力汽车。据说丰田早在1977年就已经开发出一款混合动力跑车,但是丰田公司只是到了1992年丰田达郎(Toyoda Tatsuro)成为丰田总裁之后,才决定将其非插电式混合动力汽车技术商业化。1992年,丰田公司内部所有的电动汽车研究力量被整合成一个统一的研究部门。1993年,丰田研发执行副总裁金原义良(Kimbara Yoshio)在丰田达郎和丰田前主席丰田英二(Toyoda Eiji)的全力支持下,启动了所谓的G21工程,旨在制造燃料效率高、环境友好的下一代汽车。1995年,G21工程升级,丰田电动汽车研究团队开始全力打造普锐斯。丰田公司原计划在1998年12月推出普锐斯,但是当丰田达郎的后任、丰田公司新任总裁奥田硕(Okuda Hiroshi)得知京都会议将举行后,迫使其下属加快工作节奏。有趣的是,丰田公司发售普锐斯,让日本通商产业省及其下属的新能源产业技术综合开发机构措手不

第 4 章 日本石油：从掠夺失败到节约成功

及。不过，日本政府还是很快对普锐斯给予热烈支持，并一举确定了把混合动力汽车作为今后日本清洁能源汽车发展主要方向的战略。非插电式混合动力汽车立即被纳入通商产业省的清洁能源汽车导入计划（Clean Energy Vehicles Introduction Program，CEV），该计划的有效期为 5 年，即从 1998 年至 2003 年。该计划包括对购买替代性燃料汽车的消费者多花的钱，政府给予 50% 的补贴。由于非插电式混合动力汽车远比纯电动汽车更受消费者欢迎，因此前者享受了政府补贴中的大头。[1]

为解决能源匮乏问题，日本出台了很多促进新能源发展的政策，这也鼓励了新能源汽车产业的发展。

一是政府企业联合研发电池核心技术。1971 年开始，日本多次投入巨额资金用于支持新能源汽车研发，对公众关注的新技术研发提供 100% 资金支持。日本的汽车企业在新能源汽车的研发中承担了大部分研发经费。它们对市场十分敏感，将发展重点放在技术相对成熟、规模化生产较为容易的混合动力汽车上。为攻克电池的关键技术，由汽车生产企业、电机电池生产企业和著名大学共同建立开发高性能电动汽车动力蓄电池的新能源产业联盟，实施"革新型蓄电池尖端科学基础研究专项"新项目。日本政府对此项目投入巨资，并计划通过开发电动汽车动力蓄电池，在 2020 年前，将日本电动汽车一次充电的续驶里程提高 3 倍以上。

二是实施绿色税制，推广新能源汽车。2009 年 4 月，日本开始实施绿色税制，对购买新能源汽车消费者免除多种税收。同年 6 月启动了"新一代汽车"计划，力争在 2050 年使环保型汽车占据汽车市场总量一半左右。11 月，日本政府进一步提出在一年时间里再提供 2 300 亿日元资金用于支持节能环保车型的补贴。消费者根据车辆的排放水平享受不同的减税待遇。

三是大规模建设充电网络。早在 1993 年，日本就启动了生态站（Eco-station）项目，计划建立 2 000 个替代能源汽车燃料供应站，其中 1 000 个纯电动车快速充电站。2010 年，又出台新一代机动车战略，提出产业指导规划，对混合动力车和纯电动车在 2020 年应达到的市场规模作了规定。同时提出，到

---

[1] Martin Schroeder, *Comparative Innovation Policy Analysis: Electric Vehicle Development in Japan and Germany*, PhD dissertation, Waseda University, 2014, pp.102-151.

开拓新边疆——世界资源格局是如何转换的？

2020年要为纯电动车型建成5 000个快速充电站、200万个家用普通充电设备。①

除了清洁能源汽车的发展外，日本新干线等电气化铁路以及东京等大城市地铁的发展也有效减少了日本石油消费。

三、本章小结

20世纪上半叶日本开始对外侵略时，并非为了石油，而是为了征服东亚以及世界其他地区。只是后来随着侵华战争从臆想中的短暂战争演变为持久战，其战舰、坦克和飞机等军事机器"油断"的可能性越来越大，迫使日本冒险发动对美国的战争，并进军当时世界重要产油区之一的东南亚。不过，即使是在太平洋战争时期，从整体上看，日军的作战是"为了战争的石油"，②而一些局部的战役或战斗，才是"为石油而战"。也就是说，争夺石油主要是手段，而不是目的。

说日本在整个第二次世界大战期间或第二次世界大战后期是"为石油而战"，是混淆了战争的手段和目的。类似于看见两个人打架，进入疯狂阶段后，两人为争夺旁边的尖刀而扭打在一起，这时候旁观者说，他们是为了尖刀而战。尖刀既不能吃，也不能穿，两人争抢尖刀，只是为了获得伤害对方的工具，并非真的想获得尖刀并把它紧紧地抱在怀里。

1973年第一次世界石油危机爆发后，日本对得到石油供应的不确定感被再次唤醒。不过，由于日本已经成为美国军事卵翼下的国家，已不可能再走对外侵略的道路。危机爆发后至今，日本通过积极发展可再生能源等本土化能源以及核电这一准本土化能源，在增强其能源供应确定感的同时，也逐渐减弱了其对石油消费的依赖，并成为全球石油替代性手段发展最充分的国家之一。

---

① 匿名："国外新能源汽车产业激励政策"，《中国环境报》，2014年12月16日，第2版。
② 冯昭奎："20世纪前半期日本的能源安全与科技发展"，《日本学刊》，2013年第5期，第147页。

第5章
墨西哥石油业浮沉

早期墨西哥石油生产曾经出现高峰,根据1917年和1938年宪法,墨西哥政府对其石油工业进行了国有化,这是世界石油史和国际政治历史上的重大事件。之后,由于墨西哥政府推行的石油政策,其石油产量逐渐下降,甚至有成为石油进口国的可能。2013年,墨西哥不得不在75年后再次开放其石油资源。

一、多赫尼在墨西哥的石油冒险

在16世纪西班牙入侵之前,阿兹特克人就已经在墨西哥湾沿岸的平原地带发现了石油。阿兹特克人把石油称为"chapopote",把它作为药品,也作为黏合剂。[①] 不过,直到波菲利奥·迪亚斯时期,墨西哥的石油开发才取得重要进展。从1876年到1911年,迪亚斯统治墨西哥长达35年。他统治期间,墨西哥国内局势相对稳定。此外,迪亚斯对吸引外国资本和技术来开发墨西哥石油很感兴趣。墨西哥的石油和煤炭供应曾严重依赖从美国进口,迪亚斯想改变这种情况。于是,他对墨西哥的制度做了一些调整,以期快速吸引外资。当时,他为石油公司开出了很有吸引力的条件。1884年,他把地下石油开发的权利赋予地上的土地所有者。1892年,他进一步明确规定土地所有者不需要获得政府的批准,就可以自由开采地下石油。[②] 1901年,他开始推出联邦土地上的钻井合约,并免除石油开发公司的税负。1909年,他消除了一切的法律模

[①] Ricardo Koller,"Mexican Oil: Its History, Development and Future",U. S. Army War College report,April 2, 1990, pp.2-3.
[②] 这和美国传统的自由市场政策相似。

开拓新边疆——世界资源格局是如何转换的?

糊,宣布土地所有者拥有石油等矿石燃料资源"排他性"的产权。

受到迪亚斯政策的吸引,1900年美国人多赫尼(Edward L. Doheny)开始投资墨西哥石油开发。他获得了10年的免税优待,进口石油开发所需设备免税,产出的原油也免税。他后来成立了特拉华墨西哥石油有限公司(Mexican Petroleum Company of Delaware, Ltd.),在这家公司之下,又设立了加利福尼亚墨西哥石油公司(Mexican Petroleum Company of California)、瓦斯特卡石油公司(Huasteca Petroleum Company)、图斯潘公司(Tuxpan Company)和塔米亚瓦石油公司(Tamiahua Petroleum Company)①。②

多赫尼不是对墨西哥石油最早感兴趣的人,但他建立的公司最早对墨西哥原油进行了商业化开发。早在19世纪60年代,就有人尝试开发墨西哥原油。较早的相关报道出现在1865年,里面提到"无疑有价值"的石油喷泉在瓦斯特卡和圣路易斯波托西(San Luis Potosi)和坦皮科河(Tampico River)流域的几个点被发现。从该区域向西至墨西哥谷③直至太平洋沿岸,探矿者都"对(有油的)每一条线索保持警觉"。1865年,几个侨居在墨西哥的美国人和纽约的一些资本家获得了一些可能有石油储藏的墨西哥土地的使用权,也获得了在墨西哥炼油的排他性权利。

1891年的一则报道同样称墨西哥有"丰富的沥青、石油和烟煤"。不过,由于墨西哥的人口较少(结果是其国内潜在市场较小)、公共安全缺乏,以及相对缺乏通信工具,结果是墨西哥石油资源开发难以真正起步。

但是,后来,墨西哥的经济状况转好,迪亚斯总统牢牢控制了墨西哥,他决心加快实现墨西哥的现代化,结果吸引了许多美国人到墨西哥寻求发财机会。这些美国人和墨西哥的高层对享受现代生活有较强的欲望,使墨西哥的取暖油和照明油的消费量大增,达到500万加仑/年。当时,墨西哥的石油消费严重依赖进口,而进口价格高得让人难以忍受。石油需求的增加让生产出来的原油没有滞销之忧,而关于墨西哥有大量石油储藏的报道刺激探矿者在19世

---

① 到1917年,多赫尼把这些公司都归到泛美石油和运输公司(Pan-American Petroleum and Transport Company)旗下。

② Martin Raymond Ansell, *Hero or Villain: A Reinterpretation of the Life and Career of Edward L. Doheny*, PhD dissertation, University of Texas at Austin, 1996, pp.118-209.

③ 墨西哥谷(valle de México)是位于墨西哥中部的一个高原。

纪末 20 世纪初掀起又一轮探矿高潮。

在多赫尼的公司投入墨西哥石油生产之前,墨西哥已经有一些公司进行石油勘探开发,但是它们的成绩都可以忽略不计。

当时在墨西哥的最大石油公司是沃特尔斯-皮尔斯石油公司(Waters-Pierce Oil Company)。该公司的老板是亨利·皮尔斯(Henry Clay Pierce),它在墨西哥经营了超过 20 年。从 19 世纪 80 年代起,它就把美国标准石油公司的石油产品卖到墨西哥[①],并垄断了墨西哥的成品油销售市场。它本质上是一家石油贸易公司。

和沃特尔斯-皮尔斯石油公司只是卖油不同,有一些石油公司的确在多赫尼的公司之前在墨西哥勘探开发石油,只是未取得可观产量。比如,1900 年 3 月,有报道称有两家英国石油公司在维拉克鲁斯州(Veracruz)的帕潘特拉(Papantla)的石油开发取得进展。它们有较强的经济实力。还有报道称另有石油公司在瓦哈卡(Oaxaca)努力想采掘出石油来。当时墨西哥的主要英文报纸《墨西哥信使报》(*Mexican Herald*)对墨西哥境内石油开发的报道有些混乱。1900 年初,它报道称由于一些墨西哥绅士的努力,墨西哥的燃料问题已经至少部分被解决了。那些绅士获得了太平洋沿岸的大片土地,当时正在努力勘探开发石油。但是,到了 1900 年 3 月 9 日,该报又对墨西哥的石油生产表现出悲观态度,它宣称:"所谓的专家散播的石油发现的虚假报道如此之多",以至于该报在获得确实的消息之前,不会再刊登类似报道。但是,到 3 月 18 日,该报又称"因为在共和国的三个州都已证明有石油发现,墨西哥有否有价值的石油资源已经不是问题"。

根据掌握的信息,可以看出,在多赫尼的公司进入之前,墨西哥的石油生产还没有公认的可观产量。

1900 年 5 月,多赫尼及其生意伙伴坎菲尔德(Charles A. Canfield)踏上他们的首次墨西哥石油探矿之旅。他们的旅行得到了墨西哥中央铁路公司(Mexican Central Railroad, MCR)总裁 A. A. 罗宾森(A. A. Robinson)的邀请和资助。墨西哥中央铁路公司成立于 1880 年,是美国艾奇逊、托皮卡与圣

---

① Jonathan C. Brown, "Why Foreign Oil Companies Shifted Their Production from Mexico to Venezuela during the 1920s", *The American Historical Review*, Vol. 90, No. 2 (Apr., 1985), p.363.

开拓新边疆——世界资源格局是如何转换的？

达菲铁路公司(Atchison, Topeka & Santa Fe Railway, AT&SF)出资创立的一家公司①,在墨西哥境内拥有最长的铁路线。② 罗宾森开出非常优惠的条件：为开发石油提供一切可能的便利条件,如果多赫尼和坎菲尔德成功开采出石油,墨西哥中央铁路公司就会和他们签订购买合同,以解决他们的销售之忧。

多赫尼和坎菲尔德对墨西哥石油资源的考察持续了几个星期。多赫尼判断通往坦皮科(Tampico)的中央铁路附近地带的石油资源很有希望,于是他决定购买沿线尽可能多的土地。之后,多赫尼比较轻松地从资本市场获得大量资金,并在1900年12月18日成立了墨西哥石油公司。

1901年早期,公司真正开始钻探。原本的管理层想把公司的工作进展对媒体保密,但事实证明这很难。当时美国得克萨斯州东南部贝蒙特(Beaumont)纺锤顶(Spindletop)的石油开发的大成功破坏了墨西哥石油公司的保密计划。1901年1月10日,纺锤顶打出了第一口自喷井,日产量高达7.5万桶。③

纺锤顶井喷的消息向南传到墨西哥,"使热带地区的人们热血沸腾,他们也被鼓动起来,也得了探矿的热病(speculative fever)"。"热病"在墨西哥爆发的原因是当地人相信墨西哥石油公司马上就会钻出石油。有墨西哥记者后来开玩笑说：在石油狂热中,"一口井投产"的消息传染性如此之强,以至于其他病菌都不能攻击当地人,一年之内黄热病和疟疾的危险将完全被消除。在开过玩笑后,记者认真地说："墨西哥石油意味着金子。如果(墨西哥石油)公司一半的希望成真,那将意味着坦皮科和墨西哥湾沿岸会见证共和国历史上从未见过的繁荣时期。"墨西哥人的期望如此之高,对石油的关注如此热切,让墨西哥石油公司无法低调地推进其工作。

1901年,墨西哥石油公司和政府签订了正式开发合同。一方面,公司得到了非常优惠的免税条件：它进口生产所需材料会免除一切税收,还会被免征

---

① Sandra Kuntz Ficker, "Economic Backwardness and Firm Strategy: An American Railroad Corporation in Nineteenth-Century Mexico", *Hispanic American Historical Review*, Vol. 80, No. 2 (May 2000), p.269.

② John H. Coatsworth, "Indispensable Railroads in a Backward Economy: The Case of Mexico", *The Journal of Economic History*, Vol. 39, No. 4 (December 1979), p.954.

③ Daniel Yergin, *The Prize: The Epic Quest for Oil, Money & Power* (New York: Simon & Schuster, 1991), pp.84-85.

除了印花税之外的所有直接联邦税,但是另一方面,公司也承担了较大的投资责任,包括:它必须在 6 个月内就开始工作;两年内钻至少 20 口井;投资建设向外运出石油的设施;前两年的投资需要超过 20 万美元,剩下的 8 年内每年需要投资至少 5 万美元,以保证在 10 年的合同期内,墨西哥石油公司的总投资达到 60 万美元;当墨西哥政府需要石油时,公司保证将以比批发价还低 10% 的价格销售给政府。[1]

1901 年 5 月 15 日,墨西哥石油公司在埃瓦诺(Ebano)获得油气发现,不过,刚开始产量很小,只有 50 桶/日。产量小的部分原因是当时多赫尼暂时没能找到其石油的销路。如果采出来,不能销售变现,还不如不开采。当时看来,墨西哥石油公司的原油销路可以有两条,第一条是销售给墨西哥中央铁路公司,帮助后者实现从烧煤到烧油的转变;第二条是变成道路沥青,帮助把墨西哥的城市道路改造为沥青道路,而当时最大的道路改造市场在首都墨西哥城。

刚开始,这两条出路都困难重重。

在多赫尼决定进入墨西哥石油开发业之前,他曾经与墨西哥中央铁路公司总裁 A. A. 罗宾森达成很可能是非正式的约定:墨西哥中央铁路公司将购买多赫尼的公司采出的石油,这本来将解决后者的一大后顾之忧。当时的墨西哥没有适航河流,陆地交通运输也十分落后,迪亚斯政府急于改变现状,积极推进铁路业发展,对建铁路提供的补贴相当于成本的 1/3 左右,此外还慷慨地提供其他补贴以及担保。政府对铁路业的重视是对多赫尼事业的间接"加持"。[2]

但是,1901 年 3 月,一些可能与标准石油公司有关系的美国投资客开始大量收购墨西哥中央铁路公司的股票,并很快获得了 55% 的股份。相应地,公司的领导层发生变化,董事会 17 位成员中的 10 位被更换,A. A. 罗宾森虽保住了总裁的位置,但公司的决定权转移至新的董事会主席亨利·皮尔斯手里,而后者恰好就是墨西哥石油公司当时最大的竞争对手沃特尔斯-皮尔斯石油公

---

[1] Martin Raymond Ansell, *Hero or Villain: A Reinterpretation of the Life and Career of Edward L. Doheny*, PhD dissertation, University of Texas at Austin, 1996, pp.112-123.

[2] John H. Coatsworth, "Indispensable Railroads in a Backward Economy: The Case of Mexico", *The Journal of Economic History*, Vol. 39, No. 4 (December 1979), pp.941, 947, 953.

开拓新边疆——世界资源格局是如何转换的？

司的主要领导者。而皮尔斯入主墨西哥中央铁路的一个重要目的正是把铁路变为一根"大棍",打击多赫尼等石油市场里的对手。① 因此他成为主席后,很快就取消了中央铁路公司与墨西哥石油公司之间的购油约定。② 这一挫折让墨西哥石油公司的一些股东撤资,加剧了公司遭遇的困难。③

在暂时失去对中央铁路公司的供油合同后,为解决销路问题,多赫尼又寻求把公司产的原油卖给墨西哥政府铺设沥青公路。埃瓦诺原油很重,属于沥青基石油,波美比重计度数(baume)④为 14,不适合做照明用油或者润滑油,但较适合铺设公路。但是,要得到铺路的合同也不容易,因为当时已经有几家大公司在激烈争夺墨西哥几个主要城市的铺路合同,而且政府设立了很高的竞标条件。墨西哥石油公司显然不具备这样的条件,因此刚开始它得到铺路合同的希望似乎也很渺茫。

在多赫尼进入墨西哥石油行业之前的 1899 年,首都墨西哥城的市政府设立了一个委员会来为挑选铺路公司设计条款合同。⑤ 当年 9 月,该委员会明确了要求,其中一条是要求投标公司必须有在至少两座外国城市铺路的成功经历,并按照这样的标准选择了巴贝尔沥青公司(Barber Asphalt Company)来铺设墨西哥城的 75 条街道。

这件事对多赫尼来说并非好事,因为如果其他墨西哥城市也仿效首都的做法,设立较高的进入门槛,那么多赫尼的公司必然得不到铺路合同。

不过,在 1901 年底,巴贝尔沥青公司的母公司沥青托拉斯(Asphalt Trust)解散,它也失去了已经到手的墨西哥城道路铺设合同,这让多赫尼再次看到获得合同的希望。⑥

由于多赫尼的公司没有铺沥青道路的经验,他还需要设法让墨西哥政府相信他的公司有能力承担这样的工程。他的办法是成立了一家沥青公司。1902 年

---

① Sandra Kuntz Ficker, "Economic Backwardness and Firm Strategy: An American Railroad Corporation in Nineteenth-Century Mexico", *Hispanic American Historical Review*, Vol. 80, No. 2 (May 2000), p.295.

② Martin Raymond Ansell, *Hero or Villain: A Reinterpretation of the Life and Career of Edward L. Doheny*, PhD dissertation, University of Texas at Austin, 1996, pp.126-127.

③ Ibid., p.135.

④ 波美度(°Bé)是表示溶液浓度的一种方法。把波美比重计浸入所测溶液中,得到的度数就叫波美度。

⑤ Martin Raymond Ansell, *Hero or Villain: A Reinterpretation of the Life and Career of Edward L. Doheny*, PhD dissertation, University of Texas at Austin, 1996, p.137.

⑥ Ibid., pp.135-137.

6月18日,他正式成立了墨西哥沥青铺设和建筑公司(Mexican Asphalt Paving and Construction Company)。而美国加利福尼亚的菲尔柴尔德和吉尔莫沥青公司(Fairchild & Gilmore Asphalt Company)的推荐让墨西哥政府相信多赫尼的公司能够完成铺设沥青公路的工程。①

菲尔柴尔德和吉尔莫沥青公司的老板J. A. 菲尔柴尔德(J. A. Fairchild)和E. W. 吉尔莫(E. W. Gilmore)在墨西哥沥青铺设和建筑公司里有投资。这就不难理解为什么菲尔柴尔德和吉尔莫沥青公司会推荐多赫尼公司的沥青。

在墨西哥沥青铺设和建筑公司成立两周后,菲尔柴尔德和吉尔莫沥青公司就出具了对多赫尼公司所产埃瓦诺沥青的推荐材料,J. A. 菲尔柴尔德和E. W. 吉尔莫说,他们在沥青建筑行业里已经有超过15年的从业经验,其间接触过各种类型和等级的沥青。他们对埃瓦诺原油进行了认真检测,结论是它的品质"相当于或优于目前市面上提供给沥青铺路公司的所有其他品牌的炼制沥青"。此前他们认为加利福尼亚沥青是行业里最好的,即使巴贝尔沥青等大公司也用加利福尼亚沥青来铺设美国东海岸和西海岸的道路,但是如果现实条件允许的话,他们愿意用埃瓦诺沥青而不是他们自己公司的加利福尼亚沥青。他们还说:"我们完全信任它的质量和优越性,毫不犹豫地推荐它用于任何的沥青铺设。"菲尔柴尔德和吉尔莫的推荐对于埃瓦诺原油销路的打开和墨西哥石油公司的发展发挥了较大的帮助作用。②

为了打开铺设道路的市场,多赫尼采取了一些行之有效的营销手段。比如,他通过菲尔柴尔德和吉尔莫沥青等公司向纽约、新奥尔良和洛杉矶等许多美国城市运去大量沥青。通过努力,埃瓦诺沥青成了美洲大陆的一个知名品牌。它的名头如此之响,以至于墨西哥国会在1908年通过了一条法令,规定以后墨西哥城的道路铺设只能用埃瓦诺原油。这一方面证明了埃瓦诺沥青在耐用和经济性上的确有过人之处,另一方面也反映了当时的墨西哥政府扶持国内品牌和工业(而拒绝来自美国等其他外国品牌和工业)的战略考虑。随着承揽工程的增加,多赫尼旗下的墨西哥沥青铺设和建筑公司获利甚丰,多赫尼本人也承认从开始起,沥青业务就是他在墨西哥的石油业务里最赚

---

① Martin Raymond Ansell, *Hero or Villain: A Reinterpretation of the Life and Career of Edward L. Doheny*, PhD dissertation, University of Texas at Austin, 1996, p.140.

② Ibid., pp.140-142.

开拓新边疆——世界资源格局是如何转换的？

钱的一项。①

多赫尼同样希望他公司采出的原油能够用作火车燃料,因为它的市场空间会更大,但是那方面的进展和铺设沥青相比,更加不顺利。前文提到,多赫尼的主要竞争对手皮尔斯在控制墨西哥中央铁路公司之后,就废弃了其公司与多赫尼公司的购油约定。这种情况一直持续了4年。直到1904年出于与洋际铁路(Interoceanic)和墨西哥铁路公司(Mexican Railway Company)等其他铁路公司竞争的需要,墨西哥中央铁路公司才向多赫尼的公司伸出橄榄枝。

20世纪初,墨西哥铁路行业掀起了用燃料油替代煤炭的热潮,这给包括多赫尼公司在内的各石油公司提供了机会。

墨西哥铁路公司对弃煤用油的热情是墨西哥特殊的能源供应形势决定的。尽管墨西哥国内有煤炭供应,但其煤炭的生产成本较高,灰分含量也较高。

当然,墨西哥的铁路公司也可以进口煤炭来解决动力问题。不过,那也有一些问题:第一,汇率问题。当时,墨西哥货币与美元等外币之间的汇率剧烈波动,这对进口煤炭做动力的铁路公司的运营安全不利。第二,进口煤炭的运输成本太高,而且,运输进口煤炭还要占有大量车皮。第三,墨西哥铁路公司使用进口煤炭的热情还受到一些安全隐患的压制,包括铁路运力不足导致运输迟滞、铁路工人罢工等。

1904年开始,墨西哥各铁路公司开始积极尝试煤转油。比如,墨西哥中央铁路公司尝试把煤灰和沥青混合起来作为燃料,负责这项实验的是多赫尼控制的墨西哥沥青铺设和建筑公司的 P. C. 史密斯(P. C. Smith)。他把煤灰和大约10%的沥青混合燃烧,实验的效果很好。另外,对铁路公司来说,这种做法还有一个好处是它不用更换发动机。这种做法并没有实现从煤到油的过渡。②

当时墨西哥铁路业尝试从使用蒸汽机车转向内燃机车。出于谨慎,墨西哥各铁路公司并非一开始就大规模地购买和使用内燃机车,而是进行那方面

---

① Martin Raymond Ansell, *Hero or Villain: A Reinterpretation of the Life and Career of Edward L. Doheny*, PhD dissertation, University of Texas at Austin, 1996, p.160.
② Ibid., p.165.

的实验。而从1904年秋天开始,多赫尼的公司向至少三家铁路公司提供原油,做燃烧实验。后来的事实证明,这样的实验很有必要。实验发现:埃瓦诺原油的沥青含量太高,使它比美国加利福尼亚或者得克萨斯的燃料油更难燃烧。更要命的是燃烧过程中会产生大量烟雾。燃烧不冒烟本来是墨西哥各铁路公司考虑用油来代替煤的初衷之一,美国加利福尼亚等地出产的原油燃烧后不冒烟,在这方面,埃瓦诺原油不及前者。对墨西哥中央铁路等铁路公司来说,燃烧后是否冒烟是个大问题,因为墨西哥总体多山,铁路隧道较多,浓烟产生后,在隧道中不易散去,这对乘客的健康来说,会是较严重的威胁。[1] 对当今的先进炼油厂而言,埃瓦诺等重质原油的不易燃烧和冒烟等问题不难解决,但20世纪初的炼油厂很难解决这些问题。不过,对货车来说,冒烟问题就不是那么严重的安全威胁。同样,对墨西哥境内隧道较少的铁路线路来说,冒烟问题也不是很大的问题。

  埃瓦诺原油自身的特点让它难以作为火车的燃料油,而墨西哥石油公司初期的产量较低,又导致即便铁路公司愿意购买它的原油,多赫尼也不敢贸然签订对它们供油的合同。

  刚开始,墨西哥石油公司的产量仅为50桶/日,但是到了1902年,多赫尼称他的公司已经有了8口生产井,总产量升至600桶/日。到了1904年4月,墨西哥石油公司终于打出第一口自喷井,产量达1 500桶/日。但是,由于储油罐等相关配套设施的不足,产量的增加一度造成混乱。自喷井投产后的几个星期,墨西哥石油公司没有把井封住,而是在附近挖了一个大坑,把流出来的原油引到坑里去,时间一长,坑里逐渐积累了大约5万桶原油。结果恰逢帕努科(Panuco)河水上涨,河水倒灌,冲进大坑。这时墨西哥石油公司不得不试图封井,但是那时候发现封井不容易,因为井口已经在水面大约20英尺之下。公司只能先在井口周围建起水坝,然后把水坝里的水抽干。在水抽干后,公司试了好几次,才终于把井口封住。之后墨西哥石油公司汲取了教训,在附近建起储油设施之前,一定会把高产井先封住。[2]

  墨西哥石油公司遭遇的这一麻烦反映了一个普世道理:原油开采不仅仅

---

[1] Martin Raymond Ansell, *Hero or Villain: A Reinterpretation of the Life and Career of Edward L. Doheny*, PhD dissertation, University of Texas at Austin, 1996, p.173.
[2] Ibid., p.169.

开拓新边疆——世界资源格局是如何转换的？

受地下因素的影响,也受地上因素的影响。在很多时候,地上因素的重要性还胜过地下因素。

墨西哥石油公司早期的石油生产在埃瓦诺,后来扩展到其他地方,尤其是卡西亚诺(Casiano)地区。到1909年底,墨西哥石油公司在卡西亚诺地区已经有5座钻机,有两口井加起来的产量合起来为1 200桶/日。它最大的石油发现出现在1910年。当年7月26日,卡西亚诺6号井开采出石油。刚开始,该井的产量大约是8 000桶/日,在两周之后就增加至1.4万桶/日。8月中旬,两座容积各为5.5万桶的油罐都已装满油。这时候,如果再挖出石油,会是很大的麻烦。但是,9月11日,卡西亚诺7号井喷出原油,而且数量达到惊人的6万桶/日左右。尽管工人们竭尽全力封井,但该井仍以大约2.5万桶/日的速度喷出原油。幸亏在9月17日,经过工人的赶工,一条外运原油管道终于铺完,墨西哥石油公司可以源源不断地把原油送走。为了处理卡西亚诺油田采出的石油,多赫尼决定暂停埃瓦诺以及瓦斯特卡地区的原油生产。另一方面,由于卡西亚诺油田的石油大发现,多赫尼也有了底气,敢于和铁路公司签订供应燃料油的合同。

卡西亚诺油田大发现后,墨西哥石油公司不仅向墨西哥中央铁路,也向墨西哥其他铁路公司供应燃料油。墨西哥实现了煤改油的线路,一度里程的85%所需的燃料油是卡西亚诺原油。

为了解决产油太多这一"甜蜜的烦恼",多赫尼意识到从卡西亚诺到坦皮科的2.5万桶/日的输油管道已经不能满足外运的需求,需要再铺一条复线,加快铺设一条通往墨西哥城的输油管道的必要性也凸显出来。另外,多赫尼和皮尔斯之前签订了一份前者向后者供油250万桶的合同。皮尔斯想先从墨西哥石油公司的油库里提货100万桶,剩下的150万桶之后分阶段提取。这份合同能部分解决墨西哥石油公司产量大增带来的烦恼。[1]

在1910年底之前,多赫尼的墨西哥石油公司在墨西哥石油行业里可谓一骑绝尘。其他的石油公司远远没有它那么成功,它们之中,真正开采出石油、保持盈利的很少。数据显示,1901—1910年,墨西哥境内共开采出1 200多万桶

---

[1] Martin Raymond Ansell, *Hero or Villain: A Reinterpretation of the Life and Career of Edward L. Doheny*, PhD dissertation, University of Texas at Austin, 1996, pp.188-191.

(12 290 775 桶)原油,其中多赫尼在埃瓦诺的油井就开采出约 1 050 万桶,约占全国总数的 85%。而其他的石油公司,包括威特曼·皮尔森(Weetman Pearson)的飞鹰石油公司、墨西哥油田公司(Oil Fields of Mexico),总共只产出 180 万桶。① 1910 年 9 月卡西亚诺 7 号自喷井的投产看起来更加巩固了墨西哥石油公司在全国石油生产的领先地位。可是,该自喷井对墨西哥石油公司领先地位的支撑只持续了 3 个多月时间,随着当年年底飞鹰石油公司的一口高产自喷井的发现,多赫尼的墨西哥石油公司的霸主地位迅速失去,而且一去不复返。1910 年底飞鹰石油公司在墨西哥取得重大的石油发现之后,墨西哥石油公司就成为墨西哥石油行业里的配角。

二、飞鹰石油公司在墨西哥的探险

墨西哥石油产量曾位居世界第二位。② 而它的早期成功离不开墨西哥飞鹰石油公司的努力。1889 年墨西哥大运河建设中遇到不少问题,迪亚斯总统请当时国际上很有名气的英国工程师威特曼·皮尔森来解决。在不辱使命地完成了大运河以及铁路改建等工程后,皮尔森在一次旅行中到了美国得克萨斯州的边境小城拉雷多(Laredo),因为错过了列车,皮尔森不得不在那里过一夜。他很快就注意到了当地石油开采的狂热,并且想起其助手博迪(J. B. Body)所写的墨西哥境内石油渗漏的报告。博迪曾经在特万特佩克地峡(Isthmus of Tehuantepec)一带为皮尔森的港口工程寻找建筑材料,他发现了石油渗漏,甚至还让当地人带他去附近的一处油喷泉看了看。③ 想起此事后,皮尔森马上给博迪拍电报:赶快把墨西哥境内可能有石油的地方租下来。

皮尔森的石油开发同样获得了迪亚斯政府的优待:50 年内一切税收被免除。他的每一口油井周围 3 千米以内,其他人不可钻井,这样保证了他发现的油矿不会被分流。墨西哥政府还保护皮尔森等石油开发公司,对进口

---

① Martin Raymond Ansell, *Hero or Villain: A Reinterpretation of the Life and Career of Edward L. Doheny*, PhD dissertation, University of Texas at Austin, 1996, p.194.

② Daniel Yergin, *The Prize: The Epic Quest for Oil, Money & Power* (New York: Simon & Schuster, 1991), p.231.

③ Martin Raymond Ansell, *Hero or Villain: A Reinterpretation of the Life and Career of Edward L. Doheny*, PhD dissertation, University of Texas at Austin, 1996, p.195.

开拓新边疆——世界资源格局是如何转换的？

的每千克原油和成品油分别征收 3 分和 8 分的关税，这其实是贸易保护主义政策。① 当时墨西哥的石油贸易保护主义政策主要针对的是全球石油超级大国美国。

皮尔森计划为他的特万特佩克铁路(Tehuantepec Railway)上的火车提供燃料。特万特佩克铁路位于墨西哥南部地峡。为了开发石油，他聘请了发现得克萨斯纺锤顶大油田的安东尼·卢卡斯(Anthony Lucas)做他的顾问。

卢卡斯对特万特佩克地区的石油前景评价很高，但是他干了两年，只在圣克里斯托波尔(San Cristobal)发现了产量不大的油田。不过皮尔森并不泄气，继续扩大在地峡上的投资，他在已有 60 万英亩土地的基础上，又租了 30 万英亩。1908 年，皮尔森在米纳蒂特兰镇(Minatitlan)建了炼油厂，铺设了连通油田的管道，并同一家英国公司签订了合同，通过后者向英国销售石油产品。当年 8 月，第一船石油运到了英国。但是，油田的产量太小，为了履行合同，皮尔森不得不在美国购买原油后运到英国。

1906 年，皮尔森从迪亚斯政府获得了最大一块政府的石油租借地。它包括维拉克鲁斯州全部国有土地和湖泊，有效期 50 年。出油之后，按产量的 7% 和 3% 分别交给中央政府和地方政府作为矿区使用费。墨西哥政府授权皮尔森免税进口所需的机械设备，并免税出口所生产的石油，条件是公司必须在墨西哥注册。

皮尔森在地峡的勘探成效不大，便沿着墨西哥东海岸向北推进，情况逐渐有所改观。1908 年在圣迭戈(San Diego)的一口探井找到了石油，日产 2 000 桶。接下来，他的钻井队在坦皮科的多斯·波卡斯(Dos Bocas)打到了高压油气层，并发生了巨大的井喷。

7 月 4 日，皮尔森的钻井队在多斯·波卡斯打到一口自喷井。工人缺乏经验，对井喷束手无策。很快油井就着了火。在接下来的两个多月里，该井剧烈燃烧，并成为当时墨西哥国内一件人人皆知的大事。有人描述称："火焰估计高达 1 450 英尺，偶尔火苗还会更上窜至少 20% 的高度。火柱最粗时大约为高度的 1/3，它的平均直径约为 180 英尺。(夜里)在 17 英里之外可以轻轻松

---

① Stephen Haber, Noel Maurer, and Armando Razon, "When the Law Does Not Matter: The Rise and Decline of the Mexican Oil Industry", *The Journal of Economic History*, Vol. 63, No. 1 (March 2003), pp.3-4.

松地读报纸。在火势最强的时候,黑色的烟柱上窜至大约 9 000 英尺高,它被一朵花椰菜形状的白云覆盖,白云又高达约 7 000 英尺高……"

墨西哥政府派出 400 多名士兵参加灭火,其中一些牺牲在火场。① 大火烧了约两个月,到 8 月 30 日大火终于被扑灭时,皮尔森已经失去了几百万桶原油。但即使是那样,那口井每天还继续冒出 2.5 万桶原油和盐水。多斯·波卡斯的井喷向全世界证明,墨西哥拥有非常丰富的石油资源。②

不过,井喷造成了持久和严重的生态危害。根据墨西哥政府的描述,井喷地点变成了一个危险的大坑,直径大于 300 英尺(约 91 米),无论是牲畜还是人,如果离大坑太近,一旦硫化氢气体随风袭来,则会倒地而死。井喷后有当地爆发红眼病疫情的传闻,10 月一名公共卫生官员前往调查,发现根本不是红眼病,病人其实是被大坑里涌出的有毒气体伤害了眼睛。那名官员记录道:"一个人能够很清楚地感觉到空气里充满了有毒或刺激性物质,当站在下风向时,臭鸡蛋气味令人作呕,无法忍受。我感到我的眼睛、鼻子甚至喉咙都在燃烧。"

井喷对环境的危害直到几年之后仍然明显。1913 年,该大坑已经扩大到 40 英亩(约合 16 万平方米③)以上,硫化氢气体杀死了周围的一切。本来是林木茂盛的山丘,变得遍布枯树,一片惨景。空气中弥漫着臭鸡蛋的气味。没有任何野兽、鸟类或昆虫的形迹或声音,微风中一片死寂。这古怪的安静令人恐惧。④

多斯·波卡斯井喷后,皮尔森信心更足。经过与迪亚斯总统和财政部长商量,皮尔森决定自己创办一家上下游一体化的石油公司。1909 年 4 月墨西哥飞鹰石油公司正式成立。股票一上市,公司的市值就飞速上升,从 10 万英

---

① Myrna Santiago, "Rejecting Progress in Paradise: Huastecs, the Environment, and the Oil Industry in Veracruz, Mexico, 1900-1935", *Environmental History*, Vol. 3, No. 2 (April 1998), p.178.

② Martin Raymond Ansell, *Hero or Villain: A Reinterpretation of the Life and Career of Edward L. Doheny*, PhD dissertation, University of Texas at Austin, 1996, pp.187-188.

③ 北京人民大会堂的占地面积为 15 万平方米(http://www.visitbeijing.com.cn/a1/a-XCBT00307D1D93FCDDC795,2016 年 9 月 28 日,2019 年 4 月 22 日访问),不及这坑大。

④ Myrna Santiago, "Rejecting Progress in Paradise: Huastecs, the Environment, and the Oil Industry in Veracruz, Mexico, 1900-1935", *Environmental History*, Vol. 3, No. 2 (April 1998), p.178.

开拓新边疆——世界资源格局是如何转换的?

镑上升为255万英镑。皮尔森把墨西哥一些高层政界人士拉进了董事会,包括奇瓦瓦州(Chihuahua)州长、前驻美大使、国家铁路公司董事长、中央银行总裁,还有总统的儿子小迪亚斯上校。

多斯·波卡斯的灭火失败,使皮尔森决心引进更多专家。他把美国地质调查局局长海耶斯(C. W. Hayes)请来当兼职顾问,指导地质工作。海耶斯把俄克拉荷马大学的一个学生德高利耶(Everette Lee DeGolyer)[①]推荐到飞鹰石油公司工作。

德高利耶来到墨西哥,旋即跟随已经在公司工作的几位地质师到图斯潘以西地区去搞勘查。这一带已打了约200口井,有油但产量不高。他们按照当时流行的背斜理论,在颇德里奥·德里阿诺(Potrero del Llano)农场发现了一个穹隆构造,布置了4口探井。1910年春,第一口井就喷出了油流,日产300~400桶,是一个轻质油油田。由德高利耶布定井位的4号探井,同年6月钻到了1 856英尺。因为等待管道建设,钻井停了下来,直到圣诞节之前两天工人们才回到井上重新开工。12月27日钻入了石灰岩地层55英尺,尚未见到油气显示。晚上,工人们没有安装防喷阀门就下班走了,但半夜突然发生了强烈井喷,射向空中的油柱高达230英尺。落下的油珠覆盖了周围地区的一切东西。值班的队长机敏地爬过丛林,及时熄灭了锅炉的明火,防止了一场大火。[②]

颇德里奥·德里阿诺4号井每天喷出大约11万桶原油,是当时世界产量最大的油井。它的发现立即让墨西哥飞鹰公司成为世界领军石油公司之一。[③]

4号井的发现在墨西哥掀起了寻油的新浪潮。1910年,墨西哥产油363.4万桶,1911年猛增为1 255万桶。1919年和1921年分别达到8 707万桶和2亿桶以上。墨西哥成为世界第二大产油国,仅次于美国。

4号井发现后不久,墨西哥遭遇政治地震,并对飞鹰石油公司造成较大影响。1911年,81岁的迪亚斯总统被推翻,之后墨西哥又一次进入政变和内战

---

① 德高利耶后来曾任美国石油协会(America Petroleum Institute,API)的主席。
② 王才良:"考德雷勋爵与墨西哥的石油",《石油管理干部学院学报》,2001年第4期,第39—41页。
③ Daniel Yergin, *The Prize: The Epic Quest for Oil, Money & Power* (New York: Simon & Schuster, 1991), p.231.

不断发生、总统迅速更换的时期。皮尔森萌生退出墨西哥石油领域的想法。在1912年和1913年他先后与新泽西标准石油公司和英国政府谈判过出售墨西哥飞鹰石油公司的事宜。不过,直到1919年4月2日,皮尔森才让皇家荷兰壳牌石油公司获得飞鹰公司的控股权,飞鹰成为壳牌的一家子公司,而皮尔森获得了1 000万英镑。①

三、墨西哥石油国有化运动以及墨西哥石油业的衰败

墨西哥政治动荡已经影响了外国石油公司在墨西哥的投资热情,墨西哥的石油国有化运动更加影响了它们的积极性。

1917年墨西哥政府颁布了新宪法。其中第27条规定,地表之下的资源不属于地表上的土地所有者,而是属于国家。为了公共福利,政府有权征收私有财产,并基于财产的价值给予所有者以相应的赔偿。这部宪法还规定,不允许外国人直接拥有距墨西哥边境100千米、海岸线50千米以内的土地,而英美石油巨头的大多数油井就位于这一带。② 外国石油公司强烈反对这些条文,称他们获得石油资源所有权在先,墨西哥政府颁布宪法在后,墨西哥政府无权剥夺其所有权。但墨西哥政府却称,石油公司不享有所有权,得到的只是租约合同(concession)。

石油公司和墨西哥政府之间的斗争长期僵持不下,而"你方唱罢我登场"、先后上台的多位墨西哥总统也不愿意对石油公司把事情做绝,结果是在较长时间内墨西哥政府未能有效执行第27条。

比如,1925年年底,墨西哥总统卡列斯(Plutarco Elias Calles)规定,石油方面的一切所有权都必须改为租让权,租让期为50年,自开采之日算起,即使是在1917年以前获得的所有权也必须照此办理。但是,1928年卡列斯和美国驻墨大使莫罗(Dwight Morrow)签署了一项协定,这项协定承认了在1917年5月1日《宪法》生效之前美国石油公司在墨西哥取得的油田所有权,暂时平息

---

① Andrew Godley, "Weetman Pearson in Mexico and the Emergence of a British Oil Major 1901-1919", p.1, at https://www.reading.ac.uk/web/files/management/042.pdf, accessed on October 8, 2018.

② 沙芳洲:"墨西哥石油国有化改革前夕美国政府对美墨石油纷争的回应",《首都师范大学学报(社会科学版)》,2011年增刊,第151页。

开拓新边疆——世界资源格局是如何转换的?

了美墨在石油所有权方面的纷争。根据该协定,墨西哥做出了较大让步,结果虽然从表面来看石油资源的所有权属于墨西哥政府,但是事实上英美石油公司依然掌控着墨西哥的石油资源。从 1928 年至 1933 年,大约有 2/3 的石油公司陆续获得了墨西哥政府授予的开采许可证。①

不过,到 20 世纪 30 年代,情况发生了变化。当时墨西哥已经失去了在世界石油生产中的领先地位。墨西哥政府对石油公司的指责越来越多,墨西哥国内的革命热情和民族主义情绪再次高涨。这些促使墨西哥政府完成了对石油资源的国有化。

和南方邻居委内瑞拉的增产相比,墨西哥石油的衰落更加明显。老油田的自然减产、生产成本的增加、税负的加重让墨西哥石油产量下降。当时墨西哥境内最大的公司是壳牌下属公司墨西哥飞鹰公司,占当时墨西哥石油产量的 65%。包括新泽西标准石油公司、辛克莱尔(Sinclair)、城市服务(Cities Service)和海湾石油公司在内的美国石油公司生产 30%。由于石油公司不愿增加投资,而只愿意维持现状,导致墨西哥石油产量急剧下降。20 世纪 20 年代初,墨西哥是世界第二大产油国,仅次于美国,产量高达 49.9 万桶/日,10 年之后,已经大跌至 10.4 万桶/日。因石油减产,墨西哥政府对英美石油公司非常不满。

20 世纪 30 年代,墨西哥民族主义情绪再次高涨,对其境内的外国石油公司形成很大压力。墨西哥政府和工会与外国石油公司之间的关系紧张。1934 年,左派人士卡德纳斯(Lázaro Cárdenas)成为墨西哥总统。从 20 年代起,卡德纳斯本人就不喜欢外国石油公司。他认为它们态度傲慢,把墨西哥当成是被他们征服的领土。他上台后不久,就开始对外国石油公司施加压力。

除了地下石油资源的所有权、油田租让权、税收等问题让英美石油公司忧心不已之外,日益发展壮大的劳工组织也成为它们新的关注焦点,而墨西哥石油工人和美国石油公司之间的劳资纠纷正是引发卡德纳斯政府进行石油国有化改革的导火索。1935 年 5 月,受雇于新泽西标准石油公司在坦皮科地区炼油厂的墨西哥石油工人举行罢工,抗议美国石油公司的残酷剥削,要求提高薪

---

① 沙芳洲:"墨西哥石油国有化改革前夕美国政府对美墨石油纷争的回应",《首都师范大学学报(社会科学版)》,2011 年增刊,第 151 页。

酬和相关待遇。新泽西标准石油公司以石油工人的要求过分为理由，拒绝了他们的要求。1936年，在卡德纳斯政府新劳工政策的支持下，墨西哥石油工会成立，并于11月3日召开了第一次大会。会后，他们向石油公司提交了一份抗议书，要求增加工资并允许墨西哥石油工会成员在公司管理层中任职，由工会控制人事任免权，此外石油工人还应享有受训、休假、医疗保险、失业保险和养老保险等福利。然而，石油公司再次拒绝了石油工人们的要求。1937年5月28日，由墨西哥石油工会组织的大规模罢工爆发了，工资和相关待遇问题取代税收、油田租让权和地下石油资源所有权等问题，成为石油公司和墨西哥斗争的新焦点。这次大罢工再次撕开了自1928年卡列斯-莫罗协定之后墨西哥尚未完全愈合的民族意识的伤口。

墨西哥石油工人与石油公司的矛盾不断升级。在墨西哥石油工会举行罢工之后，墨西哥各行业工会也计划举行全国大罢工，以声援石油工人的斗争。在这紧急关头，卡德纳斯总统下令组织调解和仲裁委员会来解决双方分歧。经过调查，委员会做出了英美石油公司残酷剥削墨西哥石油工人、攫取暴利的结论。1937年12月18日委员会决定，英美石油公司必须提高工人工资，薪资总额应增加2 600万比索；实行8小时工作制，每年休假6周；给予50岁以上的石油工人退休金，标准是50岁时工资的85%。当年底，新泽西标准石油公司发表声明，拒绝执行调解和仲裁委员会的上述决定，并上诉至墨西哥最高法院，要求它撤销委员会的全部决定。1938年2月，墨西哥最高法院驳回了新泽西标准石油公司的上诉。为了避免双方矛盾激化，1938年3月8日，卡德纳斯总统亲自出面与石油公司谈判，但双方意见相左，谈判破裂。虽然在新的压力下，后来外国石油公司被迫再次做出让步，同意把加薪总额增加至2 600万比索，但是它们仍然拒绝把公司的决策权和管理权让渡给工会。

1938年3月18日，卡德纳斯召开内阁会议，宣布将实行石油国有化，从外国石油公司那里接管石油工业，并于当晚通过电台向全国、全世界宣布了这个具有历史意义的命令。结果引发激烈的斗争。[1] 对墨西哥而言，没收外国石油公司财产象征着摆脱外国的控制，以及民族主义的胜利。外国石油公司则认

---

[1] Daniel Yergin, *The Prize: The Epic Quest for Oil, Money & Power* (New York: Simon & Schuster, 1991), pp.271-277.

开拓新边疆——世界资源格局是如何转换的？

为,没收绝对非法。于是,它们组成一个联盟,要求墨西哥政府对它们的损失进行赔偿。它们担心此例一开,委内瑞拉等世界其他产油国会群起而效仿,情况会失控。它们要求各国政府停止进口墨西哥石油,说那些石油都是赃货。

英国政府对墨西哥石油国有化的反应最强烈。这是因为,墨西哥飞鹰石油公司由壳牌公司控制,其股东主要是英国人。英国政府强烈要求墨西哥政府归还飞鹰公司的财产,但墨西哥政府拒绝归还,还断绝了与英国的外交关系。美国政府对墨西哥石油国有化运动的反应没有英国政府强烈。美国公司的损失比英国公司小,而且当时的美国总统是富兰克林·罗斯福(Franklin Roosevelt),他把睦邻政策作为其一项重要的外交政策。当时,第二次世界大战爆发在即,德国等法西斯国家积极向墨西哥渗透,罗斯福不愿因石油问题把墨西哥更多地推到轴心国那一边。从反法西斯的大战略考虑出发,罗斯福推动美国与墨西哥在1941年11月19日签订了赔偿协定,两国关系恢复正常。[①]

即便如此,德意日等法西斯国家还是乘机加强了与墨西哥的石油关系。德国和意大利成为墨西哥第一和第二大石油买家,日本也从墨西哥大量购买石油,而且日本石油公司曾尝试从墨西哥石油产地修建一条横穿墨西哥半岛,抵达墨西哥的太平洋海岸的输油管,再从沿岸港口装运石油运回日本。

无论如何,由于美英石油公司的退出,墨西哥石油生产长期低迷,直到1974年,墨西哥石油产量才超过1921年的历史峰值,达到2.38亿桶。[②] 墨西哥石油在美洲和世界石油行业中的突出重要性更是从未恢复过,其鼎盛时期一去不复返。

虽然不再全球领先,但是墨西哥石油产量在20世纪70年代及之后的确曾经随着油价的上涨和墨西哥湾石油资源的开发而大幅增加,而坎塔雷尔大油田(Cantarell oilfield)的发现起到了关键作用。1971年,一个名叫路德新多·坎塔雷尔(Rudesindo Cantarell Jimenez)的墨西哥渔民在尤卡坦(Yucantan)半岛附近的海域捕鱼时遇到一个伤脑筋的问题:他发现有许多油块黏在他的渔网上,并使他的收获减少,而这些油块显然是从坎佩切湾(Bay of

---

[①] 沙芳洲:《1938至1941年美国政府对墨西哥石油国有化改革的政策研究》,首都师范大学硕士学位论文,2011年,第21页。

[②] Ricardo Koller, "Mexican Oil: Its History, Development and Future", U. S. Army War College report, April 2, 1990, p.46.

Campeche)的海底浮上来的。在忍耐多时之后,坎塔雷尔于1972年向墨西哥国家石油公司(PEMEX,以下简称墨国油)报告了此事,后者对渔网遭遇污染的区域进行了一次勘查,并于1976年发现了储量居全球第二位的大油田。为了纪念其发现者,大油田被命名为坎塔雷尔油田。① 之后,它的产量迅速增长,到2003年达到210万桶/日的高峰,当时是仅次于沙特阿拉伯盖瓦尔(Ghawar)油田的世界第二大油田。但好景不长。2003年之后坎塔雷尔产量开始衰减。2004年,墨西哥石油产量达到383万桶/日的高峰,之后逐渐下降(见图5-1)。这最终引发了墨西哥政府2013年的石油改革。

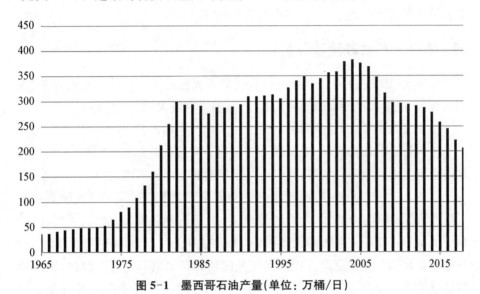

图5-1 墨西哥石油产量(单位:万桶/日)

资料来源:BP Statistical Review 2019 All Data.

墨西哥石油产量的下滑,有两个主要原因:一是缺钱,二是缺技术,而这两者又有紧密联系。墨西哥政府长期把墨国油当作摇钱树,每年有1/3的财政收入来自墨国油。反过来墨国油每年向政府缴纳的税费高达其利润的70%,成为公司沉重的财政负担。由于负担沉重,加上腐败严重等原因,墨国油没有足够的资金去推动技术进步,包括发展新石油资源尤其是超深水石油

---

① [美]迈克尔·T.克拉雷:《最后的竞争——地球剩余资源大抢夺》(林自新等译),上海:上海世纪出版集团,2014年版,第18页。

资源开发的技术。当墨西哥湾浅海石油资源开发的成果在21世纪初逐渐褪色后,墨西哥找不到新的产量能够抵消老油田产量的下降。而1938年的石油国有化运动后,墨西哥政府既不允许国外资本介入其石油业,也不允许国内私人资金的介入。这让国际石油资本和墨西哥私有资本长期无法为墨西哥石油产量的增加提供急需的资金、技术等生产要素。① 其一个直接的结果是,一方面墨西哥政府担心外国石油公司在墨西哥湾里墨、美海上分界线美国一方的开采活动会把墨西哥这方的石油资源抽走;另一方面,墨国油只具有不到1 000米水深石油资源的开采能力,因而对超深水区内美方在两国海上分界线附近的开采活动只能眼巴巴看着,而无可奈何。②

四、墨西哥石油政策改弦易辙

2013年12月,墨西哥开始进行备受世人关注的能源改革。它有复杂、深刻的政治、经济和社会动因。目前看来,其前景有较大的不确定性。

1. 穷则思变,墨西哥能源政策到了不得不改革的时候

墨西哥进行能源改革,既是墨西哥政府锐意改革的结果,也是因为油气收入的下降严重影响国家发展,同时与国际环境的变化紧密相关。

第一,油气收入的下降严重影响墨西哥发展。墨西哥拥有丰富的石油和天然气资源,是西半球第六大石油储藏国(次于委内瑞拉、加拿大、美国、巴西和厄瓜多尔)、拉美地区第四大产油国(次于委内瑞拉、巴西和厄瓜多尔)③,也是全球重要的非欧佩克产油国。根据美国能源信息署(EIA)的数据,墨西哥湾区域是除北极圈以外世界最大的待开发石油带。墨西哥国家油气委员会2015年上半年的统计显示,墨探明石油天然气储量达130.7亿桶,探明和概算油气储量为229.8亿桶。根据世界银行统计,2011—2013年,石油对墨西哥经济增长的贡献率分别为7.1%、6.8%和6.1%。2014年上半年,原油及汽油产

---

① 陆鱼:"墨西哥:开启石油投资大门",《中国石化报》,2013年4月12日,第7版;木子:"墨石油改革法案难治沉疴",《中国石化报》,2008年11月6日,第5版。
② 木子:"墨石油改革法案难治沉疴",《中国石化报》,2008年11月6日,第5版。
③ 近年来探明石油储量的变化从一个侧面折射出墨西哥石油业的衰退。1998年底,墨西哥的探明石油储量达216亿桶,在西半球居第四位(仅次于委内瑞拉、加拿大和美国),在拉丁美洲各国中居第二位(仅次于委内瑞拉)。到2008年底,其探明石油储量下降至119亿桶,在西半球已退居至第五位(次于加拿大、委内瑞拉、美国和巴西),在拉丁美洲各国中退居第三位(次于委内瑞拉和巴西)。到2018年底,其储量进一步减少至77亿桶。见BP Statistical Review 2019 All Data。

品的出口收入占墨西哥总出口收入的12%。长期以来,墨西哥油气资源对其国家财政贡献率都高达约1/3。但是,近年来墨西哥的石油产量持续下降和石油产品进口量连续上升,严重影响到国家的发展。如果没有重大的政策变化或新技术引进,墨西哥将无法扭转该局面。

第二,能源模式难以为继。1917年革命胜利后,墨西哥颁布新宪法,将土地及其附属资源收归国有,赋予政府永久独享全部地下资源的一切权利。1938年墨西哥总统拉萨罗·卡德纳斯宣布将国内油田和油井全部收归国有,并成立墨西哥国家石油公司(简称墨国油)。自此,石油勘探与生产一直由国家垄断。然而,随着时间推移,这种油气管理模式的弊端日益凸显。一是制度弊端阻碍发展。根据规定,墨国油每年的财务预算需要先后提交给国家能源部、国家财政部和国会进行审核,国会对预算进行调整后再逐级返回给墨国油,造成了严重的拖延,影响了公司的效率。加之垄断体制导致公司内部监管机制失灵,近年来,墨国油高层腐败案频发,引发国内民众不满。二是机构臃肿、人员冗杂等导致资金严重短缺。据墨国油和联邦电力委员会公司年报,两家公司共有员工近25万人,不仅人浮于事、效率低下,而且需要支付巨额的养老金。2013年改革前,墨国油的养老金负债已高达1.5万亿比索(约合898亿美元)。而且根据墨西哥法律,墨国油没有财政自主权,每年需上交70%的产值收益给国家,因此墨国油一直无法拥有宽裕的资金来扩大勘探和生产。三是技术落后严重制约墨国油生产力。由于缺乏资金以及垄断体制的弊端,墨国油无法引进先进的油气开发技术。2005年以来,坎塔雷尔油田和其他海上大型油田持续减产。墨西哥石油开采量从2004年380万桶/日的峰值跌至2014年的245万桶/日,创10年来的新低。在墨西哥石油产量和出口量大幅下滑的同时,其国内成品油和天然气的消耗量却迅速增加。2004—2012年,墨西哥石油产品进口量占其国内石油消费量的比重由11.8%上升至32.3%。2013年,墨西哥消费的天然气有30%来源于进口。

第三,涅托(Enrique Peña Nieto)总统及执政党锐意改革。自2000年下台并结束长期执政后,墨西哥传统政党革命制度党(Partido Revolucionario Institucional,PRI)一直卧薪尝胆、不断积蓄力量。在2012年大选中,革命制度党利用民众对现状不满的心理,凭借"变革"口号赢得了民心。涅托年轻有为、锐意进取。早在2011年11月23日,他就公开出版著作《墨西哥的希望:

开拓新边疆——世界资源格局是如何转换的？

一个民主高效的结果》(*México，la gran esperanza：Un Estado Eficaz para una democracia de resultados*)，提出自己的治国理念，称将带领墨西哥人摆脱贫穷和暴乱的阴影，恢复国家的国际形象；承诺上台后提振经济，推动能源、财税、教育、就业和卫生等领域的改革；强调在保证石油等公共财产为国有的前提下，鼓励墨西哥石油公司与私人企业建立战略联盟，吸引外资，提高生产力，降低国内电价。为振兴国家、兑现诺言，涅托及其政党需切实贯彻落实能源改革理念，让民众看到改革的实际效果。

第四，受美国页岩革命的刺激。美墨关系一直是一种复杂的相互依赖关系。长久以来，墨西哥对美国存在三方面的能源依赖，即原油出口依赖①、炼油技术和炼厂依赖、成品油进口依赖。墨西哥既是原油生产大国，又是油品消费大国，美国控制了其石油产业链的中段。墨西哥出口到美国的大量原油，被后者加工为成品油，其中一部分再返销至墨西哥。由于页岩油气的成功开采，美国已经成为全球最大的天然气生产国和最大的原油生产国之一。由于美国页岩革命的成功，全球能源版图正在被重构。美国页岩革命如火如荼展开，其对外能源依赖度越来越小。虽然墨西哥目前仍是美国重要的原油进口来源，但美国进口量已经从2004年②的高点（160万桶/日）大幅下降（见图5-2）。美国的页岩革命刺激了墨西哥政府为自身能源发展探索新道路，促使其意识到以往的能源生产模式难以为继，只有改革才能振兴自己的能源产业和经济。

第五，受其他拉美国家改革的影响。1998年，巴西推行石油改革，成立国家石油署（ANP），对民营资本和外资全面开放石油领域，取消巴西国家石油公司（Petrobras）的垄断地位，但政府仍保持对企业的控股权。经过改革，巴西石油开发技术不断提高、产量日益上升。2007年，巴西从石油净进口国成为净出口国。③ 近年来，随着在大西洋沿岸发现巨大的深海盐下石油储藏，巴西石油生产潜力极大提升。2014年，巴西政府拍卖两块近岸深海油田开采权，吸引了包括中石化、中海油在内的数十家国际巨头竞标，最终为国

---

① 在墨西哥原油出口总量中，出口到美国的占了约3/5。见 Energy Information Administration, "Country Analysis Brief: Mexico", https://www.eia.gov/beta/international/analysis_includes/countries_long/Mexico/mexico.pdf, p.6, October 16, 2017, accessed on October 8, 2018.
② 同年墨西哥石油产量达到最高点383万桶/日。见 BP Statistical Review 2018 All Data.
③ 林娜："巴西石油规制改革对中国石油产业的启示"，《国际商务财会》，2011年第1期，第58页；付竹："'南美霸主'国际化之转型路"，《中国石化报》，2014年1月10日，第7版。

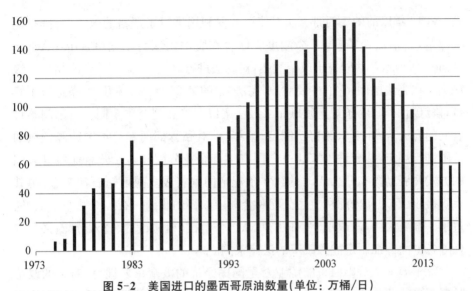

图 5-2　美国进口的墨西哥原油数量(单位：万桶/日)

资料来源：Energy Information Administration, "U. S. Imports from Mexico of Crude Oil", https://www.eia.gov/dnav/pet/hist/LeafHandler.ashx? n＝PET&s＝MCRIMUSMX2&f＝A, September 28, 2018, accessed on June 15, 2019.

库进账 150 亿雷亚尔(约合 70 亿美元)，帮助政府完成了当年的财政预算目标。哥伦比亚乌里韦(Álvaro Uribe Vélez)政府执政之后，推行能源改革，积极转变石油工业对外合作态度，实行更具吸引力的油气勘探和开采合同模式，成立了石油天然气管理局(ANH)，重组哥伦比亚国家石油公司(Ecopetrol)，鼓励该公司与外资合作开采国内油气田，并积极鼓励外资进入哥伦比亚油气行业，向外国石油公司提供税收减免等优惠政策。哥伦比亚的改革措施效果显著，2008—2013 年其石油产量大幅增长。① 巴西和哥伦比亚在能源领域的进步给处于瓶颈期的墨西哥带来一定的压力，也让其看到能源改革可能带来的积极效应。

2. 墨西哥能源改革的主要内容

墨西哥能源改革的总基调是规定所有地下油气资源仍为国家所有，但允许外国公司和本国私营企业进入能源领域参与符合法律规定的有关活

---

① 2007 年哥伦比亚石油产量为 2 799 万吨，2013 年增至 5 288 万吨，增长近一倍。见 BP Statistical Review 2018 All Data。

动。2013年以前的墨西哥宪法对能源开发利用进行了严格的限制,为推行能源改革,扫清法律障碍,革命制度党联合在野的国家行动党(Partido Acción Nacional, PAN)共同推出改革法案,对宪法进行修改,并制定及修改相关二级法案。在宪法层面,它们主要对原《宪法》中的第25条、27条和28条进行了修订,修订后的第25条规定须颁布二级法案以明确和规范国企同私营部门签订合同的有关方式、要求和薪酬制度;第27条对私营部门参与本国能源领域的范围进行规定,并允许国家通过向国有生产企业分配和与私营企业签订合同的方式开展勘探和开采活动;第28条规定国家将成立墨西哥石油基金,由其负责接收、管理和分配从上述分配和合同中取得的收入。在二级法案层面,通过了9部新法律,修改了12部法律,从合作范围、机构设置、收入分配、义务责任等各方面详细制定能源改革的法律条例。

鉴于墨国油对墨西哥能源业乃至国民经济的极端重要性,针对它的改革是墨西哥能源改革的核心。在新体制下,能源部长代表墨西哥政府管理国家的油气储量,确定可进行勘探开发的地区。国家碳氢化合物委员会(National Hydrocarbon Commission, CNH)负责授予或撤销企业油气勘探开采租约。墨西哥政府实施"零轮招标"(round zero)制度。作为能源改革的过渡措施,墨国油有权在私有投资者竞标前,优先选择其希望勘探和开发的区块,然后将剩余区块面向外界开放,这就是所谓的零轮招标,其目的一方面是给墨国油提供必要的资源,维持其产量水平,并适当退还部分区块,使墨国油成为一个市场化的国有生产企业;另一方面通过招标使外国石油公司参与竞标,增加油气行业投资的多元化。2014年8月13日,墨西哥能源部宣布零轮招标结果:墨国油将保留所有的在产油田,保留83%的2P储量(206亿桶油当量)、21%的资源量(221亿桶油当量)。在墨国油保留的115个在产油田中,原油和天然气的产量分别占国家总产量的71%和73%,这些油田分别位于布尔戈斯(Burgos)、萨比纳斯(Sabinas)、东南盆地(Southeastern)和坦皮科-米桑特拉(Tampico Misantla)盆地。

经招标,墨西哥政府可通过国家碳氢化合物委员会与墨国油、外国石油公司、墨西哥私营石油公司及以上几类公司的联营公司(即形成JV模式竞标)签订合同。由墨西哥能源部负责确定各个合作领域的合同模式,共有许可制(或称矿税制)合同(license)、产品分成合同(profit sharing contract)、利润分成合同(profit sharing contract)和服务合同(service contract)四种。①

墨国油还可与政府签订服务、产品分成和许可制合同,参与炼油、管道运输、成品油销售等墨西哥石油中下游业务。不过,在这些领域,墨国油不再享有垄断特权,而是需要与私企和外企平等竞争。

墨国油的定位也被改变。过去,它长期是墨西哥政府的现金奶牛(cash cow),但根据涅托政府的安排,墨国油在两年时间内转型为一家自负盈亏的国有盈利性企业。

为了管理油气收入,墨西哥政府成立了墨西哥石油稳定与发展基金(Mexican Petroleum Fund for Stabilization and Development),它负责管理通过授予油气勘探开发合同得到的收入,并投资于石油、养老金、教育等事业。该基金设在墨西哥中央银行里。②

3. 墨西哥能源改革前景的不确定性

此次能源改革是墨西哥能源产业的制度性变革,涉及面相当广,难度很大,将面临诸多挑战。

首先,墨西哥能源改革具备了充分完整的顶层设计,但其能否真正为墨西哥能源行业带来转变最终还要取决于具体实施。墨西哥能源行业经过近80年的闭关自守,现在要与国际重新接轨尚需一段时间,而且如何与经验丰富的国际石油巨头打交道也是对其严峻的考验。改革伊始,政策制定者尤为谨慎,所定的油田招标合同对企业资历、保证金、所需手续等要求较为严格,并且对公司所得利润上缴给政府的比例要求很高,有些合同对利润上缴比例的要求甚至达到90%,这在一定程度上挫伤了私人企业的积极性。因此,在招标的初始阶段,国际资本不如预想的积极踊跃,流标的情况较为严重。如何既要保护本国利益,又使合作条件对外国能源公司具有足够吸引力,政策制定者与实施者均需要在规避风险的同时,仔细加以权衡。

其次,油价大幅下跌对改革造成一定冲击。2014年下半年起,国际原油价

---

① 田世存等:"墨西哥油气资源概况及第一轮油气招标简介",《国际石油经济》,2014年第12期,第31页。

② Diana Villiers Negroponte, "Mexican Energy Reform: Opportunities for Historic Change", https://www.brookings.edu/opinions/mexican-energy-reform-opportunities-for-historic-change, December 23, 2013, accessed on October 9, 2018.

开拓新边疆——世界资源格局是如何转换的?

格大跌,冲击了墨西哥刚刚起步的能源改革。一是导致石油收入下降,国家财政收入锐减,公共开支减少。2015年第三季度墨国油亏损额达到1 676.33亿比索(约合102.8亿美元),比上年同期增长180%,成为近七年来最大亏损额。依赖石油收入的国家财政更加雪上加霜,2015年墨西哥经济增长预期不断下调,墨西哥金融执行管理局(IMEF)和墨西哥国民银行(Banamex)将本国2015年GDP增长预期从2.3%下调至2.2%。财政预算日益捉襟见肘,用于改革的公共开支也将受到影响。2016年墨西哥投资性预算为4 987亿比索(1美元约合16.8比索),比2015年减少30.64%,成为涅托政府执政以来最低水平。其中,墨国油投资预算为2 041亿比索,比2015年减少24.45%。二是低利润令本来跃跃欲试的石油巨头望而却步。低油价导致国际资本对投资石油市场普遍存在疑虑,尤其是进军面临更大风险的新开放市场。墨西哥石油储量主要在墨西哥湾南部深水区,开发成本较高,随着油价下跌,盈利空间大幅缩小,之前曾跃跃欲试的埃克森美孚、雪佛龙、壳牌、道达尔等国际石油巨头均改持观望态度。

好在2016年初国际原油价格触底后反弹,墨西哥石油区块对国际石油公司的吸引力逐渐回升。

再次,国内反对派仍伺机滋事,阻挠改革。虽然革命制度党、国家行动党以及民主革命党(Partido de la Revolución Demokrátika,PRD)在涅托政府上台后不久即达成"墨西哥协定",同意共同推动各项改革,但民主革命党中途反悔,2013年11月退出"墨西哥协定",坚决拒绝能源改革,极力反对墨国油和私人公司合作,认为本次改革使国家放弃了对自然资源的控制,不能让墨西哥民众广泛受益。该党在新政府上台一周年之际组织大规模抗议游行,称反对任何形式的私有化。2015年3月,民主革命党重要议员曾组团前往美国华盛顿,向泛美人权组织投诉能源改革侵犯墨西哥公民权利。尽管改革已成铁定事实,但民主革命党仍千方百计寻衅滋事,企图借能源议题撼动执政党的地位,为其下届选举赢得砝码,这给改革造成了一定阻力。

2018年7月1日,墨西哥左翼国家复兴运动党(Movimiento Regeneración Nacional,Morena)候选人安德烈斯·曼努埃尔·洛佩斯·奥夫拉多尔(Andrés Manuel López Obrador)赢得大选,成为墨西哥新当选总统。洛佩斯对涅托依赖出口的经济政策和能源领域私有化战略强烈不满,打算停止墨西哥海上石油和天然气储备拍卖,暂停新一轮油气开发谈判,对已经授予的合同进行欺诈和贪腐调查等。① 但是,也有不少人相信,虽然新总统看似"左倾"冒进,其实务实持重。② 墨西哥石油对外开放的新势头会否被逆转,尚不确定。

最后,政府必须处理好墨西哥民众对改革的期待。墨西哥能源行业曾长期处于外国石油公司的控制之下,造成了国家资源财富流失惨重,因而墨西哥国内资源民族主义长期盛行。对于此次改革,尽管墨西哥政府向本国民众做出了诸多许诺,并一再强调能源仍归国家所有,改革不是私有化,但墨国内质疑改革者仍然大有人在。部分民众认为,从此次能源改革中受益的是跨国公司和墨西哥大型企业集团,普通民众并不能从中获益。因此,如何成功推行改革,并通过改革带给民众实际利益,以取得民众对改革推进的支持,这需要墨西哥政府进一步全盘规划。③

五、本章小结

20世纪初以来,墨西哥的石油开发经历了从艰难起步到逐渐繁荣,再由盛至衰的跌宕起伏的过程。到2013年,墨西哥政府又尝试通过变革,力图实现石油等能源行业复兴。墨西哥石油业的兴衰能够带给我们较大启示。

20世纪初至20年代,虽然经历了艰苦过程,墨西哥石油业仍曲折向上。那段时期,其主要成功经验是迪亚斯政权积极与包括美国、英国等先进国家的资本合作,提供优惠的合作条件,而且为美、英等国的石油资本家开放国内石油市场。在此期间,美、英石油资本虽然利用其信息和技术优势,在墨西哥攫取了超额利润,但客观上促进了后者石油业的发展。墨西哥先后发现了几处大油田,石油产量大幅度增加,成为仅次于美国的世界第二大石油生产国。石

---

① 李慧:"墨西哥石油工业随大选'转向'?",《中国石化报》,2018年7月20日,第5版;武魏楠:"新总统抉择墨西哥能源未来",《中国能源报》,2018年12月10日,第6版。
② 田佳玮、曾佳:"墨西哥左翼总统开局",《财新周刊》,2018年第46期,第24页。
③ 曹廷:"墨西哥能源改革及其影响",《国际研究参考》,2017年第2期,第2—7页;孙洪波:"墨西哥能源改革:动因、前景及挑战",《国际石油经济》,2014年第3期,第7—14页;曾兴球:"墨西哥能源改革案例透析",《中国石油企业》,2014年第10期,第36—39页;赵瞳等:"墨西哥能源改革与投资建议",《国际石油经济》,2014年第12期,第23—27页,第35页;蔡丹琳等:"墨西哥能源改革及中墨企业合作研究",《华北金融》,2016年第6期,第23—27页;Energy Information Administration, "Country Analysis Brief: Mexico", https://www.eia.gov/beta/international/country.cfm? iso=MEX, p.3, December 9, 2016, accessed on October 14, 2017.

开拓新边疆——世界资源格局是如何转换的？

油行业也为墨西哥创造了大量的工作机会。可是好景不长，迪亚斯政权倒台后，墨西哥国内政治越来越向左。1917年宪法让外国石油资本家对墨西哥政府的石油政策产生了警觉，而1938年的石油国有化运动则让外国石油公司完全丧失信心。

1938年卡德纳斯政府的石油国有化运动是墨西哥石油业的一个分水岭。自那以后，外国资本被踢出墨西哥石油行业。不仅如此，民间资本也被排除在行业之外。作为一家国企，墨国油垄断了墨西哥石油业的上、中、下游。随着时间的推移，它的腐败严重、效率低下等缺点越来越充分地暴露出来，加上它承担了大量社会责任，以及背负为国家财政提供大量资金的责任，其大量收入没能投入扩大再生产，结果是其生产效率越来越低，进而造成其产量下降。

墨西哥和美国等国家一起共享墨西哥湾的石油天然气等资源，而墨西哥湾及其沿岸虽然已经历100多年的开发，至今仍然是全球最大的油气聚宝盆之一。但是，1938年国有化运动之后，墨西哥实施排外的石油政策。由于其国内体制，墨西哥石油工业得不到不断发展壮大所必需的资金、技术。由于排外，拥有大量资金和先进技术的国际大石油公司也无法将其优势生产要素与墨西哥丰富的自然资源禀赋结合起来，结果出现双输：墨西哥石油行业失去发展壮大的机会，而外国石油公司也失去在墨西哥的投资机会。但是，由于世界其他地方还有油气投资机会，随着经济全球化的发展，资本的流动越来越迅捷，代价也越来越低，国际大石油公司因为墨西哥排外的石油政策而遭受的损失较小，相反，墨西哥政府则承受了石油产量滑坡、石油收入减少等方面的巨大损失。因此，在双输的格局中，墨西哥输得远比国际石油公司更惨。

2013年，墨西哥涅托政府决心进行能源改革，以求吸引外资，并引进先进技术，改善墨西哥能源状况。然而，墨西哥政府的运气实在不好，2014年下半年开始国际油价曾一度持续下行，2016年初之后虽然反弹，但仍然承受世界石油供求关系宽松所造成的重压。低油价时代的国际油气公司的投资能力和意愿都大幅下滑。墨西哥政府的对外能源开放的结果至今还没有得到展现。反过来，从国际石油公司的角度看，除了低油价给它们的投资造成影响外，在经历了长达3/4个世纪的疏离后，一时间它们还没有建立起对墨西哥政府、公司和社会的信任，它们对进入墨西哥能源业也相对谨慎。墨西哥能源业的状况能否恢复到黄金时代？以及如果能够恢复，又会是什么时候？这些都有较大的不确定性。

墨西哥石油等能源政策的变化给我们的启示是,虽然一个国家的能源战略和政策应该因时制宜,带有当初那些时代背景所留下的烙印很正常,但是任何一个国家,无论是能源进口国,还是能源消费国,在制定和实施能源战略和政策时,必须坚持的一条基本原则是:积极吸引外资,鼓励国内投资。唯有坚持这一原则,才能促进能源行业的发展,促进经济增长、就业增加、社会进步以及技术跃迁,并实现人民生活水平的持续改善。

墨西哥1917年宪法规定石油资源属于国家政府,1938年实现石油国有化,都受到了世界民族解放运动的影响,反过来也为全球民族解放运动的发展、壮大助了一臂之力。墨西哥国有化运动中提出的提高工人工资和实行40小时工作制等要求,也给了国际大石油公司一个很好的教训,提醒它们收敛其在墨西哥和世界其他国家的不合理行为。这些都有积极的时代意义。然而,1938年之后的约80年里,墨西哥的内外部世界不断变化,但墨西哥政府所采取的能源政策缺乏变化,能源体制逐渐僵化,结果造成其能源困境,并影响到墨西哥社会其他方面的发展。最要命的一个问题是造成能源投资日益不足,尤其是技术进步所需的资金投入越来越匮乏。由于体制原因,墨西哥出口石油换取的绝大多数收入不能转化为投资,以推动科技进步和扩大再生产,而是通过各种形式被消费掉。墨西哥自己的资金缺乏,外资又受制于墨西哥政府竖起的行业堡垒,无法进入墨西哥的能源行业。同样,墨西哥自身缺乏开发墨西哥湾深水区域的技术,欧美大石油公司的相关技术较成熟,但是它们受制于墨西哥的石油政策,也无法参与墨西哥海域的深水油气开发。这些共同导致了墨西哥石油业多年来的困境。今后,墨西哥石油会继续陷身困境,还是脱离险境并走上健康发展的大路,值得拭目以待。

第6章
中美能源关系：替代能源的发展

中美能源关系包括能源资源关系（包括能源资源开发和贸易等）、能源科技关系和能源信息服务关系等多方面，本书将主要探讨中美能源资源关系的本质及变化。而在中美能源资源关系中，笔者又将主要讨论中美油气关系。回溯历史，中美油气资源关系经历了从互补到相互竞争，再到竞争、互补并存的转变。

一、中美石油关系的轮回

1949年前，美国向中国大量出口成品油，中美石油关系是互补关系。中华人民共和国成立之后，中美石油贸易断绝。1979年，中国向美国出口第一船原油，中美石油关系发生重要变化，虽然中国对美原油出口量不大，但那时中美石油关系的性质已经变为中国出口、美国进口的互补关系。1993年，中国从石油净出口国转变为净进口国，之后至今，中国和美国之间的石油关系从互补关系转变为竞争关系。不过，2013年后，随着美国页岩油产量大增，美国原油出口量大幅增长，中美石油竞争关系有所缓解（见表6-1）。

表6-1 中美石油贸易关系

性质	时间	中美石油贸易状况	
		中　国	美　国
互补	1863—1949年	净进口	净出口
互补	1973—1992年	净出口	净进口

第6章 中美能源关系：替代能源的发展

(续表)

性质	时间	中美石油贸易状况	
		中 国	美 国
竞争	1993—2012年	净进口	净进口
竞争	2013年至今	净进口	净进口,但出口量大增
互补	未来	净进口	净出口

1. 早期美国向中国出口石油及其断绝

中国从美国进口石油产品最早始于1863年,专供在华的外国人点灯之用。① 当时只有美国才实现了原油的规模开采和加工炼制。

俄罗斯巴库地区从19世纪早期开始用很原始即挖井的办法生产原油,1873年瑞典诺贝尔兄弟(Nobel brothers)的参与加快了俄罗斯原油生产和炼制的现代化。1885年荷属东印度群岛地区开始生产原油。②

随着沙皇俄国和荷属东印度群岛也建成了炼油厂,虽然美孚(Mobil)和德士古(Texaco)等美国石油公司继续向中国大量提供灯用煤油("火油")等成品油③,但是,美国公司向中国出口成品油,已经不一定等于石油就出自美国,因为美国石油公司有可能只是把俄罗斯、东印度群岛等国家和地区炼制的成品油转卖到中国。不过,即便真的如此,当时美国石油公司在中国市场里的活动也是早期中美石油关系的一个重要方面。

中华人民共和国成立前后,美国及其盟国对解放区的石油政策大致经历了三个阶段:第一阶段是从1948年底到中华人民共和国成立,美国政府允许向解放区输入原油,但限制其数量;第二阶段是中华人民共和国成立后到朝鲜战争爆发,美国、英国和荷兰政府同意通过美孚、亚细亚石油公司(Asiatic

---

① 张德明:"美国在亚洲的石油扩张(1860—1960)",《世界历史》,2006年第4期,第41页;潘如龙:《当地中国石油供应史研究——以浙江为个案》,浙江大学博士论文,2005年,第22页。参见光绪八年11月19日的《申报》,转引自陈礼军:"1870—1937年外国石油公司开拓中国市场活动探析",《中国石油大学学报(社会科学版)》,第28卷第2期(2012年4月),第61页。

② Daniel Yergin, *The Prize: The Epic Quest for Oil, Money and Power* (New York: Simon & Schuster, 1991), pp.57-58, 73.

③ 潘如龙:《当地中国石油供应史研究——以浙江为个案》,浙江大学博士论文,2005年,第22—23页。

开拓新边疆——世界资源格局是如何转换的？

Petroleum Company）[①]和德士古来控制对新中国的石油供应，即明确了执行主体；第三阶段是 1950 年 6 月朝鲜战争爆发后，美国及其仆从国完全中断了对中国和朝鲜的石油供应。

在 1948 年底至 1949 年初，国务院对石油公司的对华运油情况就表现出了极大的关注。当时，美国政府对中共的政策尚未确定，基于此，美国国务院在 1949 年 2 月 11 日要求美孚和德士古公司注意在中国的石油储备量，并特别指出，上海的散装油不能超过 6 周的供应量，包装产品不能超过 6 个月的供应量。1949 年 3 月，美国确定对华贸易控制政策，虽表示要控制输华石油数量和品种，但供油数量、区域等具体问题仍未明确。

在美国国务院犹豫不决之际，苏联石油大量涌入东北，让美国等西方国家的石油公司承受较大竞争压力。据德士古和亚细亚各自独立的统计确认，1949 年 2 月和 3 月，苏联向中国东北出口了 4 000 吨汽油。这些汽油全部在哈尔滨用火车运到了林彪的部队。由于苏联石油不断输入东北，加上考虑到自己在华北的投资和潜在的市场，使美孚在 1949 年初反对完全切断对解放区的石油供应。而且实际情况是，如果只是对一部分地区实施石油输入控制，石油将会从其他不受控制的地区流入受控制的地区，控制的效果甚微。美孚的观点也为德士古和亚细亚所认同。1949 年初，在与国务院讨论关于解放区石油供应问题时，三公司一致反对美国政府对与中共石油贸易密切相关的中国香港地区进行干预，理由是在中国香港交易方便和避免引发国内公众对石油输入解放区的过度反应。并且，由于中国香港对中共取得石油极为重要，香港石油贸易受到阻止将被中共认为是美国实行禁运。这也可能给苏联增加石油出口提供了机会，并有可能促使中苏石油贸易公司之类的组织建立，进而使苏联对解放区的石油市场形成垄断。

1949 年 4 月，国务院才向美孚、德士古和亚细亚等石油公司表明了对解放区的石油政策：

① 国务院不反对在由共产党控制的北方地区销售石油产品。

② 但是，国务院申明，这种销售必须控制数量，这个数量是适应最低的民用消费需求，以避免贮存或转为军用的危险。

---

① 亚细亚公司是英荷壳牌公司在东亚的子公司。

③ 而且,国务院虽然不能公开承认或促进这种状况,但认为运到解放区的石油产品最好由各公司直接办理。直接销售有利于更好控制和获取更精确的信息。只要(以后)重建相对正常的商业渠道,公司能得到更有利的讨价还价的地位。

④ 由于解放区没有商业航线,国务院建议不再另外运入航空汽油,售完现有存货即止。

⑤ 国务院认为各公司对以朝鲜为目的地的石油销售应遵循一个限制性的政策。但在这个地区实行有限的贸易是合理的,比如,可以提供朝鲜极为需要的商业肥料等项。

⑥ 国务院正在研究润滑油问题,但由于缺乏有效控制美国润滑油出口,在当前除了要求各公司采取保守政策外,未能想出更合理的办法。

美国国务院的这个石油政策不仅是对华政策的反映,也是其远东政策的一部分。美国在远东的政策包括要在朝鲜半岛实现重新"统一","隔离"共产主义的扩张。所以,国务院的对华石油政策提到了对北朝鲜进行控制的问题。国务院的目的是通过南朝鲜的美国石油公司为北朝鲜供油,而不是让北朝鲜自由地从中国北方转口石油,以防范和压制"被共产主义控制"的北朝鲜。为实现这一点,国务院就要得到石油公司的合作,因为北朝鲜的油品有时是从中国输入的。

美国国务院打算通过供应最低数量民用石油以避免中共用于储备和转为军用,进而抑制中共的军事能力。同时,又要继续为解放区供油,而且要扩展石油公司的销售组织,以使中共依赖石油公司。这就是国务院限制和扩展的石油政策。

在此期间,发生了美国等国家的油轮向中共控制的大连港运输大量成品油的事情,这让美国政府决定要明确对华石油政策的执行主体。

1949年8月,亚细亚报告美国相关部门有4艘油轮正从罗马尼亚的黑海港口康斯坦察(Constanța)运油到中共控制下的大连港。据亚细亚得到的消息,这些油轮中,"凯特马斯科"(Katemarsk)号装了8 000吨煤油,"锅炉工山"(Kettleman Hills)号装了13 000吨汽油,"博勒加德"(Beauregard)号装了7 751吨汽油和4 800吨煤油,"圣克里斯托弗"(St. Christopher)号也装了汽油或煤油,数量不详。亚细亚认为这批油品是中共与苏联易货交易得到的。这

开拓新边疆——世界资源格局是如何转换的?

次运油由于"锅炉工山"号和"圣克里斯托弗"号是美国油轮而更引起美国政府的关注。美国中央情报局将此事报告了杜鲁门(Harry Truman)总统,杜鲁门的第一反应是让海事部门将船拦下来。但美国国家安全委员会(National Security Council,NSC)认为应先咨询国务院的意见。国务院认为,根据1949年3月3日总统批准的对华贸易政策,输华石油产品数量和品种只要控制于一定范围内就应该是允许的。另外,如果海事部门将船拦下来,会面临一系列的法律问题且可能收效甚微,或只有修改对华政策。在当前情况下,国务院建议总统最好不直接采取拦截行动。

不久,中央情报局又认为这批输华石油产品数量很大,引起杜鲁门考虑更加严格地控制石油出口到解放区。对此,国务院采取的措施是私下给运输公司施加压力。不过,拥有"锅炉工山"号的运输公司并不买政府部门的账。这家公司声称,现行美国法律并没有禁止美国油轮租给苏联使用,公司的行为也没有违反现行法律。基于此,公司与苏联签订的租船合同会继续履行。运输公司还表示,作为一个明智的美国公民,除非注意到自己的行为损害了国家的利益,或者是政府正式要求,公司才会中止业务。所以,有关的政府交涉部门对国务院表示,只有国务院或其他政府部门直接发出正式命令才能阻止美国运输公司的行为。但是,为了防止其他美国的油轮再次加入类似的业务,必须对所有的油轮公司都发出命令。并且,为了有效地对中国东北等解放区实施石油控制,还要取得挪威和丹麦等国家的一致同意,使这些国家也保证不接受以解放区为目的地的石油业务。但要实现这一点并非易事。

美国的主要盟友英国对美国的政策虽不是公开反对,但也只是部分赞同。在石油问题上,英国不打算过分控制石油输入中国,以免激怒中共而危害英国在华的利益。说服英国和其他国家与美国步调一致实际上是一件很困难的事。英国的态度使美国国务院担心,如果不采取进一步行动,中国石油市场有可能落入英国手中。1949年6月左右,初到中国的另一家英国大石油公司英伊石油公司[①]与德士古竞争中共的原油供应合同时,国务院已心生警惕。国务

---

① 英伊石油公司(Anglo-Iranian Oil Company,AIOC)的前身是英波石油公司(Anglo-Persian Oil Company,APOC),1954年英伊石油公司改名英国石油公司(British Petroleum Company,BP)。

第6章 中美能源关系：替代能源的发展

院一方面不愿意让德士古放弃这看起来"数量很大"的合同,另一方面又要求英伊公司如拿到合同只能以短期合同的方式供油。国务院觉得应对此局面进行控制。[①]

1949年10月新中国成立之后,美国及其盟国对解放区的石油政策进入第二个阶段。美国杜鲁门政府把对中国实行更严格的贸易管制作为加剧冷战和遏制红色中国的一系列措施之一。1949年11月,美国国务院召集美孚和德士古讨论石油输华问题。国务院向美孚和德士古表示,国务院认可英国控制输华石油的提议,通过非正式的方式与英、美、荷三国的石油公司联合控制运华石油。为了有效地实行对华石油控制,国务院列出了三点措施:第一,三国政府共同估算一个向解放区供应石油的数量;第二,各国互相交流在华石油储备和进口信息;第三,由于在美国之外的油源不受出口许可证的控制,政府只能依靠石油公司的合作。

1949年12月,美国国家安全委员会48号文件出台,该文件规定了更严厉的对华贸易管制措施。美国对盟国也施加了更大的压力,并通过盟军最高司令部严格管理日本与中国之间的贸易。由于所有这些措施,朝鲜战争爆发前,中美贸易额已大幅降低。根据美国商务部的统计,对华出口下降最多的是石油产品,与1948年相比,1949年美国向中国出口的各类石油产品下降均超过了90%[②],其中汽油、柴油及其他燃料油、煤油、工业润滑油分别减少了94%、93%、99%、93%。[③]

1950年3月9日,美孚和德士古再次应邀与国务院商谈它们与亚细亚三家公司联合向中国出口石油问题。国务院首先表示,国务院理解三公司在中国实际上面临严峻的困难,最重要的是保护公司财产、维持最小规模的运作和为外籍员工取得通行证。所以,国务院提出的对华石油控制方案,是以最低限度数量由三公司联合运往中国。根据三公司的估计,国务院核准目前的数量（最低限度数量）是15 000吨汽油、5 000吨柴油和800吨润滑油。国务院特别

[①] 陈礼军:"国际石油公司与1950年西方第一次对华石油禁运",《中国经济史研究》,2015年第1期,第121—123页。
[②] 陶文钊主编:《美国对华政策文件集(1949—1972)第一卷(上)》,北京:世界知识出版社,2003年版,第208—209页。
[③] 陶文钊:"禁运与反禁运:五十年代中美关系中的一场严重斗争",《中国社会科学》,1997年第3期,第182页。

开拓新边疆——世界资源格局是如何转换的？

提请三公司注意：① 在目前除以上数量石油外不再安排别的石油运华；② 在增加运华石油时要先与国务院商量；③ 这种安排已包括1950年从其他油源（即非美国油源）运华的石油量。国务院可以考虑修改运华石油数量。国务院方案的核心是三公司联合及精确的控制。这两点事实上都要依赖石油公司，因为国务院在估计中国最低限度民用消费数量、数量的修改、香港用油情况时，都是由石油公司提供数据。

1950年3月至4月，美国国务院取得了英国及亚细亚对联合控制石油输华的原则性同意。至此，国务院通过联合三公司控制石油输华的模式最终形成。至于这种模式的效果，国务院认为，采用这种方法可以对中国加以区别对待，避免将中国完全推向苏联一边，另外还可以防止中国的市场完全落入英国及其他国家手中。从操作的角度看，可以完全禁运航空汽油和一定的高标润滑油，使控制达到一种精确的程度。并且，这完全符合美国的现实利益，因为继续为中国供油是保证美国石油公司在华巨大投资和人员安全的前提，这也为美国继续影响中国提供了可能。所以，这是一种成功的、并值得推广的控制石油输华的模式。①

美国不仅大幅减少对新中国的石油出口，还设法阻止其他国家的石油运到中国。方法包括制止本国和盟国的石油公司和新中国做生意，阻止本国和盟国的油轮向新中国运输原油。比如，1949年11月15日，加利福尼亚-得克萨斯石油公司②和标准真空石油公司的代表到美国国务院，他们被告知，美国政府将和英国、荷兰政府联合管制对中国的石油供应。③

不过，在这个阶段，美国对中国出口石油的大门还没有完全关闭，美国国务院"允许共产党中国获得足以满足其国内经济需求的石油产品"。④

但是，朝鲜战争爆发后，美国和其盟国开始对中国实行全面的石油禁运。⑤ 联合国安理会在美国操纵下于1950年6月25日通过决议，要求成员国

---

① 陈礼军："国际石油公司与1950年西方第一次对华石油禁运"，《中国经济史研究》，2015年第1期，第123—125页。

② 即加德士公司(Caltex)。

③ 陶文钊主编：《美国对华政策文件集(1949—1972)第一卷(上)》，北京：世界知识出版社，2003年版，第224页，第226—227页。

④ 同上，第226页。

⑤ 同上，第968—974页。

第6章 中美能源关系：替代能源的发展

不对朝鲜提供帮助。28日，美国宣布对朝鲜实行完全禁运；29日，国务院下令各石油公司停止对中国出口石油产品；30日，美国政府要求英国采取同样措施；7月10日又向菲律宾政府提出类似要求。同日，美国驻巴黎统筹委员会（Coordinating Committee for Multilateral Export Controls，COCOM，中文简称巴统）代表在巴统会议上提出，既然美国已对朝鲜实行禁运，其他巴统国家也应采取相应措施，并要求巴统国家对中国实行像对苏联和东欧国家一样的贸易管制。巴统各国在对中国的贸易管制方面起先各执己见，美国一再施加压力，有关各国遂于7月17日同意对中、朝实行像对东欧国家一样的管制。18日，英国政府又向美国表示，准备把一切石油制品列入Ⅰ号国际货单，并将要求新加坡、中国香港采取同样办法。在中国香港的存油将归英国海军部处理。24日，美、英两国代表在巴统会议上提出，把一切石油产品，包括原油、汽油、柴油、燃料油、润滑油，列入Ⅰ号国际货单，有关各国随之表示了有保留的同意。在美国的压力下，墨西哥、委内瑞拉等非巴统国家也加入了对中国实行石油禁运的行列。[①] 之后新中国主要改为从苏联及其他社会主义国家获取石油。[②]

2. 1979年后中国向美国出口原油

1959年中国大庆油田的开发获得成功。在1972年尼克松访华后，中美出于对抗苏联的共同战略需求，改善了关系。中国和美国的战略小伙伴日本的关系也得到改善。在政治关系改善的大背景下，中美、中日石油关系得到改善。1973年5月8日，100万吨大庆原油启程运往日本[③]，这是中国第一次大规模出口原油。[④] 1979年，中国产的原油第一次出口到美国，数量为1.3万桶/日。之后中国继续向美国出口原油，出口高峰出现在1992年1月，数量为446.4万桶。1993年中国成为石油净进口国，1996年成为原油净进口国。之后中国的原油净进口量逐渐增大。2013年5月之后中国基本停止向美国出口原油（见

[①] 陶文钊："禁运与反禁运：五十年代中美关系中的一场严重斗争"，《中国社会科学》，1997年第3期，第183页。
[②] Tatsu Kambara, "The Petroleum Industry in China", *The China Quarterly*, No. 60 (Dec., 1974), p.703.
[③] "发展外贸　支援建设"，http://www.sinochem.com/1192.html，2019年4月22日访问。
[④] 1965年起，中国向朝鲜和越南民主共和国（即北越）出口石油。但由于1973年之前朝鲜和北越都没有炼厂，无法加工原油，所以笔者推断那时候中国向它们出口的全都是石油产品而不是原油。

图6-1)。在中国对美国原油净出口的那些年,两国原油贸易的规模并不大。对美国来说,从中国进口的原油只占其原油进口总量的一小部分。那段时期,美国也不是中国的主要出口目的国。

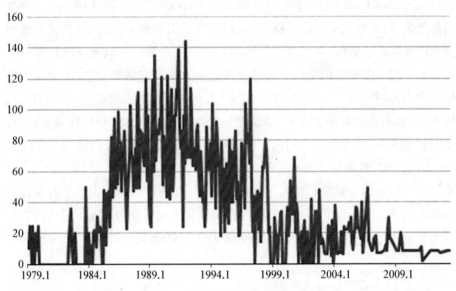

图6-1 美国从中国进口的原油数量(单位:千桶/日)

资料来源:Energy Information Administration, "U.S. Imports from China of Crude Oil", https://www.eia.gov/dnav/pet/hist/LeafHandler.ashx? n=PET&s=MCRIMUSCH2&f=M, accessed on June 21, 2017.

3. 21世纪初中美石油竞争关系明显

21世纪初中国的原油净进口量快速增加,同时美国原油的对外依赖度也上升。2005年,美国原油对外依赖度达到顶峰。当年,美国国内生产了4亿吨原油,但其消费量达10亿吨,对外依赖度升至60%。另一方面,1993年中国石油(包括原油和石油产品)进口量反超了出口量,中国成为石油净进口国。1996年,中国又成为原油净进口国。在1993年之后的10多年里,中美在世界石油富聚区迎头相撞,竞相从中东等产油地进口原油,争夺日益激烈,令人担心中美间会否最终发生石油战争。[1]

---

[1] 潘锐、周云亨:"从石油安全视角考察中美石油竞争关系",《世界经济研究》,2010年第1期,第10—15页。

第 6 章　中美能源关系：替代能源的发展

在那 10 多年里，也有一些因素起到缓冲中美能源关系的作用。美国主要从加拿大、墨西哥等西半球产油国进口原油。1994 年 1 月 1 日，美国与加拿大、墨西哥缔结的北美自由贸易协定（North American Free Trade Agreement，NAFTA）正式生效。按照该协定，加拿大和墨西哥的油气出口应该优先供应给美国，客观上预防了中美在加拿大和墨西哥的石油竞争。多年前，加拿大石油生产和出口的前景就被看好，这是那时候美国政府并不担心其石油供应会出现短缺，并有较强石油安全感的重要原因。① 除了加拿大和墨西哥，美洲还有巴西、厄瓜多尔、哥伦比亚和委内瑞拉等石油出口国。它们与美国的石油关系没有加美、墨美关系那么密切，但是它们离美国市场远比离中国市场近，美国在获得它们的石油资源方面享有"近水楼台先得月"的优势。

另一方面，美国民众即使在美国石油对外依赖度走高的时候，也在一定程度上对其石油安全有乐观预期，乐观的根据是美国的石油采收率技术有明显进步，使民众对国内常规和非常规石油产量的增长有较乐观的预期。② 消费方面，美国人相信美国石油消费的动力渐失，过去人口快速增长、人口往郊区转移、汽车数量的快速增加等因素曾经推涨美国石油消费量，然而那时这些现象都已消失了。再加上美国汽车燃油效率的提升，美国国内石油供应紧张的可能性并不大。③

尽管美国石油安全的固有安全系数较高，但还是有一些因素让中美石油关系渐趋紧张。

1996—2005 年，中国的原油净进口量快速增加。1996 年中国原油出口量上升 8%，但进口量的增速更快，达 32%。当年中国出口原油 2 033 万吨，进口原油 2 262 万吨，净进口量为 229 万吨。那一年是 20 世纪 80 年代末较大规模进口原油之后，进口量首次超过出口量。中国成为原油净进口国，并持续至今。④ 2005 年，中国原油进口量达到 1.27 亿吨，出口量只有 807 万吨，

---

① Jonathan Chanis, "Cooperation and Conflict in the U. S.-China Petroleum Relationship", *American Foreign Policy Interests*, Vol.33 (2011), p.287.
② 事后证明这种预期是正确的。
③ Jonathan Chanis, "Cooperation and Conflict in the U. S.-China Petroleum Relationship", *American Foreign Policy Interests*, Vol.33 (2011), p.287.
④ 苏彪、田春荣："1996 年中国石油进出口状况分析"，《国际石油经济》，第 5 卷第 2 期（1997 年 3 月），第 6 页。

开拓新边疆——世界资源格局是如何转换的？

净进口量达到 1.19 亿吨。① 9 年间,中国原油净进口量增长了 51 倍,石油对外依赖度大幅提升。

同期美国的原油净进口量也在增加,1996 年美国进口了 750.8 万桶/日原油,出口了 11 万桶/日,原油净进口量达 739.8 万桶/日。2005 年,美国原油进口量增长至 1 012.6 万桶/日,原油出口量下降至 3.2 万桶/日,原油净进口量增加至 1 009.4 万桶/日,对外依赖度也大幅上升。②

除了中美都大量进口石油外,当时国际石油市场的紧张环境也加剧了中美发生石油冲突的可能性。2014 年前,由于中国、印度等新兴经济体经济的较快发展,世界石油消费量快速增长。1993 年,世界石油消费量为 31.88 亿吨,2005 年则增长到 39.36 亿吨,共增长 23%,年均增长 1.8%。③ 石油产量的增速赶不上消费的增长,引发石油储采率下降、供应将枯竭的担心,"石油峰值理论"一度很流行。④

那段时期,中美发生的直接石油竞争不多。中国主要从中东以及安哥拉等非洲国家进口,美国主要从西半球进口,包括加拿大、墨西哥、委内瑞拉等国,从沙特阿拉伯、阿联酋等中东北非国家进口的原油数量越来越少。⑤ 即便世界石油供应最紧张的时期,中美直接竞争某一国石油资源的情况并不多见。中美石油进口的竞争以间接为主。在特定时间,石油供应的数量是既定的。中国得到的多了,美国得到的可能就更少;反之亦然。由于那段时期,世界石油市场的气氛总体比较紧张,中美石油竞争即便是间接进行,仍然不时有较强

---

① 田春荣:"2005 年中国石油进出口状况分析",《国际石油经济》,2006 年第 3 期,第 2 页。
② Energy Information Administration, "U. S. Exports of Crude Oil", https://www.eia.gov/dnav/pet/hist/LeafHandler.ashx? n=PET&s=MCREXUS2&f=A, accessed on December 30, 2017; Energy Information Administration, "U. S. Exports of Crude Oil", https://www.eia.gov/dnav/pet/hist/LeafHandler.ashx? n=PET&s=MCRIMUS2&f=A, accessed on December 30, 2017; Energy Information Administration, "U. S. Net Imports of Crude Oil", https://www.eia.gov/dnav/pet/hist/LeafHandler.ashx? n=PET&s=MCRNTUS2&f=A, accessed on December 30, 2017.
③ BP Statistical Review of World Energy 2017 Underpinning Data.
④ 冯连勇等:"有关国家和地区已着手应对石油峰值",《中国能源》,第 32 卷第 8 期(2010 年 8 月),第 5—8 页;李民骐:"石油峰值、能源峰值与全球经济增长:全球能源与经济增长前景评估(2010~2100 年)",《政治经济学评论》,第 1 卷第 3 期(2010 年 7 月),第 114—133 页;黎斌林:《全球石油峰值预测及中国应对策略研究》,中国地质大学(北京),博士学位论文,2014 年。
⑤ Energy Information Administration, "U. S. Imports by Country of Origin", https://www.eia.gov/dnav/pet/pet_move_impcus_a2_nus_epc0_im0_mbblpd_m.htm, accessed on December 30, 2017.

4. 中美石油竞争关系的缓和

2012年起,因为页岩油产量的增长,美国石油产量开始大增。从2012年到2015年,四年里年均增长5 505万吨。① 由于2014年下半年起,国际原油价格开始大跌,2016年美国石油产量下降了2 210万吨(大约42.3万桶/日)。不过,2016年9月之后,美国石油产量又开始回升。美国的成品油和原油进出口状况也发生了很大变化。美国曾经是一个成品油净进口国,但2008年,美国成品油出口量反超进口量,成为成品油净出口国,之后美国成品油净出口量不断扩大(见图6-2)。② 美国原油净进口量近年来也持续减少。美国历史上原油进口的最高值出现在2005年,为1 009.4万桶/日,之后震荡下降,到2016年,已下降到725.9万桶/日,这意味着美国的原油净进口量已经从峰顶下降了约30%。2017年美国原油净进口量为679.4万桶/日,和2016年相比下降46.5万桶/日,降幅为6.4%。③ 而且,国际石油行业人士普遍相信,美国正在向再次成为原油净出口国稳步前进。

近几年来中美石油竞争关系缓解的关键在美国。页岩油的大幅增产导致美国原油产量持续增加,进而使美国原油净进口量逐渐减少。进口原油对美国石油安全和国家安全的重要性不断下降。中国石油生产和消费虽然也发生了不少变化,但影响远没有这么大。

美国页岩油产量对世界石油供求关系现状产生深刻影响,也让人们对未来世界石油市场的预期发生了重大变化,而这既对未来国际原油价格的走向,也对全球石油关系(尤其是世界主要石油消费大国之间的关系)产生了重大影响。

2012年之前,世界石油供应吃紧,不仅把国际油价推得越来越高,而且还让石油消费国之间容易为了争夺石油资源发生矛盾、冲突。那段时期,中国石油消费快速增长,在全世界石油消费增量中占的份额越来越大,一度引发世界

---

① BP Statistical Review of World Energy 2017 Underpinning Data.
② Energy Information Administration, "U. S. Exports of Crude Oil", https://www.eia.gov/dnav/pet/hist/LeafHandler.ashx? n=PET&s=MTPIMUS2&f=A, accessed on December 30, 2017.
③ Energy Information Administration, "U. S. Net Imports of Crude Oil", https://www.eia.gov/dnav/pet/pet_move_neti_a_epc0_IMN_mbblpd_a.htm, accessed on August 9, 2018.

开拓新边疆——世界资源格局是如何转换的？

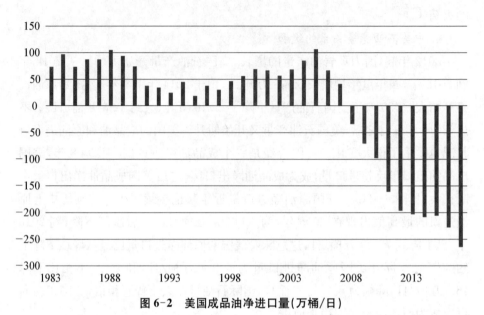

图 6-2 美国成品油净进口量(万桶/日)

资料来源："U. S. Imports of Finished Petroleum Products"，https：//www.eia.gov/dnav/pet/hist/LeafHandler.ashx? n＝PET&s＝MTPIMUS2&f＝A，accessed on June 15，2019；"U. S. Exports of Finished Petroleum Products"，https：//www.eia.gov/dnav/pet/hist/LeafHandler.ashx? n＝PET&s＝MTPEXUS2&f＝A，accessed on June 15，2019。

上尤其是西方国家里关于"谁能给中国供得起油"（who can fuel China）的讨论。① 到2012年，中国石油消费量的全球占比不高。那一年中国的石油消费量为4.87亿吨，仅占世界总消费量的11.7%。这意味着，中国的人均石油消费量仅仅相当于世界平均水平的一半。但是中国石油消费的增量在全球增量中的占比却颇为可观。2012年中国石油消费量增长了2 196万吨，当年全球石油消费量只增长了5 050万吨，中国增量在全球增量中的占比超过了40%。②

中美石油关系的缓和还得益于美国对华原油出口量的增加。2015年12月，美国总统奥巴马（Barack Obama）签署政府支出及税务法案，正式解除长达

---

① Thomas E. Drennen and Jon D. Erickson, "Who Will Fuel China?", *Science*, Vol. 279, Issue 5356 (March 1998), p.1483; Wenran Jiang, "Fueling the Dragon: China's Quest for Energy Security and Canada's Opportunities", https://www.asiapacific.ca/sites/default/files/cia_fueling_dragon.pdf, April 2005, accessed on December 31, 2017; Gal Luft, "Fueling the Dragon: China's Race into the Oil Market", http://www.iags.org/china.htm, accessed on December 31, 2017.

② BP Statistical Review of World Energy 2017 Underpinning Data.

40年的原油出口禁令。2016年1月初,一艘名为THEO T的油轮离开得克萨斯州(Texas)科珀斯克里斯蒂港口(Corpus Christi),先经过墨西哥湾,再进入大西洋,驶往意大利。船上满载着来自美国康菲石油公司(ConocoPhillips)在得克萨斯州南部生产的石油和凝析油,买方为瑞士石油交易商维多集团(Vitol Group),这批原油来自著名的鹰滩页岩油气项目(Eagle Ford Shale)。由于之前几十年里,美国政府禁止本国石油公司出口原油,所以这是解禁后出口的第一船美国原油。[1] 这一船油标志着美国原油出口的增加,会让全球原油供应量增加,这样中国在国际上购买原油会更容易。2016年,中国对美国的石油贸易关系从净出口转变为净进口,当年净进口量为30.5万吨,2017年,数量已经达到765万吨,是2016年数量的25倍。从2000年到2014年,中国对美国原油净出口,数量累计为928万吨。2017年中国从美国的原油净进口量已经很接近之前15年里中国对美国原油净出口量的总和(见图6-3)。由于美国页岩油生产商的盈利前景好[2]、产量预计将继续增长,它们将更加积极地向中国等国家出口原油。美国对华原油净出口量还将继续增长。

中美之间的石油关系除了它们之间的直接关系外,还包括间接关系。目前中美间的原油贸易量对两国各自的原油对外贸易量而言,都是九牛一毛、微不足道。中国已经超越美国成为世界第一大石油进口国和第一大原油进口国。2017年从美国进口的原油在中国的原油进口总量中只占约2%。在中国前十大进口来源国中,还没有美国的身影。对美国来说,它虽然已经下降为全球第二大石油和原油进口国,但每年净进口规模仍然达数亿吨,与中国几百万吨的原油贸易规模在美国的石油外贸大棋局中,仍然只是微不足道的一颗小棋子。另一方面,中国与日本、欧洲国家等美国的盟国之间的石油关系也是中美石油关系的重要部分。如果中国与欧洲、日本、澳大利亚等国家和地区的石油关系紧张,也会间接导致中美石油关系恶化。

幸好中国也找到了较多的石油替代性手段。虽然它们的威力远远不如美国页岩油气革命那么强大,但它们还是为中国缓和与美国、美国的盟国以及其

---

[1] "时隔40年,美国终于出口原油",http://energy.people.com.cn/n1/2016/0104/c71661-28008477.html,2016年1月4日,2017年12月31日访问。

[2] 过去几年,美国页岩油生产商在提高开采效率、削减成本以及运用套期保值等金融手段来提高生存能力等方面取得重大突破。

开拓新边疆——世界资源格局是如何转换的?

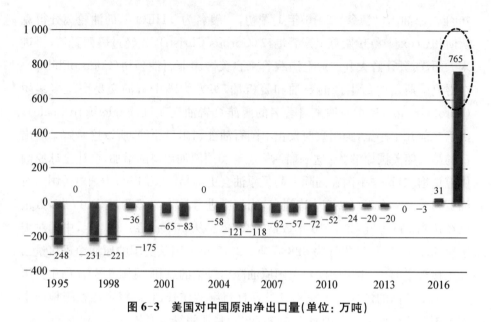

图 6-3　美国对中国原油净出口量(单位:万吨)

他世界石油进口国之间的石油关系创造了一定条件。

二、中国的石油替代势头初现

美国页岩油革命提供了一种资源替代性手段,成功开发出更多的自然资源,这是发生在供应侧的革命。在中国,迄今还没有发生美国式的大规模供应侧革命。但是,中国石油消费领域也的确出现了一些变化,人们越来越倾向于用其他动力来代替对石油的需求,各种替代手段聚合起来已经发挥了重要的石油替代作用。中国石油化工集团(简称中石化)经济技术研究院等机构联合发布的研究报告称,国内替代燃料消费规模持续上升,2017年天然气、生物燃料和新能源的替代占成品油终端消费的6%左右[1],规模约为2 000万吨,未来还将发生更大的替代作用。供应侧方面的石油替代主要表现在煤基油品和燃料乙醇供应量的增加,但它们的数量较有限。到现在为止,尽管受到各种石油替代手段的影响,中国的石油消费量仍然在"昂扬向上"。中国石油替代的进

---

[1]　中国石油化工集团公司经济技术研究院、中国国际石油化工联合有限责任公司、中国社会科学院数量经济与技术研究所编:《中国石油产业发展报告(2018)》,北京:社会科学文献出版社,2018年版,第9页。

展既不像美国页岩油气革命那样受到全球关注且对世界许多方面产生重大冲击,也离习近平主席提出的实现"能源消费革命"的战略目标相去甚远。

1. 电气铁路减少石油消费

内燃机车以柴油为动力。近些年来,随着中国铁路电气化的推进,每天奔驰在中国大地上的内燃机车越来越少,这对中国石油消费构成一定影响。

和内燃机车相比,电力机车有多种优势:① 可以多拉快跑,大幅度提高铁路运输能力。一条电气化铁路的输送能力相当于一条半内燃机车牵引或三条蒸汽机车牵引的铁路输送能力。② 可以综合利用资源,降低燃料消耗。就旅客列车每万人千米的耗能量而言,电力机车分别是蒸汽机车和内燃机车的12%和60%。③ 可以有效降低运输成本,提高劳动生产率。④ 可以改善机车乘务人员和沿线养护人员的劳动条件,减少环境污染,改善和保护沿线生态环境。⑤ 能够促进铁路沿线实现电气化,有利于当地工农业的快速发展和人民生活水平的提高。[①]

电力机车的优势明显,让包括中国在内的世界许多国家积极推进铁路电气化。中国于1961年8月建成第一条电气化铁路宝成铁路宝凤段(宝鸡至凤州)。[②] 据原铁道部公布的资料,"十五"(2001—2005年)期间,中国铁路新增电气化里程5 287千米,电气化铁路承担的运输工作量比重由2000年的31.8%上升为2005年的42.7%,实现铁路以电代油566万吨。[③] 到2016年,中国电气化铁路里程达到8万千米,电气化率达到64.8%。[④] 结果,目前中国铁路用成品油数量已经下降至约300万吨/年。[⑤] 有数据显示,从2007年到2014年的七年间,铁路去油化效果明显,铁路用柴油的数量从520万吨下降到370万吨,减少了150万吨。[⑥]

高铁发展也对汽油和航煤消费形成压制。随着国内高速铁路的快速发展,其成本合理、时效较高等优势显现,因此在中短途的客运中,对公路运输形

---

① 周新军:"高速铁路与能源可持续发展",《中国能源》,第31卷第3期(2009年3月),第26页。
② "2017中国电气化铁路发展现状统计分析",http://www.chyxx.com/industry/201709/559717.html,2017年9月17日,2018年1月2日访问。
③ 周新军:"高速铁路与能源可持续发展",《中国能源》,第31卷第3期(2009年3月),第26页。
④ "2017中国电气化铁路发展现状统计分析",http://www.chyxx.com/industry/201709/559717.html,2017年9月17日,2018年1月2日访问。
⑤ 2017年8月30日对中铁油料集团有限公司一名高级管理人员的访谈。
⑥ 张国昀:《电动汽车产业研究》,北京:中国石化出版社,2016年版,第260页。

成了一定替代。2007—2016年,铁路旅客周转量占比由33.5%提升至40.2%,运输量占比由6.1%提升至14.7%。相反,公路客运量和旅客周转量则分别从2007年的92%和53.2%下降到2016年的81.4%和32.9%。① 在长途客运中,高铁运输则对航空煤油消费形成冲击。

包括轻轨、地铁等在内的城市轨道交通系统的发展也对成品油消费发挥一定替代作用。截至2016年年底,中国内地共30个城市开通运营城市轨道交通,共计133条线路,运营线路总长度达4 152.8千米。其中,地铁3 168.7千米,占76.3%。

按照修建规划以及发展趋势,到2020年城轨里程总数将达到9 000千米。从实际需求来说,城区人口超过300万,城市GDP超过1 000亿元的城市还有30个左右,如果这些有潜在需求的城市都修建50千米轨道交通,那么到2020年,中国轨道交通里程将达到12 000千米左右,规模大约是2016年底的3倍,大致每年可以替代1 500万吨汽油。如果中国未来大中城市能够达到东京人均轨道里程的标准,轨道修建总里程要达到4万千米,大约每年可以替代石油5 000万吨。②

2. 电车、燃汽车与油车的竞争加剧

广义的电车除了被广泛认为是新能源汽车的纯电动汽车(Battery Electric Vehicle, BEV)和插电式混合动力汽车(Plug-in Hybrid Electric Vehicle, PHEV)外,还包括氢燃料电池汽车、混合动力汽车,以及低速电动汽车、电动三轮车、电动自行车(包括共享电动自行车)、景区电瓶车等。它们都起到了替

---

① "2017年中国旅客周转量、旅客运输量、货物运输量、运输方式分析及客货运复合增长率分析",http://www.chyxx.com/industry/201704/518156.html,2017年4月28日,2018年2月4日访问。

② 林伯强:"发展城市轨道交通的必要性",《文汇报》,2017年5月12日,第W15版。林伯强教授的算法看来是,每一千米的城市轨道交通,每年平均可以替代1 250吨成品油。林文提到,"截至2016年年底,中国大陆地区共30个城市开通运营城市轨道交通,共计133条线路,运营线路总长度达4 152.8公里"。考虑到当年有一些新建成的线路,2016年中国内地城市轨道交通替代石油消费的数量不足519万吨。不过,到2017年,这些里程就可充分发挥其替代作用,再加上当年新建的城市轨道交通里程,石油消费被城市轨道交通替代的数量在519万吨以上。上海和北京是中国城市轨道交通里程最长的两个城市,到2017年底,里程分别达到666千米和608千米(见"9号线三期、17号线2017年12月30日起载客试运营",http://service.shmetro.com/yygg/1617.htm,2017年12月27日,2018年1月7日访问;"首都地铁路网首条磁浮线路12月30日开通试运营",https://www.bjsubway.com/news/qyxw/yyzd/2017-12-30/128889.html,2017年12月30日,2018年1月7日访问)。根据林伯强教授提供的算法,2017年仅这两地的城市轨道交通对石油消费的替代量就在159万吨/年以上,超过中国电动汽车发展对石油消费的替代量。

第6章 中美能源关系：替代能源的发展

代石油消费的作用。

氢燃料电池汽车技术发展至今还不够成熟，离大规模商业化应用相去甚远。混合动力汽车能够在燃油行驶的过程中，把部分能量转化为电力，再用电力驱动汽车。它与其说是电动汽车，更不如说是提高石油使用效率的先进燃油汽车。虽然低速电动汽车、电动三轮车、电动自行车现阶段被广泛使用，但它们都不能代表交通运输工具今后的发展方向。因此，本书的"电车"，主要指纯电动汽车和插电式混合动力汽车。

近些年来，许多人提出："电动汽车的发展正对石油消费起到越来越大的替代作用。"该说法其实隐含着一个判断：油车是主流，而电动汽车正越来越多地挖油车的墙脚。而这个判断虽然对现阶段而言大体没错，但并不完全符合历史。

1834年苏格兰人托马斯·达文波特（Thomas Davenport）制造了第一辆电动三轮车，它由一组不可充电的干电池驱动。1891年，美国人威廉·莫瑞森（William Morrison）制成了第一辆电动四轮车，实现了三轮到四轮的过渡。[①]

19世纪90年代到20世纪初，电动汽车进入一个黄金时代。在美国、英国、德国、法国等国家，电动汽车广泛成为私人车辆。1900年，在美国纽约、波士顿和芝加哥的2 370辆汽车中，大多数是蒸汽机汽车或电动汽车，内燃机汽车的数量远远落后。[②] 1903年，纽约《汽车时代》杂志统计，在美国4 000多辆机动车中，蒸汽动力、电力和内燃动力汽车之间展开激烈竞争。当时蒸汽汽车最多，占40%；电动汽车份额略低，占38%；内燃机汽车最低，占22%。电动汽车在汽车界的地位在1912年达到顶峰，全美国注册的电动汽车达到3.3万辆，居各种汽车首位。

但是之后，电动汽车迅速衰落，到1930年前后，电动汽车基本上从市场上消失了，而内燃机汽车迅速崛起，奠定了在汽车业中的绝对优势地位，并延续至今。总结起来，内燃机汽车在19世纪末20世纪初"汽车大战"的第一回合中大获全胜，成为汽车中的"霸主"，有四方面原因：生产方式创新、技术进步、燃料价格大跌导致用车成本大幅下降、里程优势更加明显。

[①] 张国昀：《电动汽车产业研究》，北京：中国石化出版社，2016年版，第1页。
[②] Daniel Yergin, *The Quest: Energy Security, and the Remaking of the Modern World* (New York, the Penguin Press, 2011), p.671.

开拓新边疆——世界资源格局是如何转换的?

第一,生产内燃机汽车的方式发生革命性的变化。1913年亨利·福特受到"屠宰场"流水作业的启发,逆向思维①,发明了汽车流水线生产,每93分钟就能生产一辆T型车。产量大增的同时,福特公司T型车的价格大幅下跌。1908年T型车问世的时候,每辆售价825美元,到1915年降到440美元②,最低的时候下降到260美元。③ 而1912年一辆电动双座敞篷车的售价可达1 750美元,价格劣势明显。

第二,技术进步。内燃机汽车的启动曾经依靠转动曲柄,需要费很大的力气,而且容易让人受伤④。电子点火的发明则让启动汽车变得很轻松。⑤ 另外,早期的燃油汽车噪音很大,消音器的发明基本解决了这个问题。这两项发明的应用让内燃机汽车受欢迎的程度大大提高。

第三,汽油价格大跌。当时,美国的得克萨斯、俄克拉荷马等州发现了大油田,原油供应过剩,价格大跌,进而使汽油价格也大跌,内燃机汽车的燃料成本大幅下降。

第四,内燃机汽车的里程优势更加明显。当时美国城市之间的公路网络逐渐发达,加油站数量增加很快,汽油车的续驶里程本来就更长,加油站的增多让车主更无后顾之忧。反观电动汽车,由于美国很多乡村地区没有电力供应,电动汽车充电困难,它的里程劣势更加明显。⑥ 到1920年,福特公司的T型车占全世界所有汽车总数的一半,内燃机汽车成为汽车世界的主流⑦,而电动汽车则迅速衰落。

因此,在20世纪初期,不是电动汽车替代了内燃机汽车,电动汽车的使用替代了石油消费,而是内燃机汽车替代了电动汽车,内燃机汽车的使用在一定程度上替代了交通运输用电力。

---

① 屠宰场流水作业是每个人负责牲畜某一部位的解体,汽车流水线生产则是反过来,每个人负责把某一个或多个零部件安装到车上去。
② 张国昀:《电动汽车产业研究》,北京:中国石化出版社,2016年版,第2页。
③ Daniel Yergin, *The Quest: Energy Security, and the Remaking of the modern World* (New York, the Penguin Press, 2011), p.673.
④ Ibid., p.671.
⑤ Ibid., p.673.
⑥ 张国昀:《电动汽车产业研究》,北京:中国石化出版社,2016年版,第2页。
⑦ Daniel Yergin, *The Quest: Energy Security, and the Remaking of the modern World* (New York, the Penguin Press, 2011), p.673.

第6章 中美能源关系：替代能源的发展

2008年之后，锂离子电池技术逐渐成熟，并成为电动汽车动力电池，电动汽车在经历长期的低潮后复兴。2014年之前，中国电动汽车产业处于酝酿期。2014年中国销售电动汽车8.78万辆，同比增长545.6%。①之后的2015—2018年，中国电动汽车销量先后突破30万辆、50万辆、70万辆和125万辆，不仅保持了较快增长，而且在世界电动汽车销量中的占比均在一半以上。中国成为电动汽车销售的"超级大国"。

到目前为止，中国电动汽车对石油消费的替代效果还比较有限。到2018年底，中国电动汽车保有量达到261万辆，②如果按照一辆车每年平均消耗1吨油来计算，替代量不到300万吨/年，和中国6亿吨/年的石油消费量相比，不值一提。

近些年来，有不少人质疑发展电动汽车的环保性。中国石油天然气集团有限公司（简称中石油）经济技术研究院的研究报告称，全生命周期中，电动车的PM、SO_x排放量均高于燃油车。由于在行驶阶段新能源汽车的排放量较低，因此大城市推广电动车将有利于局部环境的改善，但对全国能源结构优化而言并非最优选择。在技术与市场条件尚不具备的条件下，以剥夺消费者选择权的方式，靠行政力量禁售燃油汽车违背市场规律，甚至成为政治派别博弈的工具，这样的方法是不可取的。③

还有人宣称，电动汽车替代燃油汽车，是煤炭消费对石油消费的逆替代，无法减少温室气体排放、缓解环境污染。为什么这么说呢？因为电动汽车以电为动力，而中国电力供应中，约70%仍然来自煤电，因此电动车以电为动力，差不多就是以烧煤为动力。按照这种说法，中国的"和谐号""复兴号"等高速铁路车辆其实也是煤车，我们每天照明的电灯也是煤灯。这种说法还有一个关键的逻辑缺陷：它只是把电动汽车和燃油汽车的一些现状简单地投射到未来。实际上，尽管现阶段的电动汽车基本上是以煤电为动力，但是随着中国清洁电力政策的推进，电力供应格局将逐渐优化，摆脱对煤电的依赖，电动车"烧

---

① 张国昀：《电动汽车产业研究》，北京：中国石化出版社，2016年版，第3页。
② "2018年全国小汽车保有量首次突破2亿辆"，http://www.gov.cn/xinwen/2019-01/13/content_5357441.htm，2019年1月13日，2019年6月16日访问。
③ 刘朝全、姜学峰主编：《2017年国内外油气行业发展报告》，北京：石油工业出版社，2018年版，第23页。

煤"的"罪过"会随之越来越轻。简言之,电动汽车"烧煤"是可以改变的,而燃油汽车的颗粒物、二氧化硫、氮氧化物等污染物的排放虽然可以通过控制污染的进步而得到改善,但是它们排放二氧化碳,这一点难以改变。

此外,从技术层面看,电动汽车在终端消费环节没有污染物排放。污染物排放集中在发电环节,相对于上亿辆燃油汽车在路上行驶时的污染物排放,电厂的污染物排放可以集中处理,治理难度要远远小于燃油机动车。①

和石油一样,天然气也是一种化石能源,在经过加工处理后,也可作为汽车燃料。燃气汽车和燃油汽车一样,都是内燃机汽车。因此,燃气汽车的使用对石油消费的替代,是化石能源和内燃机汽车的"内斗"。

燃气汽车在中国最早出现于1960年。1960年之后,气包车在四川、中原油田(河南濮阳)、河南开封等地大量出现,并部分解决了当时中国缺少石油供应的困难。气包车大多盛装煤气,但四川等地的气包车以天然气为动力。② 近年来一方面由于中国政府出于环保等考虑积极支持天然气发展,另一方面燃气汽车和燃油汽车相比有较强经济性,所以液化天然气(Liquefied Natural Gas,LNG)和压缩天然气(Compressed Natural Gas,CNG)汽车的数量增长迅速。据中国汽车工程学会的统计,截至2016年底,全国CNG汽车保有量达到531.6万辆,超过10万辆的城市达到13座,LNG汽车保有量达到26万辆,天然气汽车总保有量达到557.6万辆,建成投运的天然气加气站超过5 000座,位居世界第一。③ LNG汽车多用于重型卡车和公共汽车,对柴油消费起到替代作用。CNG用于私人小汽车和出租车,对汽油消费起到替代作用。不少CNG汽车上装有油气转换开关,可以在用油和用气之间自由切换,在汽车启动时,司机常用油,因为油的动力比气更强劲,在汽车平稳运行阶段,则用气。

到现在为止,中国燃气汽车对石油消费的替代作用远比电动汽车更大。截至2016年,燃气汽车的保有量是电动汽车的5倍多,优势明显。但是未来受到政府政策的影响,燃气汽车和电动汽车的数量差距将缩小。2014年之前,

---

① 张国昀:《电动汽车产业研究》,北京:中国石化出版社,2016年版,第112页。
② 李永昌:"中国天然气汽车的发展历程掠影——纪念我国压缩天然气汽车保有量逼近140万辆",《2011西部汽车产业·学术论坛暨四川省第十届汽车学术年会论文集》,第373页。
③ 张庆兵、李国红、秦鹤年:"天然气汽车的发展与相关产业的结构调整",《内燃机与配件》,2018年第1期,第202页。

国际原油价格高涨。在高油价时代,CNG 汽车和汽油车相比,以及 LNG 汽车和柴油车相比,经济性优势明显。结果,中国天然气汽车数量快速增长。天然气汽车的保有量(含改装车)从 2010 年的 110 万辆到 2014 年突破 460 万辆,年均增长率超过 40%。2014 年下半年开始,国际油价大幅下跌。燃气汽车和燃油汽车相比的价格优势越来越小,再加上自 2013 年起,政府对新能源汽车的补贴加码,且不受限行、限购等政策限制,中国天然气汽车数量增速放缓。中国汽车工程学会的数据显示,2015 年中国燃气汽车保有量的增长率大幅下降至 12.95%,2016 年更下跌至 7.44%。① 此外,当出现"气荒"时,各地政府为了保障居民用气供应,会限制交通运输用气的供应,结果燃气公交车、出租车等车辆会遭遇限气,气价也会上涨。更严重时,会无气可加。

3. 共享单车替代石油消费

自 2015 年起,共享单车在国内快速发展。2017 年对共享单车会替代多少成品油消费的讨论逐渐增加。共享单车大规模出现,为地铁、公交车等城市交通"大动脉"配置了丰富的"毛细血管",解决了居民"最后一公里"的短途交通需求。共享单车真正实现了零排放出行,普及了零排放时代的绿色交通出行观念,迅速破解了多年没有解决的绿色出行问题。据交通运输部科学研究院等机构发布《2017 年中国主要城市骑行研究报告》数据显示,ofo 单车在全球 47 座城市为 3 000 万用户提供了超过 5 亿次出行。其中,20 个城市在 2017 年第一季度累计骑行 5.93 亿千米,减少汽油消耗 4 250 万升,相当于中原油田 1.2 天的产量,减少二氧化碳排放 130 956 吨。北京清华同衡设计研究院等单位发布的《共享单车与城市发展白皮书》数据显示,共享单车出现前,小汽车出行量占总出行量的 29.8%,自行车占 5.5%;共享单车出现后,小汽车占总出行量比例明显下降至 26.6%,而自行车骑行的占比翻了一倍,达到 11.6%;市民使用小汽车出行的次数减少了 55%。共享单车的出现,降低了市民对小汽车(包括私家车、出租车、网约车)的依赖。②

另外,共享单车和其他石油替代手段结合起来,能发挥"1+1>2"的替代作用。比如,在中国的一些大城市,地铁等城市轨道交通系统正在快速发展。

---

① 王祖纲:"中国清洁能源汽车发展路线及油气行业对策",《国际石油经济》,2017 年第 8 期,第 52 页。

② 冯也苏:"共享交通对城市交通发展的作用研究",《城市发展研究》,2017 年第 6 期,第 C10 页。

开拓新边疆——世界资源格局是如何转换的？

当没有自行车可骑时，平均而言，在距离超过500米后，一个人会有较强的坐车意愿；但当有车可骑时，距离在2千米之内，一个人的坐车意愿会下降。这就是说，共享单车可以把地铁站的辐射半径从0.5千米向2千米范围延伸[①]，从而会大大提高地铁受欢迎的程度以及地铁的承运量。

不过，要准确估计国内共享单车替代石油的数量是"不可能完成的任务"，因为每一天共享单车的投放量以及使用量都有很大变化，而对共享单车的需求中有多少是硬性的更是无法测量[②]，另一方面，我们不可过分夸大共享单车对石油消费的替代。探究其本质，骑单车是人的肌肉力量和简单机械力的组合，是比燃油汽车更落后的交通方式，因此共享单车现在没有，今后也不会对燃油汽车的使用和石油消费形成巨大冲击。

4. 替代性油品

目前中国国内主要的替代燃料包括煤制油、燃料乙醇和甲醇汽油。

(1) 煤制油

煤制油冲击石油作为交通运输燃料的消费，煤化工影响到石油作为化工原料的消费。中国煤矿资源丰富，探明储量居世界第四位，而产量居世界第一位。[③] 只需要把煤炭产量的一小部分转化为交通运输燃料，就可以驱动大量汽车。况且，出于治理空气污染等考虑，中国政府也很有动力来推进煤制油等类似项目。神华等国内公司在煤制油方面做了较多工作，已经取得一定成绩，且已得到中国政府的高度重视。

煤制油是中国煤基成品油的主要工艺路线，主要产品是柴油和石脑油。中国煤制油的发展势头很猛，截至2016年底，全国产能已达到1 080万吨/年，

---

① 刘杰："成都市新型交通出行模式对成品油消费需求影响的调查"，《中国石油石化》，2017年第4期，第128页。

② 虽然近期有一些研究成果显示，2017年中国汽油消费因共享单车的发展而被替代100万吨以上，替代规模今后还会继续扩大，但是由于各种原因（包括有的共享单车没有安装GPS系统），并没有一定时间内全国共享单车骑行总里程的数据。即便有了这样的数据，也无法得知其中哪些骑行距离是比较"硬"的需求（因而对汽油消费起到了实际的替代作用），而哪些骑行距离不是"硬"的需求（如小孩子骑车转圈玩耍）因而并没有替代汽油消费。有了这样的数据，我们也无从知道共享单车间接替代了多长的汽车行驶里程。所谓"间接替代"，包括由于交通出行"最后一公里"问题因共享单车而缓解，人们的出行方式从开车改为"骑车+地铁"等公共交通方式的组合。因共享单车的兴起，间接替代了多少燃油汽车的行驶里程以及相应的石油消费，更难计算清楚。

③ 截至2018年底，中国煤炭的探明储量为1 388.19亿吨，次于美国（2 502.19亿吨）、俄罗斯（1 603.64亿吨）和澳大利亚（1 474.35亿吨），居世界第四位，全球占比为13.2%；2018年中国煤炭产量为36.83亿吨，居世界首位，全球占比为46%。见BP Statistical Review 2019 All Data。

煤制油厂家数达到15家。在国内煤制油领域,神华集团在各企业中走在最前面,神华宁煤煤炭间接液化项目产能达400万吨/年①,神华鄂尔多斯煤制油则是直接液化项目。此外还有内蒙古伊泰煤间接液化项目、山西潞安煤间接液化项目、兖矿榆林煤间接液化项目。② 未来几年还将有更多的煤制油装置投产。根据国家能源局发布的《煤炭深加工产业示范"十三五"规划》,预计2020年全国煤制油产能将达到1 300万吨/年。③

除了煤制油外,煤制烯烃等煤化工项目也对油头化工④形成一定冲击。神华、中煤等公司在银川、榆林、鄂尔多斯等地投资建设了煤经甲醇制烯烃、煤制乙二醇等煤化工项目。⑤ 其中,中国的煤制烯烃产能迄今为止已超过1 000万吨/年(见表6-2)。

表6-2 中国的煤制烯烃项目

序号	项目名称	技术	产能(万吨/年)
1	神华包头一期	DMTO	60
2	宁波富德能源	DMTO	60
3	陕西延长中煤	DMTO	60
4	中煤陕西榆林	DMTO	60
5	蒲城清洁能源	DMTO-Ⅱ	70
6	宁夏宝丰	DMTO	60
7	山东神达化工	DMTO	33
8	中石化中原	SMTO	20

---

① "加快推进能源生产和消费革命,增强我国能源自主保障能力",《人民日报》,2016年12月27日,第1版。
② 张国昀:《电动汽车产业研究》,北京:中国石化出版社,2016年版,第257—258页。
③ "国家能源局关于印发《煤炭深加工产业示范'十三五'规划》的通知",http://zfxxgk.nea.gov.cn/auto83/201703/W020170303357509200744.pdf,第9页,2017年2月8日,2018年1月7日访问。
④ 指用石油为原料的化工项目。
⑤ "神华宁煤百万吨级烯烃项目创'双第一'",《石油化工设计》,2017年第4期,第37页;"鄂尔多斯5个大型煤化工项目全部复开工",《氯碱工业》,2017年第6期,第48页。"我国煤制烯烃行业总产能达1 123万吨,或耗煤五千万吨以上",http://www.cwestc.com/newshtml/2017-1-23/444178.shtml,2017年1月23日,2018年1月7日访问;"中国煤制烯烃行业发展概况(图)",http://info.chem.hc360.com/2015/06/261035475609.shtml,2015年6月26日,2018年1月7日访问。

(续表)

序号	项目名称	技术	产能(万吨/年)
9	惠生清洁能源	MTO/OCP	33
10	山东寿光鲁清	MTO/OCP	36
11	神华宁煤	MTP	50
12	神华宁煤二期	MTP	50
13	山东华滨	MTP	10
14	山东瑞昌	MTP	10
15	兴兴新能源	DMTO	60
16	山东玉皇	MTP	10
17	鲁深发	MTP	20
18	沈阳化工	MTP	10
19	阳煤恒通	MTO/OCP	30
20	神华榆林	DMTO	60
21	中煤远新能源	DMTO	60
22	神华新疆新材料	DMTO-II	68
23	青海盐湖	DMTO	33
24	中天合创	SMTO	120
25	江苏斯尔邦石化	MTO/OCP	83.3
26	富德能源化工	DMTO	33
总计			1 199.3

注：DMTO 是煤制低碳烯烃技术，DMTO-II 是煤制低碳烯烃 2 代技术，SMTO 是上海石化研究院煤制烯烃技术，MTO 是煤制烯烃技术，OCP 是烯烃裂化技术。

资料来源："中国煤化工拟在建及运行项目大汇总"，微信公众号"煤化网"，2018 年 1 月 4 日。

煤制油、煤制烯烃以及煤制气等项目的景气程度与国际原油价格密切相关。在高油价时期，它们较有生命力，开工率较高。但是，在低油价时期，煤制油生产本身则不具有经济性，生产企业严重依赖政府的免税等优惠政策，开工率下降。中国政府鼓励和支持煤制油的发展，主要是出于保障国家能源安全的考虑，这决定了在国际安全形势较和缓的现阶段，煤制油的发展会较快遇到

第6章 中美能源关系：替代能源的发展

"天花板"。

(2) 生物燃料

生物燃料主要包括燃料乙醇和生物柴油。中国生物燃料产量在世界各大国中相对落后。折合成标准油，2018年中国的生物燃料产量为309.9万吨，全球占比3.2%，居世界第五位，不及美国(3 808.8万吨)、巴西(2 137.5万吨)、印度尼西亚(484.9万吨)和德国(344.5万吨)。① 可以看出，在生物燃料生产方面，中国属于第二梯队，与印度尼西亚、德国的差距不大，但和第一梯队的美国、巴西两国相比，差距明显。

中国生物燃料生产以燃料乙醇为主。与燃料乙醇发展相关的最新重要政策动向是2017年9月，国家发改委、国家能源局、财政部等15个国家部委联合发布了《关于扩大生物燃料乙醇生产和推广使用车用乙醇汽油的实施方案》，提出到2020年，在全国范围内推广使用车用乙醇汽油，基本实现全覆盖。②

这次的15个部委联合发文是以往国家政策的升级。中国乙醇汽油的生产和消费已有近20年历史。2001年为了解决大量"陈化粮"处理问题，改善大气及生态环境质量，调整能源结构，经国务院同意，启动了生物燃料乙醇试点。从"十一五"期间起，根据形势变化暂停了粮食燃料乙醇发展，陆续在广西、内蒙古、山东、河南等地建成多个非粮燃料乙醇示范项目或产业化装置。

但是，根据以往推广乙醇汽油的历史判断，它的发展阻力仍将继续存在。在消费方面，乙醇汽油因多种原因不受车主喜爱。第一，车主普遍反映加了乙醇汽油后，车速不容易提起来，影响驾驶感受。第二，乙醇在燃烧过程中会产生乙酸，而乙酸对汽车金属特别是铜有腐蚀作用。相关实验数据表明，在汽油中乙醇的含量在0~10%时，对金属基本没有腐蚀。在超过10%后，腐蚀作用就会变得明显，必须添加有效的腐蚀抑止剂。另外，乙醇虽然是一种优良溶剂，可以清洗油箱和管路中的污垢(主要是胶质和锈渍的混合物)，但它易对汽车的密封橡胶及其他合成非金属材料产生轻微的腐蚀。第三，按照目前的执行标准，乙醇含量为10%的汽油对汽车的危害还不算是很大，但受制于乙醇汽

---

① BP Statistical Review 2019 All Data.
② "《关于扩大生物燃料乙醇生产和推广使用车用乙醇汽油的实施方案》印发"，http://www.gov.cn/xinwen/2017-09/13/content_5224735.htm，2017年9月13日，2018年2月2日访问。

开拓新边疆——世界资源格局是如何转换的？

油的储存条件，大部分地区都采用现兑现卖的方法，乙醇含量很难稳定地控制在10%之内，而假如加了乙醇含量过高的汽油，就有可能会对汽车产生一定的损害。为了克服第二和第三个方面的影响，在汽车的设计、生产环节，需要对汽车的发动机和燃料系统进行一些改变。

从供应方面看，按照规定，车用乙醇汽油所使用的10%的变性燃料乙醇，只限于在指定的工厂及指定的范围内生产并强制销售。乙醇汽油对储存和运输要求苛刻，需要比普通汽油投入更多的资金，目前除中石化和中石油等少数公司按照政府要求推广外，其他公司操作积极性不高。前些年政府曾对粮食制燃料乙醇提供补贴，但现在已取消，而非粮乙醇享有的补贴能维持多长时间，也有一定的不确定性，这让乙醇生产对企业的吸引力进一步下降。

虽然政府在11个省区（包括黑龙江、河南、吉林、辽宁、安徽、广西6个省区全境和河北、山东、江苏、内蒙、湖北五个省区的31个地市）试点推广乙醇汽油，但实际上，除了黑龙江、吉林、辽宁执行得较好外，推广措施在各地的执行并不十分严格。

展望未来，即便乙醇汽油真如《实施方案》规定的那样，打个翻身仗，在2020年之后全面推广、不打折扣，受国家政策和燃料乙醇本身性质的限制，添加比例也不会超过10%。因此，在最极端的情形里，乙醇汽油的发展对成品油消费的冲击也会比较有限。

和乙醇汽油相比，中国生物柴油的产量更小。2009年，国家发展和改革委员会（简称国家发改委）要求中石油、中石化、中海油（全称为中国海洋石油集团有限公司）各上一套10万吨规模的生物柴油生产装置。实际上最后只有中海油采用中石化的工艺路线，在海南建成一套6万吨/年的装置。海南省2010年底封闭运营生物柴油，中海油是生物柴油原料的唯一供应方。中石化、中石油从中海油采购生物柴油，然后以5%:95%的比例进行调配，最终进入终端销售。但之后受化学柴油价格大跌、销售渠道不畅、原料供应不足、扶持配套不够等因素的影响，该装置已于2015年初停产。之后中国的生物柴油生产转为主要以地沟油为原料。2015年中国的生物柴油产量仅为33.6万吨。

（3）甲醇汽油

甲醇汽油是把煤基甲醇按一定比例与汽油混合而成，其中甲醇的比例多为15％(M15)、30％(M30),因此甲醇汽油是部分意义上的煤制油品。因经济性较差等缺陷,迄今中国甲醇汽油的发展乏力,政府虽然在2009年选了13个省、市、自治区作为M15和M30甲醇汽油试点,但仅山西、陕西、浙江、贵州和上海在政府指导下试点推行,市场接受程度较低。根据统计,2013年国内甲醇汽油的消费量仅约200万吨。2014年下半年国际原油价格开始大跌,使甲醇汽油的经济性下降,发展势头进一步受阻。

5. 汽车燃油效率的提高

中国政府于2004年发布了《乘用车燃料消耗量限值》国家标准(GB19578-2004)。这是中国控制汽车燃料消耗量的第一项强制性国家标准。该标准分两个阶段实施,标准采用按质量分组的单车燃料消耗量评价体系,按照车辆的整备质量将车辆划分成16个不同的质量段,并对每个质量段内的车辆设定统一的单车最高燃料消耗量限值油耗限值。如果某种车型的油耗不达标,将不准生产、销售。

2012年1月1日,中国正式实施《乘用车燃料消耗量限值》第三阶段标准(GB27999-2011),引入了企业平均燃料消耗量的概念,促使企业在保持产品多样性的同时降低整体的燃料消耗量水平。借鉴美国等国家提高企业平均燃油经济性(Corporate Average Fuel Economy,CAFE)的经验,引入了企业平均燃料消耗量(Corporate Average Fuel Consumption,CAFC)和企业平均燃料消耗量目标值(TCAFC)的概念,将汽车企业作为评价对象,根据乘用车产品的车型燃料消耗量和对应的产量计算得到制造商的企业平均燃料消耗量。[1]

国务院办公厅于2012年6月28日印发的《节能与新能源汽车产业发展规划(2012—2020年)》规定:"到2015年,当年生产的乘用车平均燃料消耗量降至6.9升/百公里,节能型乘用车燃料消耗量降至5.9升/百公里以下。"[2]

2014年12月,中国工业和信息化部(简称工信部)又颁布了第四阶段标准,提出2016—2020年,乘用车平均燃料消耗量应先后降至每百千米6.7升、6.4升、6升、5.5升和5升。工信部相信:"到2020年,第四阶段标准将节省燃

---

[1] 马冬等:"中国乘用车企业平均燃料消耗量(CAFC)及其限值标准",《汽车安全与节能学报》,2012年,第4期,第365页。

[2] "国务院关于印发节能与新能源汽车产业发展规划(2012—2020年)的通知",http://www.gov.cn/zwgk/2012-07/09/content_2179032.htm,2012年7月9日,2018年1月9日访问。

油约 3 500 万吨,减少 CO_2 排放约 1.13 亿吨。"①

2017 年,中国政府再次提出对汽车燃油经济性的要求。4 月 6 日,工信部、国家发改委和科学技术部(简称科技部)联合发布了《汽车产业中长期发展规划》,其中规定:"到 2020 年,新车平均燃料消耗量乘用车降到 5.0 升/百公里、节能型汽车燃料消耗量降到 4.5 升/百公里以下;到 2025 年,新车平均燃料消耗量乘用车降到 4.0 升/百公里。"②新规定实施后,中国汽车的燃油经济性水平将继续提高,耗油量将相对继续下降。

三、美国石油替代性手段的发展

美国石油替代性手段主要包括 CAFE 标准的实施、燃料乙醇以及电动交通工具(包括电动汽车、城市轨道交通、电力火车等)的发展等方面。其中 CAFE 是资源的节约利用,燃料乙醇和电动汽车等交通工具都是替代性资源,但它们之间有所区别,燃料乙醇是添加型替代,它和成品油混合后驱动交通工具,而电动交通工具是完全型替代。

1. CAFE 的推出和升级

1975 年,美国政府制定了 CAFE 法规,这项联邦法规在过去 40 多年中被修订过多次,针对汽车生产企业提高新车燃油经济性制定了强制执行的时间进度表。它要求汽车制造商每年都要提高下线新车的燃油经济性指标。

1975 年 CAFE 法规要求生产不同规格尺寸车型的汽车制造商,必须明示当年所有新车型(包括乘用车、SUV 以及轻型卡车)的平均燃油效率,并达到政府当年强制执行的 CAFE 标准。对于乘用车来讲需要实现的目标是,从 1975 年开始用 10 年时间使平均燃油经济性提高一倍,最终达到每加仑 27.5 英里的标准(合百千米 8.56 升)。另外,CAFE 平均燃油经济性标准也有专门针对轻型卡车的具体指标。总之,满足这些燃油经济性指标,意味着开发节能高效的发动机以及轻量化的车型。同时,这也将推动汽车新技术、新材料的应

---

① "乘用车燃料消耗量第四阶段标准解读",http://www.miit.gov.cn/n1146285/n1146352/n3054355/n3057585/n3057589/c3616982/content.html,2015 年 1 月 26 日,2018 年 1 月 9 日访问。

② "三部委关于印发《汽车产业中长期发展规划》的通知",http://www.miit.gov.cn/n1146290/n4388791/c5600433/content.html,2017 年 4 月 25 日,2018 年 1 月 9 日访问。

用和发展。美国交通部(Department of Transportation，DOT)下属的国家高速公路交通安全管理局(National Highway Traffic Safety Administration，NHTSA)获得执行标准的授权，而在美国明确具体的建议标准必须经过美国参议院表决通过。因此，为了保证提交给参议院的建议性标准投票生效，环境保护署(EPA)和高速公路管理局双方必须努力合作，共同商议、确定合理的指标参数。建议指标一旦被参议院认可通过，将成为具有法律约束力的条例受到法律保护。

2009年在奥巴马总统加速提高燃油经济性指标的鼓励下，CAFE法律进行了修订。更新后的标准适用于2012—2016年当年生产的各类车型，要求到2016年各家汽车公司生产的所有车型，其企业平均燃油经济性必须达到每加仑35.5英里(合百千米6.6升)。[1] 2012年8月28日，奥巴马政府发布了2025年CAFE法规的最终版本，宣告2011年出台的草案转为正式法规条文。按照新法规，美国市场上各车企2017—2025年款新车的燃油经济性平均值应当达到54.5英里/加仑，约合百千米4.3升油耗，比当时车辆水平几乎提高一倍。[2] 该标准公布后，引发很大争议。汽车公司等反对者认为该标准过高。迫于压力，2016年，美国环境保护署和美国国家公路交通安全管理局启动持续两年的、花费3500万美元的中期审查，讨论美国的燃油经济标准以及绿色环保车的发展方向。初始时间表是：当年7月，这两个机构和加利福尼亚州空气资源委员会(California Air Resources Board，CARB)发布报告，概述中期审查的关键因素，接着是一系列讨论，2017年拟议规章，2018年4月1日最终决策。[3] 2016年11月，唐纳德·特朗普(Donald Trump)意外当选美国总统，奥巴马政府见势不妙，于特朗普正式就任前不久宣布中期审查结果。

但是，特朗普就任前后，反对CAFE新标准的各方力量加大游说力度，其中包括2017年1月，福特公司CEO马克·菲尔兹(Mark Fields)在特朗普与汽车公司高层的会面中，向特朗普递交了汽车研究中心(Center for Automotive

---

[1] Karen Fierst：" 美国电动汽车的现状及发展(四)"，《汽车维修与保养》，2015年第10期，第27页。
[2] "美国发布2025年燃油经济法规"，http：//auto.ifeng.com/roll/20120903/809608.shtml，2012年9月3日，2018年1月17日访问。
[3] "2012年CAFE标准引争议 美当局拟开展审查"，http：//auto.163.com/16/0420/08/BL34BVL500084TV1.html，2016年4月20日，2018年1月18日访问。

开拓新边疆——世界资源格局是如何转换的？

Research)的报告，里面称是否修改标准以照顾消费者需求，以及把联邦的法规与州一级的标准结合起来，关乎美国 100 万个汽车工作岗位。① 同年 2 月，包括菲亚特克莱斯勒、福特、通用、本田、现代、日产、丰田及大众等 18 家汽车公司向特朗普政府递交一份书面文件，要求特朗普重新开始对 CAFE 新标准的中期审查。各汽车公司表示，由于目前汽车价格降低，消费者偏好跨界车及 SUV 车型，使得实现 CAFE 目标不具现实性。他们同时补充道，他们已致力于提高车辆燃油效率，降低碳排放，但是另一方面，如果不顾消费者喜好和市场现实情况，将会增加消费者成本，威胁未来的汽车生产水平。②

2017 年 3 月 15 日，特朗普宣布，其政府将重启对新标准的中期审查，并号召要让美国再次成为世界汽车的首都。他宣称："对美国汽车工业的攻击结束了"，他将废除那些"破坏美国汽车生产以及其他任何生产"的规制。他还说："有必要（恢复审查），因为标准将对未来有深远影响"，"如果标准威胁工作，那么就可以做——而且应该做——常识性的改变。"

如果审查的结果最终导致燃油经济性标准被降低，那么各汽车公司制造大量混合动力汽车、电动汽车和氢燃料电池汽车来提高它们产品的总体燃油经济性的动力将下降。生产那些更加环保的汽车工艺更复杂，利润更薄，成本更高（因此会影响到车辆的销量），多数汽车公司只是迫不得已才会去做③。

2018 年 8 月 2 日，特朗普政府宣布，打算在 2020 年后冻结奥巴马政府提出的燃油经济性标准，2021—2026 年美国的平均燃料经济性标准以及乘用车和轻卡的二氧化碳排放标准将不再逐渐提高。④

不过，加利福尼亚等约 20 个州已经从环保节能立场出发对特朗普政府降

---

① Brent Snavely and Chris Woodyard, "Trump orders review of fuel economy rules", https://www.usatoday.com/story/money/cars/2017/03/15/trump-call-review-fuel-economy-rules/99194860，March 15，2017，accessed on January 18，2018.
② "车企联名上书 呼吁特朗普重审 2025 燃效新规"，http://auto.huanqiu.com/globalnews/2017-02/10133934.html，2017 年 2 月 16 日，2018 年 1 月 18 日访问。
③ Brent Snavely and Chris Woodyard, "Trump Orders Review of Fuel Economy Rules", https://www.usatoday.com/story/money/cars/2017/03/15/trump-call-review-fuel-economy-rules/99194860，March 15，2017，accessed on January 18，2018.
④ Tom DiChristopher, "Trump Administration Rolls Back Plans to Raise Fuel Economy Standards for Autos", https://www.cnbc.com/2018/08/02/trump-administration-rolls-back-plans-to-raise-fuel-economy-standards.html，August 2，2018，accessed on August 13，2018；王林："美国降低汽车燃效和排放标准"，《中国能源报》，2018 年 8 月 13 日，第 5 版。

低 CAFE 标准的计划提出挑战。① 在特朗普任美国总统时期,美国政府在 CAFE 法规方面会否明显倒退,值得关注。

2. 生物燃料替代美国成品油消费

美国生物燃料的发展比较成功,2018 年美国的生物燃料产量达到 3 809 万吨油当量(见图 6-4),全球占比达 40%。生物燃料在美国主要指燃料乙醇。燃料乙醇是指从玉米、甘蔗等植物中提取出来的可再生燃料。目前,美国国内消费的 97% 的汽油中都有乙醇。根据乙醇添加比例的不同,乙醇汽油主要分 E10、E15 和 E85 三类。E10 汽油是 10% 的乙醇和 90% 的汽油。按照美国环保署的定义,E15 汽油是乙醇含量为 10.5%~15% 的汽油,可以用在 2001 年及之后的轻型传统汽油车辆。E85 汽油也称灵活汽油(flex fuel),是指乙醇含量为 51%~83% 的汽油,季节不同、地理状况不同,最适合的掺加比例也不同,E85 汽油被用于灵活燃料车辆(flexible fuel vehicle)②,除了发动机和燃料系统外,灵活燃料车辆的硬件与普通汽油车没有区别。由于乙醇的能量密度不及汽油,以 E85 汽油为动力的行驶里程比同等量的普通汽油少 15%~27%。自 20 世纪 90 年代起,灵活燃料车辆在美国上市,发展至今,已经有 100 多种车型。③

美国发展燃料乙醇和其他生物燃料有三大动因:保障能源安全、保障农民利益和应对气候变化。④

美国燃料乙醇的历史最早可以追溯到 1977 年,那一年美国政府发布《食品与农业法案》(The Food and Agriculture Act of 1977),对乙醇生产给予贷款担保。⑤ 1979 年阿莫科(Amoco)石油公司⑥开始推销其酒精混合燃料,到

---

① David Shepardson, "Major Automakers Urge Trump not to Freeze Fuel Economy Targets", https://www.autoblog.com/2018/05/07/automakers-trump-cafe-standards-fuel-economy, May 7, 2018, accessed on August 11, 2018.

② "Ethanol", https://www.afdc.energy.gov/fuels/ethanol.html, December 4, 2017, accessed on February 2, 2018.

③ "Flex-fuel Vehicles", https://www.fueleconomy.gov/feg/flextech.shtml, accessed on February 2, 2018.

④ Jay P. Kesan, Hsiao-Shan Yang and Isabel F. Peres, "An Empirical Study of the Impact of the Renewable Fuel Standard (RFS) on the Production of Fuel Ethanol in the U.S.", *Utah Law Review*, Vol. 2017, No. 1, p.168.

⑤ Leah C. Stokesa and Hanna L. Breetz, "Politics in the U.S. Energy Transition: Case Studies of Solar, Wind, Biofuels and Electric Vehicles Policy", *Energy Policy*, Vol. 113 (2018), p.81.

⑥ 该公司在 1998 年被 BP 石油公司收购。

开拓新边疆——世界资源格局是如何转换的?

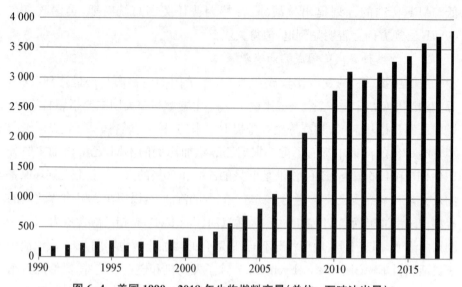

图6-4 美国1990—2018年生物燃料产量(单位:万吨油当量)

资料来源:BP Statistical Review 2019 All Data.

1981年,消费量达到8 300万加仑(约等于200万桶)。从2002年起,美国乙醇的消费量开始快速增长,当年消费量达到20.73亿加仑(约等于4 900万桶)。到2014年,则增长到143.13亿加仑(约等于3.4亿桶)。在33年时间里,消费量增长了171倍。

美国乙醇行业的发展可以分为两个阶段:第一阶段是1977—2004年;第二阶段是2005年可再生燃料标准(Renewable Fuel Standard,RFS)问世后至今。

第一阶段,美国乙醇消费量增长的主要原因有二。

① 美国联邦政府和各州政府对乙醇消费给予税收优惠。

在那28年里,有几项法案和议案对美国乙醇汽油的发展产生了较大影响,包括1978年《国家能源法案》(*The National Energy Act of 1978*)、1980年《原油暴利税法案》(*The Crude Oil Windfall Profit Tax Act of 1980*)、1980年《酒精汽油竞争法案》(*The Gasohol Competition Act of 1980*)、1992年《能源政策法案》(*The Energy Policy Act of 1992*)以及2004年的一条议案。

第6章 中美能源关系：替代能源的发展

20世纪70年代中期,美国农业遭遇危机。当时粮食丰收、价格下跌,农场主负债沉重。草根式的大平原平民运动(prairie populist movement)应运而生,要求通过发展乙醇来摆脱困境。70年代后期,以阿丹米公司(Archer Daniels Midland, ADM)为代表的美国大型农业企业在乙醇生产中占尽优势。此外,1976年,内布拉斯加(Nebraska)农场主成立了国家酒精汽油委员会(National Gasohol Commission)。

之后,美国中西部农业州的参议员们开始支持立法。在1977年《食品与农业法案》批准了一项贷款担保计划后,1978年《国家能源法案》给予乙醇业更大支持,包括对至少掺加了10%酒精的汽油(即"酒精汽油")免征消费税。这项政策在当时没有引起争议,并得到了民主党和共和党的一致支持。一个原因是酒精汽油的原料广泛,除了乙醇外,还可以是煤制甲醇。这样,支持共和党的"红州"和支持民主党的"蓝州"都能从消费税减免中获益。另一个原因是,《国家能源法案》全面、复杂,对酒精汽油免税的内容只是其中一个不引人注意的部分。

1979年,酒精燃料委员会(Alcohol Fuels Caucus)成立。紧接着又发生了两场重大国际危机,让美国生物燃料业继续发展。一个是伊朗爆发伊斯兰革命,并引发第二次世界石油危机,国际原油价格大涨,美国石油供应紧张,能源安全受到威胁。另一个是1980年美国对苏联进行粮食禁运,导致美国国内粮食供应严重过剩,粮价下跌。当时扩大乙醇生产既可保障能源安全,又可度过粮食危机,能达到一箭双雕的神奇效果,因此受到广泛关注和支持。

在第96届国会[①]里,82项与乙醇有关的议案被提出,其中10%被通过,和绝大多数议案2%左右的通过率相比,高出一大截。1980年《原油暴利税法案》把酒精汽油免税期从1984年延期至1992年。同年《酒精汽油竞争法案》规定,对进口乙醇征收每加仑0.54美元的关税,以避免让外国酒精生产商也得到免税好处。在机构设置方面,当时美国能源部内专门设立了酒精燃料办公室(Office of Alcohol Fuels),负责推进美国乙醇和甲醇燃料的发展。

1980年之后直至20世纪90年代,酒精燃料受到的关注度明显下降,不复

---

① 起止日期为1979年1月3日至1981年1月3日。见"96th United States Congress", at https://en.wikipedia.org/wiki/96th_United_States_Congress, April 7, 2018, accessed on August 11, 2018.

开拓新边疆——世界资源格局是如何转换的？

之前的风光。1986年之前，国际原油价格高位运行，美国政府、国会和社会继续支持酒精燃料的发展。期间国会两次提高汽油消费税，1982年从每加仑4美分提高到5.4美分，1984年又提高到6美分。但是对酒精燃料，依然免税。

1986年，由于沙特阿拉伯大量增加其原油产量，国际油价崩溃。美国承受的石油安全压力大幅缓解。这时酒精燃料享受的免税待遇开始引发争议。到20世纪80年代末，酒精燃料的免税总额达到每年约5亿美元，出现对它征税的呼声。对这样的动向，乙醇行业则拼命抵制。当时，阿丹米公司的玉米乙醇产量占全美总量的3/4，它加强了对国会的游说。酒精燃料业在参议院中的代言人之一、堪萨斯州（Kansas）共和党参议员罗伯特·多厄（Robert Dole），通过采取拖延等战术，成功地把酒精燃料的免税期延长至2000年。1992年《能源政策法案》把对酒精汽油的免税待遇扩展至其他酒精燃料混合物，而1998年的一项议案又把免税期延长至2007年。

争取免税待遇符合所有乙醇业者的利益，但是否扩大乙醇产量，对此乙醇行业内部却发生分裂。阿丹米是个农业大公司，业务高度多元化，高糖果浆（high fructose cornsyrup，HFCs）是它的一项重要业务，而乙醇只是其高糖果浆业务的一个辅助，重要性有限。所以阿丹米的乙醇战略是，争取让补贴政策一直延续下去，但无意提高乙醇汽油产量、扩大酒精燃料在车用燃料市场中的份额。这是因为它在乙醇增产中能挣到的钱在它庞大的营业收入中只能占一小部分，但如果酒精燃料的产量增长过快，对传统车用燃料市场的冲击过大，可能会遭到石油公司等利益集团的反击，从而使公司在美国国内政治斗争中处于被动。简言之，对阿丹米公司来说，生产过多乙醇得不偿失。但是，乙醇行业中的小公司则没有那么多顾虑，它们只想把产量最大化，收入和利润最大化。

② 1998年MTBE被发现污染土壤和地下水，给了酒精燃料继续扩张产量的大好时机。

20世纪90年代，石油公司更喜欢用MTBE（甲基叔丁基醚）来做增氧剂，以提高汽油辛烷值。为什么呢？因为MTBE更便宜，而且容易从炼厂产品中获得。另外，乙醇做增氧剂容易让蒸气压上升，而美国环保署对汽油蒸气压，尤其是夏季用汽油的蒸气压有限制。但是90年代末，MTBE被发现污染土壤和地下水，危害人类健康。1999年3月，加利福尼亚州长格雷·戴维斯（Gray

Davis)宣布,从 2002 年 12 月 31 日起,加州将禁止使用 MTBE。① 之后,美国其他一些州也跟随加州,禁用 MTBE。这给了乙醇更大的发展空间。炼厂不得不弃用 MTBE②,而改用乙醇来做增氧剂,结果 MTBE 销量开始下降,乙醇销量上升。③

这虽然对乙醇生产商是好事,但对美国税务系统来说,则意味着税源的更多流失。在压力之下,2004 年艾奥瓦(Iowa)州参议员查克·格拉斯利(Chuck Grassley)提出一项议案,要把乙醇的免税优待改为税收抵扣,并为抵扣项目起名"基于体积的乙醇税收抵扣(Volumetric Ethanol Excise Tax Credit,VEETC)"。VEETC 给酒精汽油的税收优惠幅度是每加仑 51 美分。这并没有带来实质性的变化,因此美国国内要求减少或取消对乙醇的税收优惠的声音仍然很强。再加上 2005 年《能源政策法案》(Energy Policy Act of 2005)和 2007 年《能源独立和安全法案》(Energy Independence and Security Act of 2007)已经包括了往汽油里添加乙醇的强制性要求,继续对乙醇进行税收优惠政策的必要性已经不大。于是,在 2008 年,VEETC 税收抵扣的标准下调至每加仑 45 美分,同时,VEETC 项目被允许延期一年至 2010 年。之后又有一次延期。到 2011 年 12 月 31 日,VEETC 到期,没有再次延续,这标志着美国政府对酒精汽油长达 33 年的税收优惠政策终结。之后美国政府对替代燃料的支持进入一个全新阶段。④

2005 年之后,美国政府对燃料乙醇的支持不变,支持的三大动机依然是能源安全、节能减排和保障农场主收入。但是,支持的策略却发生了变化。第一阶段是胡萝卜政策,以补贴、激励为主。2005 年之后,美国政府改用大棒政策,强迫石油公司必须往它们在美国销售的汽油中添加燃料乙醇,同时让补贴政策逐渐退出历史舞台。

2005 年《能源政策法案》推出第一阶段可再生燃料标准(RFS1)。刚开始,

---

① "加利福尼亚州禁用 MTBE 造成广泛的影响",《石油炼制与化工》,2000 年第 2 期,第 67 页。
② 迄今美国基本上实现了全面禁用 MTBE。见刘泓波:"出自五谷杂粮 绿'染'大洋彼岸——美国推广燃料乙醇的经验分享",《中国石油报》,2016 年 11 月 1 日,第 5 版。
③ Jay P. Kesan, Hsiao-Shan Yang and Isabel F. Peres, "An Empirical Study of the Impact of the Renewable Fuel Standard (RFS) on the Production of Fuel Ethanol in the U.S.", *Utah Law Review*, Vol. 2017, No. 1, pp.166-167.
④ Leah C. Stokesa and Hanna L. Breetz, "Politics in the U.S. Energy Transition: Case Studies of Solar, Wind, Biofuels and Electric Vehicles Policy", *Energy Policy*, Vol. 113 (2018), pp.81-82.

开拓新边疆——世界资源格局是如何转换的？

新政策的目标很有限，提出到 2006 年和 2012 年，乙醇消费量分别达到 40 亿加仑(约 9 500 万桶)和 75 亿加仑(约 1.8 亿桶)，此外，第一阶段可再生燃料标准主要是把美国过去关于乙醇发展的政策制度化，新措施不多。

然而，到了 2007 年，情况发生了重要变化，小布什(George W. Bush)政府的燃料乙醇政策突然变得很激进。1999 年国际原油价格开始上涨，涨势延续至 2008 年下半年。2004—2007 年，美国基准原油西得克萨斯中质原油(West Texas Intermediate，WTI)价格的全年平均值分别是每桶 41.47 美元、56.70 美元、66.25 美元和 72.36 美元。油价节节攀升，让美国政府有了强烈的危机感。时任总统小布什的家族有深厚的石油背景，他本人也与石油界有密切关系。尽管如此，油价持续上涨也迫使他从国家安全的考虑，提出要让美国"脱掉对石油的瘾"，并在 2007 年 1 月提出 350 亿加仑的替代燃料标准(Alternative Fuel Standard，AFS)。小布什的提议与当时控制美国参议院和众议院的民主党人的想法不谋而合。于是，国会通过的 2007 年《能源独立和安全法案》里提出第二阶段可再生燃料标准(RFS2)，提出的乙醇汽油发展目标比小布什总统提议的还高：到 2022 年达到 360 亿加仑，约等于 8.6 亿桶，相当于美国 2022 年汽油消费预测值的 20%。在此法案里，还对先进生物燃料[①]和纤维素生物燃料(advanced and cellulosic biofuels)以及全生命周期温室气体减排的标准[②]等做了强制规定。该法案颁布之后，关于纤维素乙醇的内容逐渐弱化，原因是它的商业化进展缓慢。

可再生燃料标准的发布具有里程碑意义。它是美国历史上第一次对可再生能源消费推出强制性规定，它强制要求 2006—2022 年，美国炼油厂和石油产品的进口商每年都必须销售规定数量的可再生燃料，而且数量逐年增加。

为了推进可再生燃料，美国政府实行可再生识别号(Renewable Identification Number，RIN)制度。这种制度与碳排放交易和零排放汽车等制度有相似之

---

① 先进生物燃料是指糖基生物燃料以及用淀粉(玉米淀粉除外)做原料制成的生物燃料。见 Anonymous, "Advanced and Cellulosic Ethanol," http: //www.ethanolrfa.org/issues/advanced-and-cellulosic-ethanol, accessed on January 25, 2018; "传统生物燃料与先进生物燃料", http: //www.qibebt.cas.cn/kxcb/kpwz/swnycd/201104/t20110429_3123768.html, 2011 年 4 月 29 日, 2018 年 1 月 25 日访问。

② 关于全生命周期温室气体排放的强制性规定主要反映了民主党的意见。

第 6 章　中美能源关系：替代能源的发展

处，美国政府为可再生燃料设计出交易制度。美国国内出售的每一加仑可再生燃料产生一个可再生识别号，其实质就是攒积分，美国环保署对石油等相关公司有"积分"要求。每家公司各自有需要完成的可再生识别号数量。可再生识别号不够的公司必须向识别号有余的公司购买。公司攒的识别号可以当年使用，也可以在第二年使用。① 对达不到识别号要求的公司，环保署会重罚，以确保制度的正常运转。公司在特殊情况下可以宣布紧急短缺（emergency deficit），但之后要求补齐。这给了这项制度一定的灵活性，也对某一特定年份美国的温室气体排放造成影响，但是无碍大局。②

3. 美国电动交通工具的发展

美国电动交通工具包括电动汽车、电气化铁路、城市轨道交通（包括地铁、轻轨等）。总体来说，自从 1913 年 T 型车开始流水线生产之后，燃油汽车在美国陆地交通运输领域的霸主地位长期持续，电动交通工具的发展至今受到压制。

（1）美国城市轨道交通对石油的替代有限

在全球范围内，美国城市轨道交通出现得较早，也有过辉煌时期。但是，逐渐地，美国城市轨道交通的领先优势逐渐丧失。比如，纽约地铁 1925 年基本建成，至今共有 26 条线路，而且是世界上少数几个 24 小时昼夜营运的地铁系统之一。从 1904 年开始，纽约就已经开始实行一周 7 天、一天 24 小时不间断交通服务的制度。纽约及其周边是世界上最大的都会区，因此交通流量十分庞大，每年有 20 亿以上的客流量，占了纽约大约 40% 的客流。③

不过，在客流量和里程方面，纽约已不再全球领先。比如，截至 2017 年底，上海和北京的地铁等城市轨道交通里程已分别达到 666 千米和 608 千米，纽约地铁里程只有 394 千米。纽约地铁的客流量也不及北京。2016 年北京客流量达到 30.25 亿人次④，同年纽约地铁客流量为 27.5 亿人次。

---

① 这和中国政府 2017 年发布的汽车"双积分"（新能源积分和平均燃油消费量积分）政策很相似。
② Wyatt Thompson et al., "The US Biofuel Mandate as a Substitute for Carbon Cap-and-Trade", *Energy Policy*, Vol. 113 (2018), pp.368-369.
③ 王廉主编：《2011 世界城市经营年鉴》，北京：中国经济出版社，2011 年，第 213 页。
④ "2016 年北京地铁十大新闻"，https://www.bjsubway.com/news/qyxw/yyzd/2017-01-26/127645.html，2017 年 1 月 26 日，2018 年 1 月 16 日访问。

从国与国之间的比较来看,全美共有 1 332.6 千米的地铁里程①,而如前所述,到 2016 年底中国有 3 168.7 千米。全美城市轨道交通里程共有 2 934.97 千米,②到 2016 年底中国内地有 4 152.8 千米。美国的城市轨道交通越来越被中国甩在后面,其对石油的替代量也不及中国的大。

(2) 美国铁路电气化程度低,对石油的替代弱

美国铁路总长度居世界第一,但是电气化程度很低。目前美国有 22.48 万千米铁路,但电气化铁路长度不到 1 600 千米,电气化率只有约 0.7%。③ 内燃机机车至今仍然是美国铁路的绝对霸主。

过去几十年,美国电气化铁路不增反减,铁路上的一些接触网以及其他电气设备逐渐被拆除。1950 年,美国电气化铁路里程为 5 000 千米,到 20 世纪 90 年代,已下降至不到 2 000 千米。美国铁路主要用于货运。对北美货运铁路公司来说,内燃牵引和电力机车相比的一大优点是没有接触网和变电所。没有接触网,货运铁路公司就能承运两层的大型集装箱,在货车上也可装载各种类型的公路车辆,这就提供了最佳和最有效的综合运输。④

在人口相对密集的美国东北部地区,已经有了从华盛顿特区—纽约—波士顿(Washington D. C.-New York-Boston)的东北走廊电气化铁路,在人口同样比较稠密的加利福尼亚和佛罗里达(Florida),将有高速铁路。但是,总体来说,美国人口分散,居民交通以驾车为主,电气化铁路尤其是高速铁路在美国绝大多数地区的发展不可能有规模效应,也严重缺乏经济性。铁路电气化对美国铁路用油的替代效果有限。

(3) 美国电动汽车艰难前行

美国是全球电动汽车发展最早的国家之一。如前所述,1891 年,美国人威

---

① "List of United States rapid transit systems by ridership", https://en.wikipedia.org/wiki/List_of_United_States_rapid_transit_systems_by_ridership, January 1, 2018, accessed on January 16, 2018.

② "List of United States rapid transit systems by ridership", https://en.wikipedia.org/wiki/List_of_United_States_rapid_transit_systems_by_ridership, January 1, 2018, accessed on January 16, 2018; "List of United States light rail systems by ridership", at https://en.wikipedia.org/wiki/List_of_United_States_light_rail_systems_by_ridership, January 1, 2018, accessed on January 16, 2018.

③ "2017 中国电气化铁路发展现状统计分析", http://www.chyxx.com/industry/201709/559717.html,2017 年 9 月 17 日,2018 年 1 月 2 日访问。

④ François Batisse:"内燃牵引的复苏",《国外内燃机车》,1997 年第 5 期,第 35 页。

廉·莫瑞森制成了第一辆电动四轮车,实现了三轮到四轮的过渡。"发明大王"爱迪生(Thomas Edison)认定电动汽车比那些噪音大、气味重、油腻腻的燃油汽车更有前途。1904年,他发明了E型(type E)动力电池。但是,该电池里面的液体容易泄漏,表现不佳。① 但爱迪生并不泄气,于1910年再次推出性能更好的A型(type A)电池,它充电需要7个小时,充满电后能让汽车行驶60英里(即97千米)。② A型电池应用在百货公司的运货面包车等车辆上。③ 但当时亨利·福特的T型车已问世两年,燃油汽车优势开始显现,爱迪生的发明没有得到广泛应用,电动汽车的发展陷入低谷。

随着燃油汽车大量增加,汽车尾气排放导致的污染越来越严重。20世纪70年代,世界两次爆发石油危机,国际油价大涨,让美国开车族承受了沉重的经济负担。公众要求治理空气污染,开车族希望减轻出行负担,电动汽车再次发展的时机逐渐成熟。在长期销声匿迹后,1996年12月,通用公司推出了几十年之后美国首款量产的电动汽车——雪佛兰EV1,主要用于出租。它车身结构采用玻璃纤维,装有32块铅酸电池,配置两台42千瓦三相感应电机,车身自重1吨左右,最高速度128千米/小时,百千米加速时间小于9秒,续驶里程超过110千米。1997年,丰田公司在实行《零排放法案》的加利福尼亚、纽约(New York)和马萨诸塞(Massachusetts)等州推广RAV4。RAV4电池采用当时先进的镍氢电池,电动机采用永磁同步电动机,最高速度125千米/小时,续驶里程215千米。RAV4的年平均销量为300辆左右,只用于租赁。以电为动力的EV1和RAV4电动汽车的推广时间都比较短,EV1于1999年宣布停产,出租的汽车全部召回,除了几辆在博物馆用作展品,其余全部集中销毁。RAV4也于2003年停产。

这期间电动汽车推广失败的根本原因在于它们的续驶里程短,充电不

---

① Daniel Yergin, The Quest: Energy Security, and the Remaking of the Modern World (New York, the Penguin Press, 2011), p.672.

② 这一小段历史让我们认识到:过去100多年,电动汽车技术的发展速度比我们大多数人印象中的更慢。直到现在,一些较低端的纯电动汽车车型,虽然已使用了比铅酸电池更先进的锂离子电池,但如果使用慢充,充满仍然需要6~7个小时,续驶里程仍然只有100多千米,只比爱迪生发明的车略多。

③ Daniel Yergin, The Quest: Energy Security, and the Remaking of the Modern World (New York, the Penguin Press, 2011), p.673.

开拓新边疆——世界资源格局是如何转换的？

方便。①

2008年之后,美国电动汽车再次迎来发展机遇期,原因如下。

第一,国际原油价格大涨。1999年之后,国际原油价格开始大幅攀升。1999年的第一个交易日,布伦特收盘价仅为每桶10.96美元。2008年7月3日,布伦特收盘价冲高到每桶146.08美元,创历史最高。虽然2008年下半年由于金融危机的爆发,国际原油价格出现断崖式下跌,但很快回升到每桶100美元以上的高水平(见图6-5)。

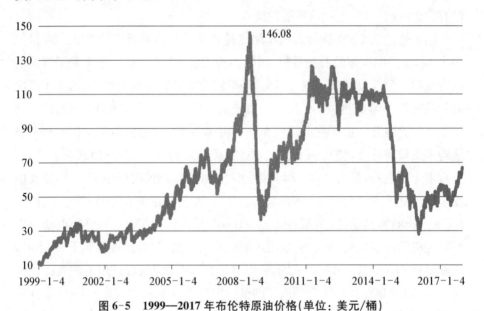

图6-5 1999—2017年布伦特原油价格(单位:美元/桶)

资料来源:Reuters.

第二,特斯拉(Tesla)公司的商业模式和技术先进性在市场上获得越来越大的成功。特斯拉汽车使用了钴酸锂电池,这是锂离子电池的一种。锂离子电池于20世纪90年代初期由日本索尼(Sony)公司率先研发并商业化。锂离子电池的能量密度高,是铅酸电池(EV1使用)的4倍左右和镍氢电池(RAV4使用)的2倍左右。特斯拉Model S搭载85千瓦时锂离子电池,续驶里程约500千米,而且其循环寿命约为2 000次,高于铅酸电池(一般小于800次)和镍氢电池(一般小

---

① 张国昀:《电动汽车产业研究》,北京:中国石化出版社,2016年版,第3—4页。

于1 000次),废电池回收的环保压力小。① 特斯拉公司的创始人埃隆·马斯克(Elon Musk)跨界造汽车。传统汽车公司可能担心造电动汽车会冲击它们燃油汽车的生产和销售。马斯克没有这样的顾虑。而且马斯克有较强的互联网理念,更重视利用社交媒体来打造特斯拉汽车的知名度,成了一家网红企业,这帮助它在资本市场上获得成功,其股价扶摇直上,公司发展的资金供应充裕。②

第三,内燃机技术提升缓慢,造成的环境污染等问题严重。内燃机技术的发展空间有限,汽油车能效低,柴油机虽然能效更高,但氮氧化物等污染物排放量大。③ 结果,汽车数量的增加造成世界城市尤其是大城市污染严重。

2008年,特斯拉发布了第一款电动汽车Roadster。同年,世界电动汽车发展进入久违的快速发展期,当年销售了几千辆④,美国是最大市场。到2017年,美国电动汽车销量已增长到16.6万辆。⑤

2008年11月,民主党人巴拉克·奥巴马赢得美国总统大选。他的环境保护意识较强,就任总统后,美国联邦政府推出了一系列政策,扶持电动汽车发展。

在之前的小布什总统时期,美国政府也支持电动汽车发展,不过支持的重点是氢燃料电池汽车,然而技术上迟迟不能取得突破,奥巴马上台后,把支持重点改而放在纯电动汽车和插电式混合动力汽车上。

奥巴马在2008年竞选总统期间就提出要大力发展电动车,就任后正式启动其电动车发展规划。当时,奥巴马政府推出一系列优惠政策,支持插电式混合电动车的研发、生产和销售。奥巴马希望通过利用新能源,使美国摆脱对海外资源的过度依赖,并通过制定严格的汽车燃油排放标准、政府采购节能汽车、消费者购买节能汽车减税、设立一个总量为250亿美元的政府资助基金等一系列举动,大力推动汽车向"低能耗"的方向发展。

具体而言,2009年2月,奥巴马公布《美国复苏与再投资法案》(American Recovery and Reinvestment Act,ARRA),其任期内对先进汽车产业的财政资

---

① 张国昀:《电动汽车产业研究》,北京:中国石化出版社,2016年版,第4—5页。
② 武跃:"特斯拉:美国电动汽车传奇",《国际商报》,2013年6月14日,第C02版。
③ 张国昀:《电动汽车产业研究》,北京:中国石化出版社,2016年版,第4页。
④ 同上,第5页。
⑤ "♯1 Tesla Model S, ♯2 Tesla Model X, ♯3 Chevy Bolt — 2017's US Electric Car Sales Winners", https://cleantechnica.com/2018/01/08/tesla-model-s-tesla-model-x-chevy-bolt-2017s-us-electric-car-sales-winners, January 8, 2018, accessed on January 13, 2018.

金支持主要依据 ARRA 发放。2009 年 3 月,奥巴马总统宣布花费 24 亿美元以资助美国汽车制造商和相关机构生产下一代插电式电动汽车,及其先进电池零部件。资助形式为向相关企业提供联邦补贴或贷款,向消费者提供税收减免优惠。① 2009 年 8 月,美国能源部设立 20 亿美元政府资助项目,用以扶持新一代电动汽车所需电池组及零部件开发。同时,为鼓励消费,用户可享受最高 7 500 美元税收抵扣。② 具体而言,美国政府为电池能量不低于 5 千瓦时的插电式混合动力汽车和纯电动汽车设定了 2 500 美元的税收抵扣基础额度。如果电池能量高于 5 千瓦时,则按照 417 美元/千瓦时的标准增加税收抵免额度,乘用车和轻型卡车的抵免额度上限为 7 500 美元。为避免汽车企业依赖政府补贴,美国政府为该项税收优惠政策设立了退坡机制。③ 汽车在美国销售量累计达到 20 万辆后,在其之后的半年内,抵税额度将降至相应各类车型规定额度的 50%,一年以后,不再享受抵税优惠政策。④ 政府还投入 4 亿美元支持充电站等基础设施建设。⑤ 美国联邦政府为投资充电设施的个人或企业提供总投资额 30%的补贴,其中个人获得补贴的最高额度为 1 000 美元,企业获得补贴的最高额度为 30 000 美元。⑥

奥巴马总统曾有雄心勃勃的电动汽车发展目标。比如,他曾经提出到 2015 年美国的电动汽车保有量将达到 100 万辆。当然,这个目标最终没能实现。2012 年 3 月,奥巴马宣布启动"电动汽车普及大挑战"(EV Everywhere Grand Challenge),计划到 2022 年,美国要成为世界上首个能够生产像汽油车一样便宜且使用方便的电动汽车,基准是 2012 年美国的汽油车,"电动汽车普及大挑战"中的电池技术目标是:到 2022 年,成本降到 125 美元/千瓦时,能量密度达到 250 瓦时/千克和 400 瓦时/升,功率密度达到 2 000 瓦/千克。⑦ 通过美国各家电动汽车生产企业的努力,"电动汽车普及大挑战"的各项目标今后有望实现。展望未来,美国电动汽车的发展将主要由技术进步驱动。即便政

---

① 张雷、张冬明、董伟栋:"美国电动汽车研发及财税支持政策研究",《汽车工业研究》,2015 年第 2 期,第 21 页。
② 韦仁:"美国新能源车的'红与黑'",《装备制造》,2014 年第 5 期,第 83 页。
③ 美国对电动汽车的补贴退坡机制后来被中国等国家借鉴。
④ 张国昀:《电动汽车产业研究》,北京:中国石化出版社,2016 年版,第 118 页。
⑤ 韦仁:"美国新能源车的'红与黑'",《装备制造》,2014 年第 5 期,第 83 页。
⑥ 张国昀:《电动汽车产业研究》,北京:中国石化出版社,2016 年版,第 117—118 页。
⑦ 张国昀:《电动汽车产业研究》,北京:中国石化出版社,2016 年版,第 115 页。

府扶持减少，特斯拉等公司推出的先进电动汽车也会对消费者有吸引力，并维持和提升美国电动汽车销量。

目前，美国电动汽车保有量不到150万辆，即便按一辆车一年替代两吨石油的高值①计算，替代量也不到300万吨，效果很有限。

在2017年成为美国新总统的特朗普支持石油天然气等化石能源发展的态度明确，对环境保护则热情不高。通过暂停提高CAFE标准，特朗普政府已经阻碍了美国电动汽车的发展，它会否采取更多措施，让美国电动汽车的发展减速甚至倒退，这些值得观察。

在地方政府层次，20世纪90年代以来，美国一些州政府出台了支持电动汽车发展的政策。最突出的是加利福尼亚等州的"零排放车计划"（ZEV计划）。"零排放"是指不排放污染物。ZEV原本只是指电动汽车和氢燃料汽车。1990年9月，加利福尼亚州强制规定，到1998年、2001年、2003年，汽车公司在加州销售的ZEV在它们各自总销量中的占比分别不得低于2%、5%和10%。它是加利福尼亚州空气资源委员会为控制交通运输领域的污染物排放、改善空气质量而推出的一项举措，意在通过政策干预的手段促进低排放和零排放汽车的技术革新与推广应用。该机制通过强制规定大型汽车生产企业零排放汽车销售比例（为了确保公平性，对不同规模的车企设定了不同的零排放车销售目标），用政策手段赋予其生产销售零排放车的责任，迫使企业推广零排放汽车；同时，引入积分并允许积分交易，构建市场机制，一方面使完不成目标的车企能够通过购买积分完成目标，一方面使零排放车企可以通过积分交易获取部分资金，从而达到优化资源配置的目的。此外，该机制还制定了有力的法则来保证计划能够顺利推行。之后，康涅狄格、缅因、马里兰、马萨诸塞、新泽西、纽约、俄勒冈、罗德岛、佛蒙特9个州也借鉴加利福尼亚州的经验，出台了类似的ZEV政策，支撑了美国电动汽车的推广②。③

---

① 美国车辆的年平均行驶里程明显比中国车更高，因此假设在美国，一辆电动汽车一年平均替代两吨石油的消费，而中国电动汽车只替代一吨。当然，这是一个大致的估算。

② 中国政府显然也借鉴了美国加利福尼亚的ZEV政策，2017年9月，中国工信部等五部门联合发布《乘用车企业平均燃料消耗量与新能源汽车积分并行管理办法》。要求汽车生产企业既要达到平均燃料消耗量，也要达到新能源汽车积分的要求。双积分制与ZEV的实质一致。见"乘用车企业平均燃料消耗量与新能源汽车积分并行管理办法", http://www.gov.cn/xinwen/2017-09/28/content_5228217.htm, 2017年9月28日，2018年8月11日访问。

③ 张国昀：《电动汽车产业研究》，北京：中国石化出版社，2016年版，第115—118页。

但是，后来 ZEV 政策在汽车公司等各方面力量的压力下，不得不往后退，实际效果大大减弱。如前所述，1990 年 9 月，加利福尼亚州政府对在当地的汽车销量中零排放汽车的占比提出了强制性的指标要求，但是后来，ZEV 受到越来越多舆论的压力，受到的"太极端了"之类的指责越来越多，需要被修订以适应电动汽车发展缓慢的现实。后来加利福尼亚州政府放宽了 ZEV 的范围，把 CNG 汽车、非插电式混合动力汽车（比如丰田普锐斯）甚至部分传统燃油汽车也算作 ZEV。①

在 1990 年制定 ZEV 计划时，加利福尼亚州政府认为 1998 年之前就能出现续驶里程较长的电动汽车。但是，到了 1996 年，加利福尼亚空气资源委员会认为那样的电动汽车在 2001 年之前都不会出现，并决定不执行原定的 1998—2001 年的 ZEV 强制规定。相反，委员会与各汽车公司签订了备忘录，汽车公司将自愿提高制造能力，发展 ZEV。

1998 年和 2000 年，加利福尼亚空气资源委员会在做了项目评估后，又决定做政策调整，允许汽车公司用生产"部分的零排放汽车"（Partial ZEV，PZEV）和"先进技术零排放汽车"（Advanced Technology ZEV，AT-ZEV）来完成它们 40% 的 ZEV 任务量。"部分的零排放汽车"和"先进技术零排放汽车"包括了 CNG 汽车、混合动力汽车，它们都不是 1990 年加利福尼亚州政府出台政策时所指的零排放汽车。汽车公司对此并不满足，把委员会告上法庭。结果，2003 年委员会被迫提出替代性遵守路径（alternative compliance path），允许汽车公司可以不生产电动汽车，通过生产 CNG 汽车、混合动力汽车等就可以完成 ZEV 任务。显然，这大大违背了加利福尼亚州政府当年的政策初衷。②

与欧洲和中国的激励政策相比，美国对电动汽车发展的支持措施既不够全面，也不够有力。目前在美国联邦和地方政府层次，共有 451 项针对电动汽车的鼓励政策，其中联邦政府有 25 项。③ 然而，美国电动汽车鼓励政策的威力

---

① "The California Zero Emission Vehicle Regulation", https://www.arb.ca.gov/msprog/zevprog/factsheets/zev_fs.pdf, January 26, 2011, accessed on January 27, 2018.
② Leah C. Stokesa and Hanna L. Breetz, "Politics in the U.S. Energy Transition: Case Studies of Solar, Wind, Biofuels and Electric Vehicles Policy", *Energy Policy*, Vol. 113 (2018), pp.81-83.
③ Alternative Fuels Data Center, "All Laws and Incentives Sorted by Type", https://www.afdc.energy.gov/laws/matrix? sort_by=tech, accessed on January 25, 2018.

第6章 中美能源关系：替代能源的发展

明显有限，实际效果并不好。加利福尼亚州的电动汽车发展水平在美国领先，目前对电动汽车的鼓励政策达 63 项，在美国各州中最多，但是发展至今，电动汽车在加利福尼亚汽车销量中的占比只有 3%。①

如果从 1891 年威廉·莫瑞森制成第一辆四轮电动车算起，美国电动汽车已经有近 130 年的发展历史；如果从 1904 年爱迪生发明 E 型动力电池以驱动汽车算起，美国电动汽车也有近 110 年的发展历史。1996 年通用汽车推出 EV1，从那时候算起，美国电动汽车发展的新时期已经持续 20 多年，然而直到 2018 年，其电动汽车保有量才首次突破 100 万辆。②

美国电动汽车发展速度较慢的一个重要原因是，美国的汽柴油价格较低，导致电动汽车以及其他替代燃料汽车和传统燃油汽车相比，始终缺乏竞争力。美国汽柴油价格在全球范围内偏低，甚至比大多数发展中国家还要低。比如，2018 年 1 月 22 日，美国汽油平均价格是 0.72 美元/升，根据汽油价格由最便宜到最贵的排序，美国排在第 31 位。比美国汽油价还便宜的主要是 10 个欧佩克成员国和俄罗斯、哈萨克斯坦、阿曼等非欧佩克石油出口国家，没有一个是像美国这样的发达国家。同一天，中国汽油平均价格是 1.17 美元/升，比美国汽油价格高 60% 以上。③ 美国柴油平均价格也在全球处于较低水平。④

美国成品油价格之所以低，主要是因为美国政府对成品油征税较少。美国是全球较早对成品油征税的国家，对成品油征收消费税已经有 100 年历史，但税率始终较低。美国州级汽油税最早出现于 1919 年，俄勒冈州对汽油征收 1 美分/加仑的税费，用于公路修建。国会制定《1932 年收入税法案》，开始对汽油征收联邦特别消费税。税率为 1 美分/加仑，税款进入特设基金。作为消

---

① 中国电动汽车的发展比美国晚。2014 年 5 月 24 日，国家主席习近平在视察上海汽车集团股份有限公司时，指出汽车行业是市场很大、技术含量和管理精细化程度很高的行业，发展新能源汽车是我国从汽车大国迈向汽车强国的必由之路，要加大研发力度，认真研究市场，用好用活政策，开发适应各种需求的产品，使之成为一个强劲的增长点（"习近平在上海考察"，http://www.xinhuanet.com/photo/2014-05/24/c_126543488.htm，2014 年 5 月 24 日，2018 年 8 月 11 日访问）。之后中国电动汽车快速发展。目前美国电动汽车的发展速度已明显落后于中国。

② "美国 2018 年新能源汽车市场：同比增长 81%，特斯拉 Model 3 大放异彩"，https://www.d1ev.com/kol/86220，2019 年 1 月 22 日，2019 年 3 月 17 日访问。

③ "Gasoline prices, liter", http://www.globalpetrolprices.com/gasoline_prices, January 22, 2018, accessed on January 27, 2018.

④ "Diesel prices, liter", http://www.globalpetrolprices.com/diesel_prices, January 22, 2018, accessed on January 28, 2018.

费税的重要税目,燃料类消费税主要包括汽油、柴油、煤油、航空燃料、液化石油气(LPG)、压缩天然气、混合燃料等。燃料类消费税采用从量定额征收的方式。消费税是价内税,包含在燃料商品(如汽油或柴油)的零售价格中,税款最终由消费者承担。

目前美国的成品油消费税也是两级税率,联邦和各州都征收消费税。1993年,美国联邦政府把联邦汽油消费税税率上调为0.184美元/加仑,柴油消费税税率为0.244美元/加仑,之后直到现在都维持不变。2018年2月,有报道称特朗普总统支持把汽柴油的消费税率都提高0.25美元/加仑,以支持其基础设施建设计划。但是,报道称,增税动议的政治风险很大,通过的概率也很低。①

在州县层次,虽然每年美国各州对征收的汽柴油消费税税率都有所调整,但幅度并不大。2015年,美国各州汽油消费税平均税率为0.2088美元/加仑,比2000年增长4.6%;柴油消费税平均税率为0.2021美元/加仑,比2000年增长1.3%。此外,各州及市县地方政府还对成品油消费征收一些其他税费。它们种类较多,各不相同,主要包括销售税、油品检验费、地下储油罐费、环境税和污染税等。②

美国征税虽然早,而且比较复杂,但是各项税费加起来并不多。在发达国家和一些发展中国家,汽柴油的原油成本、炼制成本、销售和运输成本完全由市场自动调节,各国政府征收的税费高低成为影响汽油和柴油价格的主要因素。2015年,美国的汽油和柴油税前零售价格分别为1.951美元/加仑和2.169美元/加仑,与欧亚等地区主要国家汽油和柴油的税前零售价格相差并不大,但由于政府所征收的汽油和柴油税费较低,美国的汽油和柴油市场零售价格远低于英、法、德、日、韩等国。2015年,美国的汽油和柴油零售价格中税费所占比例为20%,英国、法国和德国的汽油税费在零售价中的占比都超过60%,柴油税费占比都超过50%,韩国的汽油税费和柴油税费在零售价中的占比都超过50%,日本的汽油税费在零售价中的占比接近50%,日本的柴油税

---

① David Shepardson:"Trump Backs 25-Cent-a-Gallon Gasoline Tax Hike: Senator", https://www.msn.com/en-us/news/politics/trump-backs-25-cent-a-gallon-gasoline-tax-hike-senator/ar-BBJ8Z4v? li=BBnbcA1&srcref=rss, February 14, 2018, accessed on February 15, 2018.
② 苏穗燕:"美国燃油消费税政策及启示",《国际石油经济》,2016年第6期,第26—27页。

费在零售价中的占比为 35%。①

美国油价便宜,一方面让美国人对石油的瘾难以解除,并使美国人交通运输长期严重依赖落后的内燃机技术,另一方面让美国的电动汽车等交通工具发展不起来。

---

① 苏穗燕:"美国燃油消费税政策及启示",《国际石油经济》,2016年第6期,第26页。

第7章
中美能源关系将长期和缓

未来20年甚至更长时间,中美石油关系的未来会如何呢?中美石油战争会爆发吗?笔者的基本判断是,今后中美石油关系将越来越缓和。判断依据既包括需求侧方面,也包括供应侧方面。需求侧方面,中国交通运输工具还将继续摆脱对内燃机技术的依赖,交通运输方式的电气化水平还将继续提高,对石油消费的依赖将越来越低;中国政府积极支持燃料乙醇和氢燃料电池汽车的发展,未来两者也会替代部分石油消费量,但它们的替代规模有很大不确定性。供应侧方面,美国页岩油气革命还会取得更大成果。简言之,中国的石油消费革命和美国石油生产革命都将发挥威力,并共同让两国石油关系总体上维持温和。

但是,不排除未来因为某些原因,中美这两个石油消费大国乃至全世界石油供求关系出现短期的紧张,如果到时候中美政治关系又处于紧张、冲突状态,有可能中美石油关系会变得再次紧张起来,并且造成中美战略、政治等关系的脱轨。

从资源替代理论看,美国的页岩油气革命对石油的替代是内部替代,中美(以及世界其他国家)石油消费效率的提高也是内部替代,中国电气化交通工具、燃料乙醇和氢燃料电池的发展对石油消费的替代是外部替代。

以下将重点分析中国交通运输电气化的继续发展和美国页岩油气革命还将走多远。这两者将改变世界石油的未来。另外,还将介绍中国政府鼓励氢燃料电池汽车发展的政策。

一、中国交通运输电气化的推进将有力抑制石油消费

中国政府推进交通运输电气化并非权宜之计,多年来保持了高度的政策

稳定性，在可预见的未来也将如此。今后中国政府的扶持和激励政策将有力推进交通运输电气化的继续发展，进而抑制石油消费。

1. 中国政府交通运输电气化的规划

中国政府对今后交通运输电气化的规划主要集中在电动汽车的长远规划方面。由于中国迄今还没实现电气化的铁路基本上已经是山区铁路，如果要实现电气化改造，难度会越来越大，因此中国铁路进一步电气化的空间已经较小，今后中国铁路升级改造的一个重要体现将是常速铁路向高速铁路的转变。地铁等城市轨道交通的发展规划主要是各地方政府视其交通运输的需求和当地财力等情况做出的决定，中央政府介入较少。因此，尽管今后电动汽车发展对中国石油消费的替代规模将仍然比不上电气化铁路和城市轨道交通，但是在这个部分，笔者将主要介绍中国政府针对电动汽车的发展规划。

通过发展新技术，实现汽车技术上的弯道超车，助力中国制造业发展是促使中国政府和车企努力发展电动汽车发展的一个非常重要的动因。2014年5月，习近平总书记在视察上海汽车集团股份有限公司时，提出"发展新能源汽车是我国从汽车大国迈向汽车强国的必由之路"。习总书记之所以对新能源汽车有这么高的期许，是有深刻原因的。

中国汽车工业发展至今，成效相对有限，其表现之一就是国内汽车市场的"万国牌"，汽车民族品牌在国内汽车尤其乘用车销售市场中的份额很低，乘用车的绝大多数份额被欧洲、美国、日本、韩国等外国汽车品牌享有，而且中国民族品牌所占市场份额也主要在低端市场。努力发展民族品牌的电动车有希望部分改变这种现状。在发动机等核心技术上，中国民族品牌的燃油汽车虽然经过多年发展，但与国外汽车的差距仍然很大。中国电动汽车技术上的落后程度好于燃油汽车。认识到这一点，坚定了中国政府和汽车行业人士发展电动汽车，实现中国汽车工业"弯道超车"的决心，并帮助中国实现从汽车大国向汽车强国的过渡。

除了造车的战略考虑外，中央政府积极推动电动汽车的发展，还有带动中国制造业转型升级、保障中国能源安全、促进环境治理等综合考虑。[1]

---

[1] 王海滨：“推动美丽中国建设迈出重要步伐”，《中国青年报》，2017年8月28日，第2版；郭宇靖、杨毅沉：“从新能源汽车看中国制造如何崛起”，http://www.gov.cn/zhengce/2015-06/22/content_2882564.htm，2015年6月22日，2018年2月3日访问。

开拓新边疆——世界资源格局是如何转换的?

中国高层对新能源汽车的厚望从近几年中国政府发布的与电动汽车发展相关的政策可以看出。

2009年科技部、财政部、国家发改委、工信部共同启动"十城千辆节能与新能源汽车示范推广应用工程"(简称"十城千辆"工程)之后,尤其是2014年习近平主席上汽讲话以来,国务院和国家各部委陆续发布了较多鼓励电动汽车发展的政策文件,其中对未来中国电动汽车的发展仍然具有较大效力的政策文件包括2014年7月21日国务院办公厅印发的《关于加快新能源汽车推广应用的指导意见》(以下简称《指导意见》)和2017年4月6日工信部、发改委和科技部联合发布的《汽车产业中长期发展规划》等。

《指导意见》的指导思想是贯彻落实发展新能源汽车的国家战略,以纯电驱动为新能源汽车发展的主要战略取向,重点发展纯电动汽车、插电式(含增程式)混合动力汽车和燃料电池汽车,以市场主导和政府扶持相结合,建立长期稳定的新能源汽车发展政策体系,创造良好发展环境,加快培育市场,促进新能源汽车产业健康发展。它还提出了加快充电设施建设、积极引导企业创新商业模式、推动公共服务领域率先推广应用、进一步完善政策体系、坚决破除地方保护、加强技术创新和产品质量监管六个方面的主要任务。① 之后,工信部、财政部、国家发改委、科技部、交通运输部、国家机关事务管理局等部委局陆续发布了《2016—2020年新能源汽车推广应用财政支持政策方案》等多项配套政策文件,以确保《指导意见》的落地。②

《汽车产业中长期发展规划》指出,新能源汽车和智能网联汽车的发展是我国汽车产业转型升级的两个主要突破口,要求到2020年培育形成若干家进入世界前十的新能源汽车企业,到2025年新能源汽车骨干企业在全球的影响力和市场份额进一步提升。

《汽车产业中长期发展规划》明确提出成为汽车强国的目标:"力争经过十年持续努力,迈入世界汽车强国行列。""中国品牌汽车全面发展。中国品牌汽车产品品质明显提高,品牌认可度、产品美誉度及国际影响力显著增强,形成具有较强国际竞争力的企业和品牌,在全球产业分工和价值链中的地位明显

---

① "国务院办公厅关于加快新能源汽车推广应用的指导意见",http://www.gov.cn/zhengce/content/2014-07/21/content_8936.htm,2014年7月21日,2018年1月28日访问。

② 张国昀:《电动汽车产业研究》,北京:中国石化出版社,2016年版,第143—146页。

提升……到2020年,打造若干世界知名汽车品牌,商用车安全性能大幅提高;到2025年,若干中国品牌汽车企业产销量进入世界前十。""到2020年,中国品牌汽车逐步实现向发达国家出口;到2025年,中国品牌汽车在全球影响力得到进一步提升。"

中国政府和行业协会还有其他文件,反映中国政界和企业界发展电动汽车的强烈愿望,其中包括《促进汽车动力电池产业发展行动方案》。2017年2月,工信部、国家发改委、科技部、财政部印发了此方案,提出了未来我国发展汽车动力电池的总体要求、发展方向和主要目标、重点任务和保障措施,其中明确规定要对汽车动力电池的发展进行财税等方面支持,包括要"发挥政府投资对社会资本的引导作用,鼓励利用社会资本设立动力电池产业发展基金,加大对动力电池产业化技术的支持力度。重点扶持领跑者企业。动力电池产品符合条件的,按规定免征消费税;动力电池企业符合条件的,按规定享受高新技术企业、技术转让、技术开发等税收优惠政策"[①]。

另外,鼓励电动汽车发展的文件还有《中国电动汽车标准化工作路线图》《节能与新能源汽车技术路线图》《乘用车企业平均燃料消耗量与新能源积分并行管理办法》等。[②]

2. 未来中国交通运输电气化的发展会在更大规模上替代石油消费

随着中国城市轨道交通事业的继续发展,它每年替代的石油消费量无疑将继续增加,但是如前所述,城市轨道交通工程的发展主要由各地政府发展规划决定,具有较大不确定性,所以笔者不分析城市轨道交通项目对石油消费的替代量。

前文提到,目前中国铁路用成品油数量已经下降至约300万吨/年,即便再继续推进铁路电气化,铁路用成品油数量进一步下降的空间已经很小。另一方面,虽然今后新的电气化铁路的铺设以及高速铁路线路的增加将使国内民航客流相对减少,从而影响国内航空煤油消费量的增长,但是中国航空煤油

---

① 装备工业司:"工业和信息化部、发展改革委、科技部、财政部关于印发《促进汽车动力电池产业发展行动方案》的通知",http://www.miit.gov.cn/n1146285/n1146352/n3054355/n3057585/n3057589/c5505312/content.html,2017年3月1日,2017年8月13日访问。

② "车企回应'双积分政策'中外对弈待开棋",http://auto.ifeng.com/quanmeiti/20170728/1093456.shtml,2017年7月28日,2017年8月13日访问。

消费除了发生在国内航线外,还发生在国际航线。随着中国与其他国家经济、贸易、文化等关系的加深,以及中国居民出国旅游人数的快速增长,发生在国际航线的中国航空煤油消费量预计将保持快速增长,或将抵消国内高铁发展对中国航空煤油消费的冲击。

关于未来电动汽车发展会在多大程度上冲击石油消费,有许多不同预测,而且相互间差别较大。

中国石化石油勘探开发研究院的研究人员估算,2015年因电动汽车的使用而替代的汽油消费量约为29.97万吨,约占当年汽油产量12 103.6万吨的0.25%,到2020年汽油消费替代量为254.10万吨,2030年为1 225.49万吨,大约相当于中国2015年汽油产量的10%,到2035年可能将替代1 290.88万吨汽油。[①] 中国石化发展计划部的研究人员根据2020年中国电动出租车将达到30万辆,电动公务与私人乘用车将达到430万辆,预测当年电动汽车替代汽油数量将达到440万吨;判断2030年电动汽车已经具备了全面替代汽油车的条件,预计2030年电动汽车销量占中国当年汽车总销量的50%,电动汽车保有量达到1亿辆。行驶距离按照每年1.2万千米计算,油耗按6.5升/百千米计算。2030年,电动汽车替代汽油5 700万吨。预计到2035年,电动汽车将达到2亿至3亿辆,替代汽油1亿~1.5亿吨。[②] 稍加比较可以发现,同为中国石化研究人员,对2020、2030、2035年中国电动汽车替代汽油的规模,预测值居然分别相差了1.7倍、4.7倍和7.8~12倍!

除了电动车替代汽油消费外,电动公交、电动环卫和物流车辆将对柴油消费形成一定冲击。但是,由于动力电池能量密度的局限在预测期内难以得到解决,电动车对柴油车的冲击较小,电动汽车的发展替代柴油消费的数量会较小。中国石化发展计划部上述研究人员预测2020年和2030年,电动汽车将分别替代465万吨和930万吨柴油消费。[③]

国际能源署(Internatinal Energy Agency,IEA)没有专门讨论中国电动汽车的发展前景及其对成品油消费的替代,但它的研究报告对全球电动汽车发展数量做了大致判断。国际能源署预测到2020、2025和2030年,全球电动

[①] 杨国丰等:"中国电动汽车发展前景预测与分析",《国际石油经济》,2017年第4期,第64页。
[②] 张国昀:《电动汽车产业研究》,北京:中国石化出版社,2016年版,第252页。
[③] 同上,第259页。

汽车保有量最多将分别达到2 000万辆、7 000万辆、2亿辆。① 这其中绝大多数将是轻型车,替代对象是汽油车。按照目前一辆汽油车每年消费1吨油的世界平均水平,到2020、2025和2030年,电动车替代的汽油量将分别在2 000万吨、7 000万吨和2亿吨之下。以10亿吨/年的全球汽油消费量为基数计算,到2030年电动汽车最多将替代20%的汽油消费量。

假设到2020、2025和2030年,全球电动汽车保有量的一半依然在中国②,那么这三年中国的电动汽车保有量将分别最多达到1 000万辆、3 500万辆、1亿辆,汽油替代量到2030年将最多达到1亿吨。和中国目前6亿吨/年以上的石油消费量相比,1亿吨的替代规模远远说不上致命。

总之,在可预见的将来,电动汽车的发展对中国石油消费的替代将比较有限。

不过,在更远的将来,电动汽车会在多大规模上替代中国石油消费,不确定性会更大。其中,中国政府会否发布和实施"禁油令",如果会,将在什么时候开始实施,就有很大的不确定性。近几年来,世界一些国家陆续发布"禁油令"(见表7-1)。

表7-1 迄今部分国家的禁油计划

国家	禁 油 政 策
法国	2040年开始禁售油车
印度	有意在2030年开始禁售油车,细节尚未公布
荷兰	2030年开始只能销售零排放汽车
挪威	从2025年开始,所有销售的小汽车、轻型厢式货车、城市公交车实现零排放 2040年开始所有重型厢式货车、75%的城际大巴、50%的客车零排放
英国	2040年开始禁售油车

资料来源:International Energy Agency, *World Energy Outlook 2017*, p.165.

中国政府也在研究禁售燃油汽车的可能性。工信部副部长辛国斌2017年9月9日在一个汽车产业论坛上表示,工信部已"启动了相关研究,也将会

---

① IEA, *Global EV Outlook 2017*, p.6.
② 这种情形发生的可能性很小。中国电动汽车销量和保有量占全球一半的不正常情况,不可能也不应该长期持续。

同相关部门制订我国的时间表"。① 但至今,没有进一步相关消息。

在禁售燃油汽车方面,中国政府既应有雄心壮志,也应持谨慎态度。之所以需要谨慎,原因有三:第一,电动汽车什么时候能够在技术、性能和成本上接近甚至超越燃油汽车,目前看不确定性很大。第二,中国的汽车产业庞大,自2009年起,中国就成为世界第一大汽车市场。国内燃油汽车相关产业每年提供了大量工作岗位以及上万亿元的GDP。一旦宣布禁售燃油汽车,会如同发生地震,国内与燃油汽车相关的较多行业,如加油站、汽车零配件生产、汽车维修等,会受到波及。第三,部分欧洲国家的禁油宣告看似激进,实际上都留有余地,它们多把禁售燃油汽车的日期设在许多年之后,而且多以政府行政命令而非法律的形式出现,这些国家都实行两党或多党民主制,发布禁油令时的执政党今后会成为在野党,而在野党今后在成为执政党后,完全可能会推翻燃油汽车禁售的行政决定。而中国的政党制度有自己的特色,中国共产党领导的多党合作和政治协商制度决定了中国政府政策的一致性较强。中国政府一旦正式宣告,即便不以法律条文的形式发布,也会对之后的历届政府形成强大约束。

二、中国鼓励氢燃料电池汽车发展的政策

和电动汽车如火如荼、喧嚣热闹的发展相比,国内氢燃料电池汽车要沉默得多。目前它遭遇市场和技术瓶颈的制约,但未来有成功"破壁"、出现井喷式发展的可能。

氢燃料电池汽车是一种电动汽车,也是氢燃料电池的一种应用。虽然中国科技部等部门长期支持和鼓励氢燃料电池汽车的发展,但是因液态氢储运等环节的技术瓶颈至今还没有攻克,导致氢燃料电池汽车的发展仍然很迟缓。目前,中国的氢燃料电池汽车数量很少,年销量不到百辆,而且往往是在要举办奥运会②等顶级体育赛会和世界博览会时,组织方才会采购一些车辆,而在活动结束后不久,那些氢燃料电池汽车便会退役。全世界范围内,氢燃料电池

---

① "燃油车时代将终结?中国启动制订燃油车停售时间表",http://language.chinadaily.com.cn/2017-09/12/content_31844364.htm,2017年9月12日,2018年2月17日访问。

② 2008年北京夏季奥运会和2022年北京-张家口冬季奥运会。

汽车也只有几千辆。

自2001年起,中央政府和一些地方政府出台了较多支持政策。其中主要的中央政策包括:2012年6月国务院发布的《节能与新能源汽车产业发展规划(2012—2020)》将燃料电池汽车列入其中,提出在燃料电池汽车的关键基础器件、燃料电池系统、基础设施与示范等方面加大投入力度,争取与世界同步发展①。2015年5月,国务院印发的《中国制造2025》提出继续支持燃料电池汽车发展,自主品牌的燃料电池汽车要与国际先进水平接轨,实现关键材料和零部件国产化;到2020年,燃料电池寿命达到5 000小时的国际水平,功率密度2.5千瓦/升,续航里程500千米,耐久性150 000千米,加氢时间3分钟,零下30摄氏度以下正常启动,生产1 000辆燃料电池汽车并示范运行;到2025年,实现燃料电池汽车区域小规模运行。② 2017年4月,工信部、国家发改委和科技部联合发布的《汽车产业中长期发展规划》将氢燃料电池动力系统作为新能源汽车的六个重点创新链之一,支持燃料电池全产业链技术攻关,实现革命性突破(见表7-2)。③

表7-2 截至2018年国家层面氢燃料电池重点政策

时 间	政 策	主 要 内 容
2001年9月	《863电动汽车重大科技专项计划》	国家拨款8.8亿元,确定了以"三纵三横"为核心的电动汽车专项矩阵式研发体系,其中包含了对燃料电池汽车和燃料电池系统的研发
2009年2月	《节能与新能源汽车示范推广财政补助资金管理暂行办法》	首次开始在试点城市对燃料电池乘用车和客车分别给予每辆25万元和60万元的财政补贴
2011年2月	《中华人民共和国车船税法》	第四条规定:纯电动汽车、燃料电池汽车和插电式混合动力汽车汽车免征车船税,其他混合动力汽车按照同类车辆使用税额减半征税

---

① "国务院关于印发节能与新能源汽车产业发展规划(2012—2020年)的通知",http://www.gov.cn/zwgk/2012-07/09/content_2179032.htm,2012年7月9日,2018年2月3日访问。
② "国务院关于印发《中国制造2025》的通知",http://www.gov.cn/zhengce/content/2015-05/19/content_9784.htm,2015年5月19日,2018年2月3日访问。
③ "三部委关于印发《汽车产业中长期发展规划》的通知",http://www.miit.gov.cn/n1146290/n4388791/c5600433/content.html,2017年4月25日,2018年2月3日访问。

开拓新边疆——世界资源格局是如何转换的？

(续表)

时　间	政　策	主　要　内　容
2012年7月	《节能与新能源汽车产业发展规划(2012—2020)》	首次对燃料电池汽车未来发展要达到的技术指标做了规划，提出到2020年燃料电池汽车、车用氢能源产业要达到与国际同步的水平
2014年11月	《关于新能源汽车充电设施建设奖励的通知》	对符合国家技术标准且日加氢能力不少于200千克的新建燃料电池汽车加氢站每个站奖励400万元
2014年11月	《能源发展战略行动计划(2014—2020)》	把氢的制取、储运、加氢站、先进燃料电池、燃料电池分布式发电作为重点战略方向
2015年4月	《关于2016—2020年新能源汽车推广应用财政支持政策的通知》	对于燃料电池乘用车、轻型客车、货车，大中型客车、中重型货车分别给予每辆20万、30万和50万元的补助
2015年5月	《中国制造2025》	实现燃料电池汽车的运行规模进一步扩大，达到1 000辆的运行规模，到2025年，制氢、加氢等配套基础设施基本完善，燃料电池汽车实现区域小规模运行
2016年6月	《能源技术革命创新行动计划（2016—2030)》	提出15项重点创新任务，其中包括氢能与燃料电池技术创新
2016年10月	《节能与新能源汽车技术路线图》	路线图由"1+7"组成，包括节能与新能源汽车总体技术路线图，及氢燃料电池汽车等七项技术路线图
2016年12月	《"十三五"战略性新兴产业发展规划》	进一步发展壮大与氢能源相关的新能源汽车、新能源、节能环保等战略性新兴产业。通过产业集聚，以产业链和创新链协同发展为途径，培育新业态、新模式，发展特色产业集群，带动区域经济转型，形成创新经济集聚发展新格局

注："三纵"即燃料电池汽车、混合动力汽车和纯电动汽车三种整车，"三横"即电动汽车的三大关键零部件——动力电池(包括燃料电池)系统、电机驱动系统、多能源动力总成电控系统。
资料来源：朱茜："2018年全国及各省市氢燃料电池最新政策汇总(全)"，https://www.qianzhan.com/analyst/detail/220/180125-b7b84f28.html，2018年1月25日，2018年2月3日访问。

在地方层面，上海和武汉等少数城市在推进燃料电池技术进步方面较积极。

2017年9月5日,上海市科学技术委员会、经济和信息化委员会和发展和改革委员会联合发布《上海市燃料电池汽车发展规划》,提出上海要努力突破车用燃料电池电堆、关键材料与核心零部件等关键技术。近期(2017—2020年)的发展目标是,实现电堆、系统集成与控制、关键零部件等核心技术跟踪国际水平,关键指标与国际接轨,燃料电池汽车运行规模达到3 000辆,全产业链年产值突破150亿元;中期(2021—2025年),要求形成系列化燃料电池电堆产品,燃料电池汽车技术同步国际水平,运行规模达到3万辆,全产业链年产值突破1 000亿元;长期(2026—2030年),要求总体技术接近国际先进,部分技术达到国际领先,全产业链年产值突破3 000亿元。①

武汉市也计划大力发展燃料电池汽车。在2017年9月的2017(武汉)燃料电池技术与产业发展高峰论坛上,武汉市经济和信息化委员会副主任透露,武汉市已成立由市长担任组长的氢能产业发展领导小组,并将燃料电池汽车产业列入全市"十三五"发展规划和《武汉制造2025行动纲要》,正在编制《燃料电池汽车产业发展规划》。武汉市计划,至2020年重点开展燃料电池汽车技术研发应用,促进燃料电池汽车在特定地区的公共服务用车领域小规模示范应用,以示范促进产业化发展。预计实现燃料电池汽车示范运营500辆以上,建设加氢站3座以上。至2025年,重点开展燃料电池汽车产业龙头项目的培育、引进和整合发展,实现在城市私人用车、公共服务用车领域批量推广应用,以推广应用实现产业集聚发展。累计实现燃料电池汽车推广应用规模达万辆级别,力争建成加氢站10座以上。②

中央政府和一些地方政府对氢燃料电池汽车发展提出了规划目标,同时也给出了"胡萝卜"。包括:2015年4月22日,财政部、科技部、工信部以及国家发改委联合发布《关于2016—2020年新能源汽车推广应用财政支持政策的通知》,规定期间中央政府给予燃料电池乘用车、轻型客车及货车、大中型客车及中重型货车的补贴分别为20万元/辆、30万元/辆、50万元/辆。此外,地方政府可

---

① "关于印发《上海市燃料电池汽车发展规划》的通知",http://www.stcsm.gov.cn/gk/zc/zcfg/gfxwz/fkwwj/545058.htm,2017年9月5日,2018年2月3日访问。
② 周效敬:"2017燃料电池技术与产业发展高峰论坛在武汉召开",http://www.china.com.cn/news/txt/2017-09/15/content_41592156.htm,2017年9月15日,2018年2月3日访问;周效敬:"盘点2017之燃料电池篇:角逐氢能大产业 哪个城市先胜出?",http://news.china.com.cn/txt/2018-01/05/content_50194191.htm,2018年1月5日,2018年2月3日访问。

对包括燃料电池汽车在内的新能源汽车提供补贴,补贴标准不超过中央补贴的50%。根据通知精神,北京、上海、天津、江苏、深圳、杭州、合肥、南京、西安、温州、南通等地均出台了对燃料电池汽车的地方补贴政策。① 此外,《上海市燃料电池汽车发展规划》规定,将研究对加氢站建设提供加氢终端补贴等政策。

中国政府扶持新能源汽车的基本思路是,当一种新能源汽车还不具备市场竞争力之前,我国会提供补贴等扶持政策。当这种新能源汽车占据一定市场份额且具备市场竞争力之后,政府会逐渐退坡补贴政策。经过多年发展,电动汽车已初步具备市场竞争力,因此从2017年起政府对电动汽车的补贴逐渐退坡。相反,中短期内,燃料电池汽车将难以占据较大市场份额,其市场竞争力还较弱,需要维持较长的稳定补贴政策。根据《关于2016—2020年新能源汽车推广应用财政支持政策的通知》,2017—2020年,政府对燃料电池汽车的补贴将不会退坡。而且,预计我国政府对燃料电池汽车的财政支持政策将维持到2025年甚至更晚,但具体扶持政策和条件要求可能进行调整。

虽然中国政府今后还会继续支持氢燃料电池汽车的发展,但未来它的成本能否下降到可以与燃油汽车竞争的水平,以至于可以大规模推广应用,这才是决定它前途的关键,而从现在看答案并不明朗。

三、美国页岩油气革命的推进将继续冲击世界常规石油生产

国际能源署研究报告显示,到2025年之前,美国的页岩油产量还将继续增加。2025年之后产量虽然会有所回落,但仍将保持在较高水平。国际能源署称,2025年美国页岩油产量将增长至830万桶/日,比目前的产量水平高一倍。之后,随着鹰滩等湿气含量较高的页岩区块产量的下降,以及海恩斯维尔(Haynesville)和法耶特维尔(Fayetteville)干气含量较高的页岩区块产量的上升,美国页岩油产量将下降,预计到2040年将从高点下降130万桶/日,至700万桶/日。即便如此,也远高于美国目前的页岩油产量。②

国际能源署还认为,虽然直到2040年,美国都仍将是一个原油净进口国,但是美国的石油对外贸易还是会发生重大变化,包括美国原油出口量今后将

---

① "关于2016—2020年新能源汽车推广应用财政支持政策的通知",http://jjs.mof.gov.cn/zhengwuxinxi/zhengcefagui/201504/t20150429_1224515.html,2015年4月22日,2018年2月3日访问。

② IEA, *World Energy Outlook 2017*, p.183.

持续大增,以及随着美国成品油出口量的继续增加,它将最终从石油净进口国转变为石油净出口国。

直到 2040 年,美国还是要大量进口原油。一个重要原因是美国的部分炼厂因其装置特点,只能加工较重的原油,而不能"吃"本国的页岩油(因为页岩油是轻质油)。因此,美国今后还是需要从拉美、加拿大、中东等进口重质原油。

但是,美国页岩革命的发展将使美国原油出口量到 2030 年前后将增加至 400 万桶/日,之后随着美国页岩油产量的减少,到 2040 年美国原油出口量将回落至 340 万桶/日。结果,虽然美国还是需要净进口原油,但它的净进口数量将从目前的 700 万桶/日以上大幅减少至 2040 年的 290 万桶/日。

另一方面,美国成品油净出口量将在现有基础上继续攀升,到 2040 年,会从 200 万桶/日的现有水平增长到 390 万桶/日。综合美国原油和成品油的进出口变化趋势,国际能源署判断到 2030 年之前,美国将从石油净进口国转变为石油净出口国。[①]

四、中美石油关系前瞻

美国是世界第一强国,在中美关系的多数领域,美国都占据主动。石油关系也是如此,今后中美石油关系的主动权主要在美国一方,但是中国也要积极争取有所作为,而不能满足于只是被动应对。

1. 未来美国石油供求将更加宽松

美国社会已经较成熟,其石油消费量也早已基本稳定,虽然未来可能有增加或减少,但是变化都不会很大。和美国石油产量的大幅增长相比,其石油消费变化的幅度会更小。

在发达国家中,美国石油消费比较有特色。日本、欧洲等国家和地区的石油消费早已从峰值跌落[②],美国石油消费量却没有跌落下去。迄今为止,美国

---

① IEA, *World Energy Outlook 2017*, pp.193-194.
② 日本的石油消费量在 1995 年达到顶峰后逐渐下降。根据 BP 数据,1996 年日本的石油消费量达到 580.2 万桶/日,2018 年已经降至 385.4 万桶/日,降幅超过 30%。欧洲国家尤其是西欧发达国家的情况与日本相似。德国、法国和英国的原油消费量分别从峰值年份的 333.7 万桶/日、249.9 万桶/日和 222.8 万桶/日减少到 2018 年的 232.1 万桶/日、160.7 万桶/日和 161.8 万桶/日(德国、法国和英国石油消费的顶峰年份分别出现在 1979 年、1973 年和 1973 年),减量合起来总计 251.8 万桶/日。见 BP Statistical Review 2019 All Data。

开拓新边疆——世界资源格局是如何转换的？

石油消费量的峰值出现在 2005 年,消费量达到 9.39 亿吨。不过,和欧、日不同,目前美国石油消费量和其峰值差别不大。欧洲和日本的石油消费要回到历史峰值,希望渺茫。相反,2018 年美国的石油消费量为 8.93 亿吨,和最高值仅相差 5%[①],而近年来美国石油消费震荡上升,未来超过 9.39 亿吨的历史峰值,可能性很大。

美国石油消费量之所以跌不下去,与美国是个"车轮上的国家"有关。总体来说,美国社会是个汽车社会。除了美国东北部地区的纽约、马萨诸塞等州以及西海岸的加利福尼亚州之外,美国大多数地区人口分散,十分讲究隐私(privacy),不愿意或者无法经常乘坐公共交通工具[②],旅游出行严重依赖汽车。美国油价便宜,导致电动汽车、天然气汽车等替代性动力汽车严重缺乏竞争力。因此,多数美国人的出行严重依赖汽油汽车,导致美国的汽油消费旺盛而且稳定。目前汽油消费量约占美国石油消费量的一半;约占全球石油消费量的 1/10,意味着每年全世界大约 1/10 的石油是被美国的车主们烧掉了(见表 7-3)。在一定程度上,可以说美国是一个汽油国家。

表 7-3 美国汽油消费量及其占比　　　　单位:百万桶/日

年份	美国汽油消费量	美国石油消费量	世界石油消费量	占比1(%)	占比2(%)
1973	667.4	1 730.8	5 563.2	38.6	12.0
1974	653.7	1 665.3	5 484.7	39.3	11.9
1975	667.5	1 632.2	5 440.3	40.9	12.3
1976	697.8	1 746.1	5 779.8	40.0	12.1
1977	717.7	1 843.1	5 995.8	38.9	12.0
1978	741.2	1 884.7	6 290.6	39.3	11.8
1979	703.4	1 851.3	6 404.9	38.0	11.0
1980	657.9	1 705.6	6 143.6	38.6	10.7

---

① BP Statistical Review 2019 All Data.
② 在美国的一些地区,即便公共交通系统发展起来,也因乘坐的人太少而陷入困境。见 Randal O'Toole, "Denver Has a Coming Transit Apocalypse", http://thehill.com/opinion/international/358048-denver-has-a-coming-transit-apocalypse, November 1, 2017, accessed on August 12, 2018.

(续表)

年份	美国汽油消费量	美国石油消费量	世界石油消费量	占比1（%）	占比2（%）
1981	658.8	1 605.8	5 955.0	41.0	11.1
1982	653.9	1 529.6	5 792.5	42.7	11.3
1983	662.2	1 523.1	5 777.1	43.5	11.5
1984	669.3	1 572.6	5 903.1	42.6	11.3
1985	683.1	1 572.6	5 942.1	43.4	11.5
1986	703.4	1 628.1	6 123.9	43.2	11.5
1987	720.6	1 666.5	6 259.1	43.2	11.5
1988	733.6	1 728.3	6 456.6	42.4	11.4
1989	732.8	1 732.5	6 584.0	42.3	11.1
1990	723.5	1 698.8	6 665.0	42.6	10.9
1991	718.8	1 671.4	6 684.3	43.0	10.8
1992	726.8	1 703.3	6 788.3	42.7	10.7
1993	747.6	1 723.7	6 760.9	43.4	11.1
1994	760.1	1 771.8	6 920.7	42.9	11.0
1995	778.9	1 772.5	7 033.2	43.9	11.1
1996	789.1	1 830.9	7 179.2	43.1	11.0
1997	801.7	1 862.0	7 385.6	43.1	10.9
1998	825.3	1 891.7	7 448.4	43.6	11.1
1999	843.1	1 951.9	7 626.4	43.2	11.1
2000	847.2	1 970.1	7 694.6	43.0	11.0
2001	861.0	1 964.9	7 786.4	43.8	11.1
2002	884.8	1 976.1	7 877.7	44.8	11.2
2003	893.5	2 003.4	8 054.9	44.6	11.1
2004	910.5	2 073.1	8 335.0	43.9	10.9
2005	915.9	2 080.2	8 467.8	44.0	10.8
2006	925.3	2 068.7	8 577.7	44.7	10.8

开拓新边疆——世界资源格局是如何转换的？

（续表）

年份	美国汽油消费量	美国石油消费量	世界石油消费量	占比1（%）	占比2（%）
2007	928.6	2 068.0	8 716.1	44.9	10.7
2008	898.9	1 949.8	8 657.8	46.1	10.4
2009	899.7	1 877.1	8 569.1	47.9	10.5
2010	899.3	1 918.0	8 872.2	46.9	10.1
2011	875.3	1 888.7	8 972.9	46.3	9.8
2012	868.2	1 848.7	9 067.5	47.0	9.6
2013	884.3	1 896.7	9 211.4	46.6	9.6
2014	892.1	1 910.0	9 302.5	46.7	9.6
2015	917.8	1 953.4	9 500.3	47.0	9.7
2016	931.7	1 968.7	9 648.8	47.3	9.6
2017	931.9	1 988.0	9 818.6	46.9	9.5

注：占比1是美国汽油消费量在美国石油消费总量中的占比，占比2是美国汽油消费量在全球石油消费量中的占比。美国汽油消费量和石油消费量是EIA数据，世界石油消费量是BP数据。

资料来源：EIA, "Product Supplied", https://www.eia.gov/dnav/pet/pet_cons_psup_dc_nus_mbblpd_a.htm, July 31, 2018, accessed on August 12, 2018; BP Statistical Review of World Energy 2018 All Data.

但是，由于美国是一个成熟社会，经济增长缓慢，车辆拥有量饱和，人们生活方式已定型，今后石油消费量即便增加，数量和速度也会比较有限。

与消费端相比，美国石油供应端变化前景的不确定性更大。虽然目前国际能源署等世界主要能源机构对美国页岩油的生产前景看好，但是受到诸多因素的影响，其前景具有较大的不确定性。2014年下半年之后，由于国际油价大跌，2016年美国石油产量在经历了连续七年高歌猛进、快速增长之后，产量从2015年的1 275.7万桶/日下降至1 235.4万桶/日，减量达到40万桶/日，约合2 000万吨/年，下降幅度达到3.2%。① 中小石油生产商是美国页岩油生产的主力，它们对原油价格的涨跌比大石油公司更敏感。如果今后原油价格再次出现2014年下半年至2016年初的走势（这种可能性完全存在），美国页

---

① BP Statistical Review of World Energy 2017 Underpinning Data Underpinning Data.

岩油生产商会采取同样的应对策略,即缩减生产规模以减少损失,这将导致美国页岩油产量下降,进而造成美国石油产量减少。不过,在可预见的将来,由于全球原油供求关系会基本平衡,国际原油价格预计将基本稳定,美国石油产量持续增加的概率很大。综合美国石油需求和供应的前景,基本可以判断美国石油供求关系将越来越宽松,并且美国石油出口量,包括对中国的石油出口量,将继续增加。

2. 主要从消费侧发力,努力实现中国的能源独立

2014年6月13日,习近平主持召开中央财经领导小组第六次会议,研究中国能源安全战略,提出推动能源消费、能源供给、能源技术和能源体制四方面的"革命",并加强国际合作,即"四个革命、一项合作"。[①]

到现在为止,从原油进口、仓储、炼制到成品油运输、仓储、批发、分销、零售的中国石油下游已经基本放开。过去中石油、中石化在中游领域即原油和成品油运输领域的垄断也正被撕开口子。独立炼厂已经在山东铺设了进口原油运输管道,今后它们还会铺设更多管道。民营能源公司新疆广汇则铺设了跨国原油运输管道,以进口哈萨克斯坦原油。而且,对于中石油和中石化控制的原油和成品油管道,运销分离的改革正在稳步推进中。

但是,中国石油勘探开发市场化改革严重滞后,探矿权和采矿权被中石油、中石化、中海油和陕西延长四家公司垄断,除了偶尔见诸报端的中石油长庆油田和陕西延长为争夺矿权而发生的械斗[②]外,石油公司之间在国内的竞争(无论是良性的还是恶性的)很少。而且由于一些重要制度性障碍,在可预见的将来,看不到有突破的可能。在中国石油领域,能源供给革命很难实现。

中国实现"能源独立"的希望主要在推动能源消费革命。中国能源消费革命的主要方向应该是,积极发展各种替代性能源来减轻中国对进口石油的依赖,最终实现石油独立;主要途径是,更加充分地利用"绿电"产能,提高清洁电力的供应,并继续发展电动交通工具,主要包括高铁、地铁、电动汽车,减少中国交通运输领域对进口石油的依赖,逐渐实现石油独立。

---

① 周锐:"习近平领衔'中财组'推动中国能源革命",http://news.cntv.cn/2014/06/14/ARTI1402698066064783.shtml,2014年6月14日,2018年2月5日访问。
② 段彦超、李泽坤:"两石油公司员工起冲突致人员受伤,警方称因争夺油田开采权",http://www.thepaper.cn/newsDetail_forward_1967686,2018年1月25日,2018年2月5日访问。

开拓新边疆——世界资源格局是如何转换的？

和美国一样，中国的能源独立主要指石油独立。中国煤炭资源仍然非常丰富，虽然现在少量进口煤炭，但是理论上仍然可以做到在自给自足之余向外出口。现阶段中国电力供应能力严重过剩，弃风、弃水、弃光、弃核以救"火"现象严重。近期由于煤改气的快速推进，中国天然气对外依赖度快速升高，但是全球天然气资源分布广泛，俄罗斯、中东、中亚、美国、澳大利亚、巴布亚新几内亚、印度尼西亚、马来西亚、东非等国家和地区都有丰富的天然气资源，中国的天然气贸易伙伴也散布于各洲。由于天然气进口的地缘政治风险较小，目前以及今后当我们谈及能源独立时，都不会指涉天然气独立。① 相反，全球石油资源过分集中于地缘政治局势波谲云诡的中东，多年来中国石油进口量的一半左右来自中东（见表7-4）。

表7-4 中国2017年油气进口来源分布

序号	国家	原油进口量（吨）	比例（%）	国家	天然气进口量（吨）	比例（%）
1	俄罗斯联邦	59 699 134	14.2	土库曼斯坦	24 511 472	35.7
2	*沙特阿拉伯	52 181 159	12.4	澳大利亚	17 288 091	25.2
3	安哥拉	50 417 991	12.0	*卡塔尔	7 483 843	10.9
4	*伊拉克	36 816 308	8.8	马来西亚	4 212 268	6.1
5	*伊朗	31 153 754	7.4	印度尼西亚	3 066 650	4.5
6	*阿曼	31 007 495	7.4	乌兹别克斯坦	2 593 246	3.8
7	巴西	23 084 507	5.5	缅甸	2 516 852	3.7
8	委内瑞拉	21 768 923	5.2	巴布亚新几内亚	2 108 616	3.1
9	*科威特	18 243 499	4.3	美国	1 511 531	2.2
10	*阿联酋	10 159 760	2.4	哈萨克斯坦	810 130	1.2
11	哥伦比亚	9 232 392	2.2	俄罗斯联邦	444 947	0.6
12	刚果（布）	9 006 512	2.1	尼日利亚	332 181	0.5

---

① 但是，西欧国家的情况与中国不同。西欧国家的天然气供应长期严重依赖于俄罗斯天然气工业股份公司（Gazprom），而俄罗斯又是西欧国家的地缘政治对手。因此，西欧国家认为其能源独立的风险中，天然气供应中断的风险占了较大的权重。

（续表）

序号	国　家	原油进口量（吨）	比例（%）	国　家	天然气进口量（吨）	比例（%）
13	英国	8 436 059	2.0	安哥拉	260 527	0.4
14	美国	7 652 892	1.8	*阿曼	253 033	0.4
15	马来西亚	6 587 517	1.6	新加坡	228 382	0.3
	原油进口总量	419 569 054	100	天然气进口总量	68 565 816	100

注：带"*"者为中东国家。
资料来源：中国海关相关数据。

中国未来的能源独立会和美国已经初步实现的能源独立有共同之处：它们都是依靠国内资源来实现能源独立。1973 年第一次世界石油危机爆发后，尼克松总统就提出了要实现能源独立，之后历任美国总统，不论是共和党总统还是民主党总统，都表达过要实现能源独立的雄心壮志。但是，在 1973 年之后的大约 40 年里，美国石油的对外依赖并没有减轻。对美国人来说，能源独立的目标曾经好像越来越远。直到 2008 年美国页岩革命爆发，之后页岩气和页岩油产量先后开始快速增长，并推动美国天然气和石油产量大增，越来越多的人相信，美国能源独立不再是一个梦，它早晚会实现，分歧仅仅在于美国能源独立的实现究竟是在什么时候而已。

中国要实现固有的石油安全也必须反求诸己。为了保障本国的石油安全，多年来，中国政府采取了一些对外石油安全保障手段，包括铺设跨国输油管道、"走出去"争取份额油、加强海军建设以增加进口原油的海上运输安全系数等，但是这些手段的安全保障效果值得怀疑。[1] 中国现在是世界最大的原油进口国和石油进口国[2]，也是仅次于美国的世界第二大石油消费国。庞大的进口规模必然意味着进口链条上有大量风险点。美国前些年的石油安全经历证明，即便一国的军事实力独步全球，也不可能完全确保本国能够安全地获取和运回海外石油，这是因为别国内部、某些产油地区和运输要道上有太多不可控

---

[1] 王海滨、李彬："中国对能源安全手段的选择与新安全观"，《当代亚太》，2007 年第 5 期，第 25—28 页。

[2] Energy Information Administration, "China is now the world's largest crude oil importer", https：//www.eia.gov/petroleum/weekly, January 31, 2018, accessed on February 5, 2018.

开拓新边疆——世界资源格局是如何转换的？

因素。因此,中国要确保自身的能源安全,必须要挖掘国内的人力、财力和物力,尤其是人们的创新能力,努力实现自己的能源独立。中国是世界第一人口大国,各类杰出的人才众多。只有人们的创造力摆脱各种羁绊和束缚而得到充分发挥,中国的能源以及其他事业的兴旺发达才会得到最可靠的保障,因为人脑才是世界上最丰富而且最可靠的资源宝库。①

中国版的能源独立必然与美国版的能源独立不同。后者是从供应侧发力,页岩油气革命的爆发和不断推进是美国逐渐接近能源独立目标的关键。但是,中国很难同样从供应侧方面实现能源独立。原因主要有两方面:首先,在可预见的将来,中国油气上游勘探开发领域打破垄断、引入竞争的前景不乐观,国家垄断性石油公司之外的社会资本、技术力量很难进入该领域,中国常规和非常规油气资源的生产潜力难以发挥。其次,在美国,页岩油生产是实现石油独立的主要"革命力量",但在中国,页岩油气资源以页岩气为主,地质状况决定了页岩油资源较缺乏。中国首要的页岩资源富集地区是四川盆地,目前是仅次于北美的世界第二大页岩气产区,但是它的页岩油资源量较小。原因在于四川盆地很古老,远古时期沉积了大量有机质。之后在漫长的地质时期,其含油地层中的大部分石油在高温高压的条件下逐渐气化,而转变为常规天然气和页岩气等非常规气。②

中国要实现能源独立,需要而且只能创新路径,走与美国不同的道路,努力从消费侧"发功"。中国能源革命的基本思路应该是以有余补不足,发挥长处、弥补短处。在中国的各类能源资源中,石油的供求关系最紧张,供应不安全的程度最高。目前,中国石油消费的主要领域是交通运输。在交通运输领域有力推进对石油消费的替代,既是中国石油安全保障的有效途径,也是中国能源消费革命的关键。

主要用什么能源来实现对交通运输用油的有效替代呢?电力。之所以应该把电力作为替代交通运输用油的主力,第一是因为如前所述,中国电力供应严重过剩,而且从供需两方面的长期走势判断,中国电力的供过于求是结构性的、长期的,中国电力供应已经实现了固有安全;相反,天然气等替代燃料的自

---

① Daniel Yergin, *The Quest: Energy Security, and the Remaking of the Modern World* (New York, The Penguin Press, 2011), p.717.
② 2018年2月2日对某石油勘探开发专业人士的访谈。

身供求关系就很紧张,在某些时候,比如冬季用气需求高涨时,供不应求更加严重,这一点就足以决定它们无法成为替代交通运输用油的主力。第二,天然气等替代燃料驱动的交通运输工具对以石油为动力的交通运输工具的替代是内燃机机械的内部替代,而电力驱动的交通工具对燃油车辆等交通运输工具的替代是电机机械对内燃机机械的替代,具有重大迭代意义。

中国主要通过发展电动交通运输工具来推进能源消费革命,基本条件已经成熟,但并不意味着替代道路上没有一点挑战。比如,高速铁路、地铁等大型电力交通运输工具的正常运行需要坚固的电网系统。中国目前的电动汽车数量还比较少,它们的充电对电网系统的影响还很小。但是,当全国电动汽车保有量增长到几千万辆、上亿辆的水平时,其充电可能会对电网系统的稳定性造成冲击。为了预防用电的不安全,中国相关方面应该未雨绸缪,努力提高电网系统的智能化水平和坚固程度,同时还应该努力发展分布式发电和供电系统,以分散电动汽车发展对电网的压力。

另一个与电动革命发展相关的现实问题是,鉴于中国电力现阶段仍然以煤电为主,如何保证电动交通运输工具的发展不会导致污染物和二氧化碳排放量的增加,这是一个非常重要的问题。为预防这种情境的发生,中国一方面需要更加努力地发展风电、太阳能电力、气电等清洁、低碳电力,另一方面需要继续推进煤电的超低排放,并始终对煤电的清洁化工作保持严格监管,确保在任何时候任何煤电企业超标排放污染物,都会受到相应处罚。

中国的能源消费革命将使中国从内燃机时代跃升至电机时代,而美国能源生产革命的结果是美国会继续停留在内燃机时代。因此,中国版的能源革命如果实现,会比美国版的能源革命更有革命意义。

3. 中美石油关系前景的不确定性

如果我们把中美石油关系放在世界石油行业的大环境中去观察,不难发现随着"油国王(oil king)"的逐渐退位,中美石油关系的总体趋势会越来越和缓。中美之间的能源竞争、冲突会越来越可能发生在风能、太阳能等其他能源领域。可是,未来的数十年,对世界来说,是化石能源时代向低碳能源时代过渡的转型期,中美石油关系存在不确定性。不排除会出现由于中美一方或者双方的原因,或者世界其他国家的原因,中美发生石油冲突,石油关系脱轨,出现十分严重的结果。

开拓新边疆——世界资源格局是如何转换的?

(1) 中美石油关系将总体走向缓和

中美石油关系之所以会继续缓和,是因为在世界能源从石油时代向天然气时代、可再生能源时代逐渐转型的过程中,全球石油供求关系将越来越宽松。

世界重要机构对全球石油消费前景有分歧。部分机构认为世界石油消费将很快达峰,达峰时点众说不一,预测 2024 年①、2030 年②的都有。

另一些研究机构更加看好石油的未来。比如,国际能源署预测,虽然电动汽车等替代性交通运输工具的发展会让世界汽油消费量逐渐减少,但未来随着航空运输和世界石化工业的发展,全球石油消费量还是会增加;从 2016 年到 2040 年的 25 年里,煤油消费量会强劲增长,增量将达到 300 万桶/日。液化石油气和石脑油消费量紧随其后,各自的增量都在 200 万桶/日以上,不仅将有力支持世界石油消费的增加,而且将帮助世界石油消费从燃料型消费向原料型消费的变迁。2040 年之前,电动革命对船运、重型卡车、公交车用油的冲击会较小,柴油消费量会在现有基础上增加 200 万桶/日左右。汽油消费的前景将最黯淡,受到电动交通工具、燃气汽车、车用生物燃料、汽车燃油经济性水平提高等众多不利因素的夹击,2040 年之前,全球汽油消费量将减少 90 万桶/日。③

国际能源署认为,从总体看,世界石油消费量将从 2016 年的 9 390 万桶/日增加至 2040 年的 1.05 亿桶/日,增量达到 1 100 万桶/日。④

不过,即便世界石油需求量如国际能源署等乐观派所言,直至 2040 年都会保持增长,由于天然气等其他能源消费量增长的速度将明显比石油快,未来石油在世界能源消费结构中的占比也会逐渐下降。国际能源署预测,从 2016 年至 2040 年,世界石油消费将年均增长 0.5%;而同期天然气消费年均增速将为 1.6%,是石油消费增速的 3 倍多。消费数量方面,目前石油消费量在各种

---

① Jessica Jaganathan, "Goldman Sachs warns global oil demand could peak as early as 2024", http://www.businessinsider.com/goldman-sachs-oil-demand-expectation-2024-2017-7? IR=T, July 24, 2017, accessed on February 6, 2018.
② "Bank Of America: EVs To Lead To Peak Oil Demand In 2030", http://www.nasdaq.com/article/bank-of-america-evs-to-lead-to-peak-oil-demand-in-2030-cm909102, January 23, 2018, accessed on February 6, 2018.
③ IEA, *World Energy Outlook 2017*, pp.173-174.
④ Ibid., p.163.

一次能源消费中居首位,天然气居第二位。国际能源署判断,2040年前后,天然气将成为世界能源之王,2040年全球天然气消费量将达到约5.3万亿立方米,相当于53亿吨石油,而世界石油消费量将增长至约52.5亿吨。石油为王的时代将成为历史。①

今后世界多数国家的能源安全、经济安全、国计民生乃至国防战略对石油的依赖将持续下降。美国在去油化的道路上会步履蹒跚,但是它改变不了世界向后石油时代前进的步伐。

美国对石油的依赖在世界各大国中表现得最突出,很可能是"石油国王"在地球上最后和最重要的栖居地。美国社会"吸石油成瘾",既会有力支撑世界石油消费,也可能会诱发未来某些时候世界石油经济、政治关系和中美石油关系的紧张。然而,美国社会已经相当成熟,政治经济等制度的一贯性很强,其石油消费模式也已经定型,美国石油消费的变化基本不会突然对世界石油供求关系和中美石油关系产生破坏性的、颠覆性的冲击。

(2)内外部因素可能诱发中美石油关系的紧张

中美两国在世界石油行业中举足轻重,它们的一举一动都会对世界石油行业产生巨大影响。在世界各国中,美国对世界石油的影响力无可匹敌:它是世界最大的石油消费国;它的石油产量居世界首位;它的原油和成品油期货市场每一秒都对全球石油价格产生重大影响;它是世界第二大石油进口国;它的战略石油储备虽然在逐渐减少,但仍然在全球规模最大;它对中东等世界主要石油产区和全球海上石油运输要道以及许多跨国输油管道提供安全保护;等等。

中国在世界石油业中的影响力与日俱增。中国已经是世界最大的原油和石油进口国;中国是世界第二大石油消费国,其消费量还在快速增加;中国也是全球最大的产油国之一,石油产量居世界第七位②;中国的战略石油储备规模迄今虽然不大,但近年来增加很快,使中国石油表观消费量大增,并有力支撑了国际油价。

不过,世界石油行业的大环境也对中美石油关系产生影响。世界石油市场

---

① IEA, *World Energy Outlook 2017*, pp.163, 339.
② BP Statistical Review 2019 All Data.

开拓新边疆——世界资源格局是如何转换的?

中,除了美国和中国这两个重量级角色外,还有沙特阿拉伯和俄罗斯。它们对世界石油业的影响不如中国和美国全面,却也都是"狠角色",对世界原油的生产和出口影响巨大。虽然美国页岩油是近几年来世界石油市场中的明星,但是和美国的原油生产和出口相比,沙特阿拉伯和俄罗斯等产油国在一些方面优势明显。比如,它们的原油平均成本更低,石油资源量要丰富得多,探明可采储量远高于美国,储采比更高。由于页岩革命的爆发,美国近些年石油增产很快,但如果进行生产的"长跑",美国石油一定"跑"不过沙特阿拉伯和俄罗斯石油。

以沙特阿拉伯为首的欧佩克国家和以俄罗斯为代表的部分非欧佩克产油国凭借它们巨大的石油生产能力,能够按照其意愿对世界石油市场产生重大影响,并间接地影响中美石油关系。沙特阿拉伯、俄罗斯对世界石油市场的操纵,表现形式多样。

比如,2014年至2016年上半年,由于美国页岩事业蓬勃发展,加上全球经济复苏进展缓慢,世界石油供应的过剩越来越明显,但是当时沙特阿拉伯政府针对美国页岩油这个新对手,确定的基本石油战略是不保油价,保市场份额,试图用低价彻底消灭美国页岩油生产能力。结果,在2014年底至2016年的四次欧佩克部长级会议上,虽然委内瑞拉等部分成员国极力要求实施限产保价,但由于沙特阿拉伯的坚决反对,均没有通过减产或冻产协议。相反,沙特阿拉伯积极增产,伊朗的石油产能因前些年遭受的制裁被取消而得到释放,伊拉克石油产量也因南部产油区安全状况的好转而回升,俄罗斯也积极增产。结果世界石油市场供应更加过剩,最终导致国际原油价格在2016年2月跌至2003年之后的最低。

那段时期国际油价的暴跌的确严重打击了美国页岩油生产商,许多中小石油公司破产,剩下的公司为了减少亏损,选择缩减石油产量,导致2015年4月美国石油产量在达到962.6万桶/日的阶段性高点后,转头下行,到2016年9月,跌至855.3万桶/日,减量高达107万桶/日。之后才由于油价的回升而恢复增长。[1]

相反,2016年底至今,沙特阿拉伯和俄罗斯领导的产油国减产则从另一个

---

[1] Energy Information Administration, "U. S. Field Production of Crude Oil", https://www.eia.gov/dnav/pet/hist/LeafHandler.ashx? n = PET&s = MCRFPUS2&f = M, January 31, 2018, accessed on February 6, 2018.

方向改变了国际石油市场状况,让世界石油供求关系趋紧,国际油价震荡上涨。这一方面有利于中美石油产量上升,另一方面让中美两国原油进口单价上涨。在2016年11月30日第171届部长级会议上,欧佩克决定从2017年1月起,沙特阿拉伯、伊拉克、科威特、阿联酋、卡塔尔、阿尔及利亚、安哥拉、加蓬、委内瑞拉、厄瓜多尔这10个欧佩克国家各自在2016年11月产量的基础上减产约5%,减产时间是从2017年1月至6月,减产总量约为120万桶/日。伊朗则承诺在这半年内,其产量不会超过379.7万桶/日。欧佩克成员国尼日利亚和利比亚近几年饱受内战和动乱的烦扰,经济凋敝、民生艰难。它们的遭遇得到其他欧佩克国家的同情,从而获得特殊待遇,不仅不需要减产,相反可以自由增产。欧佩克的减产决定通过后,国际油价大幅上涨,在当天及之后的三个交易日里,布伦特原油价格大涨18.5%。

在2016年12月10日欧佩克与非欧佩克国家的联合会议上,俄罗斯、哈萨克斯坦、墨西哥、阿塞拜疆、赤道几内亚、阿曼等11个非欧佩克产油国同意,为配合欧佩克国家的减产,它们也将从2017年1月1日开始减产,减产总量为55.8万桶/日。其中,世界第一大产油国俄罗斯"认领"30万桶/日,其他国家减产25.8万桶/日。减产时间同样为半年。该协议一公布,国际油价继续上涨。

减产协议开始实施后,这24个欧佩克和非欧佩克产油国合起来总共减少了多少产量,每一个月,美国能源信息署、国际能源署、欧佩克、路透社(Reuters)、普氏(Platts)等机构的调查数据都不一样。尽管缺乏足够权威的数据,但仍然可以看出,这一轮减产,以沙特阿拉伯为首的欧佩克国家减产的执行率总体较高,而以俄罗斯为首的非欧佩克产油国减产的执行率较低。

2017年初至今的这一轮产油国减产被公认为对国际石油市场产生了重要影响,它改变了人们对未来国际石油市场供求关系的预期,也让国际石油现货供求趋紧。不过,和历史上的减产相比,这一次产油国减产的规模不大,也比较"温柔"。

欧佩克上一轮成功的减产发生在2008年下半年,当时美国爆发次贷危机,进而引发全球金融危机,石油等大宗商品需求急剧下降,价格断崖式下跌。沙特阿拉伯等欧佩克国家为挽救油价,决定祭出减产这一法宝。从9月、11月到12月,欧佩克三次推出减产计划,减产量分别为50万桶/日、150万桶/日和

开拓新边疆——世界资源格局是如何转换的？

220万桶/日，累计达420万桶/日①，帮助国际油价在2008年下半年至2009年走出了一波深"V"反转的行情：2008年12月24日，布伦特原油价格跌至每桶36.61美元，创下4年多的新低，之后开始反弹，到2009年第一季度末，已经反弹至每桶约50美元，之后继续走强，到2009年底，已涨至每桶约78美元。两相比较，2008年下半年欧佩克减产的决心、规模和效果，都远远比2017年初开始的这一轮更强。

如果回溯更早的历史，可以发现20世纪80年代前中期欧佩克还曾有更加激烈的产量控制行动，而主角仍然是沙特阿拉伯。② 虽然历史从来不会简单

---

① "欧佩克宣布新减产220万桶/日"，http://www.chinairn.com/doc/70310/380065.html，2008年12月18日，2018年2月7日访问。

② 20世纪80年代前期，在第二次石油危机爆发并导致国际油价大涨后，国际石油市场出现了不利于欧佩克产油国的重大变化，包括石油消费量萎缩，苏联、美国、英国、挪威、中国等非欧佩克国家持续增产，国际原油库存越积越多。当时，欧佩克采取了牺牲市场份额、限产保价的政策，沙特阿拉伯扛起了减产大旗。减产最多的时候，1985年沙特阿拉伯原油产量曾经低至220万桶/日，这相当于它在20世纪70年代中期产量的1/5。产量下降导致沙特阿拉伯原油出口量和出口收入的下降。出口方面，1979年，沙特阿拉伯对美国的原油出口数量为140万桶/日，到1985年6月大幅下降至2.6万桶/日，几乎可以忽略不计。出口收入方面，1981年沙特阿拉伯的原油出口收入达到1 190亿美元，但之后随着出口量的锐减，它赚取的石油美元大幅减少。1984年和1985年，分别下降到360亿美元和260亿美元。沙特阿拉伯的财政收入高度依赖石油出口，出口收入大减导致它的财政出现赤字、外汇储备大幅减少。当时沙特阿拉伯的经济状况如此糟糕，以至于其政府决定无限期推迟公布其财政收支。到1986年中期，沙特阿拉伯政府意识到由于非欧佩克国家利用油价高涨，纷纷增加原油产量，欧佩克内部尼日利亚、伊朗和伊拉克也竞相增加石油出口（见CIA："OPEC Handbook"，https://www.cia.gov/library/readingroom/docs/CIA-RDP97R00694R000500650001-4.pdf, pp.6, 10, March 1986, accessed on February 7, 2018），以赚取尽可能多的石油美元，仅凭它的一己之力，无法改变国际石油市场中越来越过剩的趋势。于是，它决定逆转其政策，从限产保价转为保卫其市场份额。1985年6月初，在沙特塔伊夫（Taif），召开了为期两天的欧佩克执行委员会（executive committee）会议（Daniel Rosenheim, "Bnoc Cuts Oil Price By ＄1.25 Per Barrel", http://articles.chicagotribune.com/1985-06-06/business/8502050709_1_british-national-oil-corp-north-sea-brent-indonesian-oil-minister-subroto, June 6, 1985, accessed on February 7, 2018），会上，沙特阿拉伯石油部长亚马尼（Ahmed Zaki Yamani）宣读了国王法赫德（Fahd bin Abdulaziz Al Saud）的一封信，信中尖锐地批评了其他欧佩克国家的欺骗行为，以及竞相打折销售原油的行为，并称这些行为造成了"沙特阿拉伯市场（份额）"的损失，沙特阿拉伯不会永远忍受这种情况。法赫德国王称："如果（其他欧佩克）成员国觉得它们有自由行动的权利……那么沙特阿拉伯当然也会维护自己的利益。"会后不久，沙特阿拉伯就开始对其出口原油实行净回值定价（netback pricing），以求夺回市场份额。净回值定价是以成品油价格加上运费、加工费、利润后倒推出的原油离岸价。这样即便油价坍塌，炼油公司也能确保定额加工利润。之后欧佩克国家之间陷入价格战。1985年12月9日，欧佩克召开了第76届部长级会议，会议公报宣称："石油输出国组织将确保和捍卫自己在世界石油市场合理份额，使之与其成员国发展所必需收入相一致。"这意味着欧佩克国家作为一个整体，对非欧佩克国家"宣战"，要夺回它们在世界石油市场中所占的份额，此后，沙特阿拉伯等欧佩克国家的产量节节攀升，国际原油价格进入长达13年之久的低迷期，直到1999年才结束，见Daniel Yergin, *The Prize: The Epic Quest for Oil, Money & Power* (New York: Simon & Schuster, 1991), pp.747-750。

地重复,未来欧佩克可能不会采取曾有的极端行动,但是在展望中美石油关系的前景时,不可完全排除那种可能性。

另一方面,沙特阿拉伯、伊朗、伊拉克等波斯湾地区的欧佩克国家以及俄罗斯等非欧佩克国家对世界石油业的影响不一定是出自它们的本意。比如,在波斯湾地区,国际战争、国内动乱、恐怖袭击等破坏性事件多次发生,严重干扰当地石油生产和出口。这种时候,产油国会对其全部或部分石油产能宣布不可抗力(Force Majeure),结果是地区和世界石油供应吃紧,时间或短或长。最突出的一个例子是,20 世纪 80 年代,伊朗和伊拉克之间的全面大战持续 8 年之久,对国际石油市场产生了深远的影响。

假设国际石油市场因欧佩克或非欧佩克国家的有意或无意的因素,发生严重的供应紧张,而且持续较长时间,而中美去油化的效果还不够明显,两国对石油的依赖依然严重,那么中美石油关系可能会经受严峻考验。如果中美两国里的一方或双方从维护本国石油的绝对安全出发,高举"本国第一"的旗帜,动用军事、外交等各种手段,在全世界争夺石油资源,那么就可能把中美石油关系导向迎头相撞的轨道,两国的物力、财力以及最关键的人的创造力会被引导到如何抢得更多、如何在零和博弈中获胜上去,两国的资源替代性手段(比如,续驶里程等甚至超过燃油汽车的电动汽车的研制、超级高速铁路的深入研究、交通运输等基础设施的翻新和扩建、页岩油气资源开发规模的扩大等)的发掘和应用就会受到制约。

简言之,如果中美从零和博弈的思维出发,争夺当时既有的石油供应,不顾将来,也不顾后果,那么中美石油关系的确有脱轨的可能。而由于中美两国在世界石油生产、贸易、消费中的重要性,两国石油争夺势必会危及全球石油业的生态环境。在健康的能源行业环境中,良性竞争是行业中的主流,人的创造力将主要为发明、发现和推广应用能源替代性手段,不断推动能源的转型升级做贡献。但在相互仇恨的环境中,创新的种子无法生根、发芽、健康成长,一代人或多代人的创造力将成为疯狂冲突、抢夺的最大牺牲品。

4. 中美应如何坚持发展良性、健康的石油关系?

中美作为两个全球大国,都必须高瞻远瞩,以先进的理念为指导,承担起大国的责任,从全球的高度处理彼此间的石油以及其他资源的关系。

开拓新边疆——世界资源格局是如何转换的？

(1) 中美以动态资源关系观为指导，处理对内对外石油关系

到现在为止，中国社会对石油消费的依赖持续增长。石油安全以及雾霾等与石油消费相关的问题也成为长期的社会热点问题。对石油的生产、进口、消费等许多方面，人们的看法多种多样。美国社会是一个十分成熟的石油社会，人们对石油问题的看法也很多元。

不过，许多专业人士以及行业外人士对石油问题的看法受到他们的资源关系观的左右。许多人是在一个静态、封闭的系统中判断石油供求关系以及石油需求前景。他们假定人们对石油消费的欲望永远强烈，单个人在一定时期内的实际石油消费量只受到石油价格的影响。油价高时，经济理性的个人就会减少石油消费量；相反，油价低时，理性经济人自然就会增加石油消费量。还有人把人们生活方式固化的影响考虑进去，认为生活方式固化的人，不论油价是涨还是跌，其石油消费量都既不会增加，也不会减少。这些封闭、静态的理论或言论没有考虑到人类摆脱石油奴役的可能性。

如果以这种封闭、静态的假定为基础进行推理，会很自然地预判世界石油消费会继续增长，因为随着今后全球人口的增加，中国、印度等主要发展中国家经济的较快增长，会有更多的人拥有更强的石油消费能力，结果必然是世界石油消费量的增加。

短期看，一个国家、一个社会对石油（或者别的能源）的消费有高度的依赖。由于人们生活方式的固化、个人和社会已为购买燃油机械付出的沉淀成本[①]、替代性基础设施的不足以及不利于替代能源发展的政策，人们的石油消费是刚性的。但是，从长期看，人们总能在是否消费石油、消费多少石油等方面，掌控主导权。毕竟，应该是人类消费石油，而不应该是石油役使人类。

在进入石油时代前，人类已经历过煤炭为王的时代。18世纪、19世纪，通过燃烧煤炭来产生动力的蒸汽机推动了人类工业文明的发展。不过，20世纪初开始，因为石油的能源密度比煤炭更大，也更加清洁，人们就已经开始尝试

---

① 比如，个人购买燃油汽车后，从第一天起就会产生折旧成本。一辆汽车的使用期一般不长（比如10年左右）。通常来说，汽车每年折旧费加上车辆保险、停车费等费用比燃油开支更高。假如一个人在购车后，由于油价高涨而完全不用车，那么他一方面不可避免地需要承受折旧等成本，另一方面又完全得不到用车方便所带来的收益，因此必然会是不划算的。因此，一个理性的车主虽然不一定认为"用得越多，赚得越多"，但会比较多地用车，并在用车过程中对石油消费产生程度不同的依赖。

用燃烧石油的内燃机械替代燃煤机械,燃油汽车越来越流行,而燃煤汽车逐渐销声匿迹。英国政府则用石油驱动的军舰替代以煤炭为动力的军舰,使其海军力量在全球的领先优势更加明显。20世纪60年代,世界范围内石油消费量超过煤炭,"煤国王"退位。之后由于人们对全球变暖的关注,而煤炭的二氧化碳排放数量大,煤炭翻身再登王位的希望渺茫。不仅如此,今后它在世界能源消费中占据的比重还将被天然气、可再生能源超越。当今世界并不缺少煤,只是人们有更好的能源可用,已经不"待见"它,缺乏用煤的意愿。中国的煤炭消费量占世界的一半,现在正大力推进去煤化。韩国等国家也在积极推进煤改气。

煤炭被越来越多国家抛弃,主要有三个原因:一是能源密度较低,二是对环境污染大,三是二氧化碳排放量大。那么,今后的石油会不会成为现在的煤炭呢?完全有可能。如果今后天然气、可再生能源等替代性资源在交通运输、化工等领域的应用在中美两国以及其他国家都加快发展,并出现突破性进展,那么人们在交通运输等领域对石油的依赖就会越来越小,中美两国(以及其他国家)掉入石油陷阱的可能性也会越来越小。

可是,石油替代性手段的技术什么时候会出现突破?何时又会出现大规模商业化应用?是在几年之后呢?还是几十年之后?这些其实有巨大不确定性。

不确定性大的一个重要原因是,对一个国家来说,要实现石油替代性手段的技术和推广应用的突破,国家内部的制度设计非常重要。在有利的、稳定的制度和行业环境中,技术和商业模式的创新才能破土而出并茁壮成长。那么,什么是有利的、稳定的制度和行业环境呢?最关键的是在行业中良性的竞争能够持续,以及市场参与者之间的合作能够正常开展。

竞争与合作是两个相互对立又相互统一的概念。同一个行业里的两家公司,如果因为它们自身的原因,或者因为受到外部影响的原因[①],实力相差悬殊,两者之间不存在实质性的竞争,而且强大的一方可以把弱小的一方击败,甚至兼并后者,往往主观上和后者合作的意愿也低。这就是"打不死的对手才有可能成为合作伙伴"的道理。这个道理虽然简单易懂,但是一个国家、一个

---

① 比如一家公司得到政府的强力支持,而另一家公司完全没有。

开拓新边疆——世界资源格局是如何转换的？

社会、一个行业里，市场参与者之间充分、良性的竞争却经常得不到制度的保障，而且很难出现。

不同国家国运的差别源于它们重要产业的市场环境的好与坏。在历史上和现实中，由于各种各样的原因，多数国家的政府无法做到政策的一贯公平公开透明，市场参与者健康的竞合关系无法持续，社会信用体系也不健全，结果是社会财富无法被充分调动起来用于扩大再生产，资本不能被有效积累和充分利用，人们的创造力也不能得到充分发挥。①

在什么样的社会里，人类创造力能够像喷泉一般持续喷涌出来呢？最理想的情况是：没有绝对权力，没有强力裹挟，没有道德绑架，市场体系公平公开透明，信用体系可靠，金融市场发达，有大量金融工具把千千万万逐利的投资者的财富顺畅地转变为资本。而且，不管遭遇多么具有灾难性的经济危机、金融危机，市场至上等市场经济社会最基本的价值观念体系都能够屹立而不倒。

在建国之后，美国逐渐发展起强大和健全的金融体系，并有力地支持了它的能源等各行业的发展、壮大和不断升级。在过去几十年里，中国市场经济改革不断深化，塑造了能源等行业的大发展。

未来，中美两国的金融和信用体系能否继续确保逐利的投资者将他们的财富顺畅地转化为资本，而不受道德绑架或强权胁迫，确保市场的触角扩展到社会的每一个角落，触及每一个灵魂和每一个利益，确保在投资者财富增加的同时，不断实现社会化再生产的扩大和资本的积累，这些将从根本上决定中美两国以及全球资源替代性手段能否持续出现，以及出现的速度、影响的程度。

---

① 尤瓦尔·赫拉利的《人类简史》里提到16世纪西欧资本主义时期荷兰和西班牙国运的差别及其原因。西班牙的封建哈布斯堡（Habsburg）政权看似强大，但是没有也不会有信用精神，结果是其庞大帝国里的大量社会财富被王室或权贵以奢侈方式消耗掉，而没有变成资本投入社会扩大再生产，资本主义在西班牙找不到发芽和生长的土壤，虽然西班牙国王富有，国家却不富强。相反，荷兰虽然很小，但没有国王或皇帝利用其绝对权力搜刮财富，企业家可以通过发达的金融市场汇集国内甚至国外大量投资者的资金，投入到有利可图的事业中，包括创办东印度公司等企业，发展对美洲的贸易，以及进行对西班牙国王的战争，等等。西班牙国王和王室虽然富裕，但一个人和一个政权的财富毕竟总是有限的；一个普通荷兰企业家没有多少钱，但荷兰信用良好的金融市场可以汇集全荷兰甚至全欧洲的资金，具有非常强大的资金动员能力。两相比较，发达资本主义小国荷兰击败封建主义大国西班牙，也就不足为奇了。见尤瓦尔·赫拉利：《人类简史：从动物到上帝》（林俊宏译），北京：中信出版集团，2017年版，第299—302页。

(2) 中美应从缓解全球变暖焦虑出发,思考其石油战略

全世界对气候变化的焦虑随着二氧化碳排放量的持续增加而逐年加重。中国和美国是全球前两大能源消费国,2018 年它们的一次能源消费量的全球占比超过 40%;中美也是全球前两大二氧化碳排放国,2018 年它们排放量的全球占比达到 42.9%;美国和中国也是全球前两大石油消费国,2018 年它们石油消费量占全球总量的 1/3。① 中美两国会积极参与气候治理吗? 它们气候治理的进展将如何? 这些都会直接影响全球应对气候变化行动的效果,并关系到全世界关注气候变化的人士对全球变暖前景的焦虑会越来越加重呢? 还是会让他们对未来抱有越来越强大的信心? 而中美的石油等能源业未来的走向,尤其是包括石油在内的化石能源的替代性手段会在中美得到多大程度上的推广,将决定巴黎气候协定(Paris Climate Agreement)所确定的 2℃ 的升温上限目标能否实现。

中国政府对全球气候治理态度积极,它已经推出并不断完善应对战略。在中国的节能减排、应对气候变化战略中,处理与美国的关系、协调与美方的行动是关键。对中国政府而言,今后继续发展与美国(以及其他国家)在治理全球变暖等方面的合作意义重大,因为一方面这既能帮助本国更加有效地治理环境污染,另一方面还能让中美在气候变化治理方面取得的积极成果产生示范效果,外溢到两国关系的其他方面。

对中国来说,节能减排、应对气候变化是必须履行好的国际义务。中国作为世界最大的能源消费国,也是全球第一大二氧化碳排放国,在节能减排方面,承受着较大的国际压力。2009 年,中国超过美国,成为全世界最大的一次能源消费国,此后保持着这一地位,并且"领先"得越来越多。2018 年,中国的一次能源消费量达 32.74 亿吨标准油,远远超过居于全球第二位的美国的 23.01 亿吨,占全世界总量的 24%。这一比例超过中国人口在世界总人口中的占比,意味着中国的人均能源消费量已经超过世界平均水平。而且,未来由于中国的一次能源消费量的增速比世界能源消费量的增速更快,而中国的人口增速比世界人口的增速低,中国的人均能源消费超过世界平均水平的量还要增大。

---

① BP Statistical Review 2019 All Data.

开拓新边疆——世界资源格局是如何转换的？

美国在2007年即实现了碳排放达峰。结果,中国二氧化碳排放量逐渐把美国远远地甩在身后,并从2006年起稳居世界最大二氧化碳排放国,这让中国承受了特别大的减排压力。2018年,中国的二氧化碳排放量达到94.2亿吨,远超过第二大二氧化碳排放国美国的50.18亿吨。2018年中国的二氧化碳排放量的全球占比达28%,这一比例明显超过中国人口占世界总人口的占比。[①]

中国二氧化碳减排效果的前景也不明朗。2013年中国的二氧化碳排放量达到92.3亿吨,[②]之后3年(即2014—2016年),排放量连续下降,带动了全球二氧化碳排放量的回落,并引发了许多关心气候变化人士短时间的乐观情绪。然而,由于宏观经济增速反弹、化石能源消费量加快增长(其中煤炭消费量止跌回升,石油和天然气消费增长加快),2017年和2018年中国二氧化碳排放量连续增长,打破了2013年的历史纪录。[③]

二氧化碳排放主要由煤炭、石油等化石能源的消费产生。如果中国决心应世界其他国家的要求,有效减少二氧化碳排放,显然需要减少化石能源的消费,进而需要发展化石能源的替代性手段。

中国对减少化石能源的生产和消费有强烈的诉求,这与其说是急于减少二氧化碳排放,并为全球气候变化治理做贡献,不如说急切地试图治理环境污染,以应对国内民众对政府施加的越来越大的环境治理的压力。[④] 主要的化石能源中,煤炭和石油对气候变化的"贡献"最突出,同时对空气污染的"贡献"也最突出。因此,中国政府在治理空气污染和应对气候变化方面可以实现一箭双雕。但是,近年来在中国国内,民众对全球气候变化的关心和忧虑远不及对空气污染,相应地对政府施加的压力也不在一个数量级上。正因为如此,中国政府在燃煤和燃油污染治理方面下了很大工夫、做了很多工作,在这个过程中,发展出较多的煤炭和石油的替代性手段。煤炭方面暂且不论,近年来中国政府积极地在提高汽车燃油效率、汽柴油品质升级、限制燃油汽车数量增长、治理船舶对港口以及沿江沿海地带的污染等方面做了大量工作,从不同方面起到了替代石油消费的作用。

[①②③] BP Statistical Review 2019 All Data.
[④] 西方发达国家也曾经历过这个阶段,民众对空气等污染的关心远远胜过对全球变暖的关注。而且从一定程度上说,西方国家还没有完全走出这个阶段,许多民众,尤其是一些空气质量波动的大城市民众,仍然关心空气污染对其身体健康的影响胜过全球变暖对其子孙后代福祉的影响。

页岩革命爆发后,美国天然气供应过剩逐年加重,并导致天然气价格的下跌以及天然气消费对煤炭消费的替代。2005年和2006年,美国煤炭消费量分别为5.74亿吨和5.66亿吨油当量,均高于天然气消费量(分别为5.69亿吨和5.6亿吨油当量)。但是,到2018年,美国煤炭消费量已下降到3.17亿吨油当量,仅为当年天然气消费量的45%左右。① 天然气排放的二氧化碳量低于煤炭,结果美国的二氧化碳排放量连续下降(见图7-1)。美国的减排结果不是美国政府的减排政策结下的硕果,而是不同能源品种(天然气、煤炭)的供求关系变化趋势的不同,以及电力公司等能源消费者"用脚投票",在天然气和煤炭消费中做出各自选择的集体结果。这是与中国、欧洲、日本等国家和地区所采取政策不同的减排路径。但无论如何,对全球气候治理来说,世界第二大排放国美国的二氧化碳排放量下降都是值得庆祝的大事。

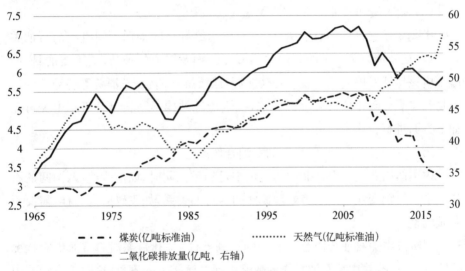

图7-1 美国煤炭和天然气消费量以及二氧化碳排放量

注:煤炭和天然气消费量的单位是亿吨油当量,碳排放量单位是亿吨。
资料来源:BP Statistical Review 2019 All Data.

然而,美国碳排放量的下降和高碳能源消费量的减少,并不是不可逆的。特朗普不承认全球变暖。他在2017年1月担任美国总统后,采取的一些政策

---

① BP Statistical Review 2019 All Data.

与应对气候变化背道而驰。比如,2017年6月1日,他宣布美国退出《巴黎气候协定》。又如,2017年3月,特朗普签署一份名为"能源独立"的行政命令,其中最重要的内容是要求"修改或废除"原定于2022年生效的《清洁电力计划》(Clean Power Plan,CPP),同年10月10日,美国环境保护署(EPA)署长斯科特·普鲁特(Scott Pruitt)签署文件,正式宣布将废除《清洁电力计划》。① 该计划由奥巴马政府发布,意在限制美国燃煤电站的发展。

预计特朗普政府统治时期,还会有更多有利于高碳能源发展以及不利于应对气候变化的政策出台,美国二氧化碳排放量快速下降的趋势或许将暂时出现变数。不过,从长期看,美国能源结构优化的历史进程不会被一位美国总统或其他重要政治领导人扭转。美国天然气产量和消费量今后还会大幅增长,而煤炭产量和消费量会逐渐减少。

(3)中美缓和石油关系之道

中美要发展良性的石油关系,不仅要始终好好呵护两国间直接的石油关系,以及在处理与第三国的石油关系应充分顾及对方的关切,更重要的是,两国都应该持续发展高效的石油替代能源,以缓解石油生产、消费等各环节的污染物和二氧化碳排放对环境的影响,推进能源结构不断转型升级。中美可在如下方面进行合作。

第一,中美应完善它们之间的石油合作渠道。

中美两国在世界石油业中的地位举足轻重。同时,如前所述,两国间的石油关系在持续变化中。中美处理彼此间的石油关系,如飞碟射击一样,需要不断做调整。

现阶段中美石油合作有一些新的有利条件,尤其是美国的石油供应状况持续改善,意味着中美石油合作的战略纵深持续扩大。不过,这并不意味着中美两国政府和石油界可以高枕无忧,良性的石油关系会自然而然地保持。中美双方都应该有意识地通过良性的沟通和协调,经营好彼此间石油关系。

比如,中美两国间在战略石油储备(Strategic Petroleum Reserve,SPR)的调整上,应该保持良好的沟通和协调。美国不是世界最早建立战略石油储

---

① 林小春:"特朗普政府正式宣布将废除《清洁电力计划》",http://www.xinhuanet.com/world/2017-10/11/c_1121786263.htm,2017年10月11日,2018年2月11日访问。

备的国家,但近 40 年来一直保有全球最大的战略石油储备。第一次世界石油危机之后,西方国家为了协调各国的石油政策,以集体行动维护各国石油安全,于 1974 年在经济合作与发展组织(Organization for Economic Co-operation and Development,OECD)的框架下设立国际能源署,并决定国际能源署各成员国都应该建立不低于 90 天石油净进口量的战略石油储备。美国政府于 1976 年开始在其墨西哥湾沿岸建设战略石油储备基地。1977 年 7 月 21 日,在庆祝战略石油储备首次注油的仪式上,卡特(Jimmy Carter)总统的能源顾问詹姆斯·施莱辛格(James R. Schlesinger)[1]和路易斯安那州州长埃德温·爱德华兹(Edwin Edwards)共同打开阀门,41.2 万桶的沙特阿拉伯轻质原油流入 West Hackberry 的盐溶洞,这是美国战略石油储备投运的开端。一年之后,战略石油储备的首批基地共储存了 3 250 万桶的原油。[2] 之后美国的战略石油储备数量逐渐增加,到 2011 年,升至约 7.3 亿桶的历史峰值。

之后随着页岩革命的爆发,美国石油产量连年增长,战略石油储备对美国的重要性逐渐下降。美国社会逐渐出现大幅减少战略石油储备的呼声,并最终变成现实。2005 年美国能源政策法案曾经要求,美国能源部逐渐扩大战略石油储备至 10 亿桶的总量。不过,到 2011 年,美国国会取消了对扩大战略石油储备的资金支持,等于废除了 2005 年立法提出的扩大储备至 10 亿桶的决定。2014 年 10 月,美国国会下属负责监督联邦政府规划支出的政府问责局(Government Accountability Office,GAO)正式建议削减战略石油储备,称近年来随着美国石油进口量不断降低,当前战略石油储备总量已超过实际需求。报告还指出,美国能源部也赞同削减战略石油储备量的观点。[3]

2015 年 11 月 2 日,奥巴马总统正式签署"2015 两党预算法案"(H.R. 1314),根据该法案,美国能源部将在 2018—2025 年的 8 年,共提取并出售 5 800 万桶战略石油储备(2018—2021 年每年出售 500 万桶、2022 年出售 800 万桶、2023—2025 年每年出售 1 000 万桶)。通过出售战略石油储备,国会预算办公

---

[1] 当年 10 月,卡特总统任命施莱辛格出任能源部长,后者从而成为卡特政府的第一任能源部长,也是美国历史上的第一位能源部长。
[2] Bruce A. Beaubouef, *The Strategic Petroleum Reserve: U. S. Energy Security and Oil Politics*, *1975-2005* (College Station, Texas: Texas A&M University Press, 2007), p.60.
[3] 薛世华:"美国减少战略石油储备要算经济账",《中国石化报》,2017 年 8 月 25 日,第 5 版。

开拓新边疆——世界资源格局是如何转换的？

室预计可以筹资超过 50 亿美元。根据法案，在 5 800 万桶的战略石油储备销售收入中，20 亿美元将被用来建立"能源安全和基础设施现代化基金"。除此之外，战略石油储备的销售收入还将用来应对美国国防、社会保障、医保等方面的支出增加。①

为了进一步改善财政状况，美国国会和政府在 2016 年 12 月决定扩大出售规模。根据当时奥巴马总统签署的《21 世纪治愈法案》(21st Century Cures Act)，美国在未来 3 年将售出 2 500 万桶战略储备原油，其中 2017 年将出售 1 000 万桶。所得收入将存入美国财政部，作为医疗研究的经费来支持美国国立卫生研究院的创新项目。2017 年 1 月，壳牌石油公司(Shell)买入 620 万桶储备原油，美国炼油企业菲利普斯 66(Philips 66)公司买入 20 万桶。

特朗普就任总统后，美国政府把战略石油储备当成提款机的趋势更加明显，出售储备的步伐加快。2017 年 2 月，美国能源部表示将在当月底再出售 1 000 万桶战略储备原油②，这意味着 2017 年的原定出售量被早早地突破了。同年 5 月 22 日，白宫公布的预算方案中提出，自 2018 年 10 月开始逐渐出售该国一半的战略石油储备，以筹措约 166 亿美元。③ 当时美国的战略石油储备总量为 6.88 亿桶。如果用 10 年时间出售一半的话，平均约为 9.5 万桶/日，相当于美国当时石油产量的 1%。④

2018 年 2 月，为避免联邦政府关门，美国能源部门将在已有出售规模的基础上，2022 年起再出售 1 亿桶战略石油储备原油，分解为：2022—2025 年期间出售 3 000 万桶原油，年均 750 万桶；2026 年和 2027 年则每年出售 3 500 万

---

① 徐洪峰："美国未来八年内抛售 5 800 万桶战略石油储备，这是怎么回事"，http://www.thepaper.cn/newsDetail_forward_1392998，2015 年 11 月 5 日，2018 年 2 月 12 日访问。
② 王如君："美国扩大出售战略储备原油"，《人民日报》，2017 年 2 月 14 日，第 22 版。
③ 该计划公布后，有美国能源专家认为，美国政府应该继续向前走，卖掉所有的战略石油储备，因为期货市场的发展已经让战略石油储备过时了。见 Philip Verleger, "Sell oil reserve", at https://www.usatoday.com/story/opinion/2017/05/30/sell-strategic-reserve-president-trump-editorials-debates/102328286, May 30, 2017, accessed on February 13, 2018.
④ 老任："特朗普提议出售美国一半战略石油储备"，http://world.people.com.cn/n1/2017/0524/c1002-29296753.html，2017 年 5 月 24 日，2018 年 2 月 13 日访问；Matt Egan, "Trump wants to sell half of emergency US oil reserve", http://money.cnn.com/2017/05/23/investing/strategic-petroleum-reserve-trump-budget-us-emergency-oil/index.html, May 23, 2017, accessed on February 13, 2018.

桶。粗略估算,到2027年美国战略石油储备数量将在2017年初6.95亿桶的基础上减少5.27亿桶,缩减到仅仅1.7亿桶的水平。

从实际变化看,美国战略石油储备量从2017年3月初开始下降。2015—2016年,美国战略石油储备数量稳定在6.95亿桶。但是2017年3月的第一周,储备量下降了25.1万桶,这个数量不算很大,但是它只是美国政府重大政策变化的执行的开始,从2017年3月至年底,共减少3 132.8万桶,至6.64亿桶(见图7-2),减幅达到4.5%,而且远远超过2016年12月奥巴马政府《21世纪治愈法案》中提出的1 000万桶的计划。

图7-2 美国战略石油储备量(单位:亿桶)

资料来源:Energy Information Administration, "Weekly U. S. Ending Stocks of Crude Oil in SPR", https://www.eia.gov/dnav/pet/hist/LeafHandler.ashx? n = PET&s = WCSSTUS1&f = W, June 12, 2019, accessed on June 15, 2019.

虽然今后美国战略石油储备很可能会大幅减少,但是预计美国仍然能够满足国际能源署的储备义务,因为美国页岩油产量大增,导致美国石油净进口量减少。到2027年,即使美国战略石油储备降到1.7亿桶,估计也将超过其90日石油净进口量的水平。

而如果未来美国从石油净进口国摇身变为净出口国,那么它将不用承担国际能源署的储备义务。美国甚至没必要继续留在一个由石油净进口国组成的国际组织中。

开拓新边疆——世界资源格局是如何转换的？

中国战略石油储备的动向则与美国正好相反。在美国逐渐减少战略石油储备的同时，中国战略石油储备的数量大幅增加。展望未来，与美国储备数量继续减少的趋势相反，中国还会继续增加储备数量。

1993年，中国在30年之后重新成为石油净进口国。1994年，国内就有研究者提出中国应利用当时国际油价低的有利形势，建设战略石油储备。之后，中国更多的研究者呼吁尽快建设战略石油储备。2001年3月15日，第九届全国人民代表大会第四次会议批准的国家"十五"计划中规定，在"十五"期间，中国将建立国家石油战略储备。之后不久，中国政府宣称计划使战略石油储备的规模在2005年达到600万吨，2010年达到1500万吨。不过，中国真正开始战略石油储备建设的时间是在2004年，2006年8月中国才开始向镇海基地注油。① 2014年11月，国家统计局首次公开中国战略石油储备数量，国家石油储备一期工程四个基地（舟山、镇海、大连和黄岛）总储备库容为1640万立方米，储备原油1243万吨，不及计划中2010年的储备量。其中，舟山国家石油储备基地库容为500万立方米，储备原油398万吨。镇海国家石油储备基地库容为520万立方米，储备原油378万吨。大连国家石油储备基地库容为300万立方米，储备原油217万吨。黄岛国家石油储备基地库容为320万立方米，储备原油250万吨。②

近些年来中国战略石油储备建设加速。2017年5月，中国商务部表示，到2016年年中，中国建成舟山、舟山扩建、镇海、大连、黄岛、独山子、兰州、天津及黄岛国家石油储备洞库共9个国家石油储备基地，利用上述储备库及部分社会企业库容，储备原油3325万吨。③ 2017年底，中国国家统计局表示，至2017年年中，中国利用9个国家石油储备基地以及部分社会企业库容，共储备原油3773万吨。这较2016年年中的储备水平多出448万吨。④ 显然，2014年之后，是国际油价相对较低的几年，也是中国战略石油储备高歌凯进的新

---

① 王海滨、李彬："中国对能源安全手段的选择与新安全观"，《当代亚太》，2007年第5期，第24—25页。
② 江旋："我国1243万吨战略石油储备首次公布：仅约为16天进口量"，http://energy.people.com.cn/n/2014/1124/c71661-26079980.html，2014年11月24日，2018年2月13日访问。
③ "我国原油储备增至3325万吨 已建成9个国家储备基地"，http://news.cnpc.com.cn/system/2017/05/04/001645517.shtml，2017年5月4日，2018年2月13日访问。
④ "统计局：中国九个国家石油储备基地截至2017年中储备原油3773万吨"，http://hk.jrj.com.cn/2017/12/29194923874227.shtml，2017年12月29日，2018年2月13日访问。

时代。

展望未来,中国政府计划继续推进战略石油储备建设,主要在西部地区建设第三期战略石油储备基地,且计划在 2020 年左右完成二期项目的收储,之后还将继续扩大储备。① 这意味着今后若干年内,中美两国战略石油储备计划正好相反,一个要增加储备,另一个要减少储备。中国石油储备目标已经很明确:要参照国际能源署的标准,最终建成相当于 90 日石油净进口量的规模。这将意味着多少储备量呢?国际能源署估计中国石油消费量将在 2030 年前后基本达峰,会在 1 540 万桶/日,即 7.7 亿吨/年,而届时中国石油产量预计为 330 万桶/日,合 1.65 亿吨/年。② 到时候中国石油净进口量会超过 6 亿吨/年。意味着需要保有至少 1.5 亿吨的战略石油储备。如今中国的储备量不到 4 000 万吨,那么今后 10 多年里,如果要完成储备目标,中国需要再增加 1.1 亿吨储备量,储备地点会既包括国家石油储备基地,也包括社会库容。③

假设 2030 年美国把现存 6.6 亿桶左右的战略石油储备全部出清,同时中国完全达到增储 1.1 亿吨(即 7.7 亿桶以上)的目标。中美两国的动向加起来,还是会增加而不是减少世界石油市场中的需求。

本来,中美石油储备走向相反,并不一定会出什么大事,关键是两国一定要相互协调好各自推进计划的节奏,以及做好其他方面的协调和沟通,尽量避免双方的步调严重不一致而出现彼此间的误解以及世界石油市场的紧张。比如,迄今中国政府的增储计划被视为国家机密,透明度很差,与国内国外的沟通协调严重缺乏。之所以如此,是中国政府担心自己的增储计划一旦公布,国际投机资本会借此拉高油价。这样的顾虑完全可以理解。但是实践证明,这样做的效果不一定好。近年来,由于中国一方面在大量增加战略石油储备,另一方面又完全不透露未来的增储计划、日程和"天花板",这些不确定性不但没有打击,反而助长了投机资本在国际原油市场上炒高油价。④ 相反,如果中国政府今后能在战略石油储备上的重要动向(如增储和释储等)改善对内对外的

---

① "中国把战略石油储备收储完成期推迟至 2020 年之后",http://finance.ifeng.com/a/20160307/14255381_0.shtml,2016 年 3 月 7 日,2018 年 2 月 13 日访问。
② Internatioanl Energy Agency, *World Energy Outlook 2017*, pp.163, 186.
③ 参见冉永平:"为什么要搞商业石油储备",《人民日报》,2015 年 2 月 2 日,第 2 版。
④ "英媒:中国战略石油储备支撑全球市场",http://news.cnfol.com/chanyejingji/20170821/25194682.shtml,2017 年 8 月 21 日,2018 年 2 月 14 日访问。

沟通，那么可以减少石油市场中不必要的不确定因素，而在战略石油储备方面提高透明度的一个重要内容是加强在储备动向和政策方面与美国的沟通和合作，避免中美双方在战略石油储备方面在特殊时期的迎头相撞。刚开始，中国政府在战略石油储备的对内对外沟通可以是比较粗线条的，但必须迈出有意义的、实质性的步伐，之后再逐渐把沟通、协调等工作做得更细。

第二，中美应该持续深化合作开发石油替代性手段。

石油替代性手段的开发、应用和推广难免会遇到成本、技术和市场等不利因素的阻碍。只有在有利的政策和市场环境中，有足够多的人力、物力和财力的持续投入，人们的创造力充分发挥，替代性手段应用的盈利水平稳定、可接受，石油替代性手段才会蓬勃发展。而要做到这些，政府、企业界等相关各方需要做出持续和艰苦的努力。除此之外，还要警惕和应对传统生活方式、"不具创造性的破坏"即伪创新等各种因素的负面影响。

中美两国今后在石油替代性手段开发方面可以做的事情很多，其中尤应侧重在非常规油气资源开发、电动交通运输工具、节约用油等方面进行更加深入的合作，并在合作过程中把握好方向，确保不受到一些不利因素的过度影响，保证中美在发展各种石油替代性手段的合作方面基本"不脱轨"。

首先，非常规油气资源是石油替代性手段中的一种，它们从供应方面替代常规石油，有助于缓解中美两国以及全球石油供应紧张。中美扩大在非常规油气资源开发和利用方面合作的空间广阔。迄今比较突出的合作是一些中国能源公司参与美国页岩油气等非常规油气的开发，以及中国公司与美国合作伙伴签订贸易合同，进口大量美国非常规油气。美国的一些石油公司和哈里伯顿（Halliburton）和贝克休斯（Baker Hughes）等油服公司有全球最先进的页岩气开发技术和最丰富的开采经验，而中国四川盆地等地区的页岩资源量巨大。[①] 虽然美国公司已小规模参与中国四川盆地的页岩气开发，但是参与程度还非常有限，同时中国页岩气生产发展至今，产量规模也很有限。中美两国理应把中国丰富的页岩气资源和美国先进开发技术很好地结合起来。

---

① Energy Information Administration, "Technically Recoverable Shale Oil and Shale Gas Resources: An Assessment of 137 Shale Formations in 41 Countries Outside the United States", June 2013, accessed on February 14, 2018.

第7章 中美能源关系将长期和缓

从全球应对气候变化的大局出发,中美也应该在页岩油气资源开发方面加强合作。两国都面临着减少二氧化碳排放的巨大压力,用低碳能源替代包括石油在内的高碳能源势在必行。美国近几年二氧化碳排放量大幅下降,减排压力暂时缓解,页岩革命效果的外溢是主要原因。不过,"一鼓作气,再而衰,三而竭",随着时间的推移,美国页岩革命效果的边际影响一定会逐渐减弱。

作为世界头号二氧化碳排放国,中国的碳减排压力显然更加沉重。2018年,中国排放了94.2亿吨二氧化碳,比第二至第四大排放国美国、印度和俄罗斯的排放量加起来还要多。[①] 为了减少二氧化碳排放、治理空气污染,中国政府正在大力推进煤改气,即努力在压减煤炭消费的同时,增加天然气消费。在天然气消费严重依赖进口的状况下推进"气化中国",就如同把大楼建设在沙丘上,必然不可持续。在促进国内天然气消费的同时,也必须努力发展国内天然气生产,包括加力开发页岩气等非常规天然气资源。鉴于中国煤炭消费对全球二氧化碳排放的"贡献"巨大,如果今后中国页岩气大幅增产,并强力冲击其煤炭消费,大大加快"煤国王"在中国能源市场中的退位,那么中国页岩气事业会对全球气候变化治理做出巨大贡献。

不过,到现在为止,因为存在不小的制度障碍,还无法达到这两者的完美结合。一个主要的制度障碍是页岩资源的探矿权和采矿权牢牢地掌握在中石油和中石化两家公司手中。虽然页岩气被中国国土资源部确定为独立矿种,矿权名义上不受中石油和中石化控制,但是由于页岩油气资源丰富的地区,常规油气资源通常也丰富,而国内常规油气富聚区的矿权早已被政府划归中石油和中石化。结果,页岩油气资源丰富的地区早已是两家石油公司的地盘,其他公司,无论是国内公司还是国外公司,根据现有的制度设计,根本没有机会"染指"。

在中国国内扩大和深化与美方在非常规油气资源开发利用的一个重要前提是,中国油气资源的上游领域即勘探开发领域必须尽快打破垄断、放松管制,也实施"能者上庸者下"的制度,完善油气资源区块的获取和退出机制,大幅提高资源的持有成本,让能源公司有足够强的压力和动力,加快中国非常规

[①] BP Statistical Review 2019 All Data.

开拓新边疆——世界资源格局是如何转换的?

(以及常规)油气资源的开发利用。体制搞活后,通过发展与包括美国在内的其他国家的深度合作,并深入挖掘国内的技术(包括能源互联网技术)、管理等资源,中国油气行业也很有希望在国内复制页岩革命。①

其次,在替代性能源利用方面,中美应该和世界其他国家一起,重点推进电动工具在交通运输领域对石油的替代。目前中国电动汽车、电气化铁路和城市轨道交通的应用规模远远大于美国,在全球范围内也位居前列。不过,不论是在技术还是在制度设计等各方面,中国都曾经和正在从美国汲取力量。比如,2017年中国中央政府推出汽车"双积分"(乘用车企业平均燃料消耗量积分与新能源汽车积分)政策,明显借鉴了美国碳排放交易制度、燃料乙醇发展机制和加利福尼亚州的 ZEV 等制度。反过来,中国电动交通运输工具运行积累了丰富数据,可以在一定条件下为包括美国在内的世界各国共享。

虽然发展程度不一,但中美深入发展电动交通运输工具都有一本难念的经。比如,近些年来,中国采用自上而下的路径,推进电动汽车的发展,运用高补贴政策以及限行限购管制政策的组合,"打造"出全球最大的电动汽车市场,并成为电动汽车发展的超级大国。但是,在政府补贴逐渐退坡之后,中国电动汽车产销量的高速增长能否继续,需要打上一个大大的问号。除了高度依赖政府补贴外,中国电动汽车的发展还受制于保护主义政策。保护主义政策的形式"包括但不限于设置地方目录或备案、限制补贴资金发放、对新能源汽车进行重复检验、要求生产企业在本地设厂、要求整车企业采购本地零部件等措施"②保护主义政策会导致各地垄断的滋生和蔓延,扼杀正当的市场竞争,削弱电动汽车生产商、动力电池生产企业等不断进行技术创新的积极性,制约电动汽车质量的提升和性价比的提高,最终阻碍电动汽车事业的持续发展。

美国发展电动交通运输工具有其优势。它主要通过自下而上的路径,依靠特斯拉(Tesla)等先进公司的带动来发展电动交通运输。这种模式有其可取之处,其发展的韧性更强。但是,美国社会对石油"上瘾"已久,这严重限制

---

① 王海滨:"世界能源格局变化以及中国的应对",《新华月报》,2018 年第 13 期,第 121 页。
② "关于调整完善新能源汽车推广应用财政补贴政策的通知",http://jjs.mof.gov.cn/zhengwuxinxi/zhengcefagui/201802/t20180213_2815574.html,2018 年 2 月 12 日,2018 年 2 月 15 日访问。

了其电动交通运输工具的发展空间。在制度方面也有不利因素。石油公司、汽车公司在美国联邦和地方政府的政策制定中有很大话语权,它们有很强的意愿和动力让美国尽可能长地留在石油时代。它们不仅有意愿和动力,而且有足够强的活动能力,通过游说等方式影响政府的决策。

除了社会和政府政策等方面的阻碍因素外,中美在发展电动交通工具的道路上会不断遭遇技术难题。比如,和电力机车、城市轨道交通系统不同,从爱迪生时代直到现在,100多年来,电池问题是制约电动汽车发展的重要因素。20世纪90年代至今,锂离子电池成为电动汽车的主要动力电池,使电动汽车续驶里程的前景明亮起来。然而,这并不意味着电动汽车动力问题就一劳永逸地解决了。一方面,汽车动力电池的发展水平还不够先进,在没有补贴等政策支持的时候,总体上电动汽车还无法与燃油汽车竞争;另一方面,锂离子电池的发展又会带来新的技术、成本问题,需要人们设法予以解决。其中一个突出问题是近年来动力电池原料钴矿供不应求,价格大涨,进而产生了用其他更廉价的金属去替代钴的迫切需求。

目前三元锂电池正在替代磷酸铁锂、锰酸锂等电池,成为主流的动力电池。钴是三元锂电池中的原料之一。近年来中国电动汽车规模的快速扩大和美国、挪威等国家电动汽车的较快发展,导致全球钴矿需求猛增。钴矿资源量相对有限,近年来供应量的增长较慢,结果钴矿供求关系越来越紧张,金属钴价格大涨,动力电池生产企业的原料成本大增。根据美国地质调查局(USGS)统计,2016年钴全球储量为700万金属吨(金属吨指各类矿产资源中所含有的某种特定金属的质量),其中刚果(金)储量达340万金属吨,占总储量的48.6%。刚果(金)基建水平落后,能源匮乏,政府治理水平低,再加上粗加工的钴要从刚果(金)运往南非出口,供应中断的风险大。

各动力电池生产企业不得不设法确保在电池的性能不下降的前提下,用更便宜的原料去替代对钴的需求。目前最主流的替代方案是高镍方案,即提高原料组合中镍的比例,降低钴的占比,以实现镍对钴的部分替代,但不是完全替代钴的使用。镍矿资源丰富,在地球中的含量仅次于硅、氧、铁、镁,居第五位。金属镍的价格远低于金属钴。因此动力电池生产企业纷纷尝试提高原料组合中镍的占比。比如,目前镍钴锰电池中,根据三者的用量比例,可细分为111型(即镍、钴、锰在原料组合中的比例是1∶1∶1,下同)、523型、622型和 811 型等。目前主要以 111 型、523 型为主,未来将向 811 型过渡。①

然而高镍电池生产并不容易。由于和钴不同,镍是活性金属,随着三元中镍含量的提升,材料的结构稳定性降低,导致循环寿命和安全性大幅降低。镍比例越高,整个正极材料的热稳定性就越差。在遇到高温、外力冲击等情况,高镍电池会存在安全隐患。而高镍电池充电时产气会导致电池鼓胀也是一大问题。此外,高镍三元材料在电池组装时不能接触空气,需要纯氧氛围,这对厂房、设备和生产工艺等都提出了较高要求。②

中国的动力电池产量目前已是世界第一,但是优质产能不足,低端产能过剩严重。生产技术与日本、美国等发达国家的优质企业仍然有差距。中国企业应该努力寻求与美国以及其他发达国家的先进企业在高镍电池③以及动力电池的其他重点领域加强技术合作。

能源节约也是资源替代性手段的一种。任何能源节约成功的前提是它不能牺牲或降低能源消费者的消费感受,只能提高而不能降低社会福利水平(包括只能提高而不能降低人们消费的效费比以及感受到的便利程度)。通过强制手段让人们被动减少能源消费,比如通过强制性的配额制度让人们的能源需求无法得到满足,效果都无法持久。短期内能源消费量可能明显减少,但之后消费量常常会报复性反弹。

石油消费节约的重点领域之一是不断提高汽车燃油经济性。中美应该努力排除政治阻力,分别推进 CAFC 和 CAFE,并加强彼此间的协调。中国 CAFC 的发展有很大的推进空间。2004 年以来,中国政府提出的燃油消费量标准越来越高。但是,中国的 CAFC 曾经是"一头没长牙齿的老虎"。"在过去很长时间里,中国政府都没有执行特别严格的排放标准",政府每年都记录各车企的燃油经济性状况,但除此之外,做得并不多。直到 2018 年初,中国政府终于使出"大杀器",根据对 CAFC 的测算,要求 500 多款车型停产。④ 这一动

---

① 何英:"高镍成动力电池进化方向",《中国能源报》,2018 年 1 月 29 日,第 9 版。
② 陈亮:"钴价年内翻番,千亿汽车电池市场地震",《财经》,2018 年第 1 期,第 103 页。
③ 当然,高镍方案可能因存在目前尚未被充分认识的缺陷,而在今后被其他解决方案替代。这既不可怕,也很正常。在人类历史上,人们受到某个资源或其他方面问题的困扰,设法找出解决方案,但是后来又发现解决方案也有问题,需要找到解决方案的解决方案……在一个个方案的实施中,社会经济得到发展,科学技术被提高。
④ "为节能减排,中国决定停产 500 款汽车型号!", http://auto.caijing.com.cn/2018/0105/4389472.shtml,2018 年 1 月 5 日,2018 年 2 月 17 日访问。

向标志着中国政府汽车政策战略性的变化：中国政府要求汽车工业切切实实地加快向更加低碳、清洁的方向转变。而这一战略实施的推进有大量的工作要做，决定了中国CAFC工作的发展空间巨大。

美国的企业平均燃油经济性比中国的差，更不及欧洲和日本。汽柴油价格便宜让美国车主偏爱大排量汽车，而在美国市场销售汽车的公司必须迎合消费者的这种偏好，这是主要原因。此外，如前所述，在民主党和共和党轮流执掌美国政权的过程中，美国CAFE政策会出现前后跳跃，这方面最近的一个例子就是特朗普政府计划在奥巴马政府政策的基础上向后退，降低原定的燃油经济性奋斗目标，这是美国内外各重要汽车公司等既得利益集团游说、施压所致，而这结果也让汽车公司欢呼雀跃。然而，这却是美国汽车业向清洁化、高效化进军途中的倒退。让美国汽车业重新回到前进的正途，需要付出艰辛努力。

在提高汽车燃油效率方面，中美间应建立更多、更有效的工作机制，包括建立和经营更多的沟通、合作渠道，并让已有的相关非政府组织（NGO）更好地在两国发挥建设性作用。通过各种合作机制，中美双方可以充分学习、借鉴和内化对方的工作经验，并深入了解对方工作受挫的原因和教训，并借此有效避开工作中的雷区、绕开险滩。

第三，中美携手，共同应对石油替代道路上的各种挑战。

在应对气候变化的宏大背景中，作为一种碳排放量较多的化石能源，石油逐渐被替代是历史必然。然而，未来石油消费被替代的过程不可避免会比较曲折，时间也会较长。政治因素、人们固有生活方式等因素会牵制"去油化"的进程。

政治因素会牵制石油消费被替代的进程，与石油消费密切相关的利益集团自然会组织起来减缓社会向后石油时代的过渡。人类进入石油时代的时间不长：1859年人类才开始对石油进行较大规模的工业化开采，距今不过约160年；20世纪60年代，石油超越煤炭，成为世界最重要的一次能源，距今不到60年。然而，在这不长的时间里，许多与石油相关的行业蓬勃发展起来，并形成众多既得利益集团。它们通过各种方式向各国政府施加压力，以拖延和阻碍世界向后石油时代转变的进程。

在美国，这方面的一个突出例子是前面已提到的加利福尼亚州ZEV的逐渐没落。美国汽车公司等既得利益集团拒绝接受零排放汽车时代，并向加利

开拓新边疆——世界资源格局是如何转换的?

福尼亚空气资源委员会等政府机构施压,迫使加州政府逐渐"缴械投降",让ZEV计划变成实质上的一纸空文。

ZEV给中国政府提供了殷鉴。中国政府2017年出台的企业平均燃油消费量积分和新能源汽车积分的"双积分"政策较多地参考和借鉴了ZEV,但是中国政府和社会需要警惕,让ZEV效力渐弱的力量会不会也在中国"发威"。

2017年9月27日,中国工信部携手财政部、商务部、海关总署、质检总局(全称国家质量监督检验检疫总局)正式发布了《乘用车企业平均燃料消耗量与新能源汽车积分并行管理办法》,[①]即"双积分"政策。在正式发文前,"双积分"政策曾经历过两轮征求意见。与之前的征求意见稿相比,正式发文做出了妥协,一个主要表现是实施时间名义上推迟了一年,但事实上推迟了两年。

关于新能源汽车积分,该管理办法第17条规定:"对传统能源乘用车年度生产量或者进口量不满3万辆的乘用车企业,不设定新能源汽车积分比例要求;达到3万辆以上的,从2019年度开始设定新能源汽车积分比例要求。2019年度、2020年度,新能源汽车积分比例要求分别为10%、12%。2021年度及以后年度的新能源汽车积分比例要求,由工业和信息化部另行公布。"如果2019年和2020年,国内燃油乘用车销售量将分别达到2 500万辆和2 600万辆,根据该管理办法所规定的10%和12%的比例计算,将分别产生250万和312万个新能源汽车负积分。国内新能源汽车主要分纯电动汽车和插电式混合动力汽车。销售一辆混合动力汽车产生2个新能源汽车正积分;国内市场中的纯电动车的续驶里程都超过100千米,按公式计算,销售一辆纯电动车产生的积分都超过2分。因此,一辆新能源汽车产生的积分最低值是2分。目前,纯电动汽车最长的续驶里程是500千米,如果2020年前所有电动汽车的续驶里程仍保持在500千米及以下,那么一辆纯电动汽车产生积分的最高值就是6.8分。根据最低2分、最高6.8分的区间计算,为了抵消新能源汽车负积分,2019年国内车企需要完成的新能源汽车销售量在36.8万辆至125万辆之间,在全国乘用车总销量中的占比在1.5%至5%之间。2020年会在45.9万辆至156万辆之间,占比在1.8%至6%之间(见表7-5)。

[①] "乘用车企业平均燃料消耗量与新能源汽车积分并行管理办法",http://www.miit.gov.cn/n1146290/n4388791/c5826378/content.html,2017年9月27日,2018年2月21日访问。

表 7-5　2019—2020 年中国新能源积分要求的新能源汽车销量(万辆)

		2019 年	2020 年
国内乘用车总销量		2 500	2 600
混合动力		125	156
纯电动车续驶里程(千米)	200	78.1	97.5
	300	56.8	70.9
	400	44.6	55.7
	500	36.8	45.9

注：表中的新能源汽车销量都是在假定只销售一种新能源汽车(而完全不销售其他里程或种类的新能源汽车)的基础上计算得出。

本来,在征求意见稿中,规定 2018 年度乘用车企业的新能源汽车积分比例要求为 8%。但在收到"多方反馈意见"后,中国政府取消了对 2018 年的比例要求,这意味着多给了车企一年的准备时间。另外,最终发文的第 28 条规定:"乘用车企业 2019 年度产生的新能源汽车负积分,可以使用 2020 年度产生的新能源汽车正积分进行抵偿。"这意味着,这两年的积分情况是合起来考核的,所以即使到了 2019 年,车企的新能源汽车销售压力还可以推到第二年,直到 2020 年车企才会承担较大压力。

可见,该管理办法对新能源汽车积分的要求实际上较温和。而且,它还为车企设立了两年过渡期,进一步缓和这方面要求对汽车行业和石油市场的短期影响。之所以这么温和,与国内外汽车公司等利益集团的压力有关。

比如,2017 年 6 月 13 日第二轮征求意见稿发布后,美国汽车政策委员会(American Automotive Policy Committee,AAPC)、欧洲汽车制造商协会(European Automobile Manufacturers Association,ACEA)、日本汽车制造商协会(Japan Automobile Manufacturers Association,JAMA)和韩国汽车制造商协会(Korea Automobile Manufacturers Association,KAMA)全球四大汽车协会联合向工信部致信,要求中国政府延迟或放宽执行"双积分政策"。[1]

这次"双积分"政策的实施节奏受到了汽车公司的影响,而今后中国政府

---

[1] 王海滨:"石油行业仍具投资价值",《中国投资》,2017 年第 21 期,第 62 页。

开拓新边疆——世界资源格局是如何转换的？

向电动汽车社会的进军,很难避免会继续受到国内外汽车公司、石油公司等利益集团的牵制,而会否避开加利福尼亚 ZEV 计划的失败命运,仍然有很大的不确定性。

除了大利益集团有组织的抵制外,中美两国石油替代性手段的发展还受到人们固化生活方式的影响。地铁等城市轨道交通和电气化铁路等公共电力交通工具是重要石油替代性手段,但汽车文化在美国的强势存在和在中国的兴起,影响了并将继续影响它们替代效力的发挥。汽车文化的核心是讲求隐私和个人自由,而这些是公共交通工具很难提供的。因此,在汽车文化兴盛的社会,在电动汽车(或其他新能源汽车)的成本、续驶里程、车主感受等各方面赶超燃油汽车之前,燃油汽车的生命力将依然旺盛。

在美国,亨利·福特 T 型车的批量生产揭开了汽车社会的序幕。美国是全球第一个进入汽车社会的国家,也是至今对汽车依赖最严重的国家之一。

长期以来,美国人的交通出行对私家车的依赖性高。许多美国城市至今都没有轨道交通,公共汽车的通达率和频率都比较低。因此,依靠全世界里程最长、最健全的高速公路系统,超过 70% 的美国人选择独自驾车出行。美国人均汽车保有量长期居世界前列,2006 年达到 0.82 辆/人,绝大部分家庭拥有 2 辆以上的轿车。私人交通的市场份额自 1960 年以来就一直高于 60%,公共交通(包括公交车、长途客车、铁路、地铁等)占比不到 4%。

在美国人拥有的车辆中,大排量车占主导地位。据统计,在美国的家用汽车中,排量在 4.5 升以上的占 20.6%,在 2.0 升以下的仅占 14.7%。而另一个汽车强国日本国内保有的车以小排量为主,中高排量的家用汽车(2.5 升以上)仅占 11.2%,2.0 升以下的家用汽车占 73.9%。据初步测算,美国家用汽车的平均气缸容量为 2.8 升,而日本家用汽车的平均气缸容量为 1.2 升。这在很大程度上决定了美国汽车整体能效水平的低下。

在美国,汽车使用率更高。大多数美国人住在郊区,人们一般是白天进城上班,晚上回郊区居住。私人汽车成为主要的通勤工具。美国私人汽车年平均里程超过一万英里,远超世界平均水平。

由上可知,美国居民由于对私家车出行的依赖,以及受生活环境和公共交通系统落后的制约,要改变这一出行方式非常困难,其出行方式已经形成了碳锁定。①

美国进入汽车社会后不久,汽车文化兴起并逐渐成为主流的社会文化,而一种主流社会文化形成后,就会框定大多数社会成员的思想言行、生活方式等。美国汽车文化的兴起,对基督教新教的节俭、节欲等伦理道德形成了巨大冲击,引起了美国家庭的进一步裂变,加速了美国现代社会的形成。② 在汽车文化的话语体系下,汽车不仅是交通工具,也是身份、地位的象征,是优裕生活的标志。美国人对汽车表现出异乎寻常的热情和喜好,尤其是美国青年"对世界名车发展的追踪,简直比对女人的热情还要高涨"。汽车改变了人们尤其是年轻人的生活方式,成为年轻人独立和自由的标志。汽车加速了人们的生活节奏,重塑了人们的时空观念。汽车增大了美国人的流动性,美国成了一个"躺在汽车轮子上的国家"。③ 汽车文化还塑造了美国人的民族性格,包括追求个人自由和求新求变的精神。④ 正如1933年总统委员会对美国当时生活变化的调查报告中所说,"可能没有一个深远重要的发明会(像汽车一样)传播得这么迅速,会这样快发挥其影响,渗透到民族文化中,甚至改变思想和语言习惯。"⑤

中国目前还处于汽车社会的早期,但随着人们生活水平的提高,中产阶层的兴起,城市不断扩大,住宅向郊区发展,越来越多人购买了汽车,并形成了汽车人性格:不习惯拥挤、讲求隐私及个人空间、崇尚个人自由、重视私人驾驶带来的安全感。如前所述,自2009年起,中国就超过美国,成为世界第一大汽车销售市场,并持续至今。在汽车保有量快速增加的同时,汽车文化在中国逐渐发展,它不仅固化了越来越多中国人的生活、思维方式,它还具有文化的传承性,会塑造下一代人的消费偏好和行为倾向。

---

① 陈婧:《上海高能耗群体的生活方式研究》,复旦大学博士论文,2012年,第32—33页。
② 万江红:"美国汽车大众化的社会和文化意义探讨",《华中农业大学学报(社会科学版)》,2001年第2期,第51—52页。
③ 刘俊:"从深层到表层的中美文化差异",《株洲工学院学报》,第16卷第3期(2002年5月),第77页。
④ 万江红:"美国汽车大众化的社会和文化意义探讨",《华中农业大学学报(社会科学版)》,2001年第2期,第52页,第69页。
⑤ Recent Social Trends in the United States, Report of the President's Research Committee on Social Trends (New York and London: McGraw-Hill, 1933), p.172. 转引自曹南燕:"美国早期汽车工业发展中技术与社会的相互作用",《自然辩证法通讯》,1996年第2期,第39页。

开拓新边疆——世界资源格局是如何转换的？

现阶段，一方面公共交通方式越来越便利，吸引了越来越多中国人走出家门，另一方面越来越多中国家庭拥有了私人汽车，它们基本上是燃油汽车。由于到现在为止中国人的交通运输需求远远没有充分地挖掘出来，各种交通运输方式都有充足的发展空间。但是，今后随着中国人口老龄化的发展以及低欲望人口（"佛系"）的增多等，中国人可以挖掘的交通运输需求空间会逐渐缩窄，到时候，"汽车人"的生活方式和"公共交通人"的生活方式之间难免会发生一场"恶战"，其结果将在较大程度上决定中国石油替代手段的发展前景以及后石油时代何时能够来临。

最后，中美合作发展石油替代性手段，还要在应对非理性现象的挑战方面进行合作。新出现的事物可能符合部分人或人类群体的利益，但不一定符合人类总体利益和集体理性。原子弹的发明是一个例子，而比特币（Bitcoin）的出现和发展是另一个例子。作为一种加密货币，比特币是区块链（blockchain）技术的一种应用。在所有加密货币中，比特币最有名，同时它也是电耗最高的一种。在中国以及在世界其他一些国家，现阶段的电力供应状况较宽松。这本来为它们交通运输业从内燃机时代向电机时代过渡提供了较好的物质条件，然而比特币的发展如果不加控制，可能会在一定时期内削弱这种有利条件。

比特币作为一种投资手段，可以帮助部分投资者获利，有其存在的合理性。不过，比特币系统一个广受诟病的缺陷是其需要消耗大量能源以产生比特币并保障比特币安全流通，使得比特币经济体已成为高耗能行业。[①] 有报道称，2017 年全世界的比特币挖矿机总共消耗了 36 太瓦时（360 亿千瓦时）电，相当于卡塔尔全国电力消费量[②]，也就是说，大约相当于全世界 1/500 的耗电量。每一笔比特币交易，需要消耗 294 度电，够一个典型的美国家庭用 10 天。[③] 而且，虽然比特币的价格大涨大跌，但是根据成本收益计算，比特币挖矿热短期内不会消退。挖到一个比特币的成本大约在 3 000 到 7 000 美元，主要

[①] 秦波等："比特币与法定数字货币"，《密码学报》，第 4 卷第 2 期（2017 年 4 月），第 179 页。

[②] Jen Wieczner, "Bitcoin Consumes 30 Times More Electricity than Tesla Cars", http://fortune.com/2018/01/11/bitcoin-mining-tesla-electricity, January 11, 2018, accessed on February 22, 2018.

[③] "30 tWh: Annual Electricity Consumption by the Servers Supporting the Bitcoin Currency", *Mechanical Engineering*, February 2018, p.19.

是电费和硬件设施的投入，而近年来比特币的价格基本高于其下限。展望未来，由于比特币的总数量早已被人为设定，所以必然会越挖越稀少。"物以稀为贵"，许多人据此坚信比特币的价格还会上涨。因此，大概率看，今后消耗大量电力去挖比特币，对"矿工"本身，仍然是划算的。①

世界一些电价偏低的地方会吸引比特币挖矿者蜂拥而至。比如，中国四川西部水电丰富而便宜，是挖矿者的天堂。中国公司挖出的比特币大约占世界总量的一半。②北欧岛国冰岛水电和地热发电等可再生电力便宜，加上严寒的空气有利于高速计算机散热，也成为比特币挖矿者的天堂。③众所周知，委内瑞拉现阶段的经济状况处在濒临崩溃的边缘，但是委内瑞拉政府对国内电力（以及其他许多商品）进行大量补贴，几乎免费地为国民提供电力，比特币挖矿活动也在委内瑞拉秘密地但大量地出现。④

和以太坊（Ethereum）、瑞波币（Ripple）等许多其他加密货币不同，比特币高度去中心化，这让它高能耗的特点今后也很难改变。⑤挖比特币需要用电，开电动汽车也需要电。虽然在中国等电力供应过剩的国家，目前比特币与电动汽车在用电方面的零和竞争关系并不突出，但是比较两者的用电现状和前景，这也是一个有趣的角度。2017年比特币挖矿活动消费的电力比全世界所有电动汽车消费的电力加起来还多。特斯拉是全球名气最大的电动汽车，它的各款车型平均来说，每行驶100英里，需要花费30千瓦时的电力，截至2017年底，世界各国的特斯拉汽车保有量大约为28万辆。假设每辆车平均行驶

---

① Jen Wieczner, "Bitcoin Consumes 30 Times More Electricity than Tesla Cars", http://fortune.com/2018/01/11/bitcoin-mining-tesla-electricity, January 11, 2018, accessed on February 22, 2018.

② Chris Mooney and Steven Mufson, "Why the Bitcoin Craze is Using up so Much Energy", at https://www.washingtonpost.com/news/energy-environment/wp/2017/12/19/why-the-bitcoin-craze-is-using-up-so-much-energy/? utm_term=.2d76b6185698, December 19, 2017, accessed on February 22, 2018.

③ Alex Hern, "How Iceland Became the Bitcoin Miners' paradise", https://www.theguardian.com/world/2018/feb/13/how-iceland-became-the-bitcoin-miners-paradise, February 13, 2018, accessed on February 22, 2018.

④ Jim Epstein, "The Secret, Dangerous World of Venezuelan Bitcoin Mining: How Cryptocurrency is Turning Socialism against Itself", *Reason*, January 2017, p.29.

⑤ Chris Mooney and Steven Mufson, "Why the Bitcoin Craze is Using up so Much Energy", https://www.washingtonpost.com/news/energy-environment/wp/2017/12/19/why-the-bitcoin-craze-is-using-up-so-much-energy/? utm_term=.2d76b6185698, December 19, 2017, accessed on February 22, 2018.

1.5万英里,估计在2017年共耗用了1.3太瓦时(13亿千瓦时)的电力,这仅仅相当于当年比特币挖矿活动耗电的1/30。①

和中国一样,美国也有一些电价特别低的地方,比如水电资源丰富、(因纬度高而)气温偏低的华盛顿州(Washington),比特币挖矿活动早已红红火火。② 对于比特币的评价,见仁见智。尽管如此,仅仅从限制高能耗行业出发,加上考虑到比特币挖矿业产生的正外部效应很少——它几乎不创造就业岗位,后续的资本投入也少,中美两国(以及世界其他国家)都应该加强对比特币挖矿活动的监管和限制,减弱其对全球电耗的冲击。

五、本章小结

中美合作发展石油替代性手段有现实可行性。中国虽然初入汽车社会,而且正在雄心勃勃地发展石油化工工业,但在中央政府的全力推动下,在向后石油社会过渡的道路上,中国已经明显领先于美国。而且,在资源替代性手段开发方面取得的突出成就,正让中国成为全球资源权力的新中心。

反观美国,美国人的交通出行仍高度依赖燃油汽车。从这一点看,21世纪的美国人依然生活在20世纪。

但另一方面,中国石油替代性手段的技术水平不高,发展质量总体较低,付出的经济和社会代价大,可持续性差。为了促进石油替代性手段的健康、持续、高质量的发展,中国需要积极向美国等先进国家学习,并加强与它们在技术进步、制度建设与完善、抵抗非理性因素的冲击等各方面的合作。

合作是行为体之间遵守平等互利、非暴力、不胁迫、讲求信用原则下的任何互动。在发展石油替代性手段方面,中美两国的政府之间③、企业之间、政府

---

① Jen Wieczner, "Bitcoin Consumes 30 Times More Electricity than Tesla Cars", http://fortune.com/2018/01/11/bitcoin-mining-tesla-electricity, January 11, 2018, accessed on February 22, 2018.

② Cindy Wang, "Small Washington Town is Becoming a Bitcoin Mining Epicenter", https://news.bitcoin.com/small-washington-town-rising-bitcoin-mining-epicenter, February 14, 2018, accessed on February 23, 2018; Sarah Zhang, "Why Bitcoin Miners Are Moving to Tiny Towns in Washington State", at https://gizmodo.com/why-bitcoin-miners-are-moving-to-tiny-towns-in-washingt-1576421773, May 14, 2014, accessed on February 23, 2018.

③ 政府可以分为中央政府和地方政府。中国中央政府可以与美国地方政府进行石油替代性手段的合作;反过来,美国联邦政府也可以寻求与中国地方政府的合作。

与企业之间应该加强合作。不同行为体之间实力和重要性方面可能有差别，甚至可能相差悬殊，但是只要坚持平等互利，遵守游戏规则，它们之间的合作仍然有较大的成功概率，并会帮助中美两国以及全世界石油替代性手段的开发以及向后石油时代的平稳过渡。相反，如果中美两国里的一方或双方不愿进行石油替代性手段方面的合作，而是把重点放在如何争夺石油资源，那么石油替代性手段的开发和应用就会受阻，不仅两国以及全球进入后石油时代的步伐会放缓，中美间的能源关系、经济关系、政治战略关系都会受到牵连。

第 8 章
达尔富尔的土地资源冲突

非洲苏丹境内的达尔富尔(Darfur)冲突已成为世界热点问题之一。首先,达尔富尔冲突历时很久,一直得不到彻底解决。其不同部落间的零星冲突在苏丹建国之后不久就出现了。20世纪80年代中期,冲突曾非常剧烈。2003年,达尔富尔再次掀起冲突的高潮,而这一轮冲突迄今还没有完全结束。远的不说,在最新一轮达尔富尔冲突中,已有近万至几十万人死亡,更多的人成为国际或国内难民。① 其次,一些人把中国这个新兴的世界大国与达尔富尔冲突联系起来,这增加了达尔富尔问题在国际上的重要性。

达尔富尔长期干旱。在此过程中,当地农牧业资源——下文所说的"土地资源"如无特别说明,都是指农牧业资源——大量减少。以达尔富尔的"非洲人"为一方,以当地及外来的阿拉伯人和苏丹政府为另一方的达尔富尔冲突已持续多年(见图8-1)。对土地资源的争夺是达尔富尔冲突发生和发展的主要原因之一。在当今世界上,农牧业土地资源的替代手段已经很多,包括精细农业、圈养的畜牧业、适度的工业化等。达尔富尔的冲突妨碍了资源替代手段的引入,达尔富尔的"非洲人"和阿拉伯人的资源困境都加剧了,达尔富尔出现了大规模而且持久的饥荒。

---

① 不同机构对冲突所导致的死亡和难民人数的估计不同。苏丹政府宣称只有9 000人死亡。而美国国际开发署官员声称,约有32万人在冲突中丧生,约有150万人被迫离开家园(见刘鸿武、李新烽编:《全球视野下的达尔富尔问题研究》,北京:世界知识出版社,2008年版,第68页)。另外,根据美国向联合国提交的一份报告,达尔富尔冲突迄今已经造成了20多万人死亡,200多万人成为难民(见佚名:"联合国安理会第5527会议摘要",http://www.un.org/chinese/ha/issue/sudan/usa.shtml, accessed on March 21, 2009)。联合国苏丹问题副特别代表办公室发布的《第八号达尔富尔人道主义概况》显示,截至2005年,估计在达尔富尔冲突中成为难民的人数为165万(见刘鸿武、李新烽编:《全球视野下的达尔富尔问题研究》,第122页)。

第8章 达尔富尔的土地资源冲突

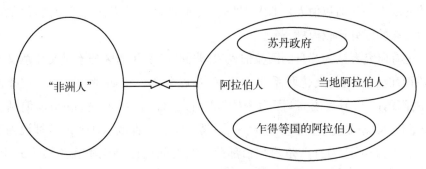

图 8-1 达尔富尔冲突的两个阵营

一、达尔富尔冲突双方强烈的资源短缺感

在了解达尔富尔资源冲突前,我们首先需要对冲突的主要参与者"非洲人"和阿拉伯人的内涵有所了解。

1. "非洲人"与阿拉伯人间的区分

"非洲人"和阿拉伯人之间的区分并不十分清楚,这表现在我们常常只能回答它们之间的划分标准不是什么,却难以回答这个标准是什么。

首先,"非洲人"和阿拉伯人之间的区别不是地理学意义上的。苏丹是非洲国家,所有的苏丹人都是非洲人。从这个角度来看,苏丹人本不应该被划分为"非洲人"和阿拉伯人。

其次,这样的划分也不是人种方面的。在有的语境里,"非洲人"是指黑人,然而苏丹人基本上都是黑人,在阿拉伯语里,"苏丹"的意思是"黑皮肤的人"[1],在体貌特征上没有区别。所以,从人种的角度看,苏丹人都是"非洲人"。

弗朗西斯·迈丁·邓(Francis Mading Deng)认为文化是"非洲人"和阿拉伯人之间的划分标准。他提出,在苏丹,阿拉伯人是指这样的人:穆斯林、说阿拉伯语、在文化上被阿拉伯化、能够证明自己有阿拉伯血统。[2] 如果不具备这些要件,就不是阿拉伯人。海伦·杨(Helen Young)等研究者赞同达尔富尔

---

[1] 刘鸿武、姜恒昆:《苏丹》,北京:社会科学文献出版社,2008年版,第1页。
[2] Jen Marlowe et al., *Darfur Diaries: Stories of Survival* (New York: Nation Books, 2006), foreword, xxx.

的冲突双方——阿拉伯人、"非洲人"——之间的区分是文化意义上的,但他们认为这样的区分比较模糊。①

也有研究者认为苏丹的阿拉伯人和"非洲人"之间的区分不是文化意义上的,因为他们之间的文化联系非常紧密、难以分割。比如,阿拉伯人与"非洲人"之间的区分不是语言,因为一些"非洲人"部落,如贝提(Berti)、伯基德(Birgid)、贝戈(Beigo)、博戈(Borgo)、迈马(Mima)、吉米尔(Gimir),都说阿拉伯语,但它们不认为自己是阿拉伯部落。两者间的区别也不在生活方式上。尽管大多数阿拉伯人的确是游牧民或者半游牧民,而"非洲人"确实是定居农民,但是既存在"非洲人"游牧部落,如梅多布(Meidob)、扎格瓦(Zaghawa)、白德雅特(Bideyat),也有大量的阿拉伯定居农民。阿拉伯人和"非洲人"间的区分只在于他们中的一部分人声称自己的父系祖先是阿拉伯人,另一部分人则不这么宣称。这血缘联系也许禁不起严格的考证,但对现实政治来说,这并不重要。重要的是部落民相信他们有什么样的血统,并根据这信仰与其他部落发生关系。②

苏丹国内外多种力量参与或曾经参与了达尔富尔冲突,形成了比较复杂的力量组合。这种复杂性可能与两大族群间界限的模糊有关。冲突的一方现在被称为"非洲人"阵营。但是,它曾经包括了一些阿拉伯人部落。冲突的另一方主要包括苏丹政府、达尔富尔的土著阿拉伯人、来自乍得等国的阿拉伯人。不过,它也曾包含了一些"非洲人"部落。③

2. 达尔富尔土地资源的短缺

达尔富尔的面积较大,约为51万平方千米,与法国相当。但是,与法国不同,达尔富尔的土地缺乏十分严重,而且这方面的情况还在继续恶化。土地资

---

① Helen Young et al., "Darfur: Livelihoods under Siege", http://protection.unsudanig.org/data/darfur/papers/Livelihoods/Feinstein%20Ctr%20-%20Darfur-Livelihoods%20under%20seige%20(Jun05).pdf, June 2005, accessed on December 27, 2008.

② Jérôme Tubiana, "Darfur: A Conflict for Land", in Alex de Waal ed., *War in Darfur and the Search for Peace* (Cambridge, MA: Harvard University Press, 2007), p.70.

③ 1988年之前的达尔富尔冲突中,得到政府支持的一方中包括有阿拉伯人部落,也包括有扎加瓦(Zaghawa)等"非洲人"部落。他们的敌人既包括富尔人(Fur)等"非洲人"部落,也包括雷泽盖特(Rezeigat)等阿拉伯人部落。见 Douglas H. Johnson, "Darfur: Peace, Genocide & Crimes Against Humanity in Sudan", in Preben Kaarsholm ed., *Violence, Political Culture & Development in Africa* (Oxford: James Currey, 2006), p.94.

第 8 章 达尔富尔的土地资源冲突

源的日益匮乏有两个诱因。

（1）多年来达尔富尔持续干旱，降水量越来越少。降水的减少加剧了土壤沙化，使可耕地和牧场面积缩减，土地资源的绝对量下降。

达尔富尔的干旱始于何时？对此说法不一。有研究者提出，达尔富尔的连年干旱早在1916年就开始了。① 也有人提出，1945年之后，达尔富尔地区的干旱就成为一种常态。② 另有学者提出达尔富尔的干旱在20世纪70年代就变得十分严重。③ 即使按最晚的时间算，达尔富尔的干旱也已持续40年以上了。

达尔富尔干旱的原因是什么？有研究者提出这是全球气候变化的一个缩影。④ 如果真是这样，当地旱情在可预见的将来不会有根本性的改善，达尔富尔的土地资源可能会继续减少。这是一个很黯淡的前景。

（2）过去的几十年里，达尔富尔的人口数量快速增加，这加剧了人均土地资源量的下降。

达尔富尔人口的快速增长主要有两方面原因。一方面，过去几十年中，达尔富尔的人口自然增长率较高，这是发展中国家和地区的普遍现象；另一方面，多年来有大量外来人口进入达尔富尔。两者共同作用的结果是1973年达尔富尔的人口仅为135万，2003年便增加到648万。⑤ 人口增长加大了当地的资源压力。

在达尔富尔，有两类外来人口。它们分别是宗教移民和难民。宗教移民主要来自达尔富尔以西的国家，如乍得和一些西非国家。他们之所以会

---

① Alex De Waal, "Famine Mortality: A Case Study of Darfur, Sudan 1984-5", *Population Studies*, Vol. 43, No. 1 (March 1989), p.5.

② M. W. Daly, *Darfur's Sorrow: A History of Destruction and Genocide* (New York: Cambridge University Press, 2007), p.149.

③ Jérôme Tubiana, "Darfur: A Conflict for Land", in Alex de Waal ed., *War in Darfur and the Search for Peace* (Cambridge, MA: Harvard University Press, 2007), p.77.

④ 比如李岩、王礼茂提出达尔富尔冲突的根源是当地"环境难以承载本地居民与外来生态移民的共同需求，由此引发双方对生存资源的争夺"。之所以从前没有出现这种情况，只是2003年以后才出现，并愈演愈烈，驱动因素在于近年来的气候变化。气候变化使达尔富尔的年降水量逐渐下降。降水的减少进而造成土地荒漠化加剧。苏丹北部的农场受荒漠化影响较严重。北部居民于是南迁，与中部居民发生剧烈冲突。冲突逐渐严重，蔓延至国外，成为"一国内部治理问题国际化"的例子。见李岩、王礼茂："从达尔富尔危机透视气候变化下的生态冲突"，《西亚非洲》，2008年第6期，第5—10页。

⑤ 刘鸿武、李新烽主编：《全球视野下的达尔富尔问题研究》，北京：世界知识出版社，2008年版，第43页。

定居在达尔富尔,是因为达尔富尔在他们通往伊斯兰圣地的路上。去麦加朝圣是穆斯林的一项重要宗教义务。历史上,乍得等国家的穆斯林去麦加朝圣后,一部分在归途中就留居在达尔富尔。19世纪末期马赫迪(Mahdi)在苏丹建立政权后,进行了一些宗教改革。比如,他要求穆斯林不再朝觐麦加,而是朝拜苏丹城市恩图曼(Omdurman)。恩图曼是马赫迪政权的权力中心。后来,他又要求穆斯林到阿巴岛(the Abba Island)朝觐。该岛位于苏丹境内的尼罗河上。中、西非国家的一些穆斯林受到马赫迪教派的较大影响,果然改到苏丹朝觐。在朝拜后,他们中的一部分留在达尔富尔等苏丹各地。来自西非国家的宗教移民在苏丹境内有200万人以上①,其中一部分留居在达尔富尔。

达尔富尔境内的外国难民主要来自乍得。乍得东部和达尔富尔接壤。它们的历史关系也很密切,近代史上乍得东部的瓦代王国(Wadai Sultanate)曾经是富尔王国的附属国。② 独立后的历届乍得政府,多数不由阿拉伯人控制,并在不同程度上歧视国内阿拉伯居民。③ 因此,迫于政治压力,许多乍得阿拉伯人陆续移居到达尔富尔。乍得持续近30年的内战以及多次发生的干旱,则多次造就了大规模难民潮涌入达尔富尔。④ 达尔富尔境内的乍得难民的数量没有一个确定的数字,是变动不居的,其规模有时很大,并对达尔富尔的政治、经济等方面产生了巨大影响。

外国宗教移民和难民的大量进入,增加了达尔富尔境内人们对土地的需求量。达尔富尔的土地资源本来就比较匮乏。外来移民和难民的大规模进入加剧了达尔富尔当地人的资源短缺感。

二、"非洲人"和阿拉伯人在达尔富尔开展土地争夺

引发达尔富尔冲突的主要因素是什么?不同研究者对这个问题提出

---

① Ali Haggar, "The Origins and Organization of the Janjawiid in Darfur", in Alex de Waal ed., *War in Darfur and the Search for Peace* (Cambridge, MA: Harvard University Press, 2007), p.115.
② 彭远:《达尔富尔问题的由来与发展》,华东师范大学,硕士论文,2012年,第27页。
③ Ali Haggar, "The Origins and Organization of the Janjawiid in Darfur", in Alex de Waal ed., *War in Darfur and the Search for Peace* (Cambridge, MA: Harvard University Press, 2007), p.116.
④ 王玉玉:"试论达尔富尔冲突与非洲三十年战争的关系",《首都师范大学学报(社会科学版)》,2010年第5期,第17页。

第 8 章 达尔富尔的土地资源冲突

了不同的答案。主要的观点有两种。一部分研究者认为达尔富尔冲突的主要诱因就是资源短缺。① 这一派研究者的观点大致可概括如下：（由于气候变化，）自 20 世纪 70 年代——或者更早——开始，达尔富尔地区降水逐渐减少。干旱加剧的结果是达尔富尔的农牧业受到影响、土地荒漠化加剧。达尔富尔各地中，北部地区受干旱的影响最大，北部游牧民被迫大量南下。为了生存，他们与定居农民争地、争水。冲突主要发生在中部地带。1985年的达尔富尔冲突和 2003 年的新一轮冲突都很剧烈，引起了国际社会的广泛关注，而 20 世纪 80 年代中期和 21 世纪初的两次大旱分别是主要原因。

另一些研究者不同意土地资源日益短缺是达尔富尔冲突的主要原因。他们认为冲突的主要根源在政治层面，是受歧视的非阿拉伯人抗争喀土穆（Khartoum）中央政府的结果。苏丹 1956 年建国后，北部地区垄断了苏丹的政治权力，控制了历届政府。达尔富尔等地区在苏丹政治和经济过程中被边缘化。这些地区的非阿拉伯人尤其感觉在政治、经济方面受到歧视。② 达尔富尔的非阿拉伯人与中央政府的矛盾日益尖锐，并最终导致冲突的爆发。至于（气候变化引起的）土地资源日益短缺、南部苏丹的反叛对达尔富尔人的示范

---

① 李岩、王礼茂："从达尔富尔危机透视气候变化下的生态冲突"，《西亚非洲》，2008 年第 6 期，第 5—10 页；Lawrence A. Kuznar and Robert Sedlmeyer, "Collective Violence in Darfur: An Agent-based Model of Pastoral Nomad/Sedentary Peasant Interaction", *Mathematical Anthropology and Cultural Theory*, Vol. 1, No. 4 (October 2005), http://www.mathematicalanthropology.org/pdf/KuznarSedlmeyer1005.pdf, accessed on Dec. 15, 2008.

② 这些思想在苏丹《黑皮书》(*Black Book*) 里反映得较充分。2000 年 5 月，《黑皮书》在喀土穆街头出现，并立即引起很大反响。该书提出，1956 年苏丹独立之后，苏丹历届政府，不论是世俗的还是神权的，不论是独裁的还是声称是民主的，都偏爱苏丹五个地区中的一个——北部地区，东部、中部、南部和西部的利益因之受到损害。北部地区的人口只占苏丹总人口的 5% 左右，但独立至今，在每一届政府里，出身于北部的人都占据了政府的大多数要职。北部地区得到的发展资源远远多于其他地区。其他地区在政治、经济、社会发展方面都受到歧视，它们越来越贫困。当地人只能向外流动，外出寻找工作，以求果腹。如果一个地区，它的领导人不是出身于北部地区，那么该地会受到更大歧视，情况会更加严重。西达尔富尔和南科尔多凡州 (South Kordofan) 就是这样的地区 (Seekers of Truth and Justice, trans. by anonymous, "The Black Book: Imbalance of Power and Wealth in Sudan", http://www.sudanjem.com/2004/sudan-alt/english/books/blackbook_part1/20040422_bbone.htm, accessed on Dec. 20, 2008)。《黑皮书》的作者包括了"全国伊斯兰阵线 (the National Islamic Front, NIF)"的一些成员。他们从 1997 年就为该书搜集资料。2001 年，《黑皮书》的作者组建了"正义与平等运动"(the Justice and Equality Movement, JEM)。这是一个政治、军事组织。该组织后来发展为达尔富尔地区对抗苏丹中央政府的两大军事组织之一。见 M. W. Daly, *Darfur's Sorrow: A History of Destruction and Genocide* (New York: Cambridge University Press, 2007), pp.275, 277。

效应等因素,只起到了加剧达尔富尔冲突的作用。①

这两种说法尽管有较大差异,但都认为达尔富尔的连年干旱、土地资源日益短缺等是达尔富尔冲突之所以持久的重要原因:在达尔富尔,人们普遍存在的资源紧张感,使当地局势长期无法安定下来。

根据冲突性质和剧烈程度的不同,我们可以把达尔富尔冲突分为不同阶段。不过,对土地资源的争夺始终是达尔富尔冲突的重要内容。

1. 达尔富尔土地冲突的两个阶段

达尔富尔冲突的第一个阶段是1991年及之前,第二个阶段是1991年之后。土地资源对冲突的助燃作用在第一阶段里表现得更为明显。

(1) 达尔富尔冲突的第一阶段

在第一个阶段里,达尔富尔的冲突多具有自发性,烈度较低,族群冲突的特征不突出。资源争夺是当时冲突的主要内容。

达尔富尔大致可以分为北部干旱游牧区、中部农耕区和南部半干旱的游牧区。长期干旱对这三个生态地带都有影响。不过,这些地区受影响的程度并不相同。北部是达尔富尔生态最脆弱的地区,又是受干旱影响最深的地区。南部游牧区也受到持续干旱的影响,不过,其受影响的程度不如北部生态区那么严重。中部地区受干旱的影响最小。②

这一阶段,资源冲突主要由北方游牧部落挑起,冲突的另一方则主要是中部的定居农民。在达尔富尔,北方游牧民每年旱季南下、雨季北归是一项传统。中部农民会为他们的迁移留出通道。北方游牧部落甚至在中部拥有休整地。游牧民的临时休整场所被称为达姆拉(Damra)。它是指"游牧部落在旱季时会居住的地方"或"一种小的、临时的村庄,是为那些没有赶着畜群去草场的牧民准备的"。达姆拉在富尔王国时期就存在。阿拉伯人的达姆拉往往在

---

① Scott Straus, "Darfur and the Genocide Debate", *Foreign Affairs*, Volume 84 No. 1 (January/February 2005), pp. 123-133; Helen Young et al., "Darfur: Livelihoods under Siege", http://protection.unsudanig.org/data/darfur/papers/Livelihoods/Feinstein%20Ctr%20-%20Darfur-Livelihoods%20under%20seige%20(Jun05).pdf, June 2005, accessed on December 27, 2008. 参见 Douglas H. Johnson, "Darfur: Peace, Genocide & Crimes Against Humanity in Sudan", in Preben Kaarsholm ed., *Violence, Political Culture & Development in Africa* (Oxford: James Currey, 2006), p.101.

② 刘鸿武、李新烽编:《全球视野下的达尔富尔问题研究》,北京:世界知识出版社,2008年版,第45—46页。

"非洲人"的达尔里。在达姆拉生活的时候，游牧民因寄居在他人的达尔里，按惯例要受当地部落首领的管辖。①

达尔富尔的游牧民和农民曾经长期和平相处。不过，近些年来情况发生了变化。一方面，由于北部干旱十分严重而且持久，大量游牧民南迁后不愿北返，而试图留在迈腊山地（the Jerra Mara）等中部地带和南达尔富尔（South Darfur）。实际上早在1945年，南部地区的官员就注意到一些北部游牧民长期滞留在南方而不北归的现象，并开始担心由于北方缺水、南部相对宜居，这种现象会持续下去。② 但是，那时候滞留在南方的北部游牧民规模并不大。后来，随着干旱的加重和延续，越来越多的北部游牧民长期滞留在中部和南部。另一方面，游牧民在中部的迁移通道被逐渐侵蚀，其临时休整地的面积也变小。中部地带的生态条件在达尔富尔地区最好，受干旱的影响也最小。但是，降水的减少还是使当地农作物的单位产量下降。为了弥补这一点，中部农民不得不扩大耕地面积，更多地种植农作物。结果农作物特别是谷物一片挨着一片，不再给家畜在耕地季节吃草留下任何通道，过去游牧民南来北往的迁徙通道也不复存在。③

南迁的北部游牧民与中部和南部定居农民间的冲突于是发生。参与冲突的北部游牧民既有阿拉伯部落，也有扎加瓦等非阿拉伯部落，而卷入冲突的中部和南部农民则既有阿拉伯部落，也有富尔（Fur）等非阿拉伯部落。④

从上可见，这一阶段达尔富尔冲突的主要内容是对土地资源的争夺。同时，冲突的族群纠纷特征在这段时期有所发展，但暂时还不突出。

第一阶段里，族群纷争的苗头已出现并有一定程度的发展，这主要表现在阿拉伯人和"非洲人"意识已逐渐在达尔富尔扎根。

"阿拉伯人集会"（*tajamu al-arabi*，Arab Gathering）的出现是达尔富尔居

---

① Jérôme Tubiana, "Darfur: A Conflict for Land", in Alex de Waal ed., *War in Darfur and the Search for Peace* (Cambridge, MA: Harvard University Press, 2007), p.74.
② M. W. Daly, *Darfur's Sorrow: A History of Destruction and Genocide* (New York: Cambridge University Press, 2007), pp.149-150.
③ 刘鸿武、李新烽编：《全球视野下的达尔富尔问题研究》，北京：世界知识出版社，2008年版，第43页。
④ Douglas H. Johnson, "Darfur: Peace, Genocide & Crimes Against Humanity in Sudan", in Preben Kaarsholm ed., *Violence, Political Culture & Development in Africa* (Oxford: James Currey, 2006), p.94.

开拓新边疆——世界资源格局是如何转换的？

民族群认同两极分化的标志之一。"阿拉伯人集会"出现于 1986 年。27 个阿拉伯部落的精英在集会上宣称，阿拉伯人是达尔富尔的多数民族，但是他们却在当地被边缘化了。在 1987 年 10 月底给苏丹总理萨迪克·马赫迪(Sadiq el Mahdi)的一封信中，23 个达尔富尔的阿拉伯知识分子、部落首领和高级官员代表"阿拉伯人集会"，公开呼吁中央政府解决阿拉伯人在当地被边缘化的问题。一方面，这些阿拉伯精英将达尔富尔的文明成就归功于阿拉伯人；另一方面，他们抱怨基层、地区和国家政府中的阿拉伯人代表太少，要求在这三级政府中分别给阿拉伯人 50％的代表名额，只有这样，方能体现阿拉伯人对创造达尔富尔物质和精神财富的贡献。他们声称："如果继续忽视阿拉伯人的政治参与，地区事务将会失去智慧者的控制并落入愚昧者之手"，严重后果将会出现。①

虽然"阿拉伯人集会"只是一种政治上而非军事上的联合，其目的可能是保护苏丹西部的阿拉伯弱势群体的利益，但是实际上它成了新的族群主义工具。与此同时，富尔、扎加瓦和马萨里特(Masalit)等非阿拉伯人部落认为阿拉伯各部落结盟的最终目标是制造族群分裂并破坏他们在当地的生活。②

"阿拉伯人集会"加快了"非洲人"部落的团结。"非洲人"部落组织起"拯救达尔富尔全国委员会"(the National Council for the Salvation of Darfur)。1988 年 3 月 12 日，该委员会在喀土穆组织了一次大规模游行，抗议政府在达尔富尔与利比亚和乍得军队串通，抬高阿拉伯人，打压"非洲人"。超过 4 万人参加了这次游行。③ 这个事件表明达尔富尔地区"阿拉伯认同"与"非洲认同"之间的分化在继续发展。

1989—1990 年的达尔富尔部落和平会议进一步加剧了当地居民的"阿拉伯认同"和"非洲认同"的分化。部落和平会议本是为了调解北方阿拉伯部落民兵和中部的富尔等部落(既包括"非洲人"部落，也包括阿拉伯人部落)之间

---

① 刘鸿武、李新烽编：《全球视野下的达尔富尔问题研究》，北京：世界知识出版社，2008 年版，第 50 页。

② Alex de Waal, "Counterinsurgency on the Cheap", *London Review of Book*, Vol. 26, No. 15 (August 2004) p.5. 转引自刘鸿武、李新烽编：《全球视野下的达尔富尔问题研究》，北京：世界知识出版社，2008 年版，第 50—51 页。参见 M. W. Daly, *Darfur's Sorrow: A History of Destruction and Genocide* (New York: Cambridge University Press, 2007), pp.268-269.

③ M. W. Daly, *Darfur's Sorrow: A History of Destruction and Genocide* (New York: Cambridge University Press, 2007), p.246.

的冲突而召开的。之前它们间的冲突已造成数千人死亡、约 40 000 间房屋被毁,数万人无家可归。① 这次和平会议有一定的积极意义。这是因为在会上,卷入冲突的部落首领间达成了和平协议。协议内容包括:解除所有民兵的武装;土地和财产所有权恢复到冲突前的状态;驱逐非法居留的外国人;保障部落民的迁徙通道;执行既有法律;阿拉伯部落承诺将向富尔人支付 4 300 万苏丹镑的赔偿金,富尔人同意向阿拉伯人支付约 1 050 万苏丹镑,苏丹政府也会对冲突后重建提供一定资金。②

但是,其后和平协议并没有得到各部落的认真执行,部落冲突继续发生。更严重的是,在和平会议上,冲突各方都发表了具有种族主义色彩的言论。阿拉伯部落联盟代表指责富尔人通过驱逐阿拉伯人和拒绝让他们使用水源和牧场,来扩大迈腊山地附近的"非洲人"地带,富尔人代表则认为阿拉伯人对他们的战争是受到种族主义推动的种族屠杀,其目的是摧毁富尔人的经济基础并占据他们的土地。③

以上事件都推动了达尔富尔冲突由较单纯的资源冲突向"资源-族群"复合型冲突的转变。而泛阿拉伯主义(Pan Arabism)在阿拉伯武装人员中的传播加快了这种转变。泛阿拉伯主义思想在达尔富尔的流传并非始于 20 世纪八九十年代。早在 20 世纪 50 年代,受埃及领导人纳赛尔(Gamal Abdel Nasser)影响,苏丹就在全国各地推行泛阿拉伯运动。④ 然而,泛阿拉伯主义在达尔富尔冲突的作用,与利比亚总统卡扎菲(Muammar Gaddafi)的内外政策有更加密切的联系。

卡扎菲对内和对外都推行泛伊斯兰主义(Pan Islamism)和泛阿拉伯主义。乍得是利比亚的南方邻国,它是卡扎菲践行他的这两种主义的重要场所。

---

① Sharif Harir, "'The Arab Belt' versus 'the African Belt': Ethnic and Political Strife in Darfur and its Cultural and Regional Factors", Nordiska Africain Institutet, Sudan: Shortcut to Decay, Uppsala, Sweden, 1997, p.262.转引自刘鸿武、李新烽编:《全球视野下的达尔富尔问题研究》,北京:世界知识出版社,2008 年版,第 49 页。

② M. W. Daly, *Darfur's Sorrow: A History of Destruction and Genocide* (New York: Cambridge University Press, 2007), p.247.

③ Adam Al-Zein Mohamed and Al-Tayeb Ibrahim Weddai eds., *Perspectives on Tribal Conflicts in Sudan*, Institute of Afro-Asian Studies, University of Khartoum, 1998, pp.264-267.转引自刘鸿武、李新烽编:《全球视野下的达尔富尔问题研究》,北京:世界知识出版社,2008 年版,第 49—50 页。

④ 刘鸿武、姜恒昆:《苏丹》,北京:社会科学文献出版社,2008 年版,第 192 页。

为了在乍得推行其政治思想,卡扎菲在利比亚和乍得境内组建"伊斯兰军团"(Failaka al-Islamiya, the Islamic Legion)等反对乍得政府的军事组织,支持它们夺取乍得政权。这些组织中,有许多人来自苏丹达尔富尔。这些武装组织在乍得曾取得较大军事成功,但是在1988年,"伊斯兰军团"在与乍得政府军的作战中遭到惨败。之后,其许多成员携带着武器转移到达尔富尔地区。① 这些武装分子一方面接受过正规的军事训练,战斗力较强,另一方面受卡扎菲的影响,有强烈的泛阿拉伯主义意识。他们大量进入达尔富尔,加剧了当地阿拉伯部落和"非洲人"部落认同的两极分化,他们卷入冲突也使达尔富尔冲突的烈度上升。

(2) 达尔富尔冲突的第二阶段

1991年之后,达尔富尔冲突变得更加频繁而剧烈,冲突双方的组织性加强了。尽管对土地资源的争夺依然是达尔富尔冲突的重要内容,但族群纷争也逐渐成为达尔富尔冲突的重要特征,达尔富尔冲突已由资源冲突转变为资源-族群冲突。

"坚杰维德"民兵的大量出现标志着达尔富尔冲突进入第二阶段。"坚杰维德"已经被公认为是达尔富尔冲突的重要参与力量,也是达尔富尔冲突较为剧烈和难以解决的重要因素。"坚杰维德"的本义是马背上的恶魔,后来专指卷入冲突的阿拉伯民兵武装。阿拉伯民兵不会自称"坚杰维德",他们往往会自称圣战者(mujahideen),或者"富尔桑"(Fursan),意思是"骑士"(horsemen)。②

"坚杰维德"规模的扩大与苏丹南北内战直接相关。1991年,由达乌德·博拉德(Daud Bolad)率领的一支苏丹人民解放军(Sudan People's Liberation Army, SPLA)进入南达尔富尔地区,试图把当地纳入其控制范围。这是南部苏丹主要的反政府武装。苏丹中央政府没有动员正规军队,而是动员了当地的贝尼-哈厄巴(Beni Halba)等阿拉伯部落的民兵,抗击苏丹人民解放军。结

---

① Douglas H. Johnson, "Darfur: Peace, Genocide & Crimes Against Humanity in Sudan", in Preben Kaarsholm ed., *Violence, Political Culture & Development in Africa* (Oxford: James Currey, 2006), p.95.

② Ali Haggar, "The Origins and Organization of the Janjawiid in Darfur", in Alex de Waal ed., *War in Darfur and the Search for Peace* (Cambridge, MA: Harvard University Press, 2007), p.114.

果,阿拉伯民兵成功击败了博拉德的部队,博拉德本人被擒杀。① 成功击退苏丹人民解放军让苏丹政府尝到了甜头。其后,苏丹中央政府在达尔富尔各地组织部落民兵,尤其支持当地阿拉伯民兵武装的建立。自此,达尔富尔冲突的范围进一步扩大、烈度升高、局势更趋复杂。达尔富尔内战呈现典型的资源-族群复合型冲突的特征。

苏丹政府之所以在达尔富尔使用"坚杰维德",是因为苏丹军队中有许多当地人,这使政府认为不宜在达尔富尔冲突中使用军队。② 据称,"坚杰维德"主要由六类人组成。第一类是强盗和公路劫匪;第二类是退伍老兵;第三类是一些阿拉伯部落的年轻人,这些部落与"非洲人"部落发生了土地冲突;第四类是狱中服刑的犯人,他们因表示愿意加入阿拉伯民兵而获释;第五类是"阿拉伯人集会"中的狂热分子;第六类是阿拉伯人中的失业者。③ 苏丹政府向"坚杰维德"提供武器,却不能严密地控制他们。这使"坚杰维德"成为一支破坏力特别突出的力量。

据说苏丹政府给"坚杰维德"支付薪水。如果一个民兵没带来牲畜,他的薪水会是每月79美元。在当地,这已经是高薪。如果他带来了骆驼或马匹,那他每月会得到117美元。识字的人和部落首领有较大机会做军官。"坚杰维德"军官一个月能得到233美元以上的薪金。除了薪水,据称苏丹政府还向"坚杰维德"发放武器和制服。制服上有表示不同军阶的标志。在胸部位置,还常绣有一个武装骑士的图标。④

从"坚杰维德"对"非洲人"的攻击中能够看出他们的土地占有欲。"坚杰维德"较少与"非洲人"武装组织作战,他们更喜欢乘坐改装皮卡车,骑马或骆驼去袭击"非洲人"村落。攻击中,他们常常会抢劫财物、带走牲畜、焚烧房屋,

---

① 刘鸿武、李新烽编:《全球视野下的达尔富尔问题研究》,北京:世界知识出版社,2008年版,第52页,注释3;Gérard Prunier, *Darfur: The Ambiguous Genocide* (London: Hurst & Company, 2005), pp.73-74. 参见 M. W. Daly, *Darfur's Sorrow: A History of Destruction and Genocide* (New York: Cambridge University Press, 2007), p.250。

② Gérard Prunier, *Darfur: The Ambiguous Genocide* (London: Hurst & Company, 2005), p.97; Douglas H. Johnson, "Darfur: Peace, Genocide & Crimes Against Humanity in Sudan", in Preben Kaarsholm ed., *Violence, Political Culture & Development in Africa* (Oxford: James Currey, 2006), p.100.

③ Gérard Prunier, *Darfur: The Ambiguous Genocide* (London: Hurst & Company, 2005), pp.97-98.

④ Ibid., p.98.

有时会杀害村民。"坚杰维德"的一个特征是在杀人和赶人这两者中,他们更追求后者。杀死"非洲人"平民并不是他们的目的。他们的主要目的在于通过各种恐怖手段,把"非洲人"驱离家园,这样他们就能获得"非洲人"村庄周围的土地。由于在杀人和抢占土地这两者中,"坚杰维德"往往更重视后者,所以"坚杰维德"在袭击"非洲人"时,常常会给受害者逃生之路。①

"坚杰维德"主要由当地阿拉伯人和来自乍得的阿拉伯难民②组成。他们加入"坚杰维德"的动因可能多种多样。比如,一部分"坚杰维德"可能受到泛阿拉伯主义的影响,志在把非阿拉伯人赶出达尔富尔,在当地建立"阿拉伯地带"。③ 但是,"坚杰维德"的壮大与阿拉伯民兵对土地的渴求有密切联系。这种联系表现在:一方面阿拉伯民兵总体上有强烈的土地资源短缺感,他们卷入冲突不可避免有抢夺土地的意图;另一方面在冲突过程中,苏丹政府不时用土地的拥有权来激励阿拉伯民兵。

2. 阿拉伯民兵有争夺土地的强烈意愿

土地资源短缺感在进入达尔富尔的乍得难民中最强烈。乍得人助长了达尔富尔动荡,是冲突中不可小视的力量。④ 因为乍得人在达尔富尔冲突中占有很重要的分量,所以任何忽略乍得人因素的冲突解决机制都会归于无效。⑤

乍得难民之所以有非常强烈的土地资源短缺感,在很大程度上缘于当他们来到达尔富尔时,既有土地管理制度已经对土地做了大致划分,他们得到土地的机会已不多。

历史上,达尔富尔地区的土地都归属当地各部落所有。富尔王国时期(15世纪前后—1916年),素丹(Sultan)给达尔富尔中部和南部的部落授予了地产

---

① Gérard Prunier, *Darfur: The Ambiguous Genocide* (London: Hurst & Company, 2005), p.102.
② 进入达尔富尔的乍得难民大都是阿拉伯人,在冲突中加入阿拉伯阵营。
③ Ali Haggar, "The Origins and Organization of the Janjawiid in Darfur", in Alex de Waal ed., *War in Darfur and the Search for Peace* (Cambridge, MA: Harvard University Press, 2007), p.114.
④ J. Millard Burr and Robert O. Collins, *Darfur: The Long Road to Disaster*; Gérard Prunier, *Darfur: A 21st Century Genocide*; Ali Haggar, "The Origins and Organization of the Janjawiid in Darfur", pp.119-121, 123-139.
⑤ 阿里·哈嘎(Ali Haggar)提出,为了解决达尔富尔冲突,已经尝试过许多办法,包括部落协商大会、"全面安全会议"等。在过去的25年里,达尔富尔三州举行过50次以上的这类大会。独立以来,苏丹中央政府也多次试图解决该问题,但是效果都不佳,其主要原因在于忽略了乍得政治对达尔富尔冲突的影响,Ali Haggar, "The Origins and Organization of the Janjawiid in Darfur", p.138.

即"哈库拉"(hakura),得到地产的部落即拥有了自己的"达尔"(Dar)。"达尔"的意思是"家园"。和当地的"非洲人"部落一样,中南部四个主要的阿拉伯人部落——雷泽盖特(Rizeigat)、哈巴尼亚(Habbaniya)、贝尼-哈厄巴和塔艾沙(Ta'aisha)——都拥有了达尔。在达尔富尔北部,几乎所有的"非洲人"部落也从素丹那里获得了地产,拥有了达尔。然而,富尔素丹没有赐予土地给北部游牧部落,阿拉伯游牧民对此十分不满。①

苏丹历史上的英-埃共管时期,英国人采用了另一种土地管理制度,即以英国人的间接统治和原有的"哈库拉"制度为基础的部落管理制,同时将土地分给包括北部游牧部落在内的各地方部落自主管理。② 不过,由于英国人在达尔富尔的统治时间不长,其土地制度没有在达尔富尔扎下根。

独立以后,苏丹政府不承认达尔富尔的传统土地制度,认为"达尔制度只不过是历史记忆而已",部落首领不能再拥有分配土地的权力,只有政府才能决定把土地给谁。③ 苏丹政府创设了新的土地管理制度。比如,1970年尼迈里(Jaafar Nimeiri)军政权颁布了《未登记土地法》,规定凡是没有登记的土地都是国有财产。因为达尔富尔几乎所有的土地都未被登记过,这意味着当地几乎所有的土地都是国有财产。不过,该法令和苏丹中央政府的其他土地法令一样,在达尔富尔未得到有效实行。④

可见,达尔富尔冲突爆发前,传统土地制度还在当地发挥着效力,而富尔等"非洲人"部落在土地占有方面占据着优势。为了夺得土地,来自乍得的阿拉伯人一方面需要用武力夺取达尔富尔当地部落尤其是非阿拉伯部落的土地,另一方面需要打破传统的土地制度。

首先,乍得人积极参与抢夺"非洲人"的土地。1987—1989年阿拉伯人和富尔人间的冲突对达尔富尔局势形成了较大影响。⑤ 而这轮冲突就是由阿沙伊赫·伊本·欧姆尔(Acheikh Ibn Omer)领导的乍得武装组织"民主革命委

---

① Jérôme Tubiana, "Darfur: A Conflict for Land", p.74.
② 刘鸿武、李新烽编:《全球视野下的达尔富尔问题研究》,北京:世界知识出版社,2008年版,第44页。参见 Jérôme Tubiana, "Darfur: A Conflict for Land", in Alex de Waal ed., *War in Darfur and the Search for Peace* (London: Justice Africa, 2007), p.78.
③ Jérôme Tubiana, "Darfur: A Conflict for Land", in Alex de Waal ed., *War in Darfur and the Search for Peace* (London: Justice Africa, 2007), pp.83-84.
④ Ibid., p.79.
⑤ 前面已提到,为了解决这次冲突,1989—1990年,达尔富尔举行了部落和平会议。

员会"(Conseil Démocratique Révolutionairre，CDR)挑起的。阿拉伯人与马萨里特人之间的冲突同样有大量乍得人卷入。因其对土地资源的渴求，乍得人参与达尔富尔冲突的热情较高。这使冲突变得更加血腥，时间也延长了。①

其次，乍得人和当地阿拉伯人一起，要求苏丹中央政府改变达尔富尔的土地制度。无地的阿拉伯人要求苏丹政府打破达尔富尔传统土地制度，建立"现代"土地制度。在"现代"土地制度下，对土地的占有只需要得到政府的许可，而不需得到部落首领的同意。② 他们的要求得到了苏丹政府的支持。苏丹政府之所以愿意支持他们，是因为它力图在达尔富尔推行泛阿拉伯主义政策。无地阿拉伯人打破达尔富尔既有土地制度的要求对苏丹政府的政策有利。

苏丹政府在乍得人以及当地阿拉伯人的推动下，在达尔富尔拆毁旧制度。苏丹中央政府改变土地制度的一个重要做法是实施行政改革、重新划分行政区划。新的行政区划有利于阿拉伯人控制达尔富尔各地政府，进而在各地做出有利于阿拉伯人(包括来自乍得的阿拉伯人)的土地安排。

1994—1995年，苏丹中央政府在达尔富尔重新划分行政区划。这次重划有很大争议，激化了阿拉伯人与"非洲人"之间的矛盾。不过，包括乍得难民在内的阿拉伯人通过这次重划，得到了较多土地。

苏丹独立后，达尔富尔分为南、北两个州。1994年，苏丹政府把达尔富尔改划为三州：北达尔富尔州(North Darfur)、西达尔富尔州(West Darfur)、南达尔富尔州。结果是达尔富尔的一个主要民族富尔人及其传统领地迈腊山地被划入三个州中。富尔人在每个州中都成为少数民族，而阿拉伯人控制了每个州政府中的所有重要职务。富尔人认为这是政府蓄意剥夺他们在当地的权力，降低他们的地位。富尔等"非洲人"部落与苏丹中央政府的矛盾激化，同时与当地阿拉伯人部落间的冲突加剧。

苏丹中央政府在州之下也重划行政区域，这同样激化了达尔富尔的族群矛盾，并使阿拉伯人部落得到好处。比如，苏丹政府改划西达尔富尔州的行政区域，使西达尔富尔几乎成为阿拉伯人的达尔。不过，这件事是马萨里特人与

---

① Ali Haggar, "The Origins and Organization of the Janjawiid in Darfur", in Alex de Waal ed., *War in Darfur and the Search for Peace* (Cambridge, MA: Harvard University Press, 2007), p.138.

② Jérôme Tubiana, "Darfur: A Conflict for Land", in Alex de Waal ed., *War in Darfur and the Search for Peace* (Cambridge, MA: Harvard University Press, 2007), p.80.

阿拉伯人大规模冲突的导火索。

在西达尔富尔，马萨里特人最多，富尔人其次。在当地的行政机构中，本也是这两个部族居主导地位。① 不过，1995年苏丹政府在西达尔富尔实行改革，在当地阿拉伯部落任命了8个埃米尔(amir)，其地位与马萨里特人的富尔沙(fursha)一样高。而马萨里特部落只有5个富尔沙。西达尔富尔达尔马萨里特(Dar Masalit，意思是马萨里特人的家园)的素丹按惯例是由富尔沙这样的中层首领来选举的。1995年改革后，由于阿拉伯人的中层首领数量超过马萨里特人，所以选举素丹的权力向阿拉伯人倾斜。②

西达尔富尔州行政区域改划的结果是达尔马萨里特实际上变成了阿拉伯人的达尔。马萨里特部落对这变化极其不满③，于是组织了解放达尔马萨里特阵线(Front for the Liberation of Dar Masalit)，对抗当地的阿拉伯部落以及苏丹中央政府。④ 结果是马萨里特部落与当地阿拉伯部落爆发了剧烈冲突。1995—1998年，西达尔富尔州一直处于普遍动荡和严重的族群冲突之中，冲突双方各有数百人丧生，数千游牧民和农民失去了原本不多的牲畜等财产，并使至少10万难民涌入乍得。西达尔富尔州在冲突期间一直被苏丹政府宣称为"紧急状态"地区，达尔马萨里特的基层管理更是处于真空状态。⑤

在南达尔富尔州，苏丹中央政府重划行政区划的力度较小。不过，重新划分的目的同样是为了提高阿拉伯人在当地的地位。阿拉伯人占南达尔富尔州人口的多数。他们在当地的权力结构中本来就居于优势。苏丹中央政府在当

---

① Ali Haggar, "The Origins and Organization of the Janjawiid in Darfur", in Alex de Waal ed., *War in Darfur and the Search for Peace* (Cambridge, MA: Harvard University Press, 2007), p.117.

② Ali Haggar, "The Origins and Organization of the Janjawiid in Darfur", in Alex de Waal ed., *War in Darfur and the Search for Peace* (Cambridge, MA: Harvard University Press, 2007), p.117; M. W. Daly, *Darfur's Sorrow: A History of Destruction and Genocide* (New York: Cambridge University Press, 2007), pp.262-263.

③ 2004年10月，一位富尔知识分子在接受一位达尔富尔问题研究者的访谈时说："过去只有马萨里特素丹本人才拥有埃米尔的头衔。这个头衔得到马萨里特人和当地阿拉伯人的共同尊重。后来政府把这个头衔授予西达尔富尔的阿拉伯首领。这些阿拉伯首领的地位在素丹之下，但是他们自认为和他地位一般高，不受其管辖。最近，埃米尔这个头衔甚至被授予给坚杰维德的头领。他们觉得很自豪。"参见 Jérôme Tubiana, "Darfur: A Conflict for Land", p.82.

④ Ali Haggar, "The Origins and Organization of the Janjawiid in Darfur", in Alex de Waal ed., *War in Darfur and the Search for Peace* (Cambridge, MA: Harvard University Press, 2007), p.117.

⑤ 刘鸿武、李新烽编：《全球视野下的达尔富尔问题研究》，北京：世界知识出版社，2008年版，第44页，注释2；参见 M. W. Daly, *Darfur's Sorrow: A History of Destruction and Genocide* (New York: Cambridge University Press, 2007), p.263.

地的做法就是努力保持既有权力结构的稳定。比如,雷泽盖特是阿拉伯部落,扎加瓦是"非洲人"部落。在1997年雷泽盖特人和扎加瓦人之间的冲突协商会议上,苏丹中央政府力图维持雷泽盖特人对当地土地资源的占有。

在不会削弱甚至会加强阿拉伯部落在当地优势地位的前提下,苏丹中央政府也在南达尔富尔州进行有限的行政区域重划。比如,1995年,南达尔富尔州被划为一些小的地区,其重要目的是使该州的每个阿拉伯部落都拥有自己的专属区,并拥有由部落成员担任的专员。阿迪拉区(Adila)属于马阿里亚(Maaliyya)部落(阿拉伯部落),达艾因(al-Daien)属于雷泽盖特部落(阿拉伯部落),布拉姆区(Buram)属于哈巴尼亚部落(阿拉伯部落),雷德-比尔迪区(Rheid al-Birdi)属于塔艾沙部落(阿拉伯部落),突卢斯区(Tulus)属于费拉塔(Fallata)部落("非洲人"部落),伊德富尔桑区(Id-al Fursan)属于贝尼-哈厄巴部落(阿拉伯部落)。可见,除突卢斯区属于"非洲人"部落外,其他5个区都在阿拉伯部落的控制之下。这样的安排显然使南达尔富尔州的权力天平更倾向于阿拉伯人。①

在迈腊山地,为提高阿拉伯人在当地的地位,苏丹政府采取的办法是拔高阿拉伯部落在当地行政等级中的位置,相应降低"非洲人"部落的等级。在调换过程中,阿拉伯人(包括来自乍得的阿拉伯人)得到了更多的土地。在迈勒姆(al Malam)地区,这样的安排表现得很明显。迈勒姆位于迈腊山地的东部和东南部。在那里,有一个阿拉伯部落——本-曼苏尔(Bin Mansur),还有一个"非洲人"部落——伯基德-乌姆罗香(Birgid Umroshung)。本-曼苏尔部落本来受辖于伯基德-乌姆罗香部落。前者首领的政治地位也比后者的低。迈勒姆是本-曼苏尔部落的统治中心。在苏丹中央政府进行的一次行政改革中,迈勒姆的行政地位被提升。它的管辖范围不仅包括了本-曼苏尔人的居住地区,还包括了周围一些"非洲人"部落的居住地区,伯基德-乌姆罗香人的18个村庄和另一个"非洲人"部落多博部落(Dobo)的17个村庄被纳入迈勒姆的管辖范围。这使本-曼苏尔部落首领的管辖范围空前扩大。这次改革后,包括乍得移民在内的大量阿拉伯人受到吸引,进入该地。阿拉伯人的大量到来迫使原住的富尔人和其他的"非洲人"离开当地。同时,包括乍得人在内的一些阿

---

① 刘鸿武、李新烽编:《全球视野下的达尔富尔问题研究》,北京:世界知识出版社,2008年版,第44—45页。

拉伯人被苏丹政府任命为欧姆达(Omda,这是一种中层的部落首领),做"新"土地的统治者。①

从上可见,虽然在重新划分行政区域的过程中,苏丹中央政府在达尔富尔各地采取的具体做法各不相同,但都反映了苏丹中央政府的意图:提高阿拉伯人(包括来自乍得的阿拉伯人)在当地权力结构中的地位,相应削弱"非洲人"对当地政治、经济的影响。这样的安排有利于阿拉伯人在达尔富尔获得更多土地。为了便利阿拉伯人占据土地,苏丹中央政府甚至还改变了土地管理方法,规定占有土地不再需要向政府登记②,占得即拥有。

如前所述,来自乍得的阿拉伯人的土地资源短缺感很强烈。不过,他们有很好的满足其土地需求的条件:一方面苏丹政府默许甚至支持他们(和当地阿拉伯人一起)夺取"非洲人"部落的土地;另一方面苏丹政府正设法打碎传统的土地管理制度,这解除了乍得人夺取土地的束缚。乍得人充分利用了这些条件,在达尔富尔积极抢夺土地。他们卷入了达尔富尔地区几乎所有的重要冲突,而抢夺土地是其最重要的动因之一。③

3. 苏丹政府鼓励阿拉伯民兵抢夺土地

苏丹政府以给予土地来激励阿拉伯民兵参与达尔富尔冲突。不过,达尔富尔并非苏丹政府这一政策的第一块"试验田"。1983年第二次南北内战爆发后,为防止苏丹人民解放军等南苏丹武装向北渗透,苏丹中央政府试图动员科尔多凡(Kordofan)等地的巴嘎拉(Baggara)等阿拉伯部落的民兵。当时巴嘎拉部落地区遭受严重旱灾。干旱使他们的牧场面积缩减,生活变得困顿。苏丹政府利用他们的资源困境,向巴嘎拉人许诺,如果他们加入同南部武装的战争,将得到更多土地。结果,受到资源激励的巴嘎拉人在内战中给了政府有力的支持。④ 在达尔富尔冲突中,苏丹中央政府采取了在南北内战中采用过的办

---

① Ali Haggar, "The Origins and Organization of the Janjawiid in Darfur", in Alex de Waal ed., *War in Darfur and the Search for Peace* (Cambridge, MA: Harvard University Press, 2007), pp.117-118.

② 刘鸿武、李新烽编:《全球视野下的达尔富尔问题研究》,北京:世界知识出版社,2008年版,第67页。

③ Ali Haggar, "The Origins and Organization of the Janjawiid in Darfur", in Alex de Waal ed., *War in Darfur and the Search for Peace* (Cambridge, MA: Harvard University Press, 2007), p.138.

④ Douglas H. Johnson, "Darfur: Peace, Genocide & Crimes Against Humanity in Sudan", in Preben Kaarsholm ed., *Violence, Political Culture & Development in Africa* (Oxford: James Currey, 2006), p.96.

法,即以土地为激励物,动员阿拉伯部落参与冲突。政府宣称如果阿拉伯部落与政府军并肩作战,将得到土地的奖赏。①

苏丹中央政府用获取土地来激励阿拉伯民兵,这一方面折射了当地资源短缺的严重程度和人们的资源恐慌感,另一方面这种激励措施造成了冲突的扩大和加剧,并促使达尔富尔的土地资源状况进一步恶化。

三、冲突各方资源困境加剧

达尔富尔冲突各方的资源困境加剧主要表现在饥荒的蔓延。持久而剧烈的冲突加重了达尔富尔的饥荒。

首先,冲突使当地农牧业劳动人口减少,土地资源的利用率下降。一方面,达尔富尔冲突的结果是大量人口尤其是青壮年投入战争;另一方面,苏丹政府军、阿拉伯民兵、"非洲人"民兵驱赶"非洲人"或阿拉伯人,使大量达尔富尔人成为国内或国际难民。参与冲突的武装人员除了与敌对武装作战外,还常常袭击敌对族群的平民:阿拉伯民兵和苏丹政府军袭击"非洲人"村庄,而"非洲人"武装则驱赶阿拉伯村民。② 平民是软目标,袭击平民的风险较小,所以平民更容易成为袭击的对象。各方武装对平民的袭击造成大规模难民潮的出现,达尔富尔人大量进入设在当地和乍得等国的难民营。参战人口和难民的增加使继续在当地从事农牧业生产的人口大量减少,牲畜数量和粮食出产锐减。连年冲突使达尔富尔的耕地、草场等土地资源得不到有效利用。这使本就不足的土地资源更加匮乏。由于战乱等原因,达尔富尔土地资源目前的利用率不足 50%。其中,南达尔富尔有可耕种土地约 2 400 万费丹(Feddan)③,目前被利用的只有 720 万费丹。北达尔富尔约有 7 000 万费丹宜耕沙土地,但得到利用的不足一半。北达尔富尔另外还有 200 万费丹黏土地,但是得到利用的仅占 10%~15%。④

---

① Douglas H. Johnson, "Darfur: Peace, Genocide & Crimes Against Humanity in Sudan", in Preben Kaarsholm ed., *Violence, Political Culture & Development in Africa* (Oxford: James Currey, 2006), p.100; Jérôme Tubiana, "Darfur: A Conflict for Land", in Alex de Waal ed., *War in Darfur and the Search for Peace* (Cambridge, MA: Harvard University Press, 2007), p.88.
② 参见 Jérôme Tubiana, "Darfur: A Conflict for Land", in Alex de Waal ed., *War in Darfur and the Search for Peace* (Cambridge, MA: Harvard University Press, 2007), p.88.
③ 1 费丹大约相当于 0.4 公顷。
④ 刘鸿武、李新烽编:《全球视野下的达尔富尔问题研究》,北京:世界知识出版社,2008 年版,第 29 页。

其次,难民营并不安全,而且饥荒常常很严重。达尔富尔难民(无论是阿拉伯人还是"非洲人")逃进难民营后,苦难往往并没有结束。多数难民在达尔富尔境内的难民营避祸。在科尔诺伊(Kornoy)、库图姆(Kutum)、扎林格(Zalingei)、卡布卡比亚(Kabkabiya)、格内纳(El-Geneina)和法希尔(El-Fashir)等达尔富尔城市都设有难民营。难民即使住进难民营,也可能会继续受到武装人员的恐吓。"坚杰维德"和"非洲人"民兵会出没于敌对族群的难民营附近,袭扰难民、抢劫难民财物等。①

许多达尔富尔人饿死在国内和国外的难民营里。② 这种情况发生的原因包括国际社会的援助不力,对国际援助的管理不善,难民营所在的达尔富尔以及乍得东部地区交通条件很差,战乱使国际援助的粮食等物资无法及时、足量地运抵难民营。

如果在达尔富尔没有部族间的剧烈冲突,大规模的饥荒可能不会发生。首先,从达尔富尔的历史看,干旱不一定导致饥荒。如前所述,达尔富尔地区可能自 1916 年起就越来越干旱。但是从那时候至今,达尔富尔地区并不是每年都发生饥荒,达尔富尔历史上的饥荒大多是由冲突而不是干旱造成的。比如,1973 年的降雨量是有历史记录以来最低的,不过,那次干旱并没有在达尔富尔地区引发饥荒。为了对付那次干旱,达尔富尔的农牧民(在达尔富尔,即使是定居农民也会养一些牲畜)改养抗旱能力更强的牲畜,从而有效克服了干旱带来的困难。③ 这说明达尔富尔人有对付干旱的传统方法。20 世纪 80 年代之后,这些方法失去了效力,其重要原因是当地的冲突、战乱使这些方法无法运用。

其次,达尔富尔当地学者已经认识到,发展资源替代手段可以解决当地的资源困境。他们意识到更先进的农业生产方式会提高土地使用效率、减少对农业用地的需求,更现代的牲畜养殖会使阿拉伯游牧部落定居下来(这样,面

---

① 参见 Gérard Prunier, *Darfur: The Ambiguous Genocide* (London: Hurst & Company, 2005), p.102.

② 根据联合国 2005 年 3 月的统计数据,在过去 18 个月中,在达尔富尔地区,因饥饿和疾病造成的死亡人数约为 18 万,月均 1 万。见刘鸿武、姜恒昆:《苏丹》,北京:社会科学文献出版社,2008 年版,第 209 页。

③ Helen Young et al., "Darfur: Livelihoods under Siege", http://protection.unsudanig.org/data/darfur/papers/Livelihoods/Feinstein%20Ctr%20-%20Darfur-Livelihoods%20under%20seige%20(Jun05).pdf, June 2005, accessed on December 27, 2008. p.26.

积更小的牧场可以养活更多的牲畜),挖更多的井可以减少水冲突,等等。可是频发而剧烈的冲突使达尔富尔人没有机会使用更先进的使用耕地、草场等自然资源的技术,也就是说,他们无法发展出资源替代手段,这使他们的资源困境加剧。实际上,在冲突过程中,这种发展替代资源的尝试本身就容易引发阿拉伯人和"非洲人"之间的冲突。①

四、本章小结

按照不利条件下选择案例的原则,笔者选择达尔富尔的土地资源冲突作为案例之一。

前文提到,零和的资源关系在一个开放系统里较难出现,因为对一个开放系统来说,资源替代手段常常在系统外被开发出来。这些手段只要有效地传入系统,就可能会促成非零和(正和)资源关系的结果,零和结果较难出现。如果一种理论能成功解释开放系统里的零和资源关系结果,那么它应该更能解释封闭系统里的零和结果,它较强的解释力就表现出来了。达尔富尔的资源冲突正是一个在开放系统里出现零和资源关系结果的事件。近几十年来,世界上先进的农牧业技术大量出现,同时各国的工业化快速发展,这些对土地资源起了很大的替代作用。由于资源替代手段主要在达尔富尔之外被开发出来,所以达尔富尔的资源系统是一个开放系统。

土地短缺是不是达尔富尔冲突的主要原因?对此研究者们有不同看法。不过他们都承认土地资源的匮乏是冲突的重要诱因。对本案例的研究来说,有这一点就足够了,因为笔者所重视的是有资源短缺感的各群体之间发生什么性质的资源关系,这种关系最终导致了什么样的后果。

达尔富尔地区的长期干旱使当地的草场、可耕地等土地资源的数量减少。同时,达尔富尔的人口增长使当地的人均资源量进一步下降。达尔富尔居民土地资源的短缺感十分强烈。在资源恐慌感等因素的驱使下,达尔富尔的阿拉伯居民和来自乍得的阿拉伯人聚合为一个阵营,并得到了苏丹政府一定程度的支持;而达尔富尔的"非洲人"结成另一个阵营,两个阵营针锋相对地进行

---

① Helen Young et al., "Darfur: Livelihoods under Siege", http://protection.unsudanig.org/data/darfur/papers/Livelihoods/Feinstein%20Ctr%20-%20Darfur-Livelihoods%20under%20seige%20(Jun05).pdf, June 2005, accessed on December 27, 2008. p.91.

第 8 章 达尔富尔的土地资源冲突

了资源(以及政治)冲突。

达尔富尔冲突的资源结果是什么呢？冲突使土地大量被抛荒，土地资源的利用效率下降。由于双方都承受了这样的冲突代价，所以冲突双方的土地资源困境在冲突期间都加剧了。它们收获的是零和的资源后果。

达尔富尔的土地资源冲突是一个资源对抗导致零和资源结果的典型例子。达尔富尔的"非洲人"和阿拉伯人看不到资源替代手段大量出现的希望，这种预判促使双方竭力争夺资源。冲突阻碍了资源替代手段的引进和应用，导致双方资源状况继续恶化。

达尔富尔的"非洲人"和阿拉伯人之间的资源冲突证明了资源乐观主义解释力的不足。资源乐观主义认为对任一自然资源而言，替代性资源总是存在，而且总能及时发挥缓解资源短缺的作用。然而，达尔富尔的实际情况与资源乐观主义的预言不一致。当达尔富尔的土地资源量逐渐下降，当地"非洲人"和阿拉伯人的资源短缺感越来越强时，资源替代手段并没有大量出现并及时缓解当地的资源短缺。"非洲人"和阿拉伯人之间的土地资源冲突随后爆发。它们之间的冲突反过来使资源替代手段更难出现。

达尔富尔的资源系统是一个开放系统，根据达尔富尔资源系统的开放特征，为尽早解决达尔富尔冲突，国际社会最需要做的是把资源替代手段有效地传入当地，减少当地人对农牧业用地的依赖。达尔富尔地区有丰富的石油储藏。中国在达尔富尔开采石油，可以催生相应的伴生工业(如石油提炼)和第三产业。与农牧业相比，要创造相同的产值，石油工业和第三产业所需要的土地资源要少得多。这些产业是土地资源非常有效的替代手段，可以吸收大量劳动力，从而减少达尔富尔居民对土地的依赖，缓解土地资源短缺压力。另一方面，中国在当地的石油公司还能以纳税等方式为当地提供资金。石油收入可以改善当地的经济状况，从而为当地发展精细农牧业、提高农牧业的产能提供更好的经济条件。

简言之，中国如能继续保持在达尔富尔问题上的中立立场，同时选择好援助的项目，那么它有希望为解决达尔富尔冲突做出更大贡献。

第9章
萨尔瓦多和洪都拉斯之间的"足球战争"

1969年6月,中美洲国家萨尔瓦多和洪都拉斯的足球队为争夺1970年墨西哥世界杯参赛资格进行了一场足球赛。比赛过程中,两国球员在球场上发生冲突。两国观众间也在场边发生激烈冲突。之后的补赛中,两国的球员和观众间再次发生冲突。冲突进而发展为骚乱。球场暴力一路发展,直至引发两国间的战争。1969年7月14日,萨尔瓦多对洪都拉斯不宣而战。战争的时间很短,只持续了4天,因此也被称为"百小时战争"。之后两国接受了美洲国家组织(Organization of American States,OAS)的调停,停止了敌对军事行动。大约有2 000人在战争中死亡,4 000人受伤,经济损失达5 000万美元。[①]

由于萨尔瓦多和洪都拉斯间的战争看似是由足球比赛引发,所以这场战争常常被称为"足球战争"。不过,足球场里的冲突只是两国间已有矛盾的一个"产物",它不是这次战争的根源。[②] 战争的爆发有其复杂原因,而两国围绕土地资源的纠纷是一个主要因素。[③]

---

① Thomas P. Anderson, *The War of the Dispossessed, Honduras and El Salvador, 1969* (Lincoln, Nebraska: University of Nebraska Press, 1981), p.1.
② Ibid., p.2.
③ 除了这个原因外,另外还有两个重要因素。一个是萨尔瓦多和洪都拉斯在中美洲共同市场(Central America Common Market)中获益不均,并导致了洪都拉斯对萨尔瓦多的怨言。在共同市场各国中,洪都拉斯的农业比较发达,不过其他国家对其农产品的需求不够。反过来,洪都拉斯却从伙伴国的工业产品有较大需求。萨尔瓦多的情况不同。它的工业比洪都拉斯发达。由于伙伴国对工业品的稳定需求,它的工业进步较快。通过共同市场,萨尔瓦多获利较多。获益不均使共同市场成员国之间产生了矛盾。比如,洪都拉斯就指责萨尔瓦多等伙伴国利用提供补贴的办法促进其工业发展。另一个重要因素是萨尔瓦多和洪都拉斯间长期存在领土争端,对两国关系有严重影响。见 William H. Durham, *Scarcity & Survival in Central America: Ecological Origins of the Soccer War* (Stanford, California: Stanford University Press, 1979), pp.1-2。

第9章 萨尔瓦多和洪都拉斯之间的"足球战争"

两国土地之争的过程和结果大致是：洪都拉斯地少人多。萨尔瓦多的土地资源更紧张，其大量无地农民被迫背井离乡，进入邻国洪都拉斯。战争爆发前，洪都拉斯境内的萨尔瓦多农民达到了约30万人。萨尔瓦多农民的大量进入加剧了洪都拉斯的土地短缺感。1969年，洪都拉斯开始推行土地改革，其重要意图之一是把萨尔瓦多农民从农地上赶走。两国之间的冲突于是爆发，并升级为战争。在当时的美洲，农业土地资源的替代手段已经有很大的发展，只是还没有大量引入洪都拉斯和萨尔瓦多。因此，这是一个开放系统。这一章的讨论实际上包括两个小案例。战争前、后各是一个小案例。两国将它们的土地资源关系看作零和的，因此，在资源对抗中由偶然事件触发了一场战争。战争在一段时间内给两国造成的资源后果都是负面的。洪都拉斯把大量萨尔瓦多农民驱逐回国，这加剧了萨尔瓦多的土地短缺；对洪都拉斯来说，它不仅在战争中蒙受损失，而且战后消耗物力和财力用于与萨尔瓦多对峙，也在一段时期内影响了其对土地资源的开发。所幸的是，战争时间较短、规模不大，没有造成长期的负面影响。在其他地区的工业化的展示作用下，两国放弃了零和的观念。土地资源替代手段逐渐引入该地区，两国的土地资源短缺现象逐渐缓解。因此，战后一段时间，土地资源短缺缓解是第二个小案例。

一、萨尔瓦多和洪都拉斯强烈的土地资源短缺感

在"足球战争"爆发前，萨尔瓦多和洪都拉斯都有强烈的土地恐慌感。不过，它们土地资源短缺感的来源却不完全一样。

1. 萨尔瓦多的土地恐慌感

萨尔瓦多是个中美洲小国，其国土面积只有21 393平方千米[1]。它的人口却较多。1969年，萨尔瓦多的人口约为355万。[2] 这样一来，冲突爆发前，萨尔瓦多的人口密度达到了约167人/平方千米，是中美洲人口最稠

---

[1] 毛相麟等编：《中美洲加勒比国家经济》，北京：社会科学文献出版社，1987年版，第54页。
[2] Thomas P. Anderson, *The War of the Dispossessed*, *Honduras and El Salvador*, *1969* (Lincoln, Nebraska: University of Nebraska Press, 1981), p.31. 参见何百根、梁文字主编：《拉丁美洲农业地理》，北京：商务印书馆，2003年版，第228页。

开拓新边疆——世界资源格局是如何转换的？

密的国家①，也是西半球人口最稠密的陆地国家，"其人口密度甚至比印度还高"②。"足球战争"爆发前，萨尔瓦多主要是一个农业国，农业人口较多。但它境内可被农牧业利用的土地资源却较少。人口稠密、土地有限，这两个因素决定了萨尔瓦多人均土地面积较少。③

萨尔瓦多人口的快速增长使萨尔瓦多人的土地恐慌感变得更加强烈。人口快速增长的重要原因之一是婴儿死亡率的大幅下降，而这又与黄热病、疟疾等疾病在当地基本被根除以及抗生素药品被更多使用有关。④ 第二次世界大战之后，萨尔瓦多人口增长逐渐加快（见表9-1）。有研究者提出，"足球战争"爆发前，萨尔瓦多的人口每21年就翻一番。⑤ 另有研究者称，1930年，萨尔瓦多的人口是144万，1961年增长到250万，如果按这样的增长速度，到2000年，萨尔瓦多的人口会增长到880万以上。⑥

表9-1　1950—1974年萨尔瓦多的人口增长率

时　　间	年均增长率
1950—1961	2.81%
1961—1974	3.49%

资料来源：William H. Durham, *Scarcity & Survival in Central America: Ecological Origins of the Soccer War* (Stanford, California: Stanford University Press, 1979), p.106.

除了国土面积和农地面积过小外，大地产制的存在也使萨尔瓦多无法消化急剧增加的人口。和其他中美洲国家一样，萨尔瓦多的大地产制十分严重。

---

① 毛相麟等编：《中美洲加勒比国家经济》，北京：社会科学文献出版社，1987年版，第55页；Thomas P. Anderson, *The War of the Dispossessed, Honduras and El Salvador, 1969* (Lincoln, Nebraska: University of Nebraska Press, 1981), p.31.

② William H. Durham, *Scarcity & Survival in Central America: Ecological Origins of the Soccer War* (Stanford, California: Stanford University Press, 1979), p.6.

③ 在拉美国家里，萨尔瓦多的缺地情况比较严重。比如，1990年萨尔瓦多的人均耕地为0.139公顷，农业劳动力人均耕地1.22公顷。而拉美国家的这两个值分别是0.402公顷和4.36公顷。见何百根、梁文字主编：《拉丁美洲农业地理》，北京：商务印书馆，2003年版，第202页。

④ Thomas P. Anderson, *The War of the Dispossessed, Honduras and El Salvador, 1969* (Lincoln, Nebraska: University of Nebraska Press, 1981), p.31.

⑤ Paul Ehrlich et al., *Ecoscience: Population, Resources and Environment* (San Francisco, California: W. H. Freeman and Company, 1977), p.908.

⑥ Thomas P. Anderson, *The War of the Dispossessed, Honduras and El Salvador, 1969* (Lincoln, Nebraska: University of Nebraska Press, 1981), p.31.

第9章 萨尔瓦多和洪都拉斯之间的"足球战争"

萨尔瓦多的土地,只有11%属于小农。① 相反,1971年的土地调查表明,萨尔瓦多1.5%的农户控制着全国49.5%的土地。② 萨尔瓦多有51%的农民家庭即10.7万个农民家庭拥有的土地不到1公顷,而仅仅145个大地产的土地就占全国农地面积的1/5。而且,萨尔瓦多的大地产制随着时间的推移还在不断发展,土地兼并的现象愈发严重,其结果之一是1950—1961年萨尔瓦多的农户数量下降了18%。③

土地高度集中减少了萨尔瓦多实际利用的农地面积,加剧了它的土地资源紧缺状况。大地产制之所以有这样的后果,在于它对土地的使用率较低:许多大地产主或者让他们的土地长满牧草,或者让其长年休耕。比如,1961年的资料显示,当年大地产(指面积在50公顷以上的地产)里的土地有45.8%用作牧场,32%休耕。相反,利用率最高的是小于1公顷的小地产,其利用率达到80.9%。④

土地的高度集中还使农业工作机会减少。大地产主控制着全国大多数土地,即使他们利用其占有的土地,也在较多时候把它们变为牧场,而牧业对劳动力的需求很小。可是,随着人口快速增长,农村劳动力供应增长迅速,供过于求,一方面使20世纪五六十年代农场工人的薪水一直很低,政府采用最低工资制等强制措施都不能使农民的收入增加⑤,另一方面使大量的农业人口成为"多余的人"。在"足球战争"爆发前,57%的农村劳动力或者完全没有工作可做,或者就业不充分。⑥

这些"多余的人"为了谋生,或在一切可能的地方种地,或盲目流入城市,寻求谋生手段。这两者都加剧了萨尔瓦多当时的社会矛盾。无地农民"盗耕"

---

① Thomas P. Anderson, *The War of the Dispossessed*, *Honduras and El Salvador*, *1969* (Lincoln, Nebraska: University of Nebraska Press, 1981), p.33.

② Charles D. Brockett, *Land*, *Power and Poverty: Agrarian Transformation and Political Conflict in Central America* (Boulder, Colorado: Westview Press, 1998), pp.73, 74.

③ Thomas P. Anderson, *The War of the Dispossessed*, *Honduras and El Salvador*, *1969* (Lincoln, Nebraska: University of Nebraska Press, 1981), p.33.

④ William H. Durham, *Scarcity & Survival in Central America: Ecological Origins of the Soccer War* (Stanford, California: Stanford University Press, 1979), pp.51-52.

⑤ Thomas P. Anderson, *The War of the Dispossessed*, *Honduras and El Salvador*, *1969* (Lincoln, Nebraska: University of Nebraska Press, 1981), p.32.

⑥ Charles D. Brockett, *Land*, *Power and Poverty: Agrarian Transformation and Political Conflict in Central America* (Boulder, Colorado: Westview Press, 1998), p.85.

开拓新边疆——世界资源格局是如何转换的？

土地的现象在 1965 年的圣萨尔瓦多(San Salvador)事件中表现得很明显。圣萨尔瓦多城是萨尔瓦多的首都。1965 年的一场地震把杜厄纳斯(Dueñas)家族①的一处地产夷为废墟。这处地产是在圣萨尔瓦多城中。结果，一夜之间，就有许多无地农民进入这片土地。后来，他们还成立了一个协会，把他们新占据的土地称为"五月三日营"(the Campamento Third of May)。"入营"的农民最终达到 700 人。杜厄纳斯家族试图把他们赶走，但是没有成功，反倒激起了公众对农民们的广泛同情和支持。比如，浸礼教会(Baptism)的传教士在全国范围内募款，为的是替这些农民把土地从杜厄纳斯家族那里买下来。只是他们的募捐活动没有成功。那块土地被无地农民占据了多年，结果还是被人纵火烧为白地。②

除了在任何可能的地方耕种外，大量无地农民为求生存，盲目流入城市。这既造成当时萨尔瓦多城市规模的加剧扩大，也导致各城市贫民区的大量出现。一方面，"足球战争"爆发前的几十年里，由于无地农民的流入，萨尔瓦多城市人口的增长很快。比如，1932 年圣萨尔瓦多的居民只有约 8 万人。到 1961 年，增加到 28 万。到 1969 年，进一步增加到 35 万人。另一方面，无地农民在城里和城郊的河沟两侧等国有土地上聚居，形成了越来越多的贫民区。贫民区里的房屋往往是居民自己搭建的，质量很差。区内没有自来水，也没有像样的卫生设施，居民用电常常靠从电线里偷电来解决。到"足球战争"爆发时，大量无地农民住在贫民区里。大的贫民区的居民可能超过两万人。贫民区的居民有一部分设法找到了工作，有的则长期失业。③

违法拓荒和盲目流入城市已加剧了萨尔瓦多的国内矛盾，但这两种方式仍不能完全消化无地农民，结果是萨尔瓦多大量农业人口外迁。在萨尔瓦多的邻国里，洪都拉斯相对而言人口密度较低，土地资源看似相对丰裕。所以，大量萨尔瓦多农民迁移至洪都拉斯。萨尔瓦多的一项研究表明，去洪都拉斯的移民中，95% 的人主要是由于经济原因。在迁徙时处于失业状态

---

① 该家族是萨尔瓦多的望族。他们的先人之一弗朗西斯科·杜厄纳斯(Francisco Dueñas)在 19 世纪中期多次担任萨尔瓦多总统。

② Thomas P. Anderson, *The War of the Dispossessed, Honduras and El Salvador*, 1969 (Lincoln, Nebraska: University of Nebraska Press, 1981), p.33.

③ Ibid., pp.34-35.

的人占移民总数的51.5%,另有45.5%的人因经济状况不佳,为了改善生活而迁居洪都拉斯。①

萨尔瓦多农民进入洪都拉斯的历史较长。早在1890年,洪都拉斯人口普查就表明其境内外国人中的绝大多数是危地马拉人和萨尔瓦多人。他们大多数是种植粮食作物的农民,居住在西部边界地带。后来,洪都拉斯香蕉种植业较快发展,联合水果公司(the United Fruit Company)、标准水果公司(Standard Fruit Company)等美资企业到萨尔瓦多招募工人。更多的萨尔瓦多人进入洪都拉斯(见表9-2)。到1954年,洪都拉斯的香蕉园工人中有15%是萨尔瓦多人。20世纪50年代,香蕉种植园曾大规模解雇工人;加之,1954年洪都拉斯的香蕉工人罢工后,日益强大的工人联合会要求水果公司在用工等方面必须优待洪都拉斯人。这使得较多萨尔瓦多人失去在水果公司里的工作。② 大多数被解雇的萨尔瓦多人留在洪都拉斯开荒种地,与洪都拉斯人的争地矛盾也逐渐加剧。③

表9-2 1892—1969年萨尔瓦多人向洪都拉斯移居的情况

年 份	1892—1930	1930—1950	1950—1961	1961—1969
人 数	18 500	81 500	118 700	81 300

资料来源:William H. Durham, *Scarcity & Survival in Central America: Ecological Origins of the Soccer War*, p.61.

大量农民迁居国外,减轻了萨尔瓦多土地资源承受的压力,可是作为迁移对象国的洪都拉斯,其土地资源状况比萨尔瓦多好不了多少。洪都拉斯人的土地短缺感本已存在,大量萨尔瓦多农民的迁入则加剧了他们的土地恐慌感。

2. 洪都拉斯的土地恐慌感

从表面看,洪都拉斯和萨尔瓦多在人地关系上差别很大。如前所述,萨尔瓦多人口很稠密,洪都拉斯的人口密度则要低得多。洪都拉斯的领土面积为

---

① Thomas P. Anderson, *The War of the Dispossessed, Honduras and El Salvador, 1969* (Lincoln, Nebraska: University of Nebraska Press, 1981), p.74.
② Ibid., p.58.
③ William H. Durham, *Scarcity & Survival in Central America: Ecological Origins of the Soccer War* (Stanford, California: Stanford University Press, 1979), p.124.

开拓新边疆——世界资源格局是如何转换的？

112 088 平方千米[①]，仅次于尼加拉瓜，是中美洲第二大国。其国土面积约为萨尔瓦多的5.33倍。"足球战争"爆发前后，洪都拉斯人口少于萨尔瓦多。1970年，洪都拉斯的人口是264万，约相当于萨尔瓦多的74%。[②] "足球战争"爆发时，洪都拉斯的人口密度是22人/平方千米[③]，大约只相当于萨尔瓦多的1/7。

然而，洪都拉斯地广人稀并不意味着它的土地资源很丰饶，也不意味着洪都拉斯农民的人均土地资源量较多。萨尔瓦多和洪都拉斯都是山地国家，后者比前者更加多山，山的坡度也更大，坡度在40度以上的坡地占其国土面积的60.8%。[④] 从土地的肥沃程度来看，洪都拉斯比不上萨尔瓦多。萨尔瓦多位于火山带上，境内火山较多，有大量的火山灰，因此土壤较肥沃。[⑤] 洪都拉斯则不在中美洲主要的火山带上，火山灰较少，土壤不如萨尔瓦多肥沃。[⑥] 坡度大，土壤又较贫瘠，这两者决定了洪都拉斯适宜耕种的土地并不多。根据最乐观的估计，适合农业生产的土地只占洪都拉斯土地面积的32.4%。萨尔瓦多的情况则要好得多。据估计，萨尔瓦多可作农业用地的土地占其国土面积的64.4%。[⑦]

如前所述，洪都拉斯的国土面积比萨尔瓦多大4.33倍。但是，由于土地利用受到的限制更大，"足球战争"爆发时，洪都拉斯实际利用的农业用地只比萨尔瓦多多53%。如果只计算耕地面积，洪都拉斯和萨尔瓦多的差别更小，只是1.11∶1。[⑧]

另外，洪都拉斯人口中，农民的比例很高，这导致其农民人均土地面积相

[①] 毛相麟等编：《中美洲加勒比国家经济》，北京：社会科学文献出版社，1987年版，第30页。
[②] 何百根、梁文宇主编：《拉丁美洲农业地理》，北京：商务印书馆，2003年版，第228页。
[③] Paul Ehrlich et al., *Ecoscience: Population, Resources and Environment* (San Francisco, California: W. H. Freeman and Company, 1977), p.908.
[④] William H. Durham, *Scarcity & Survival in Central America: Ecological Origins of the Soccer War* (Stanford, California: Stanford University Press, 1979), p.107.
[⑤] William H. Durham, *Scarcity & Survival in Central America: Ecological Origins of the Soccer War* (Stanford, California: Stanford University Press, 1979), p.107; Thomas P. Anderson, *The War of the Dispossessed, Honduras and El Salvador, 1969* (Lincoln, Nebraska: University of Nebraska Press, 1981), p.37.
[⑥] Thomas P. Anderson, *The War of the Dispossessed, Honduras and El Salvador, 1969* (Lincoln, Nebraska: University of Nebraska Press, 1981), p.37.
[⑦] William H. Durham, *Scarcity & Survival in Central America: Ecological Origins of the Soccer War* (Stanford, California: Stanford University Press, 1979), p.107.
[⑧] Ibid.

第 9 章 萨尔瓦多和洪都拉斯之间的"足球战争"

应较低。1961 年,洪都拉斯人口中,约 80% 是农民。在洪都拉斯的劳动力人口中,农业劳动力占 67%。在萨尔瓦多,农民占总人口的 70%,萨尔瓦多农业劳动力占全国劳动力的 60%。① 这缩小了洪都拉斯农民在人均土地面积方面对萨尔瓦多农民的优势。

综合以上数值,可以计算出洪都拉斯农民人均拥有的土地只比萨尔瓦多农民高 43%(见表 9-3)。再加上洪都拉斯土地不如萨尔瓦多的肥沃,其农作物产出受到较大影响,进一步削弱了其农业对萨尔瓦多农业的优势。② 洪都拉斯大多数地区的土地都不肥沃。为了保持最低限度的肥力,洪都拉斯的农地在耕种一年之后普遍需要休耕 2~3 年。③ 因此,洪都拉斯农民的土地状况与萨尔瓦多农民一样不乐观。

表 9-3 "足球战争"前(1961 年)洪都拉斯土地与萨尔瓦多土地的比率

国土面积	人均 国土面积	实际利用的 农业用地	耕地 面积	农民人均拥有 土地面积
5.33∶1	7.13∶1	1.53∶1	1.11∶1	1.43∶1

资料来源:William H. Durham, *Scarcity & Survival in Central America: Ecological Origins of the Soccer War*, pp.107-109.

此外,与萨尔瓦多的情况相似,洪都拉斯的土地集中程度也很高,这同样影响了其土地资源的利用。洪都拉斯的土地分配严重不均,120 266 户小农拥有的地产加起来只是与 436 个大地主的地产相当。也就是说,每户大地产主占据的土地是每户小农的 276 倍。换一个角度看,洪都拉斯 38% 的农地被 0.8% 的大地产主占据,8.8% 的农户占据着 63.3% 的土地。而且,和萨尔瓦多

---

① William H. Durham, *Scarcity & Survival in Central America: Ecological Origins of the Soccer War* (Stanford, California: Stanford University Press, 1979), p.108.
② 比如,同样是种植玉米,多年来洪都拉斯的玉米单产量一直比萨尔瓦多低。1952 年洪都拉斯的单产量是 756.6 千克/公顷,1950 年萨尔瓦多的产量是 1 148 千克/公顷。到 1974 年,洪都拉斯的单产量是 1 081.3 千克/公顷,提高了 43%。但萨尔瓦多的单产量提高更多。到 1971 年,已经提高到 1 736.9 千克/公顷,提高了 51%。见 William H. Durham, *Scarcity & Survival in Central America: Ecological Origins of the Soccer War* (Stanford, California: Stanford University Press, 1979), p.109。洪都拉斯与萨尔瓦多玉米单产量的差距,可能有多方面原因,但土地肥沃程度的差异应该是其重要原因。
③ William H. Durham, *Scarcity & Survival in Central America: Ecological Origins of the Soccer War* (Stanford, California: Stanford University Press, 1979), p.127.

开拓新边疆——世界资源格局是如何转换的?

一样,在"足球战争"发生前的一段时期,洪都拉斯的大地产在全国土地总量中的比例还在继续提高。① 而地产越大,土地的利用效率就越低(见表9-4)。洪都拉斯的大地产主或者把大量土地当草场使用,或者让大量土地长期休耕闲置②,使洪都拉斯实际利用的土地数量进一步减少。

表 9-4   1952 年洪都拉斯不同面积的地产的利用率

地产面积(公顷)	<1.0	1.0~9.9	10.0~49.9	50.0~199.9	>200.0
土地利用率(%)	86.8	56.2	22.0	6.8	5.1

资料来源:William H. Durham, *Scarcity & Survival in Central America: Ecological Origins of the Soccer War*, p.128.

大地产制的发展、土地集中程度的提高在洪都拉斯产生了大量的无地农民。此外,香蕉等经济作物种植的扩大也使一些农民失去了土地。当香蕉种植业兴旺的时候,城市居民为可观的利润所吸引,纷纷出资购买土地以种植香蕉,地价和地租随之上涨。靠租种土地为生的农民支付不起地租,也买不起土地,于是成为无地农民。③ 和萨尔瓦多农民一样,这些农民中的一部分为求生存,不顾法令的禁止,侵占并耕种了一些国有或私有土地。到 1952 年,17 143 户无地农民占据了 133 561 公顷的土地,这占全国土地总面积的 5.3%。④

当洪都拉斯的土地匮乏日益加剧时,大量萨尔瓦多农民的进入使洪都拉斯土地资源承受的压力逐渐加大,这一方面加剧了洪都拉斯人的土地短缺感,另一方面使他们对萨尔瓦多移民的敌意越来越强。

萨尔瓦多农民的移入对洪都拉斯造成了很大影响。迁移的规模很大,这使洪都拉斯承受了较大的人口压力。如前所述,到"足球战争"爆发时,侨居在

---

① Thomas P. Anderson, *The War of the Dispossessed, Honduras and El Salvador*, 1969 (Lincoln, Nebraska: University of Nebraska Press, 1981), pp.53, 54. 参见 Charles D. Brockett, *Land, Power and Poverty: Agrarian Transformation and Political Conflict in Central America* (Boulder, Colorado: Westview Press, 1998), pp.73, 74.

② 参见何百根、梁文字主编:《拉丁美洲农业地理》,北京:商务印书馆,2003年版,第189—190页。参见 Charles D. Brockett, *Land, Power and Poverty: Agrarian Transformation and Political Conflict in Central America* (Boulder, Colorado: Westview Press, 1998), p.188.

③ Charles D. Brockett, *Land, Power and Poverty: Agrarian Transformation and Political Conflict in Central America* (Boulder, Colorado: Westview Press, 1998), p.69.

④ Thomas P. Anderson, *The War of the Dispossessed, Honduras and El Salvador*, 1969 (Lincoln, Nebraska: University of Nebraska Press, 1981), pp.53, 64.

第 9 章　萨尔瓦多和洪都拉斯之间的"足球战争"

洪都拉斯的萨尔瓦多人已有约 30 万人,这相当于 1970 年洪都拉斯人口的 11%。1950—1960 年,萨尔瓦多移入洪都拉斯的人口占洪人口增长量的 22.6%。①之后至 1969 年,萨尔瓦多人向洪都拉斯移民的势头仍猛。而且,萨尔瓦多人大量移居到洪都拉斯农村,这直接增加了洪都拉斯土地资源承受的压力,加剧了当地人的资源短缺感。如果移居洪都拉斯的萨尔瓦多人大多数进入城市,从事工商业,那么他们的移入不会明显加剧洪都拉斯的土地资源匮乏。然而,萨尔瓦多人迁入洪都拉斯基本上是一种"从农村到农村"的迁移②,加重了洪都拉斯农民的土地恐慌感。

进入洪都拉斯农业的萨尔瓦多人有多少?对此有不同说法。1969 年萨尔瓦多的国家计划办公室(National Planning Office)提出,这些移民中有 28.2% 的人即约 84 600 人成为洪都拉斯的农业劳动力。这占据了移民中劳动力人口的 76.9%。当时,洪都拉斯大约共有 427 000 名农业劳动力。所以,这 84 600 人就约相当于洪都拉斯农业劳动力总人数的 1/5。洪都拉斯政府提供了不同的数据。洪都拉斯国家农业研究所(the National Agrarian Institute,INA)提出,冲突爆发之时,洪都拉斯境内的萨尔瓦多移民中,有 219 619 人属于农业人口。他们没有合法证件,分属 36 000 个农民家庭。当时的洪都拉斯共有约 240 000 家农户。如果萨尔瓦多农户的平均人数与洪都拉斯农户的一样,那么就意味着萨尔瓦多移民约占洪都拉斯农业人口的 15%。③

萨尔瓦多移民在洪都拉斯农村里占据了较多土地,这激起了洪都拉斯农民尤其是小农对他们的敌视。在洪都拉斯的萨尔瓦多移民,少数通过开荒等方式拥有了自己的土地,大多数主要租种别人的土地,可能同时也拥有自己的小块土地。④ 所以,"足球战争"发生后回国的萨尔瓦多人中,大约 75% 的人宣称自己战前在洪都拉斯拥有土地。⑤ 但是,即使真有这么高比例的萨尔瓦多移民拥有自己的土地,其面积往往也较小。"足球战争"爆发前,萨尔瓦多移民占

---

① William H. Durham, *Scarcity & Survival in Central America: Ecological Origins of the Soccer War* (Stanford, California: Stanford University Press, 1979), p.105.
② Ibid., pp.123-124.
③ Ibid., p.125.
④ Ibid., p.124.
⑤ Thomas P. Anderson, *The War of the Dispossessed, Honduras and El Salvador, 1969* (Lincoln, Nebraska: University of Nebraska Press, 1981), p.74.

有的土地相当于洪都拉斯农业用地总量的8.5%。前文提到,洪都拉斯国家农业研究所提出萨尔瓦多移民的人数约占洪都拉斯农业人口的15%。根据这两个数字推算,萨尔瓦多移民人均土地只约等于洪都拉斯农民的一半。这个比例不易挑起洪都拉斯农民的不满。

不过,在洪都拉斯,大地产制占主导地位。在这种土地所有制结构里,萨尔瓦多人对洪都拉斯土地的"掠夺"被放大。把大地产主除去,其他农民的人均土地数量就低了很多,萨尔瓦多农民对土地的"掠夺"也就凸显出来了。洪都拉斯境内的萨尔瓦多农民占有的土地数量是5.7公顷/家庭。而洪都拉斯农民中,一半以上达不到这个平均值。洪都拉斯47.2%的农民家庭拥有的土地不到5公顷。近一半的洪都拉斯农民所拥有的土地加起来大约只相当于萨尔瓦多移民地产的1/2①,这些使洪都拉斯小农对萨尔瓦多移民十分不满。②

洪都拉斯农民的土地恐慌感逐渐转化为零和的资源关系观念。而洪都拉斯国内强烈的民族主义情绪强化了这样的观念。由于洪都拉斯的多数财富属于外国公司(包括联合水果、标准水果等美资香蕉企业)和个人,而不属于本国人。这种情况导致了其国内长期有强烈的民族主义情绪。③ 受这种情绪的影响,洪都拉斯民众要求排斥包括萨尔瓦多农民在内的外国人,而这是零和观念的一种表现。

零和的资源关系观念引发了洪都拉斯政府和农民团体与萨尔瓦多农民的矛盾,进而发展为洪都拉斯与萨尔瓦多间的战争。

二、洪都拉斯和萨尔瓦多的冲突过程

洪都拉斯农民从零和观念出发,认为萨尔瓦多移民侵夺了本应属于他们的土地,使他们的土地状况恶化。为了改善他们的资源状况,政府应驱逐萨尔瓦多移民,还给他们土地。来自农民团体以及国内其他社团的压力促使洪都

---

① 有研究者提出,萨尔瓦多移民在洪都拉斯总共占有50万公顷以上的土地,见 Charles D. Brockett, *Land, Power and Poverty: Agrarian Transformation and Political Conflict in Central America* (Boulder, Colorado: Westview Press, 1998), p.191,实际上应该没有这么多。

② William H. Durham, *Scarcity & Survival in Central America: Ecological Origins of the Soccer War* (Stanford, California: Stanford University Press, 1979), pp.125-126.

③ Vincent Cable, "The 'Football War' and the Central American Common Market", *International Affairs*, Vol. 45, No. 4 (October 1969), p.660.

第 9 章 萨尔瓦多和洪都拉斯之间的"足球战争"

拉斯政府开始驱逐萨尔瓦多移民。

洪都拉斯政府较早就开始限制萨尔瓦多移民得到土地。洛萨诺(Julio Lozano Díaz)总统时期(1954—1956 年),洪都拉斯政府对萨尔瓦多移民的敌意就已经很强了。当时的洪都拉斯政府制订了一条法律,禁止外国人购买离海岸和边界不到 40 千米远的土地。由于洪都拉斯的较多香蕉种植园位于那些地方,政府通过该法的一个重要目的是不让萨尔瓦多人购买本国香蕉园。①

之后的拉蒙·维耶达·莫拉勒斯(Ramón Villeda Morales)总统时期(1957—1963 年),洪都拉斯政府对萨尔瓦多移民的敌意更强。当时,洪都拉斯的人口急剧增长、香蕉种植业暂时不景气、外贸状况恶化,政府试图通过挑起和加强国内民众的仇外情绪来转移他们对经济困难的注意。于是,"洪都拉斯的地方保安队(vigilante)、政府的安保部队(the Guardia Civil Departamental)和快速安保部队(the Guardia Civil Móvil)开始袭击萨尔瓦多移民"。结果在 1959 年,离"足球战争"的发生还有 10 年,已经有大约 300 个萨尔瓦多移民家庭因不堪袭扰而逃离洪都拉斯。②

1962 年洪都拉斯土地改革法公布。这是排斥萨尔瓦多移民的重要步骤。该法律的第 68 条规定:

满足以下要求的农民(compesinos)具备获得政府给予的土地的条件。

第一款:出生于洪都拉斯。如果未婚,年龄在 16 岁以上的男性;如果已婚,任何年龄的男性都可以;或者是需要照顾家庭的鳏夫和寡妇。

第二款:其职业是农民。

第三款:以其名义占有的土地面积不超过政府将给予的土地的面积。

第四款:在工业或商业中拥有的资本不超过 1 000 伦皮拉(lempira,洪都拉斯货币单位),在农业中的资本不超过 2 000 伦皮拉。③

从字面意思看,第 68 条并不打算把萨尔瓦多人从洪都拉斯农地上赶走。不过,它明确地把土生土长的洪都拉斯人和其他人区分开,这就为以后洪都拉

---

① Thomas P. Anderson, *The War of the Dispossessed*, *Honduras and El Salvador*, 1969 (Lincoln, Nebraska: University of Nebraska Press, 1981), p.74.
② Ibid., pp.74-75.
③ Ibid., p.78.

斯的排外运动奠定了基础。

1963年洛佩斯·阿尔亚诺（López Arellano）成为总统后，洪都拉斯国内对萨尔瓦多移民的敌意继续增强。洪都拉斯国内，不分左派和右派，几乎所有的政党和社会团体都加入反对萨尔瓦多移民的运动中。①

农民团体"排萨"的积极性最高。代表小农利益的洪都拉斯农民全国联合会（the Asociación Nacional de Campesinos Hondureños）、土地联盟（the Ligas Agrarias）等团体都向洪都拉斯政府施加压力，要求驱赶萨尔瓦多移民。② 大地产主不满足于已经拥有的地产，试图兼并更多土地，并把外国移民视为兼并活动的"软目标"，也加入"排萨"运动中。他们在1966年组成洪都拉斯全国农牧业者联合会（the Federación Nacional de Agricultores y Ganaderos de Honduras，FENAGH），反对小农，反对非法拓耕者，尤其反对洪都拉斯境内的萨尔瓦多人，要求保护并推进大地产制。③ FENAGH成立后便向政府递交了大量的请愿书，其中的一份请愿书写道："侵占土地和给予土地中的问题是如此严重，以至于本联合会不得不在共和国总统前斥责外国人，特别是有萨尔瓦多国籍的外国人。他们的数量可观。他们侵占农村的财产。"④

洪都拉斯土地改革法于1962年公布，直到1969年才正式实施。该法直接针对萨尔瓦多人，一个重要目的就是把萨尔瓦多人驱离洪都拉斯农地。为达到这一目的，国家农业研究所的官员到萨尔瓦多移民家中，谎称帮助他们"规范"对土地的拥有权，然后问萨尔瓦多人他们在洪都拉斯有多少年，他们有何证明其土地拥有权的文件，他们拥有的牛和其他牲畜的数量，他们在银行里有多少存款，等等。之后不久，国家农业研究所就向不能满足土地改革法要求的萨尔瓦多农户发出如下信件：

"很抱歉，我们不得不通知你们：在研究你们的土地状况之后，我们认为你们不能从土地改革法中获益。因为该法规定，得到土地的第一个条件就是

---

① Thomas P. Anderson, *The War of the Dispossessed*, *Honduras and El Salvador*, *1969* (Lincoln, Nebraska: University of Nebraska Press, 1981), p.75.
② Ibid., p.79.
③ Ibid., pp.64, 79.
④ William H. Durham, *Scarcity & Survival in Central America: Ecological Origins of the Soccer War* (Stanford, California: Stanford University Press, 1979), pp.161-162.

出生在洪都拉斯。我们欢迎你们能证明自己具备这个条件。但是,如果你们不能证明这一点,那么你们就是非法居留在这块土地上,而且是居住在按照国家的农业计划将要进行土地开发的土地上。"

1969年4月,洪都拉斯国家农业研究所主任圣多瓦尔(Sandoval)公开宣称:尽管萨尔瓦多移民已在农地上居住了许多年,但是洪都拉斯政府还是将根据土地改革法,马上进行驱离他们的工作。① 5月3日,政府向居住在约罗省(Yoro)一块国有土地上的57家萨尔瓦多移民发出通知,要求他们在30天内离开其宅地。之后,洪都拉斯政府向更多的萨尔瓦多移民发出驱逐信,要求他们在限定的时间搬走。最后期限到来时,政府会出动军队强行赶走拒绝搬离的萨尔瓦多移民。②

政府的行动受到洪都拉斯媒体和民众的热烈支持。洪都拉斯媒体热情地呼吁民众支持国家农业研究所的行动,同时鼓动对萨尔瓦多移民的敌意。在洪都拉斯首都特古西加尔巴(Tegucigalpa)的报界聚会上,《每日论坛画报》(*Diario Tribuna Gráfica*)的主编提出各报应该积极报道国家农业研究所的进展。该提议得到各报的赞同。另一份报纸《纪事报》(*El Cronista*)以"约罗省十城的萨尔瓦多人被清除"为标题,头版头条对政府的行动进行报道:"国家农业研究所将继续有效率地清除萨尔瓦多农民。萨尔瓦多人的数量令人警惕,他们按照那14个小国王③的指令侵占了我们的大量土地。那些小国王在我们的邻国萨尔瓦多大行骗术,使它变得一片荒芜。"④

除了报纸以外,洪都拉斯各地的传单也在鼓动对萨尔瓦多移民的敌意。这些传单出现在洪都拉斯各城镇的街头。其中的一份传单说:"原驼(GUANACO)⑤:如果你相信自己是体面的,那么请带着你的体面离开洪都拉斯。如果你和大多数人一样,是小偷、酒鬼、大麻风、骗子和恶棍,不要留在洪都拉斯。要么滚,要么受惩。在洪都拉斯,我们不需要原驼。如

---

① Thomas P. Anderson, *The War of the Dispossessed, Honduras and El Salvador, 1969* (Lincoln, Nebraska: University of Nebraska Press, 1981), p.92.
② William H. Durham, *Scarcity & Survival in Central America: Ecological Origins of the Soccer War* (Stanford, California: Stanford University Press, 1979), p.162.
③ "14个小国王"是指在萨尔瓦多拥有最多土地的14个家族。
④ Thomas P. Anderson, *The War of the Dispossessed, Honduras and El Salvador, 1969* (Lincoln, Nebraska: University of Nebraska Press, 1981), p.93.
⑤ 在这里是对萨尔瓦多人的蔑称。

果因为你们向美洲国家组织抱怨,(我们的)政府必须接受原驼,(我们的)人民也会排斥你们。"①

被驱离的萨尔瓦多移民受到很大损失。他们不仅失去了土地,在很多时候,也失去了其他财产。被驱赶的萨尔瓦多移民的邻居知道他们很难把家当带走,所以不会出钱买他们的牲畜、家禽等物,而是要等到他们舍下那些东西离开后,一文不花地得到那些东西。②

在洪都拉斯开始大规模驱逐萨尔瓦多移民后不久,萨尔瓦多对此做出反应,对洪都拉斯不宣而战。这场战争在很短的时间里,就造成了两国约2 000人死亡。在美国、美洲国家组织等国际力量的压力下,"足球战争"进行了4天就结束了。不过,萨尔瓦多和洪都拉斯之间的矛盾也并没有因停战而结束。停战后,两国都加强了警戒,其共同边界线的局势长期紧张。1976年6月,两国在边界发生新的冲突,并险些升级为新的战争。两国间的敌对持续了11年。直到1980年10月30日,两国才在秘鲁首都利马(Lima)签署"和平总条约"。12月两国在洪都拉斯首都交换了对条约的批准书,标志着两国间敌对状态的结束。③

三、资源冲突使两国的资源困境加剧

对土地资源使用权的争夺是萨尔瓦多和洪都拉斯间发生"足球战争"的主要原因之一。战争之后是两国间长期的对峙。战争和对峙使两国的土地资源状况不但没有改善,反而加剧了。

萨尔瓦多的土地短缺在战后更加严重。战争之后,洪都拉斯把约13万萨尔瓦多移民遣送回国。④ 这些移民中大多数是农民。他们的回国一方面使萨尔瓦多的失业率迅速上升。1971年,萨尔瓦多的失业率上升至20%;另有40%的

---

① Thomas P. Anderson, *The War of the Dispossessed*, *Honduras and El Salvador*, 1969 (Lincoln, Nebraska: University of Nebraska Press, 1981), pp.93-94.
② Ibid., p.93.
③ 黄进平:"洪萨边界纠纷与和解",《世界知识》,1981年第7期,第13页。
④ William H. Durham, *Scarcity & Survival in Central America: Ecological Origins of the Soccer War* (Stanford, California: Stanford University Press, 1979), p.170; Thomas P. Anderson, *The War of the Dispossessed*, *Honduras and El Salvador*, 1969 (Lincoln, Nebraska: University of Nebraska Press, 1981), p.141.

第 9 章　萨尔瓦多和洪都拉斯之间的"足球战争"

人处于就业严重不足的境地，一年的工作时间不超过 120 天①。另一方面使萨尔瓦多本已紧张的人地关系更加紧张。人地关系的紧张使萨尔瓦多小农要求进行土地改革的呼声越来越强。但是，土改的要求遭到萨尔瓦多保守势力的反对。结果，农民与保守势力、与军队的矛盾越来越尖锐，冲突也越来越剧烈。②

"足球战争"对萨尔瓦多的另一个重要影响是萨尔瓦多社会冲突的一个安全阀不复存在。从前，当一些尖锐的冲突在萨尔瓦多国内出现时，矛盾可以由其中的一方远走来解决。"足球战争"之后，萨尔瓦多人大量外迁的可能性基本消失，这使萨尔瓦多国内积聚的矛盾越来越多。一旦爆发，其破坏力会很大。③

洪都拉斯的土地资源状况也没有得到好转。大量萨尔瓦多移民的离去暂时使洪都拉斯的人地矛盾有所缓解。不过，战后洪都拉斯对土地的利用受到了一些新因素的阻碍。

首先，"足球战争"之后，为了对付萨尔瓦多的威胁，洪都拉斯使用大量的人力、物力、财力加强防卫，特别是对边境的守卫，这使其农业（以及其他经济行业）的发展受到了严重影响。

其次，洪都拉斯在战后退出了中美洲共同市场（Central America Common Market），这严重影响了它的农业现代化的发展。洪都拉斯之所以退出共同市场，是因为它认为共同市场使其敌国萨尔瓦多获益颇丰，本国则受益甚微。洪都拉斯甚至认为中美洲共同市场阻碍了本国的经济发展。但是，一些研究表明如果洪都拉斯不在共同市场里，它在 1962—1968 年的经济增长率会比实际低 1.6 个百分点。④ 这一结论很可能也适用于其他时期。退出中美洲共同市场后，洪都拉斯抵御经济风险的能力下降，经济发展速度减缓。1970—1973 年这三年间，洪都拉斯的国民生产总值总共才增加 6.2%，它的对外贸易状况在"足球战争"后也恶化了。⑤ 孤立的洪都拉斯在遭遇较大冲击时，其农业现代化等各项经济事业难免会受到沉重打击。经济状况的恶化迫使洪都拉斯在 1973 年之后逐渐回归它曾经"痛恨"的中美洲共同市场。

---

① Thomas P. Anderson, *The War of the Dispossessed*, *Honduras and El Salvador*, *1969* (Lincoln, Nebraska: University of Nebraska Press, 1981), p.141.
② Ibid., pp.147-151.
③ Ibid., p.155.
④ Ibid., p.68.
⑤ Ibid., p.158.

冲突和对峙并没有改善两国的土地资源状况，相反使它们的资源状况进一步恶化，这是萨尔瓦多和洪都拉斯两国之所以最终放弃敌对、重归于好的重要原因。

四、"足球战争"的发生并非必然

"足球战争"爆发前，土地资源的替代性手段已经出现，但是萨尔瓦多和洪都拉斯没有充分意识到其重要性，结果是两国都认为今后土地资源会日益短缺。为了争夺土地资源，两国打了一场缺乏意义的战争。战后，资源替代手段的重要性逐渐为两国所认识，两国的资源关系观念也由零和观向非零和观渐变。在非零和的资源观念指导下，两国的注意力主要放在开发资源替代手段上。在1973年洪都拉斯重返中美洲共同市场后，它们甚至还在共同市场等经济一体化框架内进行了一些这方面的合作。这些使两国的资源短缺都缓解了，"足球战争"再次爆发的可能性越来越小。

"足球战争"之后不久，洪都拉斯等国即意识到与传统伙伴经济联系中断的害处，试图通过重启经济一体化来发展经济。1973年，洪都拉斯回到中美洲共同市场，共同市场高级委员会也得到重建。不过中美洲国家的经济一体化计划很快遭到两次石油危机的沉重打击。进入20世纪80年代后，由于受成员国内战和债务危机等因素的严重影响，中美洲共同市场继续停滞不前，直到1987年之后，才开始缓慢复苏[1]，进入20世纪90年代后，中美洲的经济一体化得到很大发展。比如，在1992年5月，洪都拉斯、萨尔瓦多和危地马拉的总统发表联合声明，宣布将建立"北部贸易三角"。在这个小型自由贸易区内，三国间取消一切进口限制，实行5%～20%的低额进口关税，并相互开放边界，简化海关与移民手续，允许人员自由出入以及商品和资本的自由流通，协调各国宏观经济政策，采取共同的吸引外资的政策，等等。[2] 三国同意在它们之间实行人员的自由流动是一体化措施中的一条，而这与洪都拉斯在"足球战争"前后大规模驱逐萨尔瓦多人形成了鲜明对比。

---

[1] 汤小棣："中美洲共同市场复兴有望"，《拉丁美洲研究》，1994年第1期，第12—13页。
[2] 曹珺："前进中的中美洲共同市场"，《国际观察》，1995年第2期，第22页；幼封、曹珺："90年代中美洲共同市场的新进展及其原因"，《世界经济研究》，1995年第3期，第14页；参见唐晓芹："90年代以来的中美洲一体化进程"，《拉丁美洲研究》，2000年第5期，第56页。

第9章 萨尔瓦多和洪都拉斯之间的"足球战争"

在一体化的推进过程中,土地资源的替代手段得到发展。比如,在"北部贸易三角"框架内,洪都拉斯、萨尔瓦多和危地马拉的金融业等非农产业得到发展①,这会对农业资源的重要性起到替代作用。此外,在20世纪90年代,中美洲与其他地区的经济交流增强,这也会加快资源替代手段的发展。比如,1993年5月中美洲共同市场国家与加勒比海国家举行了一次部长级会议,会上决定各国将在信息技术、运输等非农产业加强合作。这些方面的合作同样会加快土地资源的替代手段在中美洲的出现和应用。

萨尔瓦多和洪都拉斯土地资源被替代的表现包括:一方面,两国农业人口在总人口中的比例不断下降;另一方面,农业总产值在两国国内生产总值(或国民生产总值)中的比例下降。"足球战争"爆发前,萨尔瓦多和洪都拉斯的人口中农民的比例已经在下降(见表9-5和表9-6)。

表9-5　1892—1971年萨尔瓦多农村人口和农业劳动力在总人口中的比例

年　　份	1892	1930	1950	1961	1971
农村人口在总人口中的比例(%)	80.00	78.73	74.25	70.35	66.45
农业劳动力在总人口中的比例(%)	—	29.38	29.95	27.52	26.76

资料来源:William H. Durham, *Scarcity & Survival in Central America: Ecological Origins of the Soccer War*, p.28.

表9-6　1887—1974年洪都拉斯农村人口和农业劳动力在总人口中的比例

年　　份	1887	1930	1950	1961	1974
农村人口在总人口中的比例(%)	95.01	87.92	84.50	79.69	69.78
农业劳动力在总人口中的比例(%)	—	27.43	25.35	25.24	24.84

资料来源:William H. Durham, *Scarcity & Survival in Central America: Ecological Origins of the Soccer War*, p.108.

战争之后,尽管受到一些因素的阻碍(比如,20世纪80年代中美洲国家的经济发展迟缓,造成较多人口从城市向农村回流②),但这种趋势仍在继续发展(见表9-7和表9-8)。

---

① 曹珺:"前进中的中美洲共同市场",《国际观察》,1995年第2期,第22页;幼封、曹珺:"90年代中美洲共同市场的新进展及其原因",《世界经济研究》,1995年第3期,第14页。
② 参见冯秀文等著:《拉丁美洲农业的发展》,北京:社会科学文献出版社,2002年版,第362—363页。

开拓新边疆——世界资源格局是如何转换的？

表 9-7　1971—1990 年萨尔瓦多农业劳动力在总人口中的比例

年　　份	1971	1980*	1990
农业劳动力在总人口中的比例(%)	24.84	15.28	11.48

＊1980 年的数字根据 1980 年萨尔瓦多的农业劳动力(75.4 万人)和其 1981 年的总人口数(494 万人)算出。

资料来源：William H. Durham, *Scarcity & Survival in Central America: Ecological Origins of the Soccer War*, p.28；毛相麟等编，《中美洲加勒比国家经济》，北京：社会科学文献出版社，1987 年版，第 55、61 页；何百根、梁文字主编，《拉丁美洲农业地理》，北京：商务印书馆，2003 年版，第 202 页。

表 9-8　1974—1990 年洪都拉斯农业劳动力在总人口中的比例

年　　份	1974	1984	1990
农业劳动力在总人口中的比例(%)	26.76	17.97	17.11

资料来源：William H. Durham, *Scarcity & Survival in Central America: Ecological Origins of the Soccer War*, p.108；马定国，"洪都拉斯的农业"，《世界农业》，1986 年第 12 期，第 48 页；何百根、梁文字主编，《拉丁美洲农业地理》，第 202 页。

从上可见，1971 年之后，萨尔瓦多农业劳动力的相对值(指农业劳动力人口在总人口中的比例)比洪都拉斯的值下降得更快。实际上，萨尔瓦多农业劳动力的绝对值也下降了。1971 年，萨尔瓦多的农业劳动力人口约为 117 万[1]，1980 年减少到 75.4 万[2]，1990 年更下降至 60.3 万。[3] 也就是说，自 1971—1990 年的 19 年间，萨尔瓦多大约 57 万的农业劳动力需求被替代了。我们不妨假设一下：如果当初那些缺地的 30 万萨尔瓦多农民可以忍耐 11 年(1969—1980 年)或者更长，那么他们可以进入本国别的经济部门，既不会一定要留在本国农业中，更不必去洪都拉斯，做承租者或非法的开荒者。

萨尔瓦多和洪都拉斯两国农业的重要性被替代的另一个表现是它们的农业产值占其国民生产总值中的比例逐渐下降。1970—1994 年，萨尔瓦多的这一比例下降了一半以上；洪都拉斯的比例在 1970—1980 年下降了 5.7%（见表 9-9）。

---

[1]　William H. Durham, *Scarcity & Survival in Central America: Ecological Origins of the Soccer War* (Stanford, California: Stanford University Press, 1979), p.28.
[2]　毛相麟等编，《中美洲加勒比国家经济》，北京：社会科学文献出版社，1987 年版，第 61 页。
[3]　何百根、梁文字主编，《拉丁美洲农业地理》，北京：商务印书馆，2003 年版，第 202 页。

表 9-9　1970—1994 年萨尔瓦多和洪都拉斯的农业产值占国民生产总值的比例

占比（%）＼年份	1970	1980	1994
萨尔瓦多	30.6	29.6	14.0
洪都拉斯	33.2	14.0	—

资料来源：毛相麟等编，《中美洲加勒比国家经济》，1987 年版，第 36、38、60、61 页；Charles D. Brockett, *Land, Power and Poverty: Agrarian Transformation and Political Conflict in Central America* (Boulder, Colorado: Westview Press, 1998), p.151.

土地资源之所以重要，是在于农业的重要性，而农业的重要性主要体现在：首先，它供养着农业人口；其次，农业生产活动创造了社会财富。"足球战争"之后，萨尔瓦多和洪都拉斯农业的这两方面功能都弱化了。所以，土地资源对这两国的重要性也下降了，国家间越来越没有必要为土地发生战争。

萨尔瓦多和洪都拉斯争夺土地资源时，土地资源被替代的过程已经在进行。如果两国间不发生资源冲突，而是进行资源方面的合作，那么它们的农业资源的重要性会被更快地替代。对两国而言，为土地资源而发生战争会变得更加没有意义。

农业资源的重要性被替代的现象并非只在萨尔瓦多和洪都拉斯发生。它的发生带有必然性。朱利安·西蒙提出，为土地而战的事情在历史上的确发生过，但是目前为土地发生冲突已越来越没有意义。比如，20 世纪 80 年代，美国的农业劳动力人口在劳动力总数里的比例已很低，1987 年只有约 2%。农业产值在美国国内生产总值里的比例也很低，只占 3.6%。[1] 假如这时美国从墨西哥或加拿大获得一大块土地，它能获得的收益会是很有限的。即便新土地使美国的农业产值和农业工作机会增长 1 倍（这实际上是不可能的），新土地对美国经济的贡献也将是有限的。[2]

在美国，土地资源和农业的重要性已很低，这是由于它的工业以及第三产业的发展程度已很高。而在包括中美洲在内的发展中地区，工业和第三产业的发展已经在很大程度上替代了农业以及农业资源的重要性。这种替代过程

---

[1] 这是 1984 年的数据。

[2] Julian Simon, "Lebensraum: Paradoxically, Population Growth May Eventually End Wars", *The Journal of Conflict Resolution*, Vol.33, No.1 (1989), pp.164-180.

还将持续下去。

五、本章小结

本章实际上包括两个小案例,它们的资源关系系统都是开放性的:在美洲很多地区,工业化发展和精细农业的发展已经较为普遍地减少了农业用地。"足球战争"的爆发证明资源对抗会导致零和的资源结果。战后两国间的资源关系证明资源合作会造就非零和的资源结果。因此,这个案例全面地验证了本书的假设:如果各行为体进行资源合作,资源替代性手段会加速出现,资源关系结果就呈现非零和的特征;如果各行为体进行资源对抗,资源替代性手段的出现会受到阻碍,资源关系结果就呈现零和的特征。

1969年萨尔瓦多和洪都拉斯之间发生了"足球战争"。战争与两国强烈的土地短缺感有关。萨尔瓦多有强烈的土地短缺感,所以有多达30万的萨尔瓦多人寄居在洪都拉斯。洪都拉斯同样有土地资源恐慌感,所以在洪都拉斯的萨尔瓦多农民受到越来越多的排斥,洪都拉斯人指责他们侵夺当地土地。

当时两国都以零和的观念看待土地资源问题,因此1969年洪都拉斯政府开始驱逐萨尔瓦多农民,萨尔瓦多政府不能接受大量侨民被赶回国,而对洪都拉斯发动战争。

战争以及之后的对峙使两国的土地资源状况变得更加严重。"足球战争"爆发后,洪都拉斯政府驱逐了多达13万的萨尔瓦多人。侨民在短时间内的大量回归使萨尔瓦多政府承受了很大压力,它无法迅速消化如此多的新增人口(其中大多数是农业人口)。萨尔瓦多的人地矛盾迅速加剧。"足球战争"后,洪都拉斯的土地资源状况也进一步恶化了。

实际上,萨尔瓦多和洪都拉斯两国为土地资源发生冲突,既不是必然的,也缺乏意义。之所以这么说,是因为土地资源的重要性当时正在被替代,而且会继续被替代。土地资源的重要性被替代,这是因为两国农业的重要性被替代,而两国农业的重要性被替代,是由于两国工业化的推进和第三产业的发展。

如果萨尔瓦多和洪都拉斯两国当初不是进行资源冲突,而是忍受短时的资源困难,在中美洲共同市场等经济一体化组织内外进行全面的经济合作,就能更快地开发出资源替代手段,外部的替代手段也能在两国得到更多的应用。

第9章 萨尔瓦多和洪都拉斯之间的"足球战争"

在这个案例中,资源替代手段主要指替代土地资源重要性的因素,包括工业和其他经济产业的发展、城市化进程的推进等。简单地说,这里的资源替代手段主要指农业经济向工业经济的升级。资源替代手段的广泛应用会降低两国间资源冲突发生的可能性。这些在两国战后的资源关系中逐渐得到验证。

萨尔瓦多和洪都拉斯间的资源关系是一个开放系统,这是因为资源替代手段主要是在两国之外通过工业化等方式被开发出来。前期,两国都用零和的眼光看待与对方的土地资源关系,并进行了"足球战争"。幸运的是,战争持续时间较短,造成的破坏不是很持久。战争结束后,系统外存在的资源替代手段很明显地改变了双方对资源关系的看法,替代手段的引入和应用明显地缓解了当地的土地资源短缺现象。

"足球战争"及其后续现象证明两种静态资源关系理论都有缺陷。资源乐观主义认为自然资源出现短缺后,替代性资源总会及时出现并发挥足够强的替代作用,这样资源冲突也就不会发生。然而,在萨尔瓦多和洪都拉斯的土地资源出现严重短缺后,"足球战争"爆发了。对土地资源的竞争是战争爆发的重要原因。因此,资源乐观主义显然难以解释这一事件。资源悲观主义假定对(一些)自然资源而言,替代性资源是不存在的,即使存在,其替代作用也可以忽略不计。"足球战争"后两国的资源关系并不符合资源悲观主义的判断。战争结束后,资源替代手段在两国得到更多的应用。土地资源虽是引发"足球战争"的重要原因,但战后它的重要性逐渐被替代。萨尔瓦多和洪都拉斯之间再次爆发土地战争的可能性越来越小。资源悲观主义认为资源的严重短缺必然引起资源冲突。但是,从动态资源关系理论的视角看,引发"足球战争"的主要原因不是资源的短缺,而是人们错误的政策选择。

引发"足球战争"的因素可能不止一种,其中可能包括球场暴力、两国之间的边界冲突等。只要对土地资源的争夺是"足球战争"爆发的重要原因之一,本案例的分析结果就成立。笔者在分析本案例时,重视的是资源关系的动态性即与自然资源有关的冲突发生后,资源替代手段的应用受到阻碍,两国的资源困难都加剧了。冲突结束后,资源替代手段得到更多应用,引发冲突的自然资源的重要性逐渐被替代,当初两国为自然资源而发生冲突的意义不大。

第10章
结 论

本章将对本书的基本论点进行总结,并揭示本研究的创新之处、理论意义和实践意义。

一、基本结论

世界从来没有过"自然资源(natural resource)",这个词本身是一个错误词语。自然物只有在加入了人的因素(包括实际活动、预期等)后,才成为"资源",在这之前,只是自然物而已。比如,储藏在地下的黄金是自然资源,因为人们虽然现在还没有把它们开采出来,但有信心今后能挖出来。但是,几千光年外有一个黄金星球[①],上面的金矿和地球上的金矿本身没有区别,谁会觉得那些是"自然资源"呢?人们会认为那不过是东西(自然物)而已。为什么?因为我们地球人根本没有指望能得到它们。因此,所有资源一定是"人工资源(artificial resource)",是人们实际活动或想象后的产物。

对人们来说,自然资源有时显得丰裕,有时看起来短缺。在资源短缺压力下,人们可能会采取不同的方式来处理他们之间的资源关系。有的时候,不同群体之间围绕资源共享实现了合作;有的时候,不同群体之间为了争夺资源发生了冲突甚至战争。

已有一些研究者对资源关系进行了有益的探讨。这些研究者分别属于资源乐观主义者和资源悲观主义者。前者认为,服务于某种目的的自然资源实

---

① 宇宙万能镜:"天空有个黄金星球含金量一千亿吨以上,比太阳大三倍",http://gold.jrj.com.cn/2016/06/30094321133653.shtml,2016年6月20日,2019年7月15日访问。

第10章 结 论

际上是无限的,人类的资源关系是非零和的,资源冲突很少甚至不会发生。后者认为,自然资源的数量有限,人类资源关系是零和的。随着经济的发展、人口的增长,资源会日益匮乏,资源冲突乃至战争将会越来越多。

资源乐观主义与资源悲观主义分歧的根源在于它们对资源是否具有可替代性做了完全不同的假定。资源悲观主义总体上忽视自然资源存在替代手段,所以认为人们围绕自然资源的冲突不可避免。资源乐观主义则假定自然资源总有替代品,而且替代品总会及时出现并满足人类的需求,因此,资源冲突不会发生。尽管资源乐观主义和资源悲观主义的看法尖锐对立,但是它们都假定自然资源有否可替代性与人的活动无关。所以,这两派理论都属于静态的资源关系理论。资源悲观主义和资源乐观主义都只能解释部分的资源关系事实。

静态资源关系理论的共同缺陷是用固定不变的眼光看待资源替代手段。本书提出动态资源关系理论,指出是否能够及时开发并应用自然资源的替代手段,这些与人们的主动选择有密切关系。本书提出,有强烈资源短缺感的各群体之间进行资源合作还是资源冲突,会影响资源替代手段能否及时出现以及它们的资源状况会否改善。

本书用能源和土地资源方面的七个案例来检验这个假设。第2章剖析了第一次世界大战之后美英在伊拉克的石油合作。英国在第一次世界大战后控制了伊拉克,美国试图进入伊拉克的石油开发业。经过数年谈判,英国和美国终于就伊拉克的石油分享达成了一致,其标志是1928年"红线协定"的签订。美国和英国间的石油和解促进了资源替代性手段的出现,这主要表现在伊拉克的石油储藏被加速发现、开发。这个案例验证了本书假设的一部分即人类群体间如果进行资源合作,资源替代性手段的出现会加速,它们的资源状况会得到改善。同时,这个案例还证伪了资源悲观主义。

德国对石油的依赖以及与石油"脱钩"(第3章)、日本掠夺石油失败以及节约石油成功(第4章)、墨西哥石油业的起伏(第5章)这三个案例既证伪了资源悲观主义,也证伪了资源乐观主义。德国、日本和墨西哥的石油历史都是"一对多"的资源事件,即分别以历史和现实中的德国、日本和墨西哥政府为核心,着重阐述它们分别与别国政府、外国和本国石油公司、国际国内金融资本、国内民众之间的关系变化。这些事件说明,无论是国内还是国际,政府、企业、金融资本等各方如果能实现有效合作,资源供应能力就会得到更好的释放,各方的资源状况会好转。相反,各方的资源短缺会出现并加剧,它们之间的资源关系会趋于紧张。

第6章、第7章描述和分析了100多年中美能源关系的历史和现状,并对其未来进行了预测。中美能源关系不仅涉及两国政府之间的关系,政企关系、政社关系(政府与民众之间的关系)等也对中美能源关系产生深刻影响。两国能源关系的曲折反复既证伪了资源悲观主义,也证伪了资源乐观主义。第8章分析了苏丹达尔富尔的土地资源冲突。这个案例验证了本书假设的一部分即如果人类群体间进行资源对抗,资源对抗会使资源替代性手段的出现受阻,各人群的资源困境会得不到改善甚至会进一步加剧。苏丹达尔富尔地区的阿拉伯人和"非洲人"两大部族之间为争夺日益减少的土地资源进行了剧烈的对抗。它们资源对抗的结果是先进农牧业技术等资源替代性手段的传入受阻,可耕地、草场等土地资源更加短缺,大规模饥荒多次出现。这个案例证伪了资源乐观主义。

第9章分析了萨尔瓦多和洪都拉斯之间的"足球战争"以及战争结束后的资源关系现象。在大量无地萨尔瓦多农民涌入洪都拉斯之后,土地资源本不宽裕的洪都拉斯挑起与萨尔瓦多的对抗。两国间的资源对抗阻碍了它们的工业化和城市化等的发展,而非农产业的发展等本可以替代两国农业和农地的重要性。因此,两国间的资源对抗阻碍了资源替代性手段的出现。后来,萨尔瓦多和洪都拉斯实现了和解,和解便利了资源替代性手段的传入,土地资源的重要性被替代。萨尔瓦多和洪都拉斯的土地资源状况好转。两国间"足球战争"的发生证伪了资源乐观主义,"足球战争"后两国的土地资源关系证伪了资源悲观主义。

二、本书的创新与价值

本书的主要创新点在于动态地看待人类资源关系,这是本研究与已有的资源关系研究成果之间的主要区别。

前文已经提到,资源悲观主义与资源乐观主义对自然资源的属性有针锋相对的假定。可是,建立在这些假定基础上的理论都只能解释部分的资源事件。针对静态资源关系理论的偏颇,本书基于人类资源关系的事实,提出动态资源关系理论。它能更好地解释人类的资源关系事件。

本书的价值体现在其理论意义和现实意义两个方面。

理论意义表现在：第一，已有的资源关系研究成果基本属于静态资源关系理论，具有宿命论的特征。有的资源关系理论认为，自然资源的数量有限，这一点决定了人们必然会为了自然资源发生冲突。这明显是一种宿命论的观点。有的资源关系研究者则提出，自然资源的供应是无限的。这注定了人们不必为争夺自然资源而发生冲突。这是一种乐观的宿命论。本书提出动态资源关系理论，可以更好地解释资源关系现象。第二，本书强调人群间的不同关系对资源结果（资源短缺是否缓解）的影响，这会有利于资源政治研究、生态研究等的发展。出于对人类（资源）前途的关心，一些生态学者、经济学者和政治学者加入资源关系研究，并取得了较多有意义的研究成果。不过，他们的研究常常只关注人与资源之间的关系，忽略群体间关系对资源供需的影响。也就是说，他们假定所有的人对资源只有一种看法，面对资源匮乏，所有的人都会做出相同反应——或者都采取竞争策略，或者都采取合作策略。有的研究者尽管注意到不同的人群会有不同的反应，但是他们并不认为这种差异对人与资源间的关系会有什么影响。本研究指出，人们可能根据各自的信念采取不同的策略，而这些策略对资源供需会带来影响。这种动态的理论可以引导积极的资源政治和生态研究。

本研究的现实意义在于它能对不同层次的群体尤其是国家处理相互间的资源关系提供一种新思路。

首先，动态资源关系理论对资源领域的"中国威胁论"是一种批判。中国正处于工业化快速发展的阶段，而现阶段的中国工业又以劳动密集型、资源密集型为主。在实现产业整体升级之前，中国会以更大的力度寻求海外资源。一些老的资源进口国把中国的加入看作一种威胁，其出发点实际上就是用零和的眼光看待与中国的资源关系。例如，当日本从中国进口石油的时候，日本能够心平气和地看待中国在东海的石油开发。当中国成为石油净进口国之后，日本就用零和眼光看待它与中国的石油关系，不仅与中国在俄罗斯竞争石油来源，而且在中国东海石油开发问题上找麻烦。根据我们的理论，那些老的资源进口国应该用非零和的眼光看待它们与中国的资源关系，将中国的资源进口看作所有资源进口国的一个机遇。表面上看，中国在海外寻求资源会压

开拓新边疆——世界资源格局是如何转换的？

缩老资源进口国的进口份额，但是，由此形成的资源短缺压力会催生资源替代手段。具体来说，与中国合作，有利于推进以下的资源替代手段。第一，中国可以带来更多的政治资源，推动国际资源机制更加有利于资源进口国。当资源出口国试图通过类似限产抬价措施打压进口国的时候，中国在资源出口国和进口国之间的选择非常重要。第二，中国可以投入资金和技术，与其他资源进口国共同努力，开发高效开采资源的技术、资源节约技术、替代性资源等替代手段，从而缓解资源短缺。本书在批判资源领域的"中国威胁论"的同时，也指出了老的资源进口国缓解资源压力的途径，那就是接纳中国并与中国合作。

其次，动态资源关系理论也可以为中国的政策选择提供一些思路。为了消除其他国家的零和观念，避免给老的资源进口国家以中国正在排挤它们资源份额的印象，中国除了保持和扩大与资源输出国的合作外，还要加强与其他资源进口国的合作，以求开发出更多、更好的资源替代手段。如果通过合作，中国与其他资源输入国的资源状况都改善了，实现了非零和（正和）的资源关系结果，那么中国资源威胁论自然就会逐渐失去影响力，中国也就能够更加顺利地在海外获得资源。中国企业目前把更多的注意力放在与资源输出国的合作上，例如，与俄罗斯以及中东国家在石油天然气等的合作上。这种合作的确可以增加中国资源的输入。形成这种合作关系有历史的原因，是可以理解的。但仅有这种合作是不够的。如果我们只专注于这种合作，可能会让其他资源进口国采取排挤中国的政策，甚至有可能让资源出口国有机可乘，通过抬价从中国牟利。根据笔者的理论，中国也需要与其他资源进口国合作，形成共赢的关系，从而缓解中国的资源压力。

再次，动态资源关系理论的另一个启示是，我们的资源战略需要保持必要的耐性和定力。人类的资源问题往往不是由于资源的短缺，而是因为人类的创造力不能充分发挥。资源乐观主义的主要缺陷正是忽视了人类各群体间关系的复杂和人类资源利用进步的艰难。比如，每一次人类能源动力系统的迭代，都绝非"小步快跑"完成的，而是都经历了漫长的进化时间，其根本原因在锁定效应或路径依赖。即便新的动力系统效率和先进程度高出许多倍，但是只要人们使用旧的系统省事方便，而且社会、技术等大背景也有利于旧系统的存续（比如社会中有大量劳动人口及其家庭靠旧系统维持生计，为旧系统配套的技术成熟,原料和设备很容易获取),那么旧系统向新系统的过渡就难免是缓慢的。①

中国正在努力推进能源等资源的生产、利用和科技等革命,但是我们需要在热潮中保持冷静,要牢记实现资源革命的全面突破并非易事,相反即便付出艰苦努力,也往往要经历漫长过程。冷静头脑有助于让我们保持战略定力。

最后,本书的分析还能够解释世界资源格局的变化。回溯世界资源历史,我们能够发现格局的流变:有的国家原本位于资源格局的中心,后来逐渐滑落到边缘地带。相反,有的国家原本是边缘国家,后来运动到中心地带。各国位置变化的原因,一部分是资源禀赋的变化,更根本的是资源替代性手段发展状况不同。当一些国家内部政商关系和谐,政治、经济制度和社会文化有利于人们创造力的充分发挥、资源替代性手段的出现和发展,与外国政府、企业的关系也富有建设性;而同时期另一些国家内部政治、经济、文化等因素遏制资源替代性手段的发展,与外国政府、外国公司之间的紧张关系也让资源替代性手段开发罩上阴霾,结果前一类国家逐渐向世界资源格局的核心地带挺进,同时后一类国家向边缘地带滑落。

中国内部政商之间关系和谐、包容性强②,人们创业、创新热情高涨,合法逐利成为社会风尚。具体到能源方面,中国电力事业蓬勃发展,经济社会的电气化深入推进。作为一种二次能源,电力对成品油、液化天然气等其他二次能源的替代快速发展。对外,一方面中国扛起维护全球自由贸易、发展跨国投资的大旗,另一方面中国政府坚持劝和促谈,积极推进资源富集地区以及全世界的和平。此外,中国政府积极吸引外资,与外国企业之间的关系总体和睦。结

---

① Vaclav Smil 举了几个例子来说明能源动力系统迭代的缓慢:公元前1世纪,罗马水车开始被使用,但直到大约500年后,它才被广泛使用。美国森林广布、木材易得,人们长期以木柴和木炭为燃料,煤炭和焦炭消费量更少,直到19世纪80年代这种情况才发生扭转。同样在美国,直到20世纪20年代,机械力才超过马匹和骡子等畜力,成为农业首要动力。到20世纪50年代,美国南方仍有数以百万计的骡子。到1963年,美国农业部才停止统计役畜的数量。见 Vaclav Smil, *Energy and Civilization: A History* (Cambridge, Massachusetts: The MIT Press, 2017), p.389.

② 蔡美儿教授通过分析波斯、罗马、唐代和明代中国、蒙古、奥斯曼土耳其、西班牙、荷兰、英国、纳粹德国和日本等国家的兴衰,论述了政府对异己力量包容性的有无、强弱对大国兴衰的决定性影响 [Amy Chua, *Day of Empire: How Hyperpowers Rise to Global Dominance — and Why They Fall* (New York: Doubleday), 2007]。对国运如此,对资源等各行业兴衰的影响也是如此。

开拓新边疆——世界资源格局是如何转换的?

果中国成为资源替代性手段发展的热土,共享经济①、电子支付等新事物、新产品不断涌现并蓬勃发展,并对旧经济形成强烈冲击。如果今后这些良好的发展势头得到延续,未来中国在世界资源格局中的地位有望继续提升。

---

① 共享经济是一种很好的经济形式,但是在中国,目前真正的共享经济并不多,今后通过技术和制度创新,继续发展的空间仍然很大。共享经济有两类特征:第一,物品所有者不需要为向别人提供服务而投入额外的资金(但会付出折旧、电费等成本);第二,物品所有者自己有时要使用物品。目前,国内主要有两类似是而非的"共享经济"。一种是纯粹的租赁经济。投资者花钱往市场中投入物品,并通过提供服务收取费用。是不是分时,成了这一类"共享经济"与传统租赁经济之间唯一的重要差别。另一种是少数时候是共享经济,多数时候是租赁经济,因此主要是租赁经济。举一个居民小区共享充电桩的例子。由于按规定有了固定车位,才能安充电桩,所以充电桩往往是和车位联系在一起。假设桩主(同时也是车主)愿意把桩共享出去。当他既不需要充电,也不需要使用车位时,这时桩是共享桩。但是,在桩主需要充电,或者虽然不需要充电但是需要用车位泊车时,桩就暂时不是共享桩。此时,此桩或者是自用桩(桩主自己使用此桩,其他车主无法使用),或者是租赁桩(桩主做出牺牲,把桩和车位的使用暂时让渡出去)。在工作日的白天,桩主开车去上班,不需要充电也不需要用自家的车位时,其他车主也要去上班,不需或无法来充电,充电桩闲置,桩主想共享也共享不出去。当下班后其他车主回来需要充电时,桩主也下班回家,即便不充电,也需要用车位来停车,所以这时候桩就不再是共享桩。简言之,居民小区的"共享桩",大体上白天是真正的共享桩,晚上则是自用桩或租赁桩。自用桩无须讨论,在共享和租赁这两种不太容易区分的属性中,由于白天共享的时候几乎无人充电,到了晚上又不再能共享,所以桩真正成为共享桩的时间很少,多数时候居民小区"共享充电桩"其实是租赁桩。

致　谢

在本书即将完成之时，我深深感谢我的硕士生导师吴磊教授和博士生导师李彬教授。他们引导我走上学术道路，帮助我成长，让我接受了严格的学术训练。他们传授给我的方法论和知识，让我受益终身。

我也要感谢云南大学的肖宪、杨曼苏、左文华等教授，他们帮助我打下坚实的专业基础。我还要感谢清华大学的阎学通、刘江永、何茂春、史志钦、张利华、邢悦、陈琪、孙学峰、漆海霞、于永达等教授。他们的学术智慧给我很大启发，他们的意见和建议提升了本书的质量。

郝拓德（Todd H. Hall）、司乐如（Lora L. Saalman）、邓丽嘉（Erica S. Downs）、腾斯强（Øystein Tunsjø）、Ruzanna V. Makaryan、Lucien Crowder、Andrew B. Kennedy、徐鉥、张会、谭秀英、查道炯、赵宏图、杨光、刘恒伟、周云亨、薛力、于宏源、吴日强、何韵、刘颜俊、孔博、杨丹志、杨泽榆、卢银娟等各位师友给予我很多启发，并对我写作本书提供了很多帮助。由于人数众多，抱歉在此不能一一列举。

我还要感谢我过去和现在的领导和同事，他们的专业背景不同，经历各异。与他们的相处，帮助我打开了一扇扇新知的窗户，常常觉得获益匪浅。在此一并表示感谢。

最后，我要感谢家人——包括姥姥詹天真、我的父母、姐姐王晓红以及爱人商商女士——对我研究的帮助。没有他们的督促和支持，我无法做到在工作之余花费大量时间写作，也就没有本书的问世。感谢儿子与崎，和他在一起，让我心神专注、自繇、宁静。

2019 年 8 月 2 日

王海滨

图书在版编目(CIP)数据

开拓新边疆:世界资源格局是如何转换的?／王海滨著. —上海：复旦大学出版社, 2019.10
ISBN 978-7-309-14558-8

Ⅰ.①开… Ⅱ.①王… Ⅲ.①资源经济-研究-世界 Ⅳ.①F113.3

中国版本图书馆 CIP 数据核字(2019)第 174653 号

开拓新边疆:世界资源格局是如何转换的?
王海滨　著
责任编辑/张美芳

复旦大学出版社有限公司出版发行
上海市国权路 579 号　邮编：200433
网址：fupnet@ fudanpress.com　http://www.fudanpress.com
门市零售：86-21-65642857　团体订购：86-21-65118853
外埠邮购：86-21-65109143
上海春秋印刷厂

开本 787×960　1/16　印张 18.5　字数 278 千
2019 年 10 月第 1 版第 1 次印刷

ISBN 978-7-309-14558-8/F·2610
定价：58.00 元

如有印装质量问题，请向复旦大学出版社有限公司发行部调换。
版权所有　　侵权必究